顧頡剛全集

# 顧頡剛古史論文集

## 卷 七

中 華 書 局

# 卷七目録

古今僞書考跋 ……………………………………………… 1

古今僞書考序 ……………………………………………… 6

四部正譌序 ………………………………………………… 15

印行辨僞叢刊緣起 ………………………………………… 21

古籍考辨叢刊第一集序 …………………………………… 22

古籍考辨叢刊第一集後記 ………………………………… 31

"古籍年代簡説"寫作計劃 ……………………………… 48

崔東壁遺書序一 …………………………………………… 51

　附　王煦華：崔東壁遺書序附記 ……………………… 174

　　　王煦華：崔東壁遺書重印補記 …………………… 176

戰國秦漢間人的造僞與辨僞附言 ………………………… 178

崔東壁遺書序二 …………………………………………… 181

崔東壁遺書按 ……………………………………………… 185

　序目按 …………………………………………………… 185

　王灝崔東壁遺書目按 …………………………………… 186

　徐世昌畿輔書徵崔述按 ………………………………… 187

　傳狀按 …………………………………………………… 187

　崔東壁先生故里訪問記按 ……………………………… 189

　崔東壁先生佚文按 ……………………………………… 189

　崔東壁先生佚文·附吕游西門閘記按 ………………… 191

　知非集按 ………………………………………………… 191

二餘集按 …………………………………………… 193

針餘吟稿按 ………………………………………… 194

莜田賸筆殘稿按 …………………………………… 195

崔德皋先生遺書目錄按 …………………………… 196

崔德皋先生遺書・訥菴筆談按 …………………… 198

崔德皋先生遺書・尚友堂文集按 ………………… 199

崔德皋先生遺書・寸心知詩集按 ………………… 201

崔德皋先生遺書附録・楊蔭溎崔德皋先生年譜按 ………… 202

崔東壁先生親友事文彙輯按 ……………………… 203

評論按 ……………………………………………… 204

評論續輯按 ………………………………………… 205

評論續輯・梁啟超古書真偽及其年代分論第六章

　論語按 …………………………………………… 206

評論續輯・梁啟超古書真偽及其年代總論第四章

　中庸按 …………………………………………… 207

初編校勘記原序・初刻本校勘記卷一補上古考信録

　校勘記 …………………………………………… 207

初編校勘記原序・初刻本校勘記卷二洙泗考信録

　校勘記 …………………………………………… 208

二編校勘記原序・東壁遺書校勘記序 …………… 208

今本知非集校勘表按 ……………………………… 210

崔東壁先生故里訪問記 …………………………… 211

致胡適：答書 ……………………………………… 228

　附　胡適：詢姚際恒著述書 …………………… 231

致胡適：答書 ……………………………………… 232

　附　胡適：囑點讀偽書考書 …………………… 232

致胡適：告擬作偽書考跋文書 …………………… 234

　附　胡適：告擬作偽書考長序書 ……………… 235

致胡適：答書 ………………………………………… 237

致胡適：論竹柏山房叢書及莊子内篇書 ……………… 238

　附　胡適：告續得姚際恒著述書 …………………… 239

　　　胡適：答書 ……………………………………… 239

致胡適：論僞史及辨僞叢刊書 ………………………… 240

　附　胡適：告得東壁遺書書 ………………………… 242

　　　胡適：自述古史觀書 …………………………… 242

致錢玄同：論辨僞叢刊分編分集書 …………………… 244

　附　錢玄同：論近人辨僞見解書 …………………… 245

致錢玄同：論辨僞工作書 ……………………………… 247

致胡適：論僞史例書 …………………………………… 249

致錢玄同：答編録辨僞叢刊書 ………………………… 251

　附　錢玄同：論今古文經學及辨僞叢書書 ………… 253

致胡適：論通考對於辨僞之功績書 …………………… 256

致胡適：答書 …………………………………………… 257

　附　胡適：論辨僞叢刊體例書 ……………………… 257

致錢玄同：論孔子删述六經説及戰國著作僞書書 …… 259

　附　錢玄同：論編纂經部辨僞文字書 ……………… 260

整理十三經注疏計劃 …………………………………… 262

擬編輯尚書左傳讀本計劃書 …………………………… 273

上古史研究 ……………………………………………… 275

　一、序論 ……………………………………………… 275

　二、中國古代史料概述 ……………………………… 295

　三、詩經研究 ………………………………………… 333

　四、楚辭研究 ………………………………………… 367

　五、禹貢上的二大問題 ……………………………… 398

　六、堯典内的二大問題 ……………………………… 413

　　附　王煦華後記 …………………………………… 446

中國史料的範圍和已有的整理成績 ……………………………… 449
經學通論講義 …………………………………………………… 466
　開課計劃 ……………………………………………………… 466
　第一講提綱 …………………………………………………… 468
　第一講參考資料之一 ………………………………………… 471
　第一講參考資料之二 ………………………………………… 472
　第一講參考資料之三 ………………………………………… 480
　第一講參考資料之四 ………………………………………… 485
　第一講參考資料之五 ………………………………………… 491
　第二講參考資料之一 ………………………………………… 497
　第二講參考資料之二 ………………………………………… 501
　第三講參考資料之一 ………………………………………… 502
　第三講參考資料之二 ………………………………………… 502
　第三講參考資料之三 ………………………………………… 507
　第三講參考資料之四 ………………………………………… 515
　第三講參考資料之五 ………………………………………… 516

# 古今僞書考跋 *

右古今僞書考一卷。宣統己酉歲，始見於孫伯南先生架上。去年在京中刻意求之不能得，遂借自孫先生手録焉。是書始刊於知不足齋叢書；先生所藏爲光緒十八年秋浙江書局單行本。浙局是刻，板本甚劣，譌謬爲繁。今就其可正者正之；他日得善本，當重校。

書無序跋，亦不記年。姚君行事，他書並難徵考。觀其引據書説及錢牧齋、顧寧人而止，則是清康、雍間人。蓋山谷含章之士，不求令聞於世俗者，可決也。

尋索所著，於易傳條曰：“予別有易傳通論六卷。”於古文尚書條曰：“予別有通論十卷。”於大戴禮條曰：“予前作古文尚書通論，其中辨大戴禮非本書，乃後人之僞。”於周禮條曰：“予別有通論十卷。”於孝經條曰：“予著通論止九經，其別僞類不及孝經。”於真書雜僞類曰：“經則禮記、儀禮有之，並詳本書。”知通論之作至爲博洽，抉擇必甚精。以其有通論，故此考中於易、書、禮皆不著考辨。然通論無傳本可求，檢各家目録亦不載，其已佚乎？

夫古文尚書之僞，梅君而後，百詩、松崖、懋堂、艮庭辨説明矣。周禮頗見攻於晚近。而易傳、儀禮則終清一代蓋無疑者。

---

使姚君通論而在，必有以廣吾異聞。今但從此考得窺鱗爪，名之不沒亦僅賴此，其傳其不傳豈姚君之意乎！

是書一卷，頗類隨手箚記，非有意著述之林，故文筆疏散。其討論多采前人成說，自漢志、隋書而下，唐之柳子厚、宋之晁子止、陳直齋，明之宋景濂、胡元瑞，並多擷取，而以晁、陳爲最多。或微折衷，不盡證實，弗能謂博議無遺也。

其缺而未舉者，在“經”，有書序、周易舉正、乾元序制記、論語筆解、六經奧論諸書。在“史”，有聖賢群輔録、五孝傳、卓異記諸書。在“子”，有孟子外書、鄧析子、燕丹子、靈棋經、道德指歸論、老子河上公注、莊子郭注、群書治要、家山圖書、搜神記、述異記諸書。至於醫藥、術數之籍，不可勝計。若“真書雜僞”，則有朱子通鑑綱目；“兩著併名”，則有高誘戰國策注；在姚氏成書後，則有日本刻古文孝經孔傳、今文孝經鄭氏注。如此之類，並可補論，勿求備於此書已。

若其編次，余竊有議。以忠經入經，以天禄閣外史入史，得毋但觀其名歟？於文中子，既從揮麈録證王通之有其人，又曰“通耶，郊、峙耶，逸耶，吾不得而知之”，則是“未足定其著書之人”也。於詩序，既從後漢書證爲衛宏所作，又曰“非僞書而實亦同於僞書也”；於杜律虞注，既從楊用修言謂爲張伯成作，後人嫁名於伯生，又曰“伯生集有杜詩纂例序一篇，想以此訛爲伯生耶”：則二書者，是“本非僞書而後人妄託其人之名”也。於乾鑿度曰“宋人掇拾類書而成”；於竹書紀年曰“予於紀年，以爲後人增改”；於李衛公問對明非阮逸僞書，而曰“今世傳者當是神宗時所定，而彼所定實采通典”：則三書者，是“真書雜以僞”也。今輒與僞書同列，不亦過歟？於商子采周氏説，曰“其精確切要處，史記列傳包括已盡；凡史記所不載，往往爲書者所附會”；於賈誼新書采陳氏説，曰“多録漢書語，其非漢書所有者輒淺駁不足觀，決非誼本書也”：其言相類，而商子爲僞，新書爲真，則不足以服人矣。於脈訣曰"稱晉王叔和撰，晁氏謂後人依託"；於金匱玉函經曰"此非仲景撰，乃後人依託者"：其言亦同，而脈訣爲僞，玉函爲真，則又不足以服人矣。孫子一書，反覆無證驗，則宜與鬻子、鬼谷並在僞書，而獨入之"未定其人"，豈爲當乎！陰符經即爲寇謙之作，而七賢注塗抹已遍，盡爲僞託，自傳其書，即有其注，豈猶得列於真書耶！於文子，但曰"不全僞"，而其所以不全僞者不言焉；於列子，但曰"意戰國時本有其書"，而其所以本有其書者不言焉：而文子、列子遂非僞書矣。若晏子春秋與管子同裁，素問、本草與山海經方軌，而真僞輒大別：何隨情抑揚之甚也！

蓋嘗論之，其病有二：一則以文辭之工拙定真僞，故文、列爲真而鶡冠、公孫龍爲僞。一則以後世著述之成法檃括古籍，故黄帝素問、神農本草、晏子春秋胥入僞書。姚君抑亦未深思乎？昔人筆記謂君抨擊孝經，殆過激。予謂此考中最精之言莫孝經條若，他條皆依附人説，發明者鮮矣。

論僞書者予最服膺實齋。竊取其言，分爲七類，非可以僞書包也：

一曰"師説"。——聖人制作，守於官司；及周末文勝，軼爲百家。口耳之學不能無差，則著於竹帛以授之其人，所以求傳習之廣焉。是以羲、農、黄帝之書雜出於戰國，連類於漢、魏。其後有卓越之人，爲衆宗仰，法度猶傳，筆札未録，則知之者亦述之而仍其人。此正古人言公之旨，不必以誠僞規度者也。如素問、本草、山海經、周髀算經、易傳、三禮、難經、星經，雖有僞附，又不能定其著書之人，然終不當與虛造者等視。今四庫所著録，諸家書目所臚列，醫藥、術數之書獨多依託，良由此等學説不憑書籍以傳耳。

二曰"後記"。——管子述死後事，韓非載李斯駁議：蓋古人書無私著，大出後學綴輯，雖有不倫，無乖傳信。故管子、晏子，不可謂之僞書，猶春秋公羊傳成於高孫壽，尚書大傳録於張生、歐陽生也。論其體例，與前類頗同。惟前在記學，學則雖遠無弗賅，縱法言多疏，師承非可悉求，亦以意聯貫爲之；此在記事，事則年代不能遥，言行不能虛構：所以異也。

三曰“挾持”。——或蹈偶覿之名，或襲散見之語。是故，因倚相而有三墳；因老傳而有關尹；賈生感賦，遂作鵾冠；列子夸言，因成穆傳：其附託巧而心日拙矣。章氏曰：“劉炫之連山，梅賾之古文尚書，應詔入獻，將以求禄利也。夫墳、典既亡，而作僞者之搜輯補苴未必無什一之存。如古文之搜輯逸書，散見於記傳者幾無遺漏。六朝古書不甚散亡，採輯之功必易爲力。計不出此，藉以作僞，豈不惜哉！”是故，薛據作僞，則亦王肅也；江聲作僞，則亦梅賾也。然而一存補逸之功，一有亂古之罪者，操術不可不慎也。——此僞託古昔者也。

四曰“假重”。——名賢之作，爲世寶貴；苟有一籍之傳，奚止十縑之價。故小學推晦庵，政經題西山，杜解歸子瞻，潛虛屬君實。——此僞託近世者也。

凡兹二類，胥實齋所謂奸利。“欺於朝則得禄位，欺於市足恣壟斷”：心術之蔽，有如是哉！

五曰“好事”。——蓋體同於擬作，心在乎炫奇。弄數十之愚人，戲千年之古子。脱略不羈，風流自賞。明豐坊、姚士粦輩，儔其人乎！又或心懷憤激，輒欲誣陷嫁禍，僧孺行紀、聖俞碧雲騢作焉。

六曰“攘奪”。——前此數類皆自作之而以僞人，此則竊人之言以爲己有，於諸書中品最下矣。章氏曰：“竊人之美，等於竊財之盜，老氏言之，斷斷如也。譚峭竊化書於齊丘，郭象竊莊子於向秀，作者有知，不能不恫心於竊之者，蓋穿窬胠篋之智必有竄易更張，以就其掩著而失其本旨也。不知言公之旨而欲自利以爲功，大道廢而心術不可問矣！”予謂清代古籍大明，所不著者必已弗傳，而采輯諸書逸文，則有玉函五百餘種，抱經、平津、問經、別下、心齋、魯山百餘種，粲然畢陳，欲偽古者已無從措手，挾持好事之途庶幾可絕。獨攘奪則劇於前古，往往萬目昭昭而攫金者咸攘臂於市。舉國化之，恬不爲怪。其能竄易更張，蓋猶絕少。廉恥道喪，遂令王儉、阮逸宜尊美讓，悲哉！

七曰"誤會"。——本非偽書，後人迷不能辨，遂沿傳爲偽作。舉凡姚君所謂"有後人妄託其人之名者"，"有兩人共此一書名，今傳者不知爲何人作者"，"有未足定其著書之人者"，皆是也。

予素謂目録雖分體類，亦宜判別時期。今觀於偽書，輒意出於漢、魏間者當與唐、宋而下異其等差，則比次而觀，亦可以識學風之所趨矣。

予又謂孝經本偽書，使入之禮記，明標秦、漢儒者所作，則不可謂偽。中庸非偽書，自程氏以爲子思憂道學失傳而作，則與詩序亦同。又列子雜采道、緯，同於亢桑之偽；易林誤題焦贛，同於爾雅之誣。姚君所列，亦爲不倫。

予於學問，猶盲瞽不能識別。他日讀書稍多，願爲是考補正。用記於此，視爲息壤。

一九一四年三月一日，頡剛寫竟跋。

**適之先生評：**

"西方美人"與"西方聖人"大不同，不可並論。

所分七類，似尚太寬。我主張，甯可疑而過，不可信而過。

實齋"公言"之說雖有一部分真理，然不可全信。

# 古今僞書考序<sup>*</sup>

我現在是以古籍的整理作爲專業的人了。這個嗜好的養成自有多方面的誘導，但在這許多誘導之中最有力量的一個便是這本小書——姚際恒的古今僞書考。

我在幼年，什麼書都喜翻弄，沒有目的，沒有問題。家中舊藏王謨本漢魏叢書一部，尤使我歡喜，因爲裏邊搜集的古人著作種類最多，它最能把古籍的現存狀態告給我知道。

古今僞書考的書名，我早在書目答問裏見到了，但因它刻在知不足齋叢書裏，而這部叢書不易見，所以還不曾讀過。到了十七歲那一年，始借到一部浙江書局的單行本。不料讀了之後，我的頭腦裏忽然起了一次大革命。這因爲我的"枕中鴻寶"漢魏叢書所收的書，向來看爲戰國、秦、漢人所作的，被他一陣地打，十之七八都打到僞書堆裏去了。我向來對於古人著作毫不發生問題的，到這時都引起問題來了。

我在二十歲以前，所受的學術上的洪大的震盪只有兩次。第一次是讀了一部監本書經，又讀了一篇先正事略中的閻若璩傳。第二次就是這一回，翻看了一部漢魏叢書，又讀了一本古今僞書考。我深信這兩次給與我的刺戟深深地注定了我的畢生的治學的命運，我再也離不開他們的道路了！

---

* 原載辨僞叢刊古今僞書考書首，樸社，1930年；又載史學年報第一卷第二期，1930年11月；古籍考辨叢刊第一集。

　　古今僞書考只是姚際恒的一册筆記，並不曾有詳博的叙述，它的本身在學術上的價值可以説是很低微的。但他敢于提出"古今僞書"一個名目，敢于把人們不敢疑的經書（易傳、孝經、爾雅等）一起放在僞書裏，使得初學者對着一大堆材料，茫無別擇，最易陷于輕信的時候，驟然聽到一個大聲的警告，知道故紙堆裏有無數記載不是真話，又有無數問題未經解決，則這本書實在具有發聾振瞶的功效。所以這本書的價值，不在它的本身的研究成績，而在它所給予初學者的影響。

　　後來從四庫全書提要的存目裏知道姚氏有一部筆記，叫做庸言録，是最大膽的著作，可惜見不到。他用全副精神做成的九經通論是對不合理的經學下了總攻擊令，他比閻若璩的範圍要廣，態度要更徹底，可惜也無從見到。無可奈何，就標點這本小册子來吸取他的一點辨僞的精神。

　　一九二〇年，我初在北京大學畢業，服務母校圖書館，時間尚有餘裕，就從事這個工作。但我的喜歡搜集材料的癖性總改不掉，我想爲這書作箋注。作箋注時應用的書籍，北大圖書館不够，再到京師圖書館尋去。費了幾個月功夫，範圍越放越大，材料愈積愈多，問題也發生個不歇，這本書的箋注竟有無從下手之苦了。可是，箋注雖做不成，而因了這一番搜集材料的功夫，把以前學術界上所起的幾次辨僞運動倒弄得很清楚。我於是又發大願，要編輯辨僞叢刊。

　　時間去得真快，到今日又過了十年了。此十年中，時局的不安，生計的壓迫，使得我頻頻南北奔馳，辨僞叢刊没有出版幾册，這是我時引爲恨事的。

　　但在這十年中，我們努力搜求姚氏的遺著，頗有些可觀。最早，從方玉潤的詩經原始中見到他所引的詩經通論。稍後，又在尚書古文疏證中看到閻若璩節録的他的古文尚書通論。稍後，又在杭世駿續禮記集説中見到引他的禮記通論。後來，又從吳又陵先生(虞)處借到道光丁酉王氏鐵琴山館刻本詩經通論。後來，轉寫得南京江蘇省立圖書館中所藏的好古堂書目鈔本，是錢塘丁氏的舊藏，我們可以在這本書目上知道他所讀的書。後來，又從杭郡詩輯中尋到他的兩首詩。最近，倫哲如先生(明)購到殘寫本春秋通論，我們也借鈔了。杭州崔家藏有一部鈔本儀禮通論，又借鈔了。說不定將來更有出于意表的發見。

　　姚氏是清初的一個大學者。他的學問的來源及其研究的態度，我們可以引四庫提要的話來看：

> 　　際恒生於國朝初，多從諸耆宿游，故往往勦其緒論。其說經也，如闢圖、書之偽則本之黃宗羲，闢古文尚書之偽則本之閻若璩，闢周禮之偽則本之萬斯同，論小學之為書數則本之毛奇齡，而持論彌加恣肆。至祖歐陽修、趙汝楳之說，以周易十翼為偽書，則尤橫矣。其論學也，謂周、張、程、朱皆出于禪，亦本同時顏元之論。至謂程、朱之學不息，孔、孟之道不著，則益悍矣。……(總目卷一百二十九，雜家類存目六，庸言錄條)

我們知道，學問是天下的公器，只要你會得捉住真實，自然別人會來聽從你；只要別人能夠捉住真實，你也應當聽從他：姚際恒如果採用了當時各家說而著書，乃是他的從善服義的公心，不能說為他的罪狀。而且他秉了求真的勇氣，掌握了考證的方法，九經中的偽文和偽說自可被他一掃而空，何必一定要“有所本”而後可以闢偽！所以我們看了他的成就，只能說他生在反理學的學術環境中，順應了這時代精神，與黃、閻、萬、毛等作同方向的努力，充量發展他的研究能力而已，不應當說勦不勦的話。(他辨偽古文尚書非勦閻若璩，證見下文。)

　　至於他的書何以失傳，這個理由，錢玄同先生說是由於四庫館諸臣的反對。他以爲提要中既罵他經學方面的種種，是作提要的人必曾看見他的九經通論。但四庫中没有此書，即存目中也無此名，可見他們有意把他壓抑下去。他的書既爲"别黑白而定一尊"的四庫館所痛斥，自然别人再不敢把他表章了。按，這個假設很可能。康長素先生新學僞經考云：

> 劉歆僞撰古經，由於總校書之任，故得託名中書，恣其竄亂。……按古今總校書之任者皆有大權，能主張學術，移易是非，竄亂古書。先徵之今。國朝四庫全書總目提要，群書，紀昀主之，算法則戴震主之。而四元玉鑑爲中國算學最精之術。戴震於測圓海鏡提要云："按立天元一法，見於宋秦九韶九章大衍數中；厥後，授時草及四元玉鑑等書皆屢見之。"則戴震必見其書，而乃不爲著録，蓋欲獨擅其術也。（提要之及其目者，乃其不覺流露、不及校删者耳。）紀昀力攻朱子，述董亨復繁露園集之野言，譏名臣言行録不載劉元城者數條；其他主張雜學，所以攻宋儒者無不至，後生多爲所惑。……幸生當國家明盛，群書畢備，故不至大爲竄亂。（漢書藝文志辨僞第三上）

這是很明顯的證據。此外，錢玄同先生又告我兩件竄亂的實事：其一，宋樓鑰攻媿集，徐森玉先生（鴻寶）曾用宋本校對一過，發見四庫本改竄甚多，而尤以他替婦人所作的墓誌銘爲甚。因爲宋代女子夫死改嫁是平常的事，故原本攻媿集中常記女子改嫁的事實，及其前夫、後夫的官銜。但四庫館中人則以爲這是不道德的，便一一替它改易，必使她從一而終。至於把她歸于哪一個丈夫，則以官階之大小而定：前夫官大則使其始終從前夫，後夫官大則使其始終從後夫。其二，梁皇侃論語集解義疏，其書中土久佚，修四庫書時根據日本刻本收入，但日本本"夷狄之有君"一章，疏意爲夷狄雖有君，猶不如諸夏之無君；而四庫本的疏意，則是諸夏無君，猶不如夷狄之有君。意義極端相反，而乃發現於同一書中，其字數又相同。知不足齋本亦據日本刻本，但此章的疏文，初印本與日本本合，後印本則與四庫本合。蓋四庫館臣因清帝出身女真，故每逢書中説到夷狄的，或文字上，或意義上，必改得它不傷皇帝的面子而後已。知不足齋本既已刊成，始知館中改筆，不敢不依欽定文字，只得挖改了。（近年上海石印知不足齋叢書即用初印本，猶未挖改，而古經解彙函中的論語義疏則用四庫本，兩書均易見，大家不妨把它們對勘一下。）

　　從這些地方看，清高宗時開四庫館是有主義的，有作用的。他們對于古籍，不是客觀的整理。他們用了自己的主張和憑藉了自己的地位，把古今學術審查一番：哪種應提倡，哪種應遏絶，哪種應依因，哪種應改變，借編纂之業以行其去取予奪之權。倘使那時還没有刻書的一件事，傳鈔的本子又相習以四庫爲正本，則數十百年之後，四庫本即得統一全國的書本了。看了這些事實，可知劉歆在校書時改竄許多古書是很可能的，我們正不必對於今文學家的攻擊作過分的懷疑。

　　姚氏著作，當時或有幾種刻本，因爲在好古堂書畫記及書目上證明他不是一個窮人。就算他的著作卷帙太多，或因他没有及身寫定而不刻，也必有許多鈔本。何以四庫總目上只把他的庸言録存了目，其他連存目也夠不上呢？這很明白，他的懷疑古書和攻擊古經師的態度絶不爲四庫館諸臣所容，或竟被銷燬了；他們又慮後人有贊同其説的，故即于庸言録的提要上作總括的一駡，以見其人之不足取。實在清學到了乾隆時，古代的偶像又喚起來了，清初的實事求是的風氣已變成信守漢人師説的風氣了。只有僞古文尚書，因爲它起在魏、晉間，夠不到漢，没有漢代的權威者爲它保護，又因它的宗師是王肅，適爲漢學宗主鄭玄學派的敵人，又因當時大師惠棟亦曾繼續閻氏之業而爲古文尚書考，故他們對于清初提出的許多辨僞問題只有僞古文尚書一案是承受了的。姚氏太勇了，什麼書都要疑，當然應受他們的排斥。

姚際恒的傳狀，我們找不到。現在姑把毛奇齡的西河詩話和吳振棫的杭郡詩輯中兩段文字寫在這裏，權當他的小傳：

> 亡兄大千爲仁和廣文，嘗曰："仁和祇一學者，猶是新安人。"謂姚際恒也。予嘗作何氏存心堂藏書序以似兄，兄曰："何氏藏書有幾，不過如姚立方腹篋已耳！"立方，際恒字。及予歸田後作大學證文，偶言"'小學'是寫字之學，並非'少儀'、'幼學'之謂，不知朱子何據竟目爲童學，且哀然造成一書，果是何説？"立方應聲答："朱所據者白虎通也。然白虎通所記正指字學，誠不知朱子何故襲此二字。"因略舉唐、宋後稱"小學"者數處，皆歷歷不謬。坐客相顧皆茫然，則度越時賢遠矣。第是時兄已死，予述兄語示立方，立方即贈予長律二十韻……其情詞篤實；始知亡兄非輕許人者。（西河詩話卷四。）

> 姚際恒，字立方，號首源，錢塘監生。……首源博究群書，撐腸萬卷。……既而盡棄詞章之學，專精治經。年五十，曰："向平婚嫁畢而游五嶽，予婚嫁畢而治九經。"遂屏人事，閲十四年而書成，名曰九經通論，凡一百六十三卷。又著庸言録若干卷，雜論經、史、理學、諸子；末附古今僞書考，持論極嚴覈。其家構海峰閣，西牖面湖，簷際懸舊窯霽紅椀，夕陽映射，一室皆作霞光。有西牖絶句云："高閣虛明木榻施，書間兀坐每移時。湖山一角當牖面，烟樹殘霞晚更宜。"（國朝杭郡詩輯；前段與武林道古録略同。）

從這兩段記載裏，我們可以知道幾件事實：（一）他是徽州人而住在杭州的；（二）他五十以後始專力治經，閲十四年而成九經通論；（三）古今僞書考是庸言録的一個附録；（四）他是一個很有藝術意味的人。

他的生年，可從閻若璩的尚書古文疏證裏尋到。文云：

> 癸酉冬，薄游西泠，聞休寧姚際恒，字立方，閉户著書，攻僞古文。蕭山毛大可告余："此子之廖儁也，日望子來。不可不見之！"介以交余。少余十一歲。出示其書，凡十卷，亦有失有得。失與上梅氏、郝氏同；得則多超人意見外。喜而手自繕寫，散各條下。（卷八）

閻若璩是崇禎九年（丙子，一六三六）生的，姚氏比他小十一歲，則是生于順治四年（丁亥，一六四七）。他們兩人相遇，在康熙三二年（癸酉，一六九三），是年閻氏年五十八，姚氏年四十七。當他四十七歲時，所著攻僞古文的書已成十卷了，可見他並不剿襲閻氏之説，只是不謀而合；又可見他研究經學並不很遲。或者他在九經通論中先成古文尚書通論，故閻氏見他，但提此書；朱彝尊的經義考中亦但著録其古文尚書别僞例。他成了此書之後，就用了研究僞古文尚書的方法，再去研究别種經書。（詩經通論自序作于康熙四十四年，乙酉，一七〇五；春秋通論自序作于康熙四十六年，丁亥，一七〇七。）當他六十四歲（康熙四十九，庚寅，一七一〇）九經通論脱稿時，閻氏已死了六年了，朱氏也于上一年死了。再過些年，學術的重心移到惠棟、戴震的身上，清初的辨僞運動便成了"過時貨"了。所以姚氏的學問，此後就聽不到别人談起，除了杭世駿之外，乾、嘉學者幾乎没有引用他的片詞隻語的。到四庫館一開，學術思想更統一了，他便没有立錐之地了。

他的卒年無考，我們只能從上條知道在一七一〇年以後。但前年柳翼謀先生（詒徵）在好古堂書目跋中謂參之以姚之駰序，必

卒于康熙五十四年乙未（一七一五）之前。按姚之駰序云（此序多
誤字脱字，今以意增改，加括弧以別之）：

> 自柱下盛文史，而後代侈言藏書；祕閣而外，若車，若
> 庫，若架，若倉，不知幾千萬卷也。然人之于書，多藏者未
> 必善讀；雖有十行俱下之目，而政事倥傯，酬應紛如，彼別
> 架叠窗者徒侍束脩半（此四字有誤）而已。故侈言藏書者，名
> 也。若予世父首源先生則不然。先生自束髮受書，已能沉酣
> 故籍；乃一生坎壈，兀兀窮年，惟日手一編枯坐。先世既有
> 藏書，乃□（更）搜之市肆，布□（函）巾箱，□□（汗牛）充
> 棟；久之而插架者與腹笥俱富矣。然則千古之多藏而善讀者
> 孰如首源先生哉！先生于暇時録其書於簿籍，計如□（千）
> 卷；予小子受而讀之，爲寫副墨。□（至）子（于）先生乎（手）
> 著，幾於等身，皆從藏書中咀華嗽潤而出之者也，故謹附録
> 於後。
>
> 康熙乙未夏杪，錢塘姚之駰敬題于露滌齋。

這篇序上有"一生坎壈"之語，或可作爲在他卒後之證。但味"先
生于暇時録其書於簿籍……予小子受而讀之"之言，又若生存時
語，似乎姚際恒編好之後他即去借鈔的。而且序中但云"世父"而
不加一"先"字，似亦非卒後的確證。我們姑且把他的卒年作爲懸
案罷。

序中説："先生手著幾於等身……故謹附録於後。"可見這書
的末尾原有一篇姚際恒著書詳目。但八千卷樓的鈔本裏竟爾缺
去，這真是十分可惜的。

自從鮑廷博爲了同鄉的關係（都是徽州人而住在杭州的），把
他的古今偽書考從庸言録裏分析出來（所以分析的緣故，當因庸
言録已爲四庫館所痛斥而不敢刻），刻在知不足齋叢書裏，他的

姓名纔"若存若亡"於學術界中。自從張之洞在書目答問裏録此書于目録類，又於輶軒語中稱此書爲"簡便易看，爲讀諸子之門徑"，纔激起初學者的注意。近年來，他的著作交了好運了。詩經通論，成都有重刻本了。古今僞書考，重刻和翻印的有五六種本子了（此數種中，以沔陽盧氏慎始基齋叢書所刻爲善），且有替他作箋釋及重考的了。好古堂書目，南京國學圖書館中也影印出來了。學之顯晦有時，我們雖不能看見他的全璧，但即在此一鱗一爪之間，也可以領略他的偉大的器局。

　　現在，我們編録辨僞叢刊，又把此書標點印行。承韓叔信先生的好意，助我校點，敬致謝忱。以前所作的箋注所以不附進去，因爲我們已豫備編輯群經辨僞集説、諸子辨僞集説……等書，覺得不必爲這本小書裝上一個大尾巴了。

　　十六年前，我曾手寫此書，作了一跋。現在見解雖有變遷，而這篇文字大體可存，所以仍置於本書之後。又姚名達先生所製宋胡姚三家所論列古書對照表，因爲我們的辨僞叢刊已把這三家的書依次刊出，故亦列爲附録，以便讀者對勘。承名達先生允許我們編入本册，並此道感。

　　　　　　　　顧頡剛　一九三〇，二，廿三。

# 四部正譌序*

　　自從一九二〇年我計畫編印本叢刊以後，我便購得胡應麟的少室山房筆叢，把其中四部正譌一種標點好了。歲月遷流，忽忽十載，還是壓在我的書箱裏没有動。這回到北平來，始抽出三四天工夫，把往年所標點的審查一過，又到北平圖書館去把文津閣四庫全書本校對了一遍。於今由樸社出版了。

　　本書作者胡應麟，字元瑞，自號少室山人，又號石羊生，是明代浙江蘭谿縣人，生于嘉靖三十年（辛亥，公元一五五一），卒年不詳，只知道在萬曆四十六年（戊午，一六一八）之前。（少室山房類稿爲江湛然所輯，江氏序云：“適視璙兹士，而元瑞已騎雲煙去我而游寥廓。”此序作於萬曆戊午。）他一生的事蹟，因爲没有一篇詳細的傳，所以知道得不多。王世貞雖曾替他做過一篇石羊生傳，但這是他三十八歲時生病，怕早死，所以請王氏做的；實在他的壽有六十多歲呢。類稿是他的文集，而且刻在死後的，當然鈎索得出他的中年以後的行狀，可惜這部書極難覓，各處圖書館都未收藏。明史中固然也有他的傳（卷二八七，文苑三，附王世貞傳後），但簡略得可憐。綜合所得的材料，知道他幼年喜爲歌詩，十五歲（嘉靖四四）入縣學，二十六歲（萬曆四）中舉人。久而不第，築室山中，藏書四萬餘卷，手自編次。當他三十八歲

---

* 原載辨僞叢刊四部正譌書首，樸社，1929 年 9 月；又載古籍考辨叢刊第一集。

時，已著書十八種，一百五十卷；蒐輯書六種，三十六卷；類萃書四種，六百十二卷。（詳目見石羊生傳）這確是一個驚人的數目！他論詩極佩服王世貞，所以他列名于王世貞的"末五子"之內。

我常覺得明代的文化是藝術的，詩文、戲劇、書畫、雕刻都有特殊的造就，但在學問方面則無甚精采，既不及宋代人的創闢，又不及清代人的縝密。倘使一定要說出他們的優點，或者還在"博"上。他們讀書的態度並不嚴正，什麼書都要讀，因此他們受正統思想的束縛較輕，敢於發議論，敢於作偽，又敢於辨偽。他們的廣而疏，和清代學者的窄而精，或者有互相調劑的需要。胡應麟生於晚明，在地域上受了他的鄉先達宋濂和王褘的影響（宋籍浦江，王籍義烏，與胡都是金華府人）；在時代上受了他的前輩楊慎和王世貞的影響（楊長胡六十三歲，王長胡二十五歲）。所以他所著的書，所立的說，幾乎完全承這四人之風，而四部正譌一書自是諸子辨和叢錄（王褘著，在王忠文公集中）的繼承者。

這本書的著作，後於諸子辨約一百三十年。（諸子辨成于至正一八，公元一四五八；四部正譌成于萬曆一四，公元一五八六。）把這兩種書比較起來，四部正譌確有比諸子辨進步的地方。第一，宋氏專論諸子，他則擴充其義例，遍及四部，所論書有一百餘種，視宋氏多出了一倍。第二，諸子辨所謂"辨"，乃是辨其"各奮私知而或戾大道"的殊說，其目的欲使"道術咸出于一軌"。這是求善，不是求真；固然裏邊有許多辨偽的話，但只是旁及的，他的目的總在"罷斥百家"，還是董仲舒的心胸。四部正譌則較能客觀，很少衛道的議論，它是以辨偽爲正業的。

胡應麟作這本書，目的既是不在衛道而在辨偽，所以他很能把偽書的性質做分析和綜合的研究。他在叙論裏，把偽書分成二十類：

1. 偽作於前代而世率知之者；
2. 偽作於近代而世反惑之者；
3. 掇古人之事而偽者；
4. 挾古人之文而偽者；
5. 傅古人之名而偽者；
6. 蹈古書之名而偽者；
7. 憚于自名而偽者；
8. 恥于自名而偽者；
9. 襲取于人而偽者；
10. 假重于人而偽者；
11. 惡其人，偽以禍之者；
12. 惡其人，偽以誣之者；
13. 本非偽，人託之而偽者；
14. 書本偽，人補之而益偽者；
15. 偽而非偽者；
16. 非偽而實偽者；
17. 當時知其偽而後世弗傳者；
18. 當時記其偽而後人弗悟者；
19. 本無撰人，後人因近似而偽託者；
20. 本有撰人，後人因亡逸而偽題者。

這樣的在證據方面、心理方面、歷史方面種種繁複的事實中尋出偽書的公例，確是一種很細密的工作。倘使他能夠用了全力做去，鉤稽參互，使若干部分的偽跡悉受約束於此公例之下，他的成功決可與閻若璩相頡頏。可惜明代的學風務博而荒，淺嘗輒止，他僅僅立了這些條文也就停工了！

至于他審覈偽書的方法，曾在卷末寫出八條：

1. 覈之七略以觀其源；
2. 覈之群志以觀其緒；
3. 覈之並世之言以觀其稱；
4. 覈之異世之言以觀其述；
5. 覈之文以觀其體；
6. 覈之事以觀其時；
7. 覈之撰者以觀其託；
8. 覈之傳者以觀其人。

上面說的是造成僞書的種種原因，這裏說的是揭破僞書的種種方法。一件事情，只要能夠知道它的來踪去跡，又有方法去對付它，它即使像孫猴子一樣，有七十二變的本領，也無所逃于如來的一掌了！

這些方法，他雖沒有充分地使用在這本書裏，但他已把作者的環境、文字的本質、傳流的事實、書籍的記載……各方面都想過一想了。他論子華子一條，就是很顯明地使用這個方法的。他對于子華子所立的假設，是：

元豐間越中舉子姓程名本而不得志場屋者所作。

他說明這個假設道：

版出會稽，則越；
文類程試，則舉子；
義取字說，則元豐；
辭多拂鬱，且依託前人，則困於場屋；
思以自見，又慮不能遠傳，故傳於春秋姓同而字相
近者；

子華姓字皆有所出，惟名不經見，即撰人名本也。

這樣的層層推勘，實在是駕馭僞書的很好方法。（按韓詩外傳卷二云：“孔子遭齊程木子於郯之間，傾蓋而語。”疑古本“木”當作“本”，故僞作者襲之，胡氏説尚有未是。）所以他雖没有對于僞書作成像我們想望中的研究，但很有力量啟發以後的一班學人，使他們向着了這條路走。

他的考證也有錯誤的。例如陳振孫記關尹子，謂“徐藏子禮得於永嘉孫定”，胡氏因徐藏之名不甚見人稱引，遂謂“藏、定二子尚非如阮逸、宋咸輩實有其人，或俱子虚、烏有，未可知也”。但徐藏是實有其人的。康熙吴縣志（卷四四）云：

徐藏，字子禮，林子（徐林，字稚山，南宋初龍圖閣學士）。知饒州。以居吴，去親遠，奏易旁小州，便養。乾道初，改知江陰軍。新廟學，刊書籍。……五年，知秀州。藏有學，尤善漢隸書。

胡氏説没有這個人，正與因隋書和唐書中不爲王通立傳，遂有人説“未必有其人”（見諸子辨引一説），是同樣的錯誤。

少室山房筆叢這部書，以前只有一個明代原刻類稿本。清代四庫全書收了進去，多出了一個寫本。光緒二十二年，廣雅書局又有刻本。廣雅本與四庫本同出于原刻，故誤處常常相同。而且我看得見的這一部文津閣本，鈔手特別壞，誤文、脱文、衍文不知凡幾，甚至不可句讀。又以四庫是官書，凡原文文理不通順處皆爲改削。如李衛公問對條，廣雅本作：

靖禽蕭銑輔公祐頡利率自守虜逋逃寇不足當劉寶什一

文義有些不順，或有脫誤。四庫本則爲：

靖禽蕭銑輔公祏頡利論其才略之雄黠不足當劉竇什一

通固通矣，而無如非其本真也！其他四庫照例改變的文章，如
"孟軻"改爲"孟子"，"足制四夷"改爲"足制遠方"，"導後世人君
之欲"改爲"導後世之君臣耶"，這類也是很多的。（所以我常覺得
影印四庫全書是一件很蠢笨的舉動，徒然使得世界上平添了許多
錯誤的書，實非今日學術界中所應許可，除非別無傳本而只見於
四庫的書，沒有辦法，只得用它。）現在，凡疑誤之處，可檢原書
改正的就改正了，一時不易決定的且得因仍了它。

　　我們讀這些書，自然決不能說他們成功，他們離成功還很遠
着呢！我們須切實覺悟，真正的辨僞要從今日做起。有了劉知
幾、柳宗元們發其源，有了胡應麟、姚際恒們承其流，有了閻若
璩、崔述們奠其基，再加上今日思想解放的時勢，夫然後我們可
以不容情地把一切高文典册審查一下。我們事業的廣大應當什百
倍於此，我們工作的困難也應當什百倍於此。倘使我們的成績僅
僅能和他們一樣，這已是我們的羞恥；何況還要趕不上他們！何
況還要背道而馳！我們把這些評論古書的文字彙集起來，是要一
方面表示"飲水思源"的敬意，一方面鼓起"有進無退"的勇氣；一
方面要知道古人能有這些鑒照是不容易的，一方面又要知道古人
的成績原來不過如此而已。

　　　　　　　　顧頡剛　一九二九年六月十五日

# 印行辨僞叢刊緣起<sup>*</sup>

研究歷史，首須審查史料以去僞存眞。一切文籍器物莫非史料，故考訂之學興焉。我國古籍至繁，僞者亦衆，苟不於著作人，著作時代，及其所記者之然否一一辨明之，則僞品得以肆其欺罔，作史者必將錯認虛言以爲實事，而舉世之人胥受其愚矣。

前代學者對於此等問題之討論，積累已多；惜其散在各書，不易檢覽。民國十年，錢玄同、胡適之、顧頡剛諸先生創議編輯辨僞叢刊，欲將零星材料薈萃一編，以鼓起學術界審查史料之勇氣。數載以來，所搜集者已得數百萬言；並以各種本子校勘，以期寫成定本。積稿隱身，未付剞劂。今由敝社約定，陸續刊行。自本年秋後起，至少月出一種。

此書編纂，有如其他叢書，一仍原著之舊。惟對於大部書之不盡關於辨僞者，則摘錄之。至單本小册，雖不盡關於辨僞，而一加删削將致零星不成書者，姑舉全文刊之。

將來此叢刊告一結束之後，當重事編纂，以所辨之書爲綱，以歷代各家之辨說爲目，庶僞跡受十手之指而無所遁形，且以見後人研究方法之精密及其功力之深邃蓋如何突過於前人也。

民國十八年六月，樸社啟。

---

\* 原載辨僞叢刊各書末。

# 古籍考辨叢刊第一集序 *

"考據學"是一門中國土生土長的學問，它的工作範圍有廣、狹二義：廣義的包括音韻、文字、訓詁、版本、校勘諸學；狹義的是專指考訂歷史事實的然否和書籍記載的真偽和時代。總之，它以書籍爲主體，要徹底弄明白許多書籍的文字意義和社會意義，來幫助人們瞭解歷史。到了現在，考據學這個名詞應當改稱爲"史料學"。史料學的目的，是從資料的來源和它的真確性以及作者的時代和他的環境等等問題來揭示出每一件資料的本質，認定它是一定的社會環境下的產物，以便人們根據了這樣的分析，進一步綜合某一時代的資料而得着正確的歷史知識。可是這個工作現在還沒有達到讓我們可以隨意應用的高度。郭沫若先生説："無論作任何研究，材料的鑑別是最必要的基礎階段。材料不夠固然大成問題，而材料的真偽或時代性如未規定清楚，那比缺乏材料還更加危險。因爲材料缺乏，頂多得不出結論而已，而材料不正確便會得出錯誤的結論。這樣的結論比沒有更要有害。"又説："研究中國古代，大家所最感受着痛苦的，是僅有的一些材料卻都是真偽難分，時代混沌，不能作爲真正的科學研究的素材。"（十批判書，頁二。）這真是郭先生在研究工作上的甘苦有得之言，他所感到的痛苦就是我們讀古書的人共同感到的痛苦。

---

* 原載古籍考辨叢刊第一集書首，中華書局，1955 年 11 月。

　　遠在二千四百年前，孔子的弟子子貢已經覺出周王朝歪曲了被征服的商王朝的歷史所作的惡意宣傳，他感慨地説：“紂之不善不如是之甚也！是以君子惡居下流，天下之惡皆歸焉。”（論語子張）過了百餘年，孟子也看出了周王朝宣傳自己的武功過分超越了實際，又歎息道：“盡信書不如無書，吾於武成取二三策而已矣！”（孟子盡心）這都是對於當時統治集團太過提高自身和故意壓低對方的非歷史主義的批評。又過了一百年，韓非感到那些獨樹一幟的家派都把自己的主張説成了古聖先王的言行，混亂了時代，誣衊了古人，起來詰問道：“孔子、墨子俱道堯、舜而取舍不同，皆自謂真堯、舜。堯、舜不復生，將誰使定儒、墨之誠乎？”（韓非子顯學）又過了一百年，劉安們看清楚了游談之士偽託古人以自重的伎倆，把當時情形明白地寫出：“世俗之人多尊古而賤今，故爲道者必託之於神農、黃帝而後能入説。亂世闇主高遠其所從來，因而貴之。爲學者蔽於論而尊其所聞，相與危坐而聽之，正領而誦之。”又道：“今取新聖人書，名之孔、墨，則弟子句指而受者必衆矣。”（淮南子修務）明明是“新聖人”，卻説是古聖人，爲的是容易動聽，得以吸引人們的信仰，也可希望統治者替他實現所策畫的政治方案。所以，古書中有偽書，真書中有偽事，這是明顯到無法迴護的事情。

　　可是上面所舉的子貢、孟子、韓非、劉安四人的話，目光雖甚銳利，只是考據學尚未成立時的一種直覺，並沒有經過深刻的查考。至於切切實實做研究工作，要徹底看出古書的真相的，那必須待至古書已成爲研究對象的時候起。就我所見，大約公元第二世紀馬融所作的一篇否定尚書泰誓的文字可算做考據性的辨偽的第一聲。他説：“泰誓後得，案其文似若淺露。又云：‘八百諸侯不召自來，不期同時，不謀同辭。’及‘火復于上，至于王屋，流爲鵰。五至，以穀俱來，舉火’。神怪，得無在子所不語中乎！又春秋引泰誓曰：‘民之所欲，天必從之。’國語引泰誓曰：‘朕夢協朕卜，襲于休祥，戎商必克。'孟子引泰誓曰：'我武惟揚，侵于之疆；取彼凶殘，我伐用張，于湯有光。'孫卿引泰誓曰：'獨夫受。'禮記引泰誓曰：'予克受，非予武，惟朕文考無罪。受克予，非朕文考有罪，惟予小子無良。'今文泰誓皆無此語。吾見書傳多矣，所引泰誓而不在泰誓者甚多，弗復悉記；略舉五事以明之，亦可知矣。"（尚書注疏卷十引）泰誓是漢武帝時所謂新發見的一篇周初的書，當時立於學官，取得國定本教科書的地位。但它在經典上的權威竟不能鼓起馬融的信仰，反給他舉出兩項理由來反對：第一，其中太多神話，不合於孔子選尚書的標準；第二，古書中所引的泰誓都不曾見於這一篇裏。前一項理由很有商量的餘地，因爲古人本來相信神話（實際上這是秦、漢間人派定周爲火德，故有"火復于上"及"舉火"的符瑞）；後面一項卻是顛撲不破的堅強證據。左傳、國語、孟子、荀子、禮記都是孔子以後的書，如果尚書百篇確出孔子所定，武帝時發見的泰誓又確爲其中的一篇，那麼左丘明、孟軻、荀卿等所引的泰誓之文便不該不在裏頭，爲什麼在這一本中都看不見？這本泰誓的文字，爲什麼又絕不見引於先秦諸子？這分明是兩篇文章，一篇是戰國時存在着的，一篇是西漢時僞造的。

自從隋、唐間佛經有了雕板，五代時推廣到儒書，刻了九經和文選等書，北宋時又刻了十五史和諸子等書，學者讀書方便，聞見容易擴大，取證自然豐富；又受了禪宗的"呵佛罵祖"的影響，敢對學術界的權威人物和經典著作懷疑。唐代的疑古者以劉知幾和啖助爲巨擘和先導；宋代則歐陽修、程頤等倡之於前，朱熹、程大昌、王應麟等繼起於後：他們在古書範圍内提出的問題愈來愈多，關於古帝王和聖人在道統説上發生大作用的書，像古文尚書、春秋左氏傳、孝經、易傳、詩序、書序、孔子家語、孔叢子等等一個接着一個地受到了檢舉，每一問題因討論之多而理由日益充足，考據學就漸漸地成立了起來。不過當時提出的問題雖多，方法和研究工作還是粗枝大葉的，所以夠不上徹底解決問題。

到了清代，學者們的工作方法愈來愈細密，討論的問題雖不太多，然而所討論的問題總是接近於解決的地步。現在，我舉出三件事情，可以作爲清代學術的主要收穫的來一説。

第一，十七世紀的末年，閻若璩用了一生精力寫出尚書古文疏證一百二十八篇，把晚出的古文尚書的來源一一尋出，又把僞作者鈔襲古書而鈔錯了的地方也一一揭破，還把所謂古文尚書裏的政治制度、歷史事實、曆法、地理、文法的不合於古代實際的以及它和古本尚書、漢代經師解釋不合的地方也都一齊檢舉，暴露了它的種種内在的矛盾。他的這般比較圓滿的理論漸漸取得了學術界的公認，雖有毛奇齡等幾個人用了大氣力來翻案，大家只是一笑置之，發生不出什麼影響。但是這部古文尚書究竟是誰僞作的呢，他還没有能決定，這個問題留待一百年後的丁晏作了一部尚書餘論，纔指實是魏代的王肅。古文尚書是封建統治階級所謂修身、齊家、治國、平天下的教科書，尤其是"人心惟危，道心惟微，惟精惟一，允執厥中"十六個字是所謂"堯、舜、禹相授之心法"，成爲宋、元、明理學的最神聖的信條的，竟給閻氏摧陷廓清，實在不能不説是學術界中最突出的一件事。這是清代學者對於三國時代的僞書的研究成績。

第二，西漢後期，當漢代經學由極盛而蜕化的時候，驟然出來了許多部古文經，表章這些經的是劉歆和王莽。它的出現或託之孔壁所發，或託之中祕所藏，或託之民間所傳，實在有許多破綻，兩漢學者已很多懷疑；但因當時還没有精密的考據方法，批評的不得要領。到了清代，爲了崇拜漢學，凡是漢代的每一個大派和每一個名家差不多都有人作專門研究，於是把湮没了近兩千年的今、古文經學的爭論問題重新提出。十九世紀初葉，劉逢禄作左氏春秋考證，從本書的内容和傳授系統上證明左傳和春秋確實是不相干的兩部書，硬被人們湊在一起。到了那世紀的四十至六十年代，魏源作詩古微和書古微，又揭破了毛詩和漢代的古文尚書都是偽古文；邵懿辰作禮經通論，又揭破了逸禮是偽古文。左傳、毛詩、逸禮、古文尚書是漢哀帝時劉歆爭立的四部經典，他的願望到王莽執政而實現，想不到過了一千九百年之後竟一齊被人擊破。再有一種學者是不參加這些論戰而是專門整理今、古文問題的資料的，像東漢許慎作五經異義，記錄今、古兩家對於古代政制和禮制的不同説法，到了十九世紀初葉，陳壽祺作五經異義疏證，就把兩方面的異説加以詳盡的闡明；東漢章帝初年，會諸儒於白虎觀，講議五經同異，班固記錄爲白虎通義一書，到了十九世紀中葉，陳立作白虎通疏證，又把漢人經説悉數編排進去。同時輯佚之學大盛，凡漢代已佚的著作，幾乎全數輯了出來，資料集中，大有助於人們對於那時代的學術作全面的認識。所以到了十九世紀的九十年代，廖平作今古學考和古學考，康有爲作新學偽經考，便把今、古學家的不同面貌和劉歆偽造古文經的一件事實作了整個的批評。最後，崔適作史記探源，揭出史記中涉及古文經的各點也出於後人的竄亂。這個研究工作的發展到現在不過一百五十年，已得着一個大體的認識。由于距離問題發生的時代較遠，許多古代資料已沒法找到，當然不如偽古文尚書問題的可以順利解決。但是有了這許多人的研究在先，將來我們把握了正確的方法和新出的資料（例如魏三體石經），必可比他們再進一步。這是清代學者對於西漢時代的偽書的研究成績。

第三，戰國、秦、漢一段時期的人們最敢大膽説話，他們不根據資料而稱説古代，並把自己的意見亂套在古人頭上；古人的事情就儘跟着他們的每一張嘴而變化；破綻太多了，所以人們就知道“百家言不雅馴”，司馬遷作史記已經大大地費了一番別擇的工夫，然而總是掃除不盡。此後，對於古代，只有人作綜合資料的工作，卻沒有人拿了這些資料來作分析和綜合的研究。到了十八世紀的九十年代，崔述發揮了他的極大的勇氣，加上沈潛三十年的功力，作了一部考信錄，把戰國、秦、漢間所説的上古、夏、商、西周以及孔子、孟子的事情全部考證了一下，結果推翻無數僞史，又系統地説明了無數傳説的演變。雖是他牽纏於聖道王功的偶像作用，還不能把這個工作做得徹底，究竟他已經斧鑿開山，後人就他的基業上進展容易了不少。在崔氏同時，梁玉繩作了史記志疑和人表考兩書，對於司馬遷以前的歷史事蹟和人物傳説的發展變化作了一回總清理。把梁、崔二家的書合看，無論是古人有意的造作或是無意的傳訛，大致可以把握得住，不必再去盲從。這是清代學者對於戰國、秦、漢間人口頭傳説的歷史作出的研究成績。

　　從這三件事情説來，清代的考據學的主流無疑是要把從戰國到三國的許多古籍的真僞和它們的著作時代考辨清楚，還給它們一個本來面目。他們的優點是不受傳統的束縛，敢於觸犯當時的"離經叛道、非聖無法"的禁條，來打破封建統治階級爲了自己的利益而歪曲造成的歷史；所用的方法也是接近於科學的。他們的缺點是受了時代的限制，還不能完全擺脱聖道的觀念；所用的方法也有武斷主觀的成分。我們生在他們之後，當然容易接受他們的優點；如能掌握了辯證唯物論和歷史唯物論的武器，也容易改正他們的缺點。

　　説到以往的考辨的工作，常常引起一般人的誤會，以爲要把歷代流傳下來的古書和古史一齊推翻了。其實完全不是那麼一回事。從前我曾在一篇文字裏説："許多僞材料，置之於所僞的時代固不合，但置之於僞作的時代則仍是絶好的史料：我們得了這些史料，便可瞭解那個時代的思想和學術。例如易傳，放在孔子時代自然錯誤，我們自然稱它爲僞材料；但放在漢初就可見出那時人對於周易的見解及其對於古史的觀念了。又如詩三百篇，齊、魯、韓、毛四家把它講得完全失去了原樣：本是民間的抒情詩，成了這篇美后妃，那篇刺某王，甚至城隅幽會的淫詩也說成了女史彤管的大法，在詩經本身上當然毫無價值；可是我們要知道三百篇成爲經典時被一般經師穿上了哪樣的服裝，他們爲什麼要把那些不適合的服裝給它穿上，那麼，四家詩的胡説便是極好的漢代政治思想史料，如何可以丟棄呢？荒謬如讖緯，我們只要善於使用，正是最寶貴的漢代宗教史料。逞口而談古事如諸子，我們只要善於使用，正是最寶貴的戰國社會史料和思想史料。不讀讖緯，對於史書上記載的漢高帝斬白帝子、哀帝再受命，及光武帝以赤伏符受命等事的‘天人相與’的背景是決不能明白的。不讀諸子，則對於舜自耕稼陶漁而爲天子、傅説舉於版築之間的傳説，以及高帝以一布衣五載而成帝業的事實的社會組織的變遷的背景也是不會看清楚的。所以，偽史的出現即是真史的反映。我們破壞它，並不是要把它銷燬，只是把它的時代移後，使它脱離了所託的時代而與出現的時代相應而已。實在，這與其説是破壞，不如稱爲‘移置’的適宜。一般人以爲偽的材料便可不要，這未免缺乏了歷史的觀念。”所以，我們從事這項工作的結果，就是要把真的材料放在一邊，偽的材料放在另一邊。這句話也許説得太簡單了，實際上真和偽往往是相對的而不是絕對的，不能這般地截然分開處理。拿古物來作比喻。宋政和、宣和間仿製了許多三代禮器，清康熙、乾隆間仿製了許多宋代瓷器，他們的目的只是爲了愛好民族藝術的優良傳統而模倣，我們不可説它作偽。美帝偷走“北京人”的頭骨，我們博物館裏製了模型而陳列，這是爲的教育的需要，更非偽造。但是以前的古董商人確實成天在造偽，安陽的販子很多在真甲骨上刻了偽字，洛陽更設廠燒造古明器，它的形製反而比真的美觀。如果我們不管它杜撰的失實，只憑一時直覺的欣賞，徑把它們放在所託的時代，豈不是大大地攪亂了歷史的面貌。古籍方面正多相類的情形。尚書中的堯典和皋陶謨，開頭明明寫着“曰若稽古”，自己早揭出了擬作；經師們卻解“稽古”爲“同天”，硬放到虞、夏時代。禮記中的大學，本是系統地貫穿了戰國以來儒家的精粹思想，作者並没有假託於哪一古人；經師們卻又爲了崇拜它，硬把它分出經、傳來，説經出孔子而傳出曾子。這豈不是以不僞爲僞，我們怎能不辨！易經是一部奴隸社會的筮書，而竟有“不事王侯，高尚其志”的小地主隱居自怡的爻辭。論語是一部記載孔門言行的書，而竟有“邦君之妻”、“周有八士”等章和孔門毫無關係的話。我們怎能因爲它們大體是真書而對於這些地方就放過了！逸周書和越絶書同出漢人編集，當然很多漢人的作品，而其中的商誓、世俘和計倪内經諸篇實是漢以前的舊籍，我們怎能爲了多數的遲而忽略了少數的早！所以我們做這考辨的工作，決不能把古書截然分成真、僞兩部分而取真棄僞，而是要逐一決定它的時代，使後一時代的仿作和僞作不再混亂了前一時代的真相。我們不但不願毁掉一部書，並且不願損失一個字。

　　古籍考辨的工作已有長時期的歷史，在我國舊有學術裏比較富於科學性，是我們應當繼承的優秀遺産。這班古人的創造，萌芽於戰國、秦、漢而勃發於唐、宋、元、明，到了清代已瀕近於成熟的階段，這部分文化的發展過程是決不容割斷的歷史。在將來中國的新文化中，這一部分舊文化定將由於謹嚴的批判，吸收其精華而淘汰其糟粕，在這個基礎上正式建立起史料學來。

　　二十餘年前，我們曾在這個目的下編輯辨僞叢刊，分頭進行，或整理專書，或輯録性質相類和時代相近的文字於一編，使得學人們易於看出這個趨勢。爲物質條件所限制，僅由樸社出版了十餘種。現在中華書局的同志們以爲這書可以做研究古書的入門工具和參考資料，要我繼續編輯付印，因此，便把舊稿檢出，校正誤字，改題爲古籍考辨叢刊。現在先出十種，作爲第一集；以後各集當陸續出版。等到散在群書裏的辨論文字搜集略盡，我很想把前人研究的成果聯貫起來，寫成一册中國古書年代的初步考定，作一個有系統的敘述。我們的工作是否得當，祈求同志們隨時加以嚴正的批評和指導！

顧頡剛。一九五五，二，二八。

# 古籍考辨叢刊第一集後記 <sup>*</sup>

　　古籍考辨叢刊第一集十種已校畢，正待發印，作爲主編者的我，想起這集中每一種書的頭上固然都有一篇序文，可是有的字數較多，怕讀者們一時不容易抓住它的要點，有的說得太簡單，還需待我們補充一下；又從這十種書的表面看來，好像是各不相關的，在各篇序文裏也沒有提到它們的關聯之點，而這個考辨古籍的工作是一種有機的發展，我們應當把它們的聯繫性表達出來，給讀者們作一參考。因此，趁着這集尚未出版的時候把它們的内容概括討論一下，作爲這一集的總結，也替古籍考辨工作的發展史做上一點小小的叙述。

　　通論四種恰恰代表了唐、宋、明、清四代，可以說明在這一千多年裏頭的古籍考辨運動是如何萌芽又如何成長的。

　　唐代的文化，在文學和藝術裏自有它的高度成就，但對於古文籍的研究卻還是一個啟蒙時代，大致說來，那時所提出的古籍真僞問題不過顯現了些模糊的印象。不過在這二百多年之中，究竟產生了三個傑出的人物，那就是劉知幾、啖助、柳宗元。

　　劉知幾著的史通是我國自古以來講作史方法的第一部有系統的著作，他發揮出凌厲無前的勇氣，用了極深刻的筆調對於不論多麼高大的史界權威作了不容情的批判。這書裏的疑古篇，利用了晉代出土的竹書紀年與儒家經典的矛盾，加上三代以下統治階

---

　　* 原載古籍考辨叢刊第一集書末。

級的各種政治陰謀，指出所謂古聖人、古帝王的岸然道貌和政治上的雍容和平的氣象都是經過了後人塗飾的結果。他的惑經篇，從春秋經書法的"事同書異"的參差之下，指出了這部經典必是因襲舊文，而不是孔子先定了義例做出來的；春秋既不是孔子所作，當然不該享受後人過分的尊崇，看作一部完善無缺的東西。申左篇則是從史事的豐富上指出左傳的優點，遠勝於公羊和穀梁等書憑了傳聞和臆斷來說春秋。這三篇文字是一意相承的，就是：我們要知道古代的真相，就不能太相信經典；經典裏的春秋只是經過刪削的魯國舊史，並不曾含有聖人的大道理；春秋的經既是舊史，所以春秋的傳也應該注重舊史料而不需要主觀的猜測。這便是他把經學化爲史學的創見！這疑古、惑經兩篇，因爲推翻人們的信仰太劇烈了，所以作者捱了一千多年的詬罵，然而到了今天卻證明了他的目光的無比銳利。至於他的孝經注議，考出鄭玄並沒有注過孝經，現行的鄭注是假託的，證據確鑿，也是一篇很好的考證文字。

　　啖助是春秋專家，他的行輩稍後於劉知幾，也可說是同時人，所以他受劉氏的影響是很可能的。他也站在歷史事實的立場上指出左傳的勝於公、穀。他說：從左傳記載各國史事的不同方式上，可以知道左傳確實得到各國的史書做底本；不過從經學的眼光看來，左傳解經自有其錯誤之處。他所發的疑問，到今天已經清楚地解答，原來這些錯誤是西漢末年人把左氏書改編爲春秋傳時所加上的釋經的話語鬧出來的。左傳裏所根據的各國史書是很早的材料，而釋經部份卻是後出的，其間約有五六百年的距離，哪會取得一致。至於公、穀的妄說，他也一一批判，這就開了"春秋三傳束高閣，獨抱遺經究終始"的超家派的研究風氣。他的弟子趙匡和陸淳繼承他的工作，說作傳的左氏不是左丘明，論語裏的左丘明是孔子以前的人，而作傳的左氏是孔門後的門人，兩個人應當分開。這分明他已經打破了劉歆的"左氏好惡與聖人同，親見夫子"的誑語，也依稀發覺了論語中的"巧言、令色、足恭，左丘明恥之，丘亦恥之"一章的僞託。到了清代，今文經學家劉逢祿、康有爲、崔適等所以能把左傳問題徹底解決，實在由於啖助們開了先路的功勞。

柳宗元從陸淳受學，也即是啖、趙的繼承者，他接受了這超家派的治春秋的方法，就把這方法移過來研究諸子，於是知道論語成書距孔子甚遠；列子不是鄭穆公時人，列子書中甚多增竄；文子是剽竊孟子、管子等書而成；晏子春秋是齊國的墨家所作；鬼谷子、鶡冠子、亢桑子等都是後出的僞書。後來宋高似孫的子略，明宋濂的諸子辨，都是從他這幾篇文章引伸出來的。

唐代的古籍考辨工作既由他們幾位號召了起來，到宋代又有歐陽修、程頤、鄭樵等人繼續着這工作，積累既多，注意力越深，方面也就越來越寬闊，於是朱熹就作了更深更廣的開拓。朱熹是所謂"道統"的繼承者，他仿效了春秋的體裁作通鑑綱目，具體地使用了"三綱"的教條來一一評定前代的歷史人物，無疑是一個擁護封建道德的領導人；但是從另一方面看，他實事求是地從事於考辨古籍的工作，敢於推倒腐朽的傳統的説法，卻是一個反對前代封建統治者爲了他們自己的利益而假託了聖人們的説話來騙取群衆信仰的急先鋒，又是很具有進步意義的。他在這一方面，先作了詩序辨説，揭破整篇詩序是沒有得到甚至極端違反詩經的真意的叙述；繼作孝經刊誤，證明孝經中有許多話是鈔録左傳而又鈔得不像樣的，必不是孔子所説。他又屢次辨古文尚書，説："孔壁所出尚書……皆平易，伏生所傳皆難讀，如何伏生偏記得難底，至於易底全記不得？"又説："凡易讀者皆古文；況又是科斗書，以伏生書字文考之方讀得，豈有數百年壁中之物安得不訛損一字？"爲什麼伏生口傳的都難讀而藏在壁中斷爛難認的偏又易讀，他提出這個問題確實使得僞古文尚書受到了致命傷的打擊。他想整理尚書，可是感到自己的年齡已來不及，只得交與蔡沈作了。蔡沈遵守了他的意思，在所作的書集傳裏，每篇下注明"古文、今文皆有"或"今文無，古文有"，使讀者們一覽之下即了然於今文和古文的區別，僞古文馬上失掉了若干高級知識分子的信仰。朱熹又揭破所謂"孔安國"所作的傳和序（即所謂"書大序"）的僞，說西漢人文字粗枝大葉，哪會這般軟郎當地，牽連及於孔叢子，說它正和這個"孔安國"的文字一致，這就啟發了清代學者來判定王肅作僞的案子。朱熹在漳州時刊四經，把易經和易傳分開，把書經和書序（即所謂"書小序"）分開，把詩經和詩序分開，把春秋和左傳分開。這樣地經歸經，傳歸傳，看似平常，而實在是他的歷史觀念的高度發揮。這不僅使經和傳不相混，實際上卻是把兩周的史事、制度、學術放在一邊，戰國、秦、漢間所傳的古代史事、制度、學術放在另一邊，因而劃出了兩種不同時代的文化的分野。他曾在給呂祖謙的信裏說："其（經）可通處，極有本甚平易淺近，而今傳、注誤爲高深微妙之說者。"這就是說：兩周的經本是供人生日用的平常的東西，到了戰國以後的傳、注卻化爲高妙的聖道，它的質是變了！爲了他這般地分開經、傳，所以傳到清代，崔述要考信於經而屏去傳、記的種種附會，龔自珍又要寫定群經，替六經正名，鼇定了各種經書的性質。

朱熹的考辨工作最有成就的是經，但他是"禪道、文章、楚辭、詩、兵法，事事要學"的人，學問廣博，各種書籍他都注意到，因此凡有疑問的地方，他決不肯輕易放棄提出問題。可惜他的讀書筆記困學恐聞編不曾傳下來，我們只能就他的弟子們所記的朱子語類裏抽出他對於六十種書籍的考辨。

由於南宋的偏安，朱熹的講學區域不出今福建、江西、湖南、浙江等省。他死後，他的弟子們和他的信仰者形成了一個極有勢力的學派；因爲國都所在的關係，這個學派以浙江人爲最多。明代的胡應麟和清代的姚際恒都是浙江人，他們遙遙地接受了他的考辨古文籍的見解和方法。

胡應麟是個目錄學家，他有清楚的頭腦、豐富的知識，可是沒有深入的研究。他從許多目錄書裏，尤其是馬端臨文獻通考經籍考裏，把歷來抉出的僞書或認爲著者有疑問的書都摘錄下來，編成一部比較有系統的四部正譌，做一番總結工作，使人看了可以得着一個概括的觀念。他在結論裏寫出了考覈僞書的八種方法，又統計了僞書的門目而說："凡四部書之僞者，子爲盛，經次之，史又次之，集差寡。凡經之僞，易爲盛，緯候次之。凡史之僞，雜傳記爲盛，璅說次之。凡子之僞，道爲盛，兵及諸家次之。凡集，全僞者寡，而單篇別什借名竄匿甚衆。"這也是一個比較全面的認識。

姚際恒生於清初"經學即理學"的反理學的學術空氣中，他和同時的黃宗羲在周易裏辨河圖、洛書，閻若璩在尚書裏辨僞古文作同方向的努力。他一生用了自己的眼光研究經書，把唐人"獨抱遺經究終始"的方式擴大開來，作成一部一百六十餘卷的九經通論；其中有"別僞例"，撤去許多僞書和僞說。這書爲當時的統治階級所憎恨，不能刻出，也不容收入四庫全書的存目，連書名也若存若亡；若不是鮑廷博把他的古今僞書考刻在知不足齋叢書裏，連他這個人的姓名也就永遠埋没了。這部僞書考只是他的不經意之作，精采無多。它的方式也正和四部正譌相似。胡應麟在正譌裏的分類，是(1)全僞，(2)真錯以僞，(3)僞錯以真，(4)真僞錯，(5)真僞疑，(6)殘、補、譌，(7)名譌，(8)出晚。姚氏這書的分類，是(1)僞書，(2)有真書雜以僞者，(3)有本非僞書而後人妄託其人之名者，(4)有兩人共此一書名，今傳者不知爲何人作者，(5)有書非僞而書名僞者，(6)有未足定其著書之人者。這很可以證明姚氏所受的胡氏影響之深，而這兩人又都受了宋濂的影響。不過姚氏是一位經學家，所以經書部門的考辨遠高出於胡氏，最可惜的是他的九經通論的別僞部分不曾摘要留在這裏。

經學三種，詩疑是宋人作，左氏春秋考證是清人作，書序辨是把宋、清人的著作混合編輯的。宋、清兩代的經學，通常給人誤會爲兩種截然不同的學問，因爲清代中葉以後的經學標榜爲"漢學"，自以爲直接漢人之傳，和宋學處於對立的地位，它們之間只有攻擊，絶不相通。不過，到了今天，我們知道，一切新東西都是從舊東西裏發展出來的，宋在漢後，所以宋學必然從漢學裏蛻化而成；清在宋後，所以清學也必然從宋學裏蛻化而成。所不同的，宋學對漢學，除了名物訓詁之外，在思想和方法上都起了顯著的變化；而清學對宋學，在考訂古文籍的一切方面都是緊緊地銜接着的。清代學者無論他們自己如何説反理學，如何説自己怎樣承接漢代的學統，從我們看來，這些都是朦人眼睛的煙幕彈。不但我們看得出來，清代中葉的章學誠就早已看出來了。章氏因爲同時的人"自命通經服古之流，不薄朱子則不得爲通人"，而當時的漢學大師戴震一派更驕傲地誇口道："自戴氏出而朱子徵倖爲世所宗已五百年，其運亦當漸替。"他十分看不過，所以在他的文史通義的朱陸篇裏説道：

　　末流失其本。……今人有薄朱氏之學者，即朱氏之數傳而後起者也。其與朱氏爲難，學百倍於陸、王之末流，思更深於朱門之從學，充其所極，朱子不免先賢之畏後生矣；然究其承學，實自朱子數傳之後起也，其人亦不自知也，而世之號爲通人達士者亦幾幾乎寨裳以從矣。有識者觀之，齊人之飲井相捽也。性命之説，易入虛無，朱子求一貫於"多學而識"，寓"約禮"於"博文"，其事繁而密，其功實而難，雖朱子之所求未敢必謂無失也。然沿其學者，一傳而爲勉齋（黃榦）、九峰（蔡沈），再傳而爲西山（真德秀）、鶴山（魏了翁）、東發（黃震）、厚齋（王應麟），三傳而爲仁山（金履祥）、白雲（許謙），四傳而爲潛溪（宋濂）、義烏（王褘），五傳而爲寧人（顧炎武）、百詩（閻若璩），則皆服古通經、學求其是，

而非專己守殘、空言性命之流也。……生乎今世，因聞寧
人、百詩之風，上溯古今作述，有以心知其意，此則通經服
古之緒又嗣其音矣。無如其人慧過於識而氣蕩乎志，反爲朱
子詬病焉，則亦忘其所自矣！夫實學求是與空談性天不同科
也；考古易差，解經易失，如天象之難以一端盡也。曆象之
學，後人必勝前人，勢使然也；因後人之密而貶羲、和，不
知即羲、和之遺法也。今承朱氏數傳之後，所見出於前人，
不知即是前人之遺緒，是以後曆而貶羲、和也。蓋其所見能
過前人者，慧有餘也，抑亦後起之智慮所應爾也；不知即是
前人遺蘊者，識不足也，其初意未必遽然；其言足以懾一世
之通人達士而從其井捽者，氣所蕩也；其後小遂居之不疑
者，志爲氣所動也。攻陸、王者出偏陸、王，其學猥陋，不
足爲陸、王病也。貶朱者之即出朱學，其力深沈，不以源流
互質、言行交推，世有好學而無真識者，鮮不從風而靡矣！

這段話是從學術的本質上來看學術史的一系列的發展，因此明白
清代的漢學即是宋代的朱學的演進，兩者都是客觀地整理古文籍
的"實事求是"的學風，不過宋人做得比較粗淺，清人則是深邃而
精密了。這種學風，和漢代經師堅持主觀的門戶之見的"專己守
殘"的方式是不同的，和宋、明以來一部分理學家竊取了禪宗的
頓悟之說而"空言性命"的方式也是不同的。所以章學誠拿了曆法
來作譬喻，說朱學好像是早期創造曆法的羲、和，而清代學者便
是改造曆法的郭守敬一輩人。歷史是割不斷的一道長流，我們決
不能因爲後期的進步而菲薄前期的幼稚。（宋學和清學有一點不
同處，即通經的目的，宋人是希望"致用"的，清人則除了晚期的
今文經學家之外卻只希望"識古"了，這是滿清皇朝政治高壓力所
形成，也是純客觀主義發展的必然結果。）
　王柏是朱熹的三傳弟子，他要擴大朱氏的研究成果。我們在

這集裏先收他的詩疑一種。原來詩經本是一部樂歌集，樂歌的演奏地方不同，有的場合是私人的讌會，詩辭可以很輕鬆；有的場合是行政機關和廟宇裏舉行禮節，詩辭必須很嚴肅。到了漢代，斷定這書是給孔子删成三百篇的，那麼每篇每句就都含有孔子的大道理，做經師的應該按着各篇把這些大道理講出來才是。因爲孔子並沒有把這些道理寫出來，只得由經師們猜測，而猜測出來的結果是不會一致的，所以就有了齊、魯、韓、毛四家的說法；後來又在毛詩裏加上了一部詩序，斷定每篇的作者和作意。這樣一來，不但孔子删詩有他的大道理，就是詩人作詩也都有他們的大道理了。經師們覺得這樣地安排妥貼，可以提高人們對於封建道德的信仰，使得每個人都安心做封建集團的忠實擁護者，是多麼地適當！可是詩人作詩，有的在東周，有的還在西周，下距作詩傳和詩序的時候，少則四五百年，多則一千餘年，詩人的骨頭化成了灰，經師們如何猜得中他們的心事？所以這個問題自給歐陽修提了出來，鄭樵、朱熹們繼起，周人的詩篇和漢人的詩說就被兩下分開，凡是具有理性的人們都知道這不同時代的兩種心思是不該生硬地拍合的，所以要涵泳經文以求詩意，而把以前所謂詩人作詩的大道理和四家詩的大道理都放在一旁。但是還有一個問題很難講通。詩經既是孔子删定的，那麼這三百篇裏必然貫徹了孔子的大道理，而指出這個大道理的最顯明的一句話就是論語中的“子曰：‘詩三百，一言以蔽之，曰：思無邪！’”孔子既用“思無邪”一語包括了三百篇，可見一部詩經篇篇都是“思無邪”的；然而其中確實有許多給封建道德認爲淫邪的戀愛詩，這怎麼講呢？朱熹對於這個問題不免遲疑起來了，他想出一個調停的方法，說孔子保留這些詩的意思，是“取其善者以爲法，存其惡者以爲戒，無非教者”。王柏後起，覺得朱熹既經認定這些詩是淫詩，是和“思無邪”的宗旨根本抵觸的，那就不必這般地宛轉迴護。但這些詩既不合孔子選詩的標準，爲什麼會收到詩經裏去呢？王柏想出一個理由，説：淫俚的歌詞是最容易流傳的，這些詩雖決不爲孔子所取，然而在里巷裏是風行的，後人無識，把它們鈔了下來，偷偷地放進聖經；這是不可饒恕的罪惡，必然應當删掉。他的衛道態度何等堅決，然而卻也更清楚地顯出了詩經的真相。到了今天，我們正可以比王柏更進一步地説：詩經中有戀愛詩，即是和漢人所説的孔子的大道理没有關係的證據；如果這些詩竟是孔子所選進，那麽孔子的道德觀念就和秦、漢以後的道德觀念大有不同，戀愛詩並不和"思無邪"抵觸。

　　書序和詩序一樣，是要揭出尚書裏每一篇的作者和作意，而也同是出於漢人的附會。尚書是各代和各國的檔案，可以多到無窮，本來不能用一定的篇數來計算。先秦諸書常常稱引夏書、商書的這篇那篇，也没有説出一個確數來。所以孔子删詩之説在史記裏已有，可以證明這個傳説起得較早，而孔子删書之説則直到西漢末年才起來，可以推測它是由模仿删詩而發生的。當漢文帝時，"天下無治尚書者"，只有原任秦博士的伏生傳下二十八篇，到武帝時又發見泰誓，都列於學官。到成帝時，國家爲了提倡文化，派遣使者到民間蒐訪遺書，而在先秦諸書裏所引用的這篇那篇的書很多出於學官本之外的，在名和利的誘引之下，於是有張霸僞作百兩篇的事情。漢書裏説："百兩篇者，出東萊張霸，分析合（今）二十九篇以爲數十，又采左氏傳、書叙爲作首尾，凡百二篇，篇或數簡，文意淺陋。"我們從這裏可以知道：張霸的僞書是把學官本二十九篇拆成了數十篇，又採左傳文字加作若干篇，共一百篇；又加上一頭一尾的書序，成爲一百零二篇。這裏所説的書序，頭上一篇不知怎樣，末了一篇即"百篇之序"。這百篇之序因爲它説的似乎有據，竟傳了下來，而且經過屢次的修改，到僞孔安國的傳出現時，又把每序冠於每篇的前面，歷來讀尚書的人也就深信不疑，以爲孔子删書爲一百篇，這書序便是當時孔子所作，因而它也取得了聖經的地位。直到朱熹，才決然否定了它，説："書小序亦非孔子作，與詩小序同。"蔡沈作書集傳，就把原置於各篇首的序總合爲一篇，移到全書的末尾，並疏出其中的可疑之點。清代學者爲了書序是漢代傳下來的，起初不敢疑它；但研究到了一定程度之後，古文經全部動搖，康有爲在新學僞經考裏作書序辨僞一篇，他指出書序是鈔襲秦、漢經傳、諸子所引書的篇名加上史記中的文字而成，但這些篇都是孔子的不修之書，孔子所修的就是伏生所傳的二十八篇，無所謂"百篇"。"百篇"之説既破，當然也就無所謂"百篇之序"。崔適作史記探源，又證明書序是劉歆插入史記，不是從史記中鈔出的。趙貞信同志作本書的序，又證明今本書序是魏、晉時編僞古文尚書的人所修改的漢人之作，推論益爲完密。書序到今天，它的命運已和詩序一樣，再不能維持它的傳統的尊嚴了。

春秋左氏傳這部書，是我們祖國的史學和文學上極大的優秀遺產，有了這部書我們才可以認識秦、漢以前的社會形態和春秋、戰國間的文學造詣，我們必須好好地珍貴它是絕無疑義的。可是這部書本不是爲講明春秋經而作，它的體裁也不像春秋經那般的按年編排。劉歆爲要建立他的整套的古文經，看到這部書講春秋時的事情最多，很可以和春秋經相證成，就把它的面貌改造起來。漢書説："初，左氏傳多古字古言，學者傳訓故而已；及歆治左氏，引傳文以解經，轉相發明，由是章句、義理備焉。"這就説出了這書的改造經過。崔適對於這條文字的關鍵處指點得最好，他説："傳自解經，何待歆引？歆引以解，則非傳文！"我們從這裏可以確切地認識，劉歆"引傳文以解經"，就是把雜記體的史書改成了編年體的春秋傳；"轉相發明，由是章句、義理備"，就是把它改成春秋的傳時插進了很多解釋經文的話頭。我們爲了珍貴這一分最優秀的遺產，必須把後人塗附上去的許多不相干的東西費一番洗滌的工夫，希望還給它一個本來面目。

春秋經這部書自是魯國史書——魯春秋的節本。那時各國都有史官，順着年、月、日而記錄事件。因爲這些史官是爲貴族們服務的，所以一定要保持貴族的尊嚴；他們在文字上特別注重兩點：一是嚴格地規定各階級尤其是貴族裏的各階層的身份，二是顯著地打擊不安於自己的固有身份而侵犯了上級的權利的犯罪者。孟子説："孔子成春秋而亂臣賊子懼。"實在這個威權就是寄託在那時史官們的筆下。可是史官們並不生就同樣的性格，剛强的人敢於直書"崔杼弑其君"，不怕給權臣砍頭；柔懦的人怕因直書而喪命，只得對於被殺的君主寫上"君薨"、"子卒"，被逐的君主寫上"公孫(遜)于齊"，弄得老實的人們會誤認爲"魯無簒弑"。春秋經這部書，每年所記的事蹟多的僅十餘條，少的才幾條，可見這必是把魯春秋大加删削而成，否則内政和外交不可能這般稀少，史官們也不可能這般空閒。這删削的人究竟是孔子還是孔門的人，現在没有充分的材料，不易斷定；總之，在戰國中期已經確定爲孔子所"筆(修改)削(删削)"，列於六經之中，所以孟子會這樣説。既有了經就必須有傳，公羊子們開始用了講師的口氣把孔子爲什麽要這般寫的理由講了出來。這部傳大概是戰國時的口説而到西漢初寫定的。自從漢武帝把儒家定於一尊，孔子成了全國崇拜的無上高超的對象，春秋的經和傳也就發生了極大的作用，凡是政治、法律方面的大問題都要舉出春秋大義來作泰山壓頂般地解決，公羊傳的聲價特別提高了。可是有人嫌公羊傳的解經還不夠周密，他們更加着意咬文嚼字來探求孔子的意思，於是又出了一部穀梁傳，因此得着"穀梁善於經"的稱譽。大家説公羊和穀梁兩家都是孔子的弟子，得着孔子的真傳，不過十口相傳，因年久而有差異罷了。劉歆爲了左氏書的内容翔實，它所記載的事情和包含的時間又恰好和春秋經相配合，因此蓄意把它改成春秋的傳；可是左氏這人和孔子毫無淵源，如何配得起來，因此他在古文論語裏插下了"左丘明恥之，丘亦恥之"一章，證明左丘明不但得到孔子的傳授而且是孔子所極佩服的一個人，他的地位自然遠出於公羊和穀梁之上。仗着劉歆在王莽時做國師的政治特權，這部改造過的春秋左氏傳就不怕人們的反對而立於學官。因爲讀的人多了，左傳的文學性又容易吸引人們的欣賞，它一帆風順地取得了春秋傳的正統地位，而公羊、穀梁都衰微了。

朱熹是把詩、書、禮、易都整理了的，惟獨對於春秋一經不敢下手。他生於啖助、趙匡之後，覺得三傳所解的經義都有逞空文而作臆斷的大毛病，歎口氣道："某所以都不敢信諸家解，除非是孔子還魂親説出！"言下可見他不但對於公、穀懷疑，就是劉歆的引傳解經所發明的義理也是不肯同意的。劉逢禄是清代的今文學家，上接啖、趙之傳，他從左氏書求得内證，證明它本不是一部解釋春秋的書，在很多地方可以證明它是勉强的凑合；又從史記等書求得外證，證明左丘明和孔子本來没有關係，左氏學的傳授系統也都出於憑空捏造。他的左氏春秋考證雖只是一個小册子，而且文字發揮不暢，然而件件證據都真實，使人没法反駁，可以説是先立於不敗之地的。繼續他的工作的有龔自珍的左氏決疣，可惜亡佚了。康有爲在漢書藝文志辨僞裏，指出左丘明只做了國語，没有再做一部春秋左氏傳，現有的左氏傳乃是國語的改編，斷得簡單直捷，比劉逢禄又推進了一步。崔適考明左傳中的分野、互體、五德終始等學説不是原本國語所有，而是劉歆們所增竄，比了康有爲又進一步。經過他們幾位研究之後，左氏書的真象已明，我們應當做的工作，正如錢玄同先生在他的書後中所説，是"國語探源"和"今本國語與左傳疏證"，後一種是今本國語與今本左傳的逐條考辨，前一種是經過仔細考辨之後把認爲没有問題的材料合編爲一部假想的真本國語。這是一個很艱巨的工作，我們怎樣可以依着錢先生的提示來完成這個已有一千二百年歷史的研究呢？

五經是我們祖國最古的典籍，我們歷史工作者應當好好地整理它，這是没有疑問的。但是從戰國到漢代的經師們的目的，並不在於整理經書，而是要把那個時代的社會所需要的封建道德和封建制度一齊併合到經書裏去，用了孔子作招牌和擋箭牌，使它成爲不可動搖的宗教信仰。因此，有的經他們認爲孔子所删，如詩、書；有的經他們認爲孔子所作，如春秋；有的傳他們認爲孔子所作，如易十翼；有的傳他們認爲孔子的口説，如公、穀；有的傳他們認爲孔子的好朋友或好學生親承孔子的指導而作，如左傳。他們這般地慘淡經營，在當時也算建設得像個樣子；可是謊話終有戳穿的一天，只要人們敢發展自己的理性，又肯努力把握材料，自然能將各種僞裝逐漸揭掉；而且考辨工作發展到一定的程度時，又會把僞造的系統組織整個擊破。宋學對於漢學的重要變化，就是把信仰的對象變成了研究的對象。清學對於宋學的量變，就是把粗疏的研究變成了細緻的研究。到了今天，有了最正確的科學方法來領導我們，宋、清兩代學者的成績又可以批判接受，當然可以吸收了其中具有進步性的遺産而作爲建設新文化的營養。

　　本集中所收的子學三種，第一種論語辨，除了柳宗元外都是近代人的文字。論語本是我國私家著述的第一部書，它和記載歷史和政制的經書的性質根本不同；後人過分尊重孔子，把他所教學的官書（經）和他的一再傳的弟子們所記的他的學説一起放在經部裏是不合理的。我們應當回復它的子書地位。這部論語在認識孔子的思想和春秋末年人的思想上有極大的價值，但著作不出一手，前後就有矛盾和重復的地方；加以今本論語是併合魯論語、齊論語、古文論語三種書爲一物的，地域既不同，時代又不同，當然包含了許多不同的思想。崔述費了極大的工夫細爲分析，指出其中有些是可疑的，有些是決不可信的，有些是文體不類的，有些是記載不倫的；他斷定季氏以下四篇的問題最多。袁枚、趙翼和崔述生於並世，互不相知，然而袁、趙們偶然的發見卻和崔述長期的研究極爲類同，可見考辨工作到了精密的程度時就很可能得着一致性的結論。康有爲和崔適爲了研究今文經學而對於古文論語作嚴厲的批評，因爲古文經學本是西漢末年的一種有計劃的組織，所以應該和別的古文經典作併案的處理。

在過去社會裏，子書中的論語、孟子佔有道統的地位，和經書有同等的尊嚴；此外，老子被道教拉作了教主，莊子的文章特別優美，荀子是儒家中的大家，管子和韓非子有實際的政治效用，孫子有高度的軍事技術，黃帝内經是醫學的理論淵源，吕氏春秋和淮南子是秦、漢間各家學說的總匯，所以閱讀的人比較多。其他各家都是被人看作可有可無的。雖以墨子這樣偉大的人物，在戰國初年曾經起過很强烈的作用，但也若存若亡，司馬遷在史記裏只替他做了二十四個字的傳，等於没有説；宋濂遍讀諸子，然而他所看見的墨子只有十三篇；清代學者給這部書盡心整理，也還有許多地方讀不下去。墨子如此，其它可知。爲了人們對於子書的不經意，所以漢書藝文志裏所記録的我國思想史上黄金時代的先秦諸子，漢以後竟大量亡佚，到唐、宋時存下的真書已經没有多少了。可是僞作的或輯集拼凑的，如儒家的孔子家語、孔叢子，道家的列子、文子、鬻子、關尹子、亢倉子，縱横家的鬼谷子，兵家的吳子、尉繚子等卻繼之而起；甚而至於宋代僞造的子華子也居然爲了它修辭的整潔而滑過了人們的眼睛，取得春秋時的子書的地位，實際上的時間距離是一千六百年。

爲了子部書的僞作太多，激起了柳宗元的反抗。到宋代，唐仲友、朱熹、葉適、晁公武、陳振孫、黃震諸家都對它們作上一番考辨。高似孫的子略只是一部不謹嚴的讀書筆記，但其中也有些特出的見解，例如他看莊子天下篇裏列叙各家學術，没有一字提到列禦寇，然而莊子書裏卻儘多列禦寇的事情，他推測這也許是莊子的寓言，因爲莊子書裏的神話人物實在太多了，像列子的“御風而行”，豈非顯然是神仙一路。元代馬端臨把唐、宋人考辨諸子的文字一起編入他所著的文獻通考經籍考，這些討論的材料

既被積聚在一塊，就使得各種子書的僞跡大明，宋濂因之而作諸
子辨。

　　諸子辨中，順了子書的著作時代和僞託時代的次序，一一加
以簡單的批判。雖是宋濂的中心觀念是把儒家思想作爲衡量諸子
思想的尺度，來定出或取或棄的標準，在今天看來實在是無聊的
一套，然而他究竟生在宋人之後，唐仲友、王柏們又都是他的鄉
先輩，所以他也很能接受考辨的方法。他是一個非常穩健的人，
我們試看他的辨論的態度：第一，他從年代的先後上看，指出老
子成書不能提前到周平王四十二年（公元前七二九），而其人下與
孔子（前五五一——前四七九）相接；莊子上稱子華子見韓昭僖侯
（前三五八——前三三三），是一條可信的同時代人的記載，現在子
華子裏說"秦襄公（前七七七——前七六六）方啟西戎，子華子觀政
于秦"，也是絕不可能的事；公孫龍爲平原君客，平原君相趙惠
文王（前二六五——前二五二），尹文子既於齊宣王時（前三一九——
前三〇一）居稷下，便不能受學於公孫龍。第二，他從思想和事
實的異同上看，指出老子只有這五千言，後來道教裏的經典多到
四千三百多卷，其中符呪、法籙、丹藥、方技都是老子所不談
的；列子中說到"西方聖人"，分明暗指釋迦，所以佛教裏的大乘
圓行、修習教觀、幻化生滅、輪迴不息、寂滅爲樂、圓覺四大諸
說在列子書裏都找得出來，人家說佛教鈔列子，其實恰恰相反；
淮南子裏既說"武王伐紂，載尸而行，海內未定，故不爲三年之
喪"，又說"武王欲昭文王之令德，使夷狄各以其賄來貢，遼遠未
能至，故治三年之喪，殯兩楹以俟遠方"，同是一個周武王，而
他爲與不爲三年之喪和他爲與不爲的原因在一部書裏竟有這樣的
差異，足證其中極多信口開合的言談。第三，他從辭句的體裁方
面看，指出關尹子和老子同時，而關尹子書中多用釋氏及神仙方
技家言，至有"嬰兒、蕊女、金樓、絳宮、青蛟、白虎、寶鼎、
紅爐"等等決不是老子時代所能有的詞語；亢倉子勦襲老、莊、

文、列諸書而成，又以"人"易"民"，以"代"易"世"，顯而易見是唐人避的唐太宗的諱；燕丹子的辭氣很像吳越春秋和越絶書，可以斷爲秦、漢間人所作。用這三種方法來決定古籍的真僞和時代可以説是比較真切的，所以他這書的篇幅雖寥寥，也能發生作用而喚起了胡應麟和姚際恒的兩部著作。

從上面的叙述看來，可見劉知幾和啖助對於古籍考辨工作的發源力量的偉大。他們一個是史學家，一個是春秋學家，如果他們循常蹈故，當然鼓動不起什麼波瀾，但他們生於唐朝的全盛時代，在安定的生活裏肯用自己的腦筋去深思，既看出了裏邊的問題，就敢仗着一股勇氣來打破家法的束縛而直接去討論古籍的本質，使得頭腦敏捷的人們樂於參加這個運動。不久就起來了一位柳宗元，他轉變方向到子書上，後來高似孫和宋濂都接受了這個傳統；繼是而有胡應麟和姚際恒，把這個傳統擴大到全部古書。這是劉、啖之學的一條廣而不深的支流。劉知幾和啖助直接用春秋經文來治春秋，因而看出了公、穀、左三家的是非得失。到宋代，歐陽修繼承了這風氣，把這個方法推廣到詩經和易傳上：他從詩的經文來治詩，因而擺脱了毛傳、衛序、鄭箋的束縛；又從易的經文來治易，因而擺脱了易十翼的束縛。傳到朱熹，他繼承了歐陽修的詩本義而作詩集傳，又繼承了歐陽修的易童子問而作周易本義；又把這個方法擴充到尚書上，用今文尚書的經文來治尚書，因而擺脱了書序和僞古文尚書的束縛。以上幾家都只是把經和傳分開，至於經和孔子的關係是仍然存在的。到王柏，他開始指出詩經裏有一部份是和孔子不生關係的，而後經和孔子也部份地分了家。到崔述，他又把這方法開拓到論語上，指出論語裏有一部份孔子的話是靠不住的，而後孔子言行的最早記錄也是部份地和孔子分了家。這是劉、啖之學的一條壯大的幹流。荀子説："昔者江出於岷山，其源可以濫觴；及其至江之津也，不放（方）舟，不避風，不可涉也。"正寫出了這條幹流的奔騰浩瀚的盛況。再從這條幹流的中心來說：啖助一派主張左傳一書的史料是有來歷的，但解經的話不可信，左氏未必是左丘明，就說是左丘明也不能說他即是論語裏的左丘明；劉逢禄接續他們的未竟之緒，而後春秋經和左傳分了家，左丘明和孔子也分了家。到康有爲，知道左丘明的書只是國語，一部左傳只是從國語裏分析出來的；到崔適，知道今本左傳不但解經的話是插進去的，就是記事方面也有許多是插進去的或鈔錯了的，而後真左丘明和假左丘明的書也分了家。從前戰國、秦、漢間人利用"合"的手段，把什麼東西都收進來，堆積到孔子的寶座之下，造成了儒家，造成了經學，也幾乎造成了孔教。想不到經過一兩千年，學風丕變，什麼都要"分"了。經了這一分，而後經學解體，孔子不再可能成爲教主。這好像本來安放在神龕裏爲氤氳的香霧所圍裹的法寶，人們看着不知有多麼地玄妙，一旦忽然被人奪取了出來，放到博物館裏做陳列品，供一般人的參觀，那再有什麼神秘性可說呢！

　　　　　　　　顧頡剛。一九五五年八月廿八日。

# "古籍年代簡説"寫作計劃<sup></sup>

　　我國古籍數量甚多，其中著作者問題和著作年代問題均極複雜。大致説來，起于漢以後的大體上都已解決，漢以前的則因文字上的隔閡，不容易讀通，又因封建統治者頑强地維持孔教威嚴，不許人懷疑，以致許多問題尚懸而未決。自甲文金文的發見和研究，古籍中的問題已因比較材料的豐富而解決了不少。解放以來，封建勢力徹底擊潰，舊有的壓制力量已經在學術界中完全消滅。爲了使得各種古籍悉得其應有的歷史地位，故作"古籍年代簡説"一書，希望把這些問題作一個初步的總結，且爲繼續研究的基礎。兹説明如下：

　　（一）我國最古的經典，如尚書、詩經、周易、春秋、儀禮等出于東周王室及魯、宋等侯國的樂師、史卜諸官的典守，作爲先秦時代諸子百家肄習文獻的中心。但經過了多次的傳寫或翻譯，就不免夾雜了後代的語言。例如盤庚本出殷人，是一篇詰屈聱牙的真古書，但經周代史官一動筆，"若網在綱，有條而不紊"這般文從字順的句子就出現了。其他明爲後人所續附的，如尚書中的典、謨、貢、範和書序，詩經中的詩序和六笙詩，春秋的續經，儀禮的喪服傳，周易的彖傳、象傳、文言傳等，均與經典本文混合在一起，這説明了古本傳到後來已都改變了樣子。本書對這些問題擬一一加以時代的分析。

---

　　* 録自底稿。

（二）先秦諸子爲了社會的轉變，各盡其思力所及，希望在新時代中建立起依照他自己所設計的制度，或把千百年來累積的實用技術作系統的叙述，然而他們都喜歡託古以自重，因此就模糊了學術發生的年代和書籍著作的年代。如管子本是齊國學者們逐漸著成的一部叢書而歸之于春秋時的管仲，禮記本是由戰國到西漢時儒家們所著的一部叢書而歸之于春秋時的孔子及其弟子，黄帝内經本是戰國到西漢時一部醫學理論書而歸之于遠古的黄帝。時代既亂，就不容易根據了這些材料而編寫歷史。本書擬抽繹古今人的古籍考辨文字，選擇其正確者而約略規定戰國、秦、漢間各種學説和其著作的出現年代。

（三）凡先秦古籍莫不整理于漢代，其時文籍校訂學的方法未精，不能作客觀的整理，又學派紛歧，相互求勝，更爲迎合政治上的需要，時常插入整理者的主觀見解，甚至有意改變其正文。例如周官大體上是戰國的著作，但其中説到九服爲方萬里，分明是漢武帝以後的疆域；左傳大體上是戰國時人搜集了春秋時代的史料而編著的史書，但其中暗示劉氏爲堯後，又分明是漢代統治階級的要求。本書擬就前人提出的問題加以條理，指出其與原著作時代不相應的地方，使人讀了不致因大部分的可信而忽略了小部分的不可信，也不致因小部分的被竄亂而抹煞了大部分的真實。

（四）以上三項都在漢以前，爲了年代的久遠，比較材料的貧乏，雖可指出其破綻，但很不容易完全正確。至于漢以下的著作，其中雖亦不免被竄亂，如史記，自司馬遷死後直到唐代，八九百年中老是在修改；或輯録了前代的零星材料，貫串以自己的意見而作成一部假古書，如僞古文尚書、孔子家語、孔叢子、列子、今本竹書紀年等，只因比較材料增加多了，差不多已經一一被論定。本書擬將前代學者研究該項書籍所得的結論搜集攏來，使得讀者看清它們的僞造和竄亂的痕跡和年代，可以不再受它們的蒙蔽。

　　自五四運動以來，我國學術界已各就自己研究的方面對于該類古籍作時代的考辨，但那時正是主觀唯心論猖獗的時候，結論不免得的太早，或先有結論再去搜集材料作説明，所以常有錯誤的論調。兹當胡適批判之後，自當把三十餘年來這些成果作一回選擇，駁其謬論而接受其合理的推斷，參加到這書裏。

　　古書問題是十分複雜的，要詳細地考究起來，每一部書的問題可以寫成一部專著。本書預備簡化，只希望揭出一個大體，作門徑的導引，所以喚作"簡説"。但説雖簡單，必當從每一個時代背景裏求出一個標準來，作爲考辨的尺度，使得簡而不失其要。

　　本書擬于一九五六年工作，以一月至六月爲搜集資料期，七月至十二月爲寫作期。字數約二十萬至二十五萬。


　　　　　　　　　　　　　　一九五五，十一，廿三。

# 崔東壁遺書序一 <sup>*</sup>

## 前記

一九三五年七月，我在戰國秦漢間人的造僞與辨僞一文的
"附言"裏曾説過：

> 去年春夏間，逼着自己做一篇序文，要把二三千年中造
> 僞和辨僞的兩種對抗的勢力作一度鳥瞰，使讀者明白東壁先
> 生在辨僞史中的地位，從此明白我們今日所應負的責任。不
> 幸人事太多，找不到整段的時間作此長文，旋作旋輟，只寫
> 成了戰國、秦、漢間的一段，而很重要的讖緯則尚未叙及
> （在這一年中，必作爲專文發表。）……承史學年報索稿，因
> 把此序略加修飾，易爲本題發表。將來倘有時間，許我續作，
> 那麼這篇"造僞和辨僞史"自必做完。因爲漢以下的材料我已收
> 集了些，其中的問題不多，只要有時間總是可以寫下去的。

---

* 原載崔東壁遺書書首，上海古籍出版社，1983 年 6 月。其中一至一三
節原題爲戰國秦漢間人的造僞與辨僞，載燕京大學史學年報第二卷第
二期，1935 年 9 月；又載古史辨第七册。

這是四十五年前我爲續作崔東壁遺書序許下的願言，可是在這樣漫長的時間裏，竟一直沒有空閒和機會來了卻這一心願。一九七五年五月，翻閱以前的日記，在一九三四年二月二十八日的日記後又寫了一段“附記”，説明我當時的感慨。

> 崔東壁遺書序，雖寫得已不少，終以事冗未能寫完，其後改題爲戰國秦漢間人的造僞與辨僞，交燕大史學年報發表，實半篇耳。予是時社會關係已多，不可能如初入燕京時之專心，予之性格，青年之趨附，時代之動盪，三者各有其阻力，而壯年之光陰已去，勢不許其如願，思之憤懣！

現在上海古籍出版社要重新排印這部書了，這就又逼着我非把這篇序文繼續寫完不可。經過了四十五年的翻天覆地的變化，仍能在我有生之年裏，在我的學生王煦華同志協助下，完成這篇前幾年認爲不可能寫完的文章，心裏格外感到高興。我深信後來的學者一定會把古史的考辨工作繼續做下去，終有一天會把僞古史和真古史區別得清清楚楚。這篇序文既是賡續前作，所以漢以前的部份（一至一三節）就仍沿用一九三四年的原文，只作了少許文字上的修改。漢以後的部份，則是根據以前的草稿，加以補充修改的。

# 一、古人缺乏歷史觀念

研究歷史，第一步工作是審查史料。有了正確的史料做基礎，方可希望有正確的歷史著作出現。史料很多，大概可以分成三類：一類是實物，一類是記載，再有一類是傳説。這三類裏，都有可用的和不可用的，也有不可用於此而可用於彼的。作嚴密的審查，不使它僭冒，也不使它冤枉，這便是我們研究歷史學的人的任務。

所謂僞，固有有意的作僞，但也有無意的成僞。我們知道作僞和成僞都有他們的環境的誘惑和壓迫，所以只須認清他們的環境，辨僞的工作便已做了一半。

我們研究學問的先決問題，第一是瞭解從前人的工作的結果，第二是認識我們今日所負的責任。現在許多人都在研究中國史，而中國的史料不可信的甚多，尤其是古史，又不曾經過整部的嚴密的審查，其中待我們努力解決的問題不知有多少。爲了鼓勵大家的工作興趣，擔負起時代所賦予的責任，所以我略略搜集戰國、秦、漢間人的造僞與辨僞的事實，作成這一篇，希望讀者認識這兩種對抗的勢力，以及批評精神與辨僞工作的演進，好藉此明白自己所應處的地位。

在述説這問題之前，我們該得知道，所謂"歷史觀念"，在現在看來雖是很平常的一種心理，但其發展的艱難卻遠過於我們的想像。"致用觀念"，在石器時代已有了，否則人類就不會製造出這些器具。這個觀念從此發達下去，成就了今日的精緻和奇偉的物質文明。但歷史觀念超出現實，它的利益不是一般人所能瞭解，所以非文化開展到了相當程度，決不會存在於人們的頭腦裏。將來不可知；截至現在止，它還只限於少數人的使用。古代當然更不必説。這少數人既已有了這個觀念，一定忍不住，要發之於言行；然而敵不過多數人的懵懂，於是終被他們的宗教信仰或致用觀念所打倒。這是無可奈何的悲劇！若要這種悲劇不發生，只有兩條路。其一，大家逢到一件事情，就肯想一想，不儘跟人家跑。其二，看到不如己意的議論和著作肯寬容，不要黨同伐異。能夠這樣，歷史觀念的發達自然一日千里，而無用之用也定必超過致用觀念所收穫的實惠了。

只爲古人缺乏歷史觀念，所以最不愛惜史料；因而寫不成一部可靠的歷史。很古的時代如何，我們的知識不够，無從提起。且從武王克商説起罷。當他成功之後，史記上説他"命南宮括、史佚展九鼎寶玉"，"封諸侯，班賜宗彝，作分殷之器物"（周本紀），逸周書上説他"俘商舊寶玉萬四千，佩玉億有八萬"，以及麋、鹿、麞、豕等約一萬頭（世俘），他掠奪的只是些鼎彝、寶玉、牲畜，而不是殷商的歷史材料。固然，這種傳記百家之言也許是靠不住的，武王也許肯不注重實利；可是現有的證據已足够證明這些記載了。安陽的殷墟，在三十年中發現了四五萬片的甲骨卜辭，以後經中央研究院大舉發掘，連宗廟宮室陵墓的遺址也找出來了。然而地下挖出的遺物只有大量的甲骨和瓦片，而銅器和玉器乃至少。這不是銅器和玉器已全被搶光了嗎？因爲周人有致用觀念，所以把凡是值錢的東西都帶走了。又因爲他們没有歷史觀念，所以想不到開辦一個"故宮博物院"。他們看盤庚以來二百餘年卜用的甲骨，正如我們看一大堆廢紙似的。説到這兒，真令我暗暗地叫一聲慚愧。十餘年前，北京的歷史博物館嫌明清内閣大庫的檔案堆積得太多了，又占房屋，又費功夫，覺得討厭，所以就把其中不整齊的裝了八千麻袋，賣給紙廠，作爲造還魂紙的原料。司法部中藏有明朝的刑部老檔，總長朱深看它是過時貨，下令燒了。七年前，國都南遷，蒙藏院的檔案無人保管，全數散出，賣給攤販包花生糖果。究竟甲骨的用處不如紙張，不能製造還魂紙，也不能包裹糖果，周武王覺得不能獲利，扔下了。後來康叔封于衛，他也許嫌這種東西討厭，但它又不像紙張的容易燒毀，只得留下了。誰想過了三千年，這種廢紙竟沾了人們的歷史觀念的光，忽然發生了用處，害得許多考古家和古董商費了全副的精力去搜求，騰起很高的行市！又誰想現在人們的歷史觀念，只會應用於數千年前的檔案（甲骨），而不會應用於數百年中的檔案！唉，人類的進步是這樣慢的。

因爲古人太没有歷史觀念了，所以中國號稱有五千年的歷史，但只賸下微乎其微的史料。現在再講一個故事。曹植做了鄄城侯，那邊有一座舊殿，是漢武帝的行宮，他拆毁了。因爲有人假借了神話來反對，他就下令道：

> 昔湯之隆也，則夏館無餘跡。武之興也，則殷臺無遺基。周之亡也，則伊、洛無隻椽。秦之滅也，則阿房無尺桷。漢道衰則建章撤；靈帝崩則兩宮燔……況漢氏絶業，大魏龍興，隻人尺土非復漢有。是以咸陽則魏之西都，伊、洛爲魏之東京，故夷朱雀而樹閶闔，平建陽而建泰極。況下縣腐殿，爲狐狸之窟藏者乎！……（文館詞林六九五引）

他的話説得多麼爽快，有了新朝就該把舊朝的東西完全摧毁了！看了這文，誰還敢説中國人好古！在這種觀念之下，只有時行的留存與不時行的銷滅兩件事。然而不幸，歷史所記是十分之九屬於不時行的呵！

凡是没有史料做基礎的歷史，當然只得收容許多傳説。這種傳説有真的，也有假的；會自由流行，也會自由改變。改變的緣故，有無意的，也有有意的。中國的歷史，就結集於這樣的交互錯綜的狀態之中。你説它是假的罷，別人就會舉出真的來塞住你的嘴。你説它是某種主義家的宣傳罷，別人也會從這些話中找出不是宣傳的證據。你説它都是真的罷，只要你有些理性，你就受不住良心上的責備。你要逐事逐物去分析它們的真或假罷，古代的史料傳下來的太少了，不够做比較的工作。所以，這是研究歷史者所不能不過而又極不易過的一個難關。既經研究了歷史，誰不希望得到真事實？既經做了研究工作，誰不希望早日完工？可是古人給我們的難題太多了，這個回答不好的責任是應當由古人擔負的，我們只有使盡自己的力量以求無愧於心而已。

# 二、戰國、秦、漢間好古者的造僞

我們在前面既知道古人沒有歷史觀念，不愛惜史料了，但從別方面看，則中國民族又有一種癖性，是喜歡保留古代的語言方式。我們現在尚鬧白話與文言之爭，好古者還想拿公元前數百年的白話作爲二十世紀的通用文字。古代也是如此。我們在左傳裏讀到周王的説話，就知道他和春秋時一般人的口語有別。例如僖十二年，齊桓公使管夷吾平戎於王，王説：

> 舅氏！余嘉乃勳，應乃懿德，謂督不忘，往踐乃職，無逆朕命！

又如哀十六年，衛莊公使鄢武子告嗣位於周，王説：

> 朕以嘉命來告余一人。往謂叔父：余嘉乃成世，復爾禄次。敬之哉，方天之休！弗敬弗休，悔其可追！

雖然文氣卑弱，必不能像殷、周間文字的樸茂，但春秋時有摹做古文字的風氣，即此可以推知。文既做古，當然有僞造古書的。孟子萬章篇上有一段話：

> 象曰："謨蓋都君咸我績。牛羊，父母；倉廩，父母。干戈，朕；琴，朕；弤，朕；二嫂使治朕棲。"象往入舜宮，舜在牀琴。象曰："鬱陶思君爾！"忸怩。舜曰："惟兹臣庶，汝其于予治！"

此文易"謨"爲"謨"，易"皆"爲"咸"，易"功"爲"績"，又省去許多動詞，如"牛羊父母"，"舜在牀琴"等句，顯見作者要表示其爲唐、虞的真傳，故有意不循戰國的語法。其他孟子中所引堯、舜事，又有"祗載見瞽瞍"，"瞽瞍厎豫"，"舜尚見帝"等句，也都用了古字易去今字。在這種空氣之下，帝典就出現了，邃古的名人也都有著作傳下來了。作者沒有新發現的史料，也沒有時代的觀念，只憑了個人的腦子去想，而且用了貌似古人的文體寫出，拿來欺騙世人。戰國、秦、漢之間，這種東西不知出了多少。其後賴倣古而成名的甚多，揚雄的太玄和法言最能表現這個特徵。又如司馬相如作封禪文，把"揆其所始，至於所終"寫作"揆厥所元，終都攸卒"，把"大道於是成"寫作"大行越成"，把"深恩廣大"寫作"湛恩厖鴻"，把"化蠻夷爲文明"寫作"晻昧昭晰"，簡直不講文法，專堆生字，到了畫符念咒的地步。

他們既已爲了沒有歷史觀念，失去許多好史料，又爲了沒有歷史觀念，喜歡用古文字來作文，引出許多僞書。在這雙重的搗亂之下，弄得中國的古書和古史觸處成了問題。從前君主時代，君主的權力的基礎建築在經書上，於是"非聖無法"可以判死罪（例如嵇康以"非毀典謨而受誅"），大家死心塌地，不敢去想，倒也罷了。現在呢，君主是倒了。從前人沒有學術史的眼光，以爲最古的人是最聰明的（例如黃帝發明了幾十種東西，做了幾百卷書），什麼事情都是老早就規定妥當，不必由我們去想，倒也罷了。現在呢，知道知識由於積累，後人的本分是應追過前人了。我們在這種環境之下，哪能不起來問，哪能不起來幹。如果不這樣，我們簡直辜負了這時代。何況，在從前極束縛的環境之下，尚有起來問，起來幹的，我們如果在這大解放的日子裏還作無懷、葛天之民，試問有什麼面目對着他們？

# 三、孔子對於歷史的見解

中國的文化中心，大家都知道是六經和孔子。六經的問題複雜，我們先來看孔子。記載孔子言行的論語，是有史以來第一部私家著作。我們可以在論語中看出孔子對于歷史的見解。

孔子雖是儒家的開創者，但這原是後來的儒家推尊他爲始祖而已，他並沒有創立一種主義，也沒有定出什麽具體的政治計畫來。他雖常提起夏、殷，但夏、殷的歷史差不多沒有說到。八佾篇云：

> 子曰："夏禮，吾能言之，杞不足徵也。殷禮，吾能言之，宋不足徵也。文獻不足故也。足，則吾能徵之矣！"

他說夏、殷之禮的"不足徵"由於他們後裔杞、宋二國的"文獻不足"，似乎很能注意到史料上。但爲什麽對于夏、殷之禮又兩云"吾能言之"呢？既已沒有史料，他怎麽去講歷史呢？這不轂人疑惑？由我猜想，恐怕那時人對於夏、殷的故事都隨便說，孔子也不能免。所謂"不足徵"的，是史料。所謂"吾能言"的，是傳說。照這樣講，孔子口裏的夏、殷之禮就有問題了。

他又說："行夏之時，乘殷之輅，服周之冕。"（衞靈公）又說："周監于二代，郁郁乎文哉！吾從周。"（八佾）在這兩句話裏，可見他的心目中的夏、殷的禮對于周代人的效用只在"留備擇取"的一點。他只拿了致用觀念來看夏、殷，而不拿歷史觀念來看夏、殷，這個意思表示得非常清楚。（要是他用了我們的態度，就得問："夏、殷的禮究竟是怎樣的？""夏、殷的禮是怎樣構成的？"

"夏、殷的禮在我們這個時代裏有什麼實用價值?")在這種觀念之下，與周有關的尚可僅憑傳説，而與周無關的自然更不妨讓它漸滅了。

制度既已只備擇取，史事當然只備勸懲。在論語裏，可以看出孔子和弟子們説話時稱引的人，只是把人類的性質品行分成數類，每類舉出幾個最有力量的代表。例如做人君的要無爲如堯、舜，勤儉如禹、稷，知人如舜、湯；做人臣的，要能幹如周公、管仲，忠直如史魚、柳下惠，識見如伯夷、蘧伯玉。他提起古人，不是傳授歷史知識，乃是教人去效法或警戒。這種觀念原是當時人所通有的。因爲日久流行在口頭的緣故，所以好人會儘量好，壞人會儘量壞。其實豈但當時人，就是現在，除掉研究歷史的專家以外，提到古人，誰不只記得幾個特別好的和特別壞的。你隨便走進一個戲園或評書館，就可以聽得能幹的姜太公和諸葛亮，勇敢的薛仁貴和楊繼業，奸詐的曹操和秦檜，方正的包龍圖和海瑞，以及武松、黃天霸等義士，李太白、唐伯虎等才子，楊貴妃、崔鶯鶯等美人，妲己精、潘金蓮等淫婦。這些演員和聽衆，並不要求知道這班古人的年代先後和他們的特殊的環境，只覺得古來的人，或善或惡，其翹然特出於人群的不過這幾個而已。有了這幾個，他們説話或唱戲時就儘够引用了，要尋一個人物作自己的模範時也有所取資了。當時子貢究竟是一個知識分子，他聽了抑揚過甚的傳説不免引起了懷疑。他道："紂之不善不如是之甚也，是以君子惡居下流，天下之惡皆歸焉。"（子張）這句話的反面，就是説，"周公之才之美不如是之甚也！是以居上流者，天下之善皆歸焉"。也就是説，"中流者非無善惡也，天下之善惡皆不歸焉"。這實在是一句聰明話，是我們的辨僞史中的第一句話。

古時只有代表人物而沒有史。今日則既有留存於民衆心目間的代表人物，又有爲學者們所保存研究的歷史材料。這是古今的一大區別。古時雖以孔子之聖知，也曾起過"文獻不足"的感歎，但究竟受時代的束縛，惟有宛轉牽就於致用的觀念之下而已。

# 四、戰國以前的古史是"民神雜糅"的傳說

　　孔子的思想最爲平實，他不願講"怪、力、亂、神"，所以我們翻開論語來，除了"鳳鳥不至，河不出圖"二語以外，毫無神話色彩（這二語本是很可疑的）。其實那時的社會最多神話。試看左傳，神降於莘，賜虢公土田（莊三十二年），太子申生縊死之後，狐突白日見他（僖十年），河神向楚子玉强索瓊弁玉纓（僖二十八年），夏后相奪衛康叔之享（僖三十一年），真可謂"民神雜糅"。歷史傳説是社會情狀的反映，所以那時的古史可以斷定一半是神話，可惜没有系統的著作流傳下來。流傳下來的，以楚辭中的天問爲最能表現那時人的歷史觀，但已是戰國初期的了（此文必非屈原著）。

　　天問是一篇史詩，用了一百八十餘個問題來叙述當時所有的上下古今的知識。篇中先問宇宙的着落，再問日月的運行，這就是所謂開闢的故事。於是問到人了，第一個是鯀，問他爲什麽治洪水時要聽鴟龜的話，爲什麽上帝把他永遠監禁在羽山。第二個就是禹，問他在極深的洪水中怎樣的填起土來，應龍又怎樣的幫他治水。第三個是康回，就是共工，問他怎樣一怒，土地就塌陷了東南一角。於是問到地方：東西南北哪邊長，太陽哪裏照不到，崑崙、黑水在何方。從此順了次序問起夏、商、周的歷史故事，其中也很多大可怪異的傳説，爲儒家的典籍裏所没有的。

　　在天問中，禹是一個上天下地，移山倒海的神人，鯀是給上

帝禁壓在山裹的。洪水是開闢時所有；平治水土不是人的力量，乃是神和怪物合作的成績。有了這個瞭解，再去看詩、書，那麼，玄鳥生商的故事，履帝武生稷的故事，"洪水芒芒，禹敷下土方"之句，"殛鯀於羽山"之文，均不必曲爲解釋而自然發現了它們的真相。

不但如此。史記秦本紀説秦祖女修吞卵生子，中衍鳥身人言，也可信爲當時確有的史説。山經記陝西西部至甘肅一帶是一個上帝的國家，而黃帝便是那邊的上帝，即此可知秦祀黃帝的緣故，又可知道黃帝陵所以在橋山的緣故。其它如書中的"高宗肜日，越有雊雉"，金滕的"天乃雨，反風，禾則盡起"，以及趙世家中的秦讖，大宛列傳中的禹本紀，拿那時人的眼光看來，正是家常便飯，無所用其疑怪。

我們可以説：在戰國以前，古史的性質是宗教的，其主要的論題是奇蹟説。我們不能爲了孔子等少數人的清澈的理性，便把那時的真相埋没了。

# 五、墨子的託古

到了戰國，情形就大變。戰國以前整個社會建築在世官制度上。左傳上説"人有十等"（昭十年），士以上爲四等，皂以下爲六等，爲的是要使他們"服事其上而下無覬覦"（桓二年）。但後來因交通的便利，商業的發達，庶民就有了獨立的地位。又因諸侯的吞併，地力的開發，大國益增富强，管理國家的事不是幾個精神衰老過慣舒服日子的世家大族所能爲，庶民中的賢者就起而擠倒了世官。大家要奪政權，就大家要有知識。這樣的社會組織的大變動，當然對于思想學術有劇烈的影響，古史傳説遂更換了一種面目。

　　學術界中第一個起來順應時勢的，是墨子。他有堅定的主義，有具體的政治主張。他的第一個主張是"尚賢"，他說："雖在農與工肆之人，有能則舉之……故官無常貴而民無終賤。"他的第二個主張是"尚同"，他說："選擇天下賢良聖知辨慧之人，立以爲天子……選擇天下贊閱賢良聖知辨慧之人，置以爲三公。"這樣說來，一切世官等級，他們是準備全部打倒的；誰有本領誰做官，哪一個最有本領就請哪一個做天子。這等堅決的主張當然會博得民眾的多數同情，所以就是和他勢不兩立的儒家，也不能不採取他的學說。大學裏說的"身修而後家齊，家齊而後國治，國治而後天下平"，中庸裏說的"德爲聖人，尊爲天子，富有四海之內"，以及堯典的"克明峻德"一章，皋陶謨的"日宣三德"一章，都是儒家承受墨家學說的證據。

　　但當時人最沒有時代的自覺，他們不肯說"現在的社會這樣，所以我們要這樣"；只肯說"古時的社會本來是這樣的，所以我們要恢復古代的原樣"。然而，戰國的時勢是從古未有的創局，如何在古代找出相同的事例來呢？這在我們研究歷史的人看來，是絕對沒有辦法的事。但他們有小說家創作的手腕，有外交家說謊的天才，所以容易得很。他們說：舜是從畎畝之中舉起來的，伊尹是從庖廚之中拔出來的，傅說是從版築之間解放出來的，膠鬲是從魚鹽的商場中挑選得來的，所以農夫也可以做天子，廚子、囚徒、魚販們也可以做大臣。他們又說：堯把天子讓與舜，舜把天子傳與禹，所以天子之位不是世襲的，一個天子老了就應當在他的臣民中選擇一個最有本領的人，把天下交給他管。這就是所謂"禪讓說"。一定要先有了墨子的尚賢主義，然後會發生堯、舜的禪讓故事。這些故事也都從墨家中流傳到儒家，而我們小時就在四書中熟讀，認爲至真至實的古代史了。

　　不過，儒家究竟和墨家不同。墨家講兼愛，儒家則講親親。

墨家主張徹底尚賢，儒家還要保全貴族的世祿。所以從墨家的平等眼光看來，除了舉賢無第二法；從儒家的等差眼光看來，傳子比了舉賢還重要。因此，禪讓的故事，儒家雖因時勢的鼓盪而不得不受，但總想改變其意義。這一個苦衷，我們若小心讀孟子就可明白。

當禪讓說極盛的時候，燕王噲聽得着了迷，一心想追踪堯、舜，就把國政完全交給他的相子之。有人對他說："禹本來是傳天下與益的，但因他的兒子啟在政治上也有權力，啟糾集黨羽攻益，把天下奪回來了。照這樣看，禹在表面上傳天下於益、其實是令啟自己奪取。現在你雖把國家交給子之，然而官吏大都是太子手下的人，實在還是太子用事呵！"燕王噲是真心效法堯、舜的，就把官員的印一起收了，交給子之，由他任用。子之南面行王事，燕王噲反做了他的臣。這樣三年，燕國大亂，將軍市被和太子平合謀，起兵攻子之；齊宣王又從外邊打進去，把子之打掉，燕王噲也死了（事見戰國策燕策一及史記燕世家）。這是一個很美麗的故事之下的大犧牲。當燕國亂時，有人詢問孟子的意見，他答道："子噲不得與人燕，子之不得受燕於子噲。有仕於此而子悅之，不告於王而私與之……則可乎！"（公孫丑下）以一個"言必稱堯、舜"的人而對于熱心模仿堯、舜的子噲、子之反持這種冷酷的態度，實在令人無從索解。倘使他用了同樣的句法，說"堯不得以天下與舜，舜不得受天下於堯"，禪讓的偶像豈不是就此打碎了嗎？

有一次，萬章問他："堯把天下傳給舜，有這件事嗎？"他用了批評燕事的態度回答道："沒有，天子是不能把天下送給別人的。"話說得這樣斬釘截鐵，當然把這件故事推翻了。於是萬章再問道："舜的天下是誰給他的呢？"他回答一句空洞的話："是天給他的。"萬章這人真利害，又反問他一句道："天把天下給他的時候是明明白白的對他說話嗎？"這話要是問在西周時，那時的人當然回答説，是的，因爲大雅裏就有"有命自天，命此文王"（大明），以及"帝謂文王，予懷明德……"（皇矣）等句，天和人直接談話的事是很尋常的。但孟子的時代和他的學説已不容他這樣神道設教了，所以他答説："天是不説話的，但借了人事來表現他的意思而已。"萬章再逼進一層，説："怎麽借了人事來表現呢？"問到這樣，他再没有什麽辦法，只得用了墨子的手段杜造出一段故事來，説道："舜相堯有二十八年之久，這是天意。堯崩，三年之喪完了，舜避到南河的南面，好讓堯子繼承了天子之位，然而朝覲的諸侯不到堯子那邊去而到舜這邊來，打官司的也不到堯子那邊去而到舜這邊來，歌頌功德的又不歌堯子而歌舜。舜被臣民愛戴到這樣，他不做天子也不成了。這就是從人事上表現的天意！"（萬章上）這些話雖然講的是堯、舜，其實是針對燕王噲的讓國説的。倘使子之能相子噲二十餘年，噲死之後他也離去燕都，燕的臣民也不戴太子平而戴他，那就是孟子理想中的禪讓了。然而這和堯典所謂"朕在位七十載，汝能庸命巽朕位"，"格汝舜，詢事考言，乃言底可績，三載，汝陟帝位"，"正月上日，受終于文祖"諸文能相合嗎？堯典中分明説堯直接讓位於舜，而孟子偏説舜是由臣民擁戴起來的，與堯無干，這不够矛盾嗎？這樣看來，孟子所説的是儒家的堯、舜，而堯典所記的竟是墨家的堯、舜了！

　　豈但孟子反對禪讓，荀子的態度更要激烈。他在正論篇裏大聲疾呼道：

　　　　世俗之爲説者曰：堯、舜擅讓。是不然！天子者，勢位至尊，無敵於天下，夫有誰與讓矣！……
　　　　曰：死而擅之。是又不然！……聖王已没，天下無聖，則固莫足以擅天下矣。天下有聖而在後者，則天下不離，朝不易位，國不更制；天下厭然，與鄉（向）無以異也。……聖

不在後子而在三公，則天下如歸，猶復而振之也；天下厭
然，與鄉無以異也。……故天子生則天下一隆，致順而治，
論德而定次；死則能任天下者必有之矣。夫禮義之分盡矣，
擅讓惡用矣哉！

　　曰：老衰而擅。是又不然！血氣筋力則有衰，若夫智慮
取舍則無衰。曰：老者不堪其勞而休也。是又畏事者之議
也！天子者，勢至重而形至佚，心至愉而志無所詘，而形不
爲勞，尊無上矣。……老者休也，休猶有安樂恬愉如是乎？
故曰，諸侯有老，天子無老；有擅國，無擅天下：古今
一也！

　　夫曰堯、舜擅讓，是虛言也！是淺者之傳，陋者之説
也！不知逆順之理，小大至不至之變也！未可與及天下之大
理者也！


　　他的話説得何等決絶，徑斷禪讓説是"虛言"，是"淺者之傳，陋
者之説"。比了孟子一方面説唐、虞不是禪，一方面又説"唐、虞
禪"的扭扭揑揑、藏藏躲躲的態度，高明了多少？再拿荀子的話
來和堯典比較，則"朕在位七十載，汝能庸命巽朕位"，豈不是
"老衰而擅"；"帝乃徂落……月正元日，舜格于文祖"，豈不是
"死而擅之"；而"正月上日，受終于文祖"，又豈不是"堯、舜擅
讓"呢？堯典所言竟没有一句不是荀子所反對的。堪笑後世讀書
人都自居於儒家，而對于孟、荀二大師之説似乎不曾看見，確認
禪讓是唐、虞之事，這是粗心呢，還是不敢提出這問題呢？

　　孟、荀二氏都不願意聽禪讓之説，然而想不到從根本上解
決，所以他們的反對不能成功。倘使他們能找出這傳説的源頭，
説"這是墨家爲了宣傳主義而造出來的，我們儒家不該盲從"，豈
不就連根刬去了？推求他們所以不説這話的理由，就因爲他們没
有歷史觀念，自身又被包圍於這樣的空氣之中，所以雖覺得這些

話不對，而竟找不出辨僞的方法來。

由墨家的主義下所造成的故事，除此之外，可以推測的還有二端。

其一，"命"本是古人所最信仰的，到墨子始因激厲人們奮鬬的勇氣，主張非命。但現在尚書中，湯誓載桀之言曰："時日曷喪，予及汝皆亡。"西伯戡黎載紂之言曰："我生不有命在天。"那麽，這兩位亡國之君都是主張信命而被人打倒的。固然這也許是周代史官的垂誡之作，但也大有從非命之說出來的可能。看非命上篇説："於仲虺之告曰：'我聞於夏人矯天命，布命于下；帝伐之惡，龔喪厥師。'此言湯之所以非桀之執有命也。於太誓曰：'紂夷處不肯事上帝鬼神……乃曰："吾民有命"，此言武王所以非紂執有命也。"可見他確把桀、紂當做定命論者的偶像，而作爲他的攻擊的目標的。

其二，墨子提倡尚賢，又注重實利與節儉，所以他把各種器物都定爲聖人或聖王所作，見得當時創造的艱難，現在使用的人應當鄭重。節用中篇説："古者聖王制爲節用之法，……古者聖王制爲飲食之法；古者聖王制爲衣服之法，……古者聖人爲猛禽狡獸暴人害民，於是教民以兵行，……古者聖王爲大川廣谷之不可濟，於是利爲舟楫，……古者聖王制爲節葬之法，……聖王，……爲宮室之法。"把百姓日用的東西一起歸於明王聖人的德惠。其他辭過、非儒諸篇中也都有同樣的制作説。這原是他矯正世俗侈靡的好意。但是自從有了這個提示，創造事物的傳説就覺得有整理編排的必要，世本的作篇應時而興，把任何事物都確定了一個創始者。主張改制説的人見了，又利用這一套話作爲改制的根據，表示任何時代都可創造新事物：這就是淮南子氾論訓上的一段話。易學專家見了，也想把這一説應用到周易上，恰好易傳中有"以制器者尚其象"之文，就選取了十三卦分配制作，而有庖犧氏取離作網罟等等的故事。

墨子是創造理論以順應戰國時勢的第一人；因爲他鼓吹的最早，所以由這一學派發生的故事最爲深入而有力，一般人也忘記了這是墨家所創造的了。

# 六、種族融合過程中造成
# 的兩個大偶像

在戰國的時勢中又有一個大運動，其性質的重要或者還超過了世官的破壞，這是種族的融合。本來"諸夏"和"蠻夷"的界限分得很嚴。所謂諸夏，是夏、商之後，和由西方入主中原的姬、姜兩大族。在這四族以外的，都被看作蠻夷。雖有很高的文化的楚國，奄有西周舊畿的秦國，中原人還是用了蠻夷的眼光看他們，而他們也自居於蠻夷。吳國，中原人都已承認他們爲泰伯之後了，然而春秋經還稱其王爲"吳子"，和赤狄的潞子一例。燕國，分明是召公奭之後，但因離中原稍遠，與鮮虞、山戎比鄰，故當張儀說燕王時，燕王還說："寡人蠻夷僻處，雖大男子裁如嬰兒"（燕策一）。可見除了種族的關係以外，還有地域的關係。那時的中原是何等的狹小，諸夏是何等的稀少呵！

其實，就是諸夏的基本團體，夏、商、姬、姜四族，他們也何嘗出於一家。夏的一族的來源固不可知，但商族是自以爲"天命玄鳥"降下來的（商頌），周族是自以爲上帝憑依了姜嫄而生下來的（大雅及魯頌）。這些事情的真不真是另一問題，但他們對於自己的祖先，都以爲由於上帝的命令而出現，這個觀念的存在是鐵一般的事實。因爲有了這種觀念，所以他們不承認始祖的前一代是人，他們不承認本族和別族有共同的祖先。至於姜姓的人，他們自己說是四嶽之後，而四嶽是共工的從孫，也不曾和其他三族認做本家。

　　當春秋時，居今河北省南部的有白狄，居今山西省南部的有赤狄（這是説一個大概，白狄也有在陝西的，赤狄也有在河北的）。其他以戎爲名的，陝西有犬戎、驪戎、大戎，河北有山戎，湖北有盧戎，河南有陸渾之戎及揚拒、泉皋、伊雒之戎。以夷爲名的，山東有萊夷，江蘇與安徽間有淮夷。淮夷或者是一個總名。那時江、淮之間，種族部落至複雜。姓嬴的有江、黄、徐諸國。姓偃的有六、蓼、桐、英氏及舒蓼、舒庸、舒鳩諸國。不詳其姓的又有州來、鍾離、鍾吾諸國。更往南行，又有群蠻和百濮。這些部落各有其歷史的文化；不幸他們不是諸夏，而我們現在所有的古史乃是諸夏傳下來的，所以找不到材料，似乎没有什麼問題。其實那時的部族是説不盡的交錯複雜，問題之多乃遠過於我們的想像呢。

　　但是過了春秋，越滅了吴，就統一了東南部；楚東向滅越，又南越洞庭，西越巫山，就統一了淮水和長江兩流域。秦滅義渠和蜀，就統一了西北和西南兩部。齊向海上開拓，燕向東北開拓，趙向北部開拓，又統一了許多異族的地域。賸下韓、魏，雖困居腹地，不得發展，也能融化中原諸戎狄。他們各爲求富強，打了無數回仗。戰爭的結果，他們開闢了無數地方，這些地方是向不受中原文化的浸潤的；他們併合了無數部族，這些部族是向居於諸夏之外的。這樣地工作了二百餘年，於是春秋時的許多小國家和小部族全不見了。再經秦、漢的統一，於是他們真做了一家人了。

　　他們爲要消滅許多小部族，就利用了同種的話來打破各方面的種族觀念。本來楚的祖是祝融，到這時改爲帝高陽（後人説他就是顓頊）了。本來秦是玄鳥隕卵，女修吞而生子的，到這時也是顓頊的苗裔了。趙祖非子，非子也是女修之後，秦和趙就同祖了。本來越是純粹南方部族，和諸夏没有絲毫關係的，到這時也是禹的子孫了。本來匈奴在極北，越在極南，無論如何聯不起來的，到這時都成了夏禹的後裔了。禹是被稱爲顓頊之孫的，那麼越和匈奴也就同祖了顓頊了。田齊自稱舜後而舜是顓頊的六世孫，他們也就與秦、趙、楚、越、匈奴爲一個系統下的分支了。這幾個有名的國家如此，許多被併的小部族當然都鎔化於一鑪了。

以上說的是顓頊一系，還有帝嚳一系。自從甲骨卜辭發現以來，從裏邊尋得了“高祖夋”和“賓于夋”諸文，研究的結果知道夋即是帝夋，也就是帝嚳（王靜安說）。而帝嚳即是命玄鳥下凡的上帝，簡狄乃是下界的女子，二者有神和人的區別。天問裏說：“簡狄在臺嚳何宜？玄鳥致貽女何喜？”即是說的這事。帝嚳爲商族的宗神，可無疑義。但周族是興于西方的，從初興到滅商也不過十數代，比了商的世系有四五十代的，歷史的長短相去懸殊。而且他們的文化有種種差異，顯然是兩個很不同的種族。周的始祖后稷雖也說是上帝之胤，但那時的上帝是很多的（看山海經可知），商的宗神當然不即是周的宗神。然而到了種族混合大運動的時候，這兩個仇讐的種族忽然結成了親兄弟了。他們說：帝嚳是一位人王，他的元妃是姜嫄，産了后稷；他的次妃是簡狄，産了契。不但如此，他還有一個次妃，叫做慶都，産了帝堯。在這幾句話裏，埋着不知多少的矛盾，只消細心讀書便沒有不覺得的。

據他們說，自古以來的朝代只有唐、虞、夏、商、周五個。照這樣分配，虞、夏屬於顓頊系，唐、商、周屬於帝嚳系，似乎組織民族史的任務已告終了。但他們還覺得不滿意，以爲這兩枝必須併到一幹上纔好。黃帝本是一個最有權力的上帝，於是他們就把他從天上拉下來了。他們說：黃帝生昌意，昌意生顓頊，這是一支；黃帝生玄囂，玄囂生蟜極，蟜極生帝嚳，這是又一支。靠了這一句話，顓頊和帝嚳就成了同氣連枝的叔姪。二千餘年來，大家都自以爲是黃帝的子孫，原因就在這裏。可惜逝者已矣；若能把戰國以前人從地下喚了起來，問他們這件事，他們一定摸不着頭腦呢。

記載這樣的世系的，有五帝德、帝繫姓諸篇，今在大戴禮記中。司馬遷雖説這二篇"儒者或不傳"，但他自己畢竟相信，所以全載入史記的本紀和世家中。

他們豈僅把上帝拉做了人王，使神的系統變作了人的系統；而且把四方小部族的祖先排列起來，使横的系統變成了縱的系統。如伯夷，本是姜姓一族的祖先；皋陶，本是偃姓一族的祖先；益（或伯翳），本是嬴姓一族的祖先（見左傳及國語）；他們都請來放在堯典裏，使得他們和夏祖禹，商祖契，周祖稷成了同寅，於是這一班人的時代整齊劃一了。太皞，是任、宿、須句、顓臾諸國的祖先；少皞，是郯國的祖先；共工，是齊國的祖先；大庭氏，是原住在魯國之地的（見左傳及國語），他們取來一齊説爲古帝王，於是顓頊、帝嚳之前又堆上了許多的王者了。這樣一來，任何異種族異文化的古人都聯串到諸夏民族與中原文化的系統裏，直把"地圖"寫成了"年表"。

又不但此也，因種族的融合而使古代的疆域也隨着發展。本來所謂中原，不出黄河下流及濟水流域。夏、商、周千數百年間的都城，只有西周因舊國所在，建都於渭水流域，其它哪一個不是在黄河下流。勢力所及，西不度隴，南不越淮水、荆山。所以商頌雖誇言武功，而説到邦畿，只有"千里"。孟子以王道爲其理想中的最高成就，他説到古代疆域，也不過是"夏后、殷、周之盛，地未有過千里者也"。荀子彊國篇中又説：

　　　　古者百王之一天下，臣諸侯也，未有過封内千里者也。今秦南乃有沙羨與俱，是乃江南也；北與胡、貉爲鄰；西有巴戎；東在楚者乃界於齊，在韓者踰常山乃有臨慮，在魏者

乃據圍津，去大梁百有二十里耳，其在趙者剡然有苓而松柏
之塞，負西海而固常山：是地遍天下也。……此所謂"廣大
乎舜、禹"也。

這裏說的是秦未滅六國時的疆域，把現今的地方來編排，除了陝
西、四川兩省較爲整齊外，其餘在湖北（沙羡），河南（臨慮），山
東（圍津），河北（苓）的都是些零星小塊，然而荀子已詫歎爲"廣
大乎舜、禹"，可見就是到戰國之末依然不曾把古代的地域放大。
其後始皇二十六年成了統一的功業，丞相王綰等上帝號議云：

昔者五帝地方千里，其外侯服夷服諸侯或朝或否，天子
不能制。今陛下興義兵，誅殘賊，海内爲郡縣，法令由一
統，自上古以來未嘗有，五帝所不及。

到三十四年，置酒咸陽宮，僕射周青臣進頌道：

他時秦地不過千里，賴陛下神靈明聖，平定海内，放逐
蠻夷，日月所照，莫不賓服。以諸侯爲郡縣，人人自安
樂，……自上古不及陛下威德。

這都是說五帝的地方不及秦始皇的大，當時爲"諸侯"而今日爲
"郡縣"，當時"不能制"而今日"由一統"。這是秦代公認的事實，
還不曾改變舊日的地理觀念。所以琅邪臺刻石云：

普天之下，搏心揖志；器械一量，同書文字。日月所
照，舟輿所載，皆終其命，莫不得意。……六合之内，皇帝
之土，西涉流沙，南盡北户，東有東海，北過大夏：人跡所
至，無不臣者。……

這不是誇口，是事實。哪裏知道，古代的疆域竟因始皇的赫赫之功而改變了！

我們先看淮南子罷。他説古代的聖王，是：

昔者神農之治天下也，……其地南至交趾，北至幽都，東至暘谷，西至三危，莫不聽從。（主術訓）

他説古代的暴君，又是：

紂之地，左東海，右流沙，前交趾，後幽都。（泰族訓）

夏桀、殷紂之盛也，人跡所至，舟車所通，莫不爲郡縣。（氾論訓）

在這種思想之下，於是凡秦臣向始皇進的頌辭都成了“古已有之”的了。説淮南不足信吧，再看五帝德：

顓頊……北至于幽陵，南至于交趾，西濟于流沙，東至于蟠木；動靜之物，大小之神，日月所照，莫不砥礪。

帝嚳……執中而獲天下；日月所照，風雨所至，莫不從順。

禹……巡九州，通九道，陂九澤，度九山……據四海，平九州，戴九天；……四海之内，舟車所至，莫不賓服。

這不是把琅邪刻石之文生吞活剝了嗎？大約齊、魯儒生對於始皇的功業看得眼紅了，不忍不把這一套話套在古聖王的頭上，好使五帝的地方不止千里，五帝的威德也追得上始皇。倘對此説還有疑惑，試想一想堯典和禹貢就更明白了。我們不必管九州和十二州的大規模的地方制，只須看“同律度量衡”不是“器械一量”嗎？

"東漸于海，西被于流沙"不是"西涉流沙，東有東海"嗎？假使始皇之世已有了堯典、禹貢，這些"不師古"的君臣爲什麼偏要鈔寫古帝王的老賬？

禹在古代的傳說中，本是平地成天的一個神人。到了這時，既由始皇統一的反映，逼得古帝王的土地必須和他一樣廣，於是禹的偶像遂重新喚起，而有禹貢一篇的著作，把當時的境域分做九州，硬叫禹擔此分州的責任。其後爾雅有釋地等四篇，不管裏面的話和禹貢有無衝突，亦於篇末記云："從釋地以下至九河，皆禹所名也。"即此可見，戰國、秦、漢之間，造成了兩個大偶像：種族的偶像是黃帝，疆域的偶像是禹。這是使中國之所以爲中國的；這是使中國人之所以爲中國人的。二千餘年來，中國的種族和疆域所以沒有多大的變化，就因這兩個大偶像已規定了一個型式。除了外族進來混合在中國人的集團裏之外，中國人總不願把這個舊型式有所改變。所以雖不會很縮小，也不會很擴張了。

# 七、孟子的託古

戰國是一個儘想升級的時代，平民要求高升做官，諸侯也要求高升做王。到宇内有了八九個王時，王位又不尊了，就再進一步稱帝了。在這種情形之下，舊制度已崩壞，新制度又急待創造，這是很費經營籌畫的一件事。加以史料散失，更有無從取材之苦。例如孟子，北宮錡問他，周朝的爵祿是怎樣排列的，他答道：

其詳不可得聞也。諸侯惡其害己也而皆去其籍。

這原是很老實的話。當時的諸侯爲要適應時勢，創立新制，而苦於守舊的人的反對，所以先把古代傳下來的文籍消滅了。在歷史觀念没有發達之際，受了致用觀念的壓迫，出此殘暴的手段，也在情理之中。孟子既已看不到古籍，自己承認不知道，也就完了。但他又説：

> 然而軻也嘗聞其略也。天子一位，公一位，侯一位，伯一位，子男同一位，凡五等也。……
>
> 天子之制，地方千里，公侯皆方百里，伯七十里，子男五十里，凡四等。……（萬章下）

他所説的制度是從哪裏出來的呢？我們知道，他根據的是春秋。在春秋經裏，宋稱公，齊、魯、衞、陳等稱侯，鄭、曹、秦、燕等稱伯，楚、邾、鄫、吳等稱子，許和宿稱男，非常的固定，使人一看就可知道周王封建時所定的等次是如此的。春秋稱爲孔子所作，還在諸侯去籍之前，當然可以説是真事實。所以二千餘年來，大家對于孟子的話從不覺得有可疑之點。不幸得很，這幾年來金文研究發達，在彝器裏找出來的五等爵的材料，或者是和春秋不合的，如燕、曹稱侯，秦、邾稱公，鄫稱伯，許稱子；或者是亂稱一起的，如燕稱公又稱侯，邢稱伯又稱侯，芮稱公又稱伯，邶稱伯又稱子。這就把人們對於春秋經的信仰動搖了。不但如此，大盂鼎説"殷邊侯田"，新出土的矢令方彝説"衆諸侯侯田男"，這就令人想起了康誥裏的"侯甸男邦采衞"。加以研究，纔知道尚書裏的"侯甸男"就是脱掉了侯字的重文，當時大國稱侯，小國稱侯甸男或簡稱爲男，而公爲通稱，伯是長義，子是國君之子或是還有問題的國君（如蠻夷酋長），這些名詞並不和侯與君同列在一個系統（説詳傅斯年論所謂五等爵）。至於采、衞，乃是疏遠之封，所以鄭語引史伯之言曰："妘姓鄔、鄶、路、偪陽，曹姓鄒、莒，皆爲采、衛。"即此可知"公、侯、伯、子、男"的五等爵，不是傳訛，便是作春秋的人有意定出來的等級，與真正的古制不合。春秋一書本和孔子沒有關係，所以論語中一字不提。大約到了戰國的中期，一班儒家受了時勢的鼓盪，要想替將來的天子定下制度，他們在魯國的史官處找到一堆斷爛的記事竹簡，就來"筆則筆，削則削"，寄託他們的政治理想，騙人道："這是孔子作的，孔子行的是天子之事。"

　　從春秋的著作看來，可知那時的儒家是怎樣的爲這大時代打算。他們對于未來的憧憬是借了過去的事實來表示的，所以他們口裏的古史就是他們對于政治的具體主張，所謂"祖述堯、舜，憲章文、武"，乃是水中的倒影。當齊宣王問孟子王政的時候，他答道：

　　　　昔者文王之治岐也，耕者九一，仕者世祿，關市譏而不征，澤梁無禁，罪人不孥。老而無妻曰鰥，老而無夫曰寡，老而無子曰獨，幼而無父曰孤，此四者天下之窮民而無告者；文王發政施仁，必先斯四者。

文王的史料流傳到戰國的怕也只有詩、書中的一點，但詩、書中的文王哪曾有這種事。這分明是孟子自己的王道政策，拉了文王下來擔承這個名義而已。

　　你們不信孟子會做這種事情嗎？請聽我說下去。孔、孟二人雖然相去只一百多年，孟又自承是私淑孔的，但因爲這一百多年中社會變動得太劇烈了，個人當然不能跳出社會而獨立，所以他們的見解就無法一致。孔子只到過幾個諸侯之國（觀周的話是不可信的；就使真到了周，而那時的周王已凌夷得像諸侯一樣了），他心目中的模範政治家是幫齊桓公成就霸業的管仲，所以說："如其仁，如其仁！"又說："民到於今受其賜；微管仲，吾其被髮左袵矣!"把他擡舉得簡直成了救世主。不過孔子的等級思想很深，他看"邦君樹塞門，管氏亦樹塞門；邦君有反坫，管氏亦有反坫"，對于其不知禮與不儉表示反感而已。一到孟子，就不然了。他那時，富强的諸侯都自立爲王了，他自己所提倡的也是王道了。管仲雖有本領，但他究沒有使齊桓公升爲王，所以孟子就瞧不起他。當齊宣王問他"桓、文之事"時，他竟敢當面撒謊，說："仲尼之徒無道桓、文之事者，是以後世無傳焉，臣未之聞也。"如果齊宣王當場把論語翻給他看，不知他有什麼話說？他既把"桓、文之事"壓了下去，於是接着說："無已，則王乎!"這一抑一揚之間就擡高了他自己的王道。他說："諸侯行文王之政者，七年之内必爲政於天下矣。"這是他向各國君主寫的包票。他又說："我非堯、舜之道不敢以陳於王前。"這是他自己門面上掛的牌子。因此，堯、舜、文王的歷史就成了他的王道主義下的歷史。爲他陳義太高，齊宣王不敢接受，推託自己有好勇的毛病，他立刻舉出文王、武王的好勇的故事，說這樣正可以走上王業的路；宣王再推託自己有好貨的毛病，他又舉出公劉好貨的故事；宣王更推託自己有好色的毛病，他又舉出古公亶父好色的故事，──他處處證明了那時的王者有實現他的王道的可能。梁惠王有一座園囿，他就勸他"與民偕樂"，效法文王的靈囿。滕文公對付不了大國的誅求，他就勸他"君子不以養人者害人"，效法太王的遷國。經他這樣一講，於是古代的王公都有了"聖聖傳心"的事實。在孔子的説話中，只把歷來名人的性格加以批評，雖有傳聞之誤，卻不致有何裝點。孟子呢，他簡直不管古代的事實究竟如何(例如古公亶父是否好色，靈囿是否文王所築)，只盡力把古代的王公硬裝到他的王道的模型裏去，好借着他們的牌子做他宣傳自己學説的手段。我們讀了他的書，所以深深的印着古聖王都十分相似的形象，那就是他把一副板子上印出來的東西填上了不同的人名而送給我們的效果。

　　孟子最喜説古事，但他卻最没有地理歷史的常識。他最喜引詩、書，但他所引的詩、書滿不是那麼一回事。正如縣篇，不過説古公亶父到了岐下，娶姜女以立家室而已，他就斷章取義作爲他好色的證據，然則不好色者難道就絶了夫婦之倫嗎？因他的説話太隨便了，所以"戎狄是膺，荆、舒是懲"之句，詩上已説明是贊美"周公之孫，莊公之子"的僖公的，他偏會歸給周公。淮水是入海的，泗水是入淮的，他偏會説禹"排淮、泗而注之江"。這種事由我們看來，他本是一個志在救世的政治家而不是一個歷史地理學者，他的話説錯了是可以原諒的，我們只要取其理論而捨其引證，也就買到他的真珠了。不幸後世讀書的人拜倒於聖賢的名義之下，捧住了他的話當作古代的真事實，於是就發生了許多的偽史。例如他説"王者之跡息而詩亡，詩亡然後春秋作"，這也不過隨口講講而已，他原不曾做過一番時代的考據。但後人咬定了這句話，以爲詩確是春秋前的東西了！毛公釋詩，有"平王之孫"的召南也説爲周初詩，而云"平，正也，武王女"。有"赫赫宗周，褒姒威之"的小雅也説爲西周詩，而云"詩人知其必滅周"。這些曲解是怎麼來的？原來就來自孟老先生没有歷史的知識而偏做了歷史的權威上。

　　孔子雖慨歎夏、殷文獻無徵，還喜歡把三代制度作比較。到孟子時，古文獻更無徵了，但他一樣的會比較，而且比得更詳細。例如滕文公問爲國時，他就説：

　　　　夏后氏五十而貢，殷人七十而助，周人百畝而徹，其實皆什一也。
　　　　設爲庠序學校以養之。……夏曰校，殷曰序，周曰庠，學則三代共之。

三代間的變遷之跡，他舉得這樣清楚。但我們早已知道，他表面上雖説的是古事，實際則是發表自己的政見，所以在他叙述了三代田制和學制之後，就説："有王者起，必來取法，是爲王者師也"，仍是寫包票的辦法。

三代的制度，就在這種情形之下愈講愈多。試看禮記明堂位所記的禮器，説到車，則是：

> 鸞車，有虞氏之路也；鉤車，夏后氏之路也；大路，殷路也；乘路，周路也。

説到旌旗，則是：

> 有虞氏之旗；夏后氏之綏；殷之大白；周之大赤。

説到馬，則是：

> 夏后氏駱馬黑鬣；殷人白馬黑首；周人黄馬蕃鬣。

説到尊，則是：

> 泰，有虞氏之尊也；山罍，夏后氏之尊也；著，殷尊也；犧象，周尊也。

説到爵，則是：

> 夏后氏以琖；殷以斝；周以爵。

説到勺，則是：

　　　　夏后氏以龍勺；殷以疏勺；周以蒲勺。

説到黍稷器，則是：

　　　　有虞氏之兩敦；夏后氏之四璉；殷之六瑚；周之八簋。

説到俎，則是：

　　　　有虞氏以梡；夏后氏以嶡；殷以椇；周以房俎。

説到豆，則是：

　　　　夏后氏以楬豆；殷玉豆；周獻豆。

這樣那樣，一件一件地搬了出來，好像那時真有一個歷史博物院，保存着四代的器物，所以會説得如數家珍。但倘使果真這樣了，孔子又何必興“文獻無徵”之歎呢？

# 八、陰陽五行説所編排的古史系統

　　上面所講的禮樂制度，我固然説它出于戰國、秦、漢間人之口，很不可信；但我也敢作保證：這是不會全假的。我們前邊提起過許多古代的帝王，分析的結果知道只是把各族的祖先歸到一條綫上，把原有的橫的系統變成了縱的系統。這種禮樂制度正與相類，他們把各地不同的器具禮法，依了他們的想像，再加上一點杜造，分配到虞、夏、商、周去，算作四代的不同的制度。這

樣做去，固然也很隨心，但終須費一番搜集材料的工夫；在這大
規模的創立制度的時代，那些"爲王者師"的野心勃勃的人物還耐
不住這麻煩。於是有一種學說順應這需要而起，使得改制的人只
須懂得了這種方式，便可不必操心而自然千變萬化。這就是陰陽
五行說！

這種學說，是從陰陽的觀點，把世界上的萬事萬物分列爲陰
性和陽性兩類；又從五行的觀點，把金、木、水、火、土五種物
質及其物性分配了世界上的萬事萬物。陰陽五行的本身既交互錯
綜，陰陽與五行又交互錯綜，就引起了許多的變化。他們用了這
種變化，說明自然界的狀態，更進而說明社會的狀態。他們以爲
這是天和人的一致的規律，是宇宙間的最高的原理，於是，計畫
政治制度時就要使用這原理，編排歷史系統時又要使用這原理。

陰陽五行說始於何時，尚難斷定。看論語記孔子的話這等
多，而始終不曾提起過這個問題，可知在孔子時還沒有這一說；
就算已有，那麼至少在孔子時大家還看得不重要。荀子非十二子
篇云：

> 案往舊造說，謂之五行，甚僻違而無類，幽隱而無說，
> 閉約而無解。……子思唱之，孟軻和之；世俗之溝猶瞀儒……
> 遂受而傳之。

從這條看，五行之說是子思造出來的；子思是戰國初期的人，似
可決定此說的發生年代。但那時何以沒有發生什麼影響，孟子書
中何以全未提及此事，這些疑問沒有消除時，此說終是很可
疑的。

這種學說的占有勢力，始於鄒衍。史記孟子荀卿列傳裏說他
看許多國君不講德行，專喜奢侈，於是細細的研究陰陽消息之
理，著了十餘萬言的書，說的話很奇怪；王公大人聽了害怕，自

願歸向到仁義節儉。他的學説中的一種是五德終始説，大意是帝王將興時先會有豫兆。所以黃帝爲土德，在他那時就有大螾大螻的祥瑞；禹是木德，草木暢茂；湯是金德，銀由山溢；周文王是火德，赤烏銜丹書從天而下（見呂氏春秋應同及史記封禪書）。他把五行支配帝王，所以朝代迭易，五行也就依次旋轉下去。五行的次序是講"相勝"的，木尅土，所以夏繼五帝；金尅木，所以商繼夏。但鄒衍時的歷史系統還没有放得很長，所以雖説終而復始，而第一回的五德的輪子尚没有轉完。後來秦始皇做了皇帝，就依據了他的學説改定制度。因爲尅火的是水，所以他繼周而自居於水德；水色爲黑，所以衣、服、旄、旌、節、旗都上黑；水數爲六，所以符和法冠都是六寸，輿和步都是六尺，乘是六馬（見史紀秦始皇本紀）。用了他的説法，簡直從始有人類到人類滅絶，一切不用費心，因爲什麼事情都是命定的，你只要隨着它轉去，照辦它應有的事情就好了。

不知何時，這五德説分了一支叫做三統説。這一説也是循環的，不過把範圍縮小了些。他們説，帝王遞嬗是依了三個統的次序：這三個是黑統、白統、赤統。夏爲黑統，殷爲白統，周爲赤統，繼周者又爲黑統。禮記檀弓篇説：

> 夏后氏尚黑，大事歛用昏，戎事乘驪，牲用玄。殷人尚白，大事歛用日中，戎事乘翰，牲用白。周人尚赤，大事歛用日出，戎事乘騵，牲用騂。

這是很清楚的三統説：夏時什麼都黑，商時什麼都白，周時什麼都赤。在董仲舒的春秋繁露三代改制質文篇中，有這一説的詳細記載：

> 三正以黑統初，正日月朔于營室，斗建寅。天統氣始通

化物，物見萌達。其色黑，故朝正服黑，首服藻黑，正路與質黑，馬黑，大節綏幘尚黑，旗黑，大寶玉黑，郊牲黑。……冠于阼；昏禮逆于庭；喪禮殯于東階之上。祭牲黑牡；薦尚肝。樂器黑質。……親赤統，故日分平明，平明朝正。……

正白統者，歷正日月朔于虛；斗建丑。天統氣始蛻化物，物始芽。其色白，故朝正服白，首服藻白，正路與質白，馬白，大節綏幘尚白，旗白，大寶玉白，郊牲白。……冠于堂；昏禮逆于堂；喪禮殯于楹柱之間。祭牲白牡；薦尚肺。樂器白質。……親黑統，故日分鳴晨，鳴晨朝正。……

正赤統者，歷正日月朔于牽牛；斗建子。天統氣始施化物，物始動。其色赤，故朝正服赤，首服藻赤，正路與質赤，馬赤，大節綏幘尚赤，旗赤，大寶玉赤，郊牲騂。……冠于房；昏禮逆于戶；喪禮殯于西階之上。祭牲騂牡；薦尚心。樂器赤質。……親白統，故日分夜半，夜半朝正。

董仲舒說，繼周的應該是黑統，所以孔子作春秋，把這一部書當作一個新的王朝，一切按照了黑統的規律去訂立政治制度。漢不繼秦而繼周，所以春秋是假想的黑統而漢則是現實的黑統。因此，孔子作春秋就是爲漢制法，這班春秋學家也就自居了漢朝的立法委員的資格。在董氏的書裏，什麼三統，什麼四法，講得天花亂墜，真使人覺得陰陽五行永遠地那麼樣轉，又覺得我們所有的一切全可從這些公式裏推排出來。可惜我們不是漢代人，這二十世紀已不容再作如此的信仰，否則我們真可以委心任運了！

制度既可這樣推出，歷史當然也不會成例外。董氏這篇書中，說"文王受命而王，應天變殷，作周號，時正赤統，親殷，故夏，紬虞謂之帝舜，以軒轅爲黃帝，推神農以爲九皇"，就表示從周到神農共歷九代。周是本代，殷是前一代，應當"親"的；夏是前二代，應當"故"的；這是"三代"。虞是殷所"故"的，到周時就推出了三代以外，改稱爲帝；從此推上去，自堯、嚳、顓頊、黃帝，合爲“五帝”。神農是黃帝的前一代，稱爲“九皇”，九是代數，皇是稱號。爲什麼有王、帝、皇之別呢？他説：“遠者號尊，近者號卑。”所以周是稱王的，但經過了兩個別的朝代，他就可改號爲帝了；再過了五個朝代，他就可改號爲皇了。在這種議論上，證明了歷史事實是永遠在變動，只有做這變動的原理的循環説是不變的。

　　到了西漢的末葉，劉歆作世經，又另創了一種五德終始説，從伏羲的木德爲始，以五行相生説爲次：木生火，故炎帝以火德繼；火生土，故黃帝以土德繼；土生金，故少皞以金德繼；金生水，故顓頊以水德繼；水又生木，故帝嚳以木德繼；木又生火，故帝堯以火德繼；火又生土，故帝舜以土德繼……這樣排下去，從伏羲到漢，這五德的系統共轉了兩次半，比較鄒衍的原説，内容豐富多了（文見漢書律曆志）。因爲中國一切學問都是到東漢時纔凝固的，所以他的話非常占勢力，所有講古史的書不提伏羲則已，一提到則未有不説他“以木德王”的。直到這四十年中，康有爲提出少皞本不列帝王位次之説（見新學僞經考），崔適又提出“劉歆欲明新之代漢猶舜之繼堯”之説（見史記探源），我們方纔明白這一説的出現是有作用的。因爲漢代的五行思想太濃重了，所以王莽就變了這一套把戲來奪取漢的天下。他的意思是，“我是黃帝的子孫，也是舜的子孫，這兩位都是‘以土德王’的，所以我也有‘以土德王’的資格。漢是火德，他的祖帝堯也是火德。火德的堯是禪位與舜的，所以火德的漢也應禪位與我”。這原是一個有計畫的騙局，王莽爲主謀而劉歆爲助謀。但從黃帝到堯，以前的史説，中間只有顓頊和帝嚳兩代，用相生説的“土、金、水、木、火”的次序排來，黃帝爲土則堯只能爲木，堯如爲火則黃帝將爲金，無法印合於漢、新禪讓的前定説。所以他們毅然決然，在黃帝、顓頊之間插下一個少皞，使他居於金德的地位，於是王莽的戲法就變成功了！至於他的戲法爲什麼不跟他的政權一齊失敗呢？這是因爲光武帝利用了他說的漢爲火德的話，將錯就錯，自稱以赤伏符受命，東漢的國命既明定爲火德，如果不用他的歷史系統即無法把漢排列在火德之下，所以只得承受了。

王莽只有把漢、新的世系往上推，其它的世系還沒有提起。想不到到了東漢時，王符做了一部潛夫論，他把同德的帝王一起說作祖孫，更加密了他們的關係。鈔在下面，讓大家看看五德終始說下的歷史是這樣整齊的：

大人跡出雷澤，華胥履之，生伏羲，……世號太皥，……其德木。……後嗣帝嚳代顓頊氏。……後嗣姜嫄履大人跡，生姬棄。……太姙夢長人感己，生文王。……

有神如龍首出常羊，感任姒，生赤帝魁隗，身號炎帝，世號神農，代伏羲氏；其德火紀。……後嗣慶都與龍合婚，生伊堯，代高辛氏。……龍感女媼，劉季興。

大雷繞樞炤野，感符寶，生黃帝軒轅，代炎帝氏，……其德土行。……後嗣握登見大虹，意感生重華虞舜。……堯乃禪位，……世號有虞。

大星如虹，下流華渚，女節夢接，生白帝摯青陽，世號少皥，代黃帝氏，……其德金行。……後嗣修紀見流星，意感生白帝文命戎禹，……舜乃禪位，……世號夏后。

搖光如月正白，感女樞幽防之宮，生黑帝顓頊，……身號高陽，世號共工，代少皥氏；其德水行。……娀簡吞燕卵，生子契。……扶都見白氣貫月，意感生黑帝子履……身號湯，世號殷。（五德志）

你們看，他排列得多麼整齊：(1)帝王禪代，是依着五德次序的；(2)帝王世系，是後五德承接着前五德的；(3)然而受命而王的天子卻又來自天上的。他把每個帝王説成有三個父親：其一是感生之父，如伏羲之大人跡；其二是母所承之帝，如堯出於神農後嗣的慶都；其三是名義上的父，如文王的“以王季爲父”。一定要在這三個系統中都做了兒子，方有做帝王的資格，帝王真神祕得不可思議了！

　　這種話如果只當笑話講，倒也有趣。可惜直到現在，還有人不願意把它當作笑話！

# 九、道家的託古

　　以上紛紛擾擾的，都是墨家和儒家的主張；現在還留下一個——道家。

　　道家和儒、墨一樣的提倡復古，復他們理想中的古。墨家以爲從古尚賢，儒家以爲從古就有一定的制度，道家則以爲從古就是無爲的。他們的理想説得最簡單而清楚的，是老子中的幾句話：

> 小國寡民。使有什佰之器而不用。使民重死而不遠徙。雖有舟輿，無所乘之。雖有甲兵，無所陳之。使人復結繩而用之。甘其食，美其服，安其居，樂其俗。隣國相望，雞犬之聲相聞，民至老死不相往來。

雖然這一段話裏有很顯著的衝突，一方面破壞物質文明（使有什佰之器而不用），一方面又要享受物質文明（甘其食，美其服），但他已捉住了戰國時的痛苦的根源。戰國時，因爲交通太便利了，所以發展的慾望日高，弱者對于强者的經濟侵略和武力侵略都無法避免，不論相隔得怎麼遠。他恨透了，所以寧可回復到閉國的時代，把器械、舟、車、甲兵、文字全取消了。取消了這種東西之後，他以爲必能再過甘食美衣，安居樂俗的生活。他暗示古代人過的日子是這樣的快樂。

因爲有了這一個暗示，所以後來的道家就一味造出具體的事實來證明這個理論。莊子（這是一部從戰國到漢的道家的叢書，裏面也許有幾篇莊周的親筆，但非莊周作的一定比它多得多）繕性篇説：

> 古之人在混芒之中，與一世而得澹漠焉。當是時也，陰陽和靜，鬼神不擾，四時得節，萬物不傷，群生不夭；人雖有知，無所用之：此之謂"至一"。當是時也，莫之爲而常自然。逮德下衰，及燧人、伏羲始爲天下，是故順而不一。德又下衰，及神農、黃帝始爲天下，是故安而不順。德又下衰，及唐、虞始爲天下，興治化之流，澆淳散朴，離道以善，險德以行，然後去性而從於心；心與心識，知而不足以定天下，然後附之以文，益之以博；文滅質，博溺心，然後民始惑亂，無以反其性情而復其初。

這作者對於古代的觀念表示得何等清楚：古人本來是最快樂的，因燧人、伏羲變"無爲"爲"有爲"，德就衰了；神農、黃帝之世更衰了，唐、虞之世簡直是胡幹了。這真是俗語説的"一蟹不如一蟹"呵！

淮南王書是漢文、景時至武帝初結集的，那時正是道家學説獨霸的時代，所以本經訓裏有洋洋一大篇痛罵物質文明和政治組織的文字，闡明了社會進化就是痛苦加增這一個意義。這原是大亂以後的一種憤激之談，是對於戰國人信任知力和技巧的一種大反動。他們形容古代的快樂，甚至於説：

昔容成氏之時，道路雁行列處，託嬰兒於巢上，置餘糧於晦首，虎豹可尾，虺蛇可蹍，而不知其所由然。（本經訓）

於是就一代一代的衰敗下去了：

至伏羲氏，其道昧昧芒芒然，吟德懷和，被施頗烈，而知乃始昧昧晽晽，皆欲離其童蒙之心而覺視於天地之間；是故其德煩而不能一。及至神農、黃帝，剖判大宗，竅領天地，……枝解葉貫，萬物百族，使各有經紀條貫，於此萬民睢睢盱盱然，莫不竦身而載聽視；是故治而不能和下。棲遲至於昆吾、夏后之世，嗜欲連於物，聰明誘於外，而性命失其得。施及周室之衰，澆淳散樸，雜道以僞，儉德以行，而巧故萌生。周室衰而王道廢，儒、墨乃始列道而議，分徒而訟，於是博學以疑聖，華誣以脅衆，弦歌鼓舞，緣飾詩、書，以買名譽於天下；繁登降之禮，飾紱冕之服，聚衆不足以極其變，積財不足以贍其費：於是萬民乃始憹觟離跂，各欲行其知僞以求鑿枘於世，而錯擇名利。……夫世之所以喪性命，有衰漸以然，所由來者久矣！是故，聖人之學也，欲以返性於初而游心於虛也。（俶真訓）

在這一段裏，把他們自己的意思説得很清楚了。他們因爲提倡一種“返性於初而游心於虛”之學，所以要説出許多古初的事情作爲修養的目標。他們因爲要證明“世之所以喪性命，有衰漸以然，所由來者久矣”這一個見解，所以一定要説成一代不如一代，從至德之世到伏羲、神農時道德如何的低落，從伏羲、神農到堯、舜時道德又低落了多少。其實，他們何嘗真知道古初，也何嘗定要戲侮黃帝、堯、舜，他們只想向“博學以疑聖，華誣以脅衆”的儒、墨之徒作一個致命的攻擊。他們看儒、墨之徒都喜歡“託古改制”，而結果鬧得一團糟，所以他們起來“託古改人生觀”，把對方的古制譏笑得一錢不值。這兩方面所鼓吹的“古”都曾經迷蒙了許多時候的人們的眼。大家讀了儒、墨的書，堯、舜的禪讓爲的是愛民，湯、武的征誅也爲的是愛民，感覺到愛民是古帝王的一成不變的主義。回過頭來讀道家的書，神農之世是“臥則居居，起則于于”的，泰氏之世又是“其臥徐徐，其覺于于”的，古帝王的一成不變的主義乃是無思無爲。究竟哪一種是真事實呢？以前的史家只會兼容並包，説頭上幾個帝王是無思無爲的，後來就變成勤政愛民了。這没有別的原因，只爲儒、墨的古史系統短（當儒、墨起來時，古史系統只有這一點），道家的古史系統長（道家起來時，古史系統已放長了），逼得古史家於前段採用道家説，於後段採用儒、墨説。二千年來，一班士流一想到皇古，誰没有一個莊子和淮南所寫的幻影立在目前，於是羲皇時人的生活就成了他們追求的目標，今苦而古樂的觀念也就成了正統的古史觀。到現在，我們纔清切地知道，他們和儒、墨的主張都是受的時代的影響，都是當時救弊的方術，但他們所説的古人古事則與儒、墨同樣的不可信。

# 一〇、戰國與西漢的疑古

戰國、秦、漢四百餘年中，爲了世官的破壞，種族的混合，地域的擴張，大一統制度的規畫，陰陽五行原理的信仰，以及對于這大時代的擾亂的厭倦，立了許多應時的學説，就生出了許多爲證實這些學説而杜造的史事。曲禮上説：“毋勦説，毋雷同；必則古昔，稱先王。”這幾句話真是説盡了那時人説話的態度。你們想，古昔先王的事情如果都有客觀的真實，那麼他們的説話正和我們做考據文字一樣，應當無一字無來歷，如何能不勦說與不雷同呢？既不雷同而又"必"則古昔，這不是創造是什麼？但我們不像崔東壁先生那樣，罵百家之言爲要不得的異端邪說。我們站在歷史的立場上，看出這些說話雖是最不真實的上古史，然而確是最真實的戰國、秦、漢史，我們正可以利用了這些材料來捉住戰國、秦、漢人的真思想和真要求，就此在戰國、秦、漢史上提出幾個中心問題。這真是歷史的境界的開拓！一般人對于我們常起誤會，以爲我們要把古代什麼東西都去推翻，願他們能平心靜氣想一想這個道理。

可是無論如何，這些最不真實的上古史，當時和後世一班庸衆畢竟受了他們的欺騙，錯認爲最真實的上古史。他們的學說既紛歧而混亂，所以我們的上古史也隨着它而紛歧而混亂。於是一班比較有理性的人時時舉出其懷疑之點，雖然在"信而好古"的空氣之中，雖然在"非聖無法"的禁制之下。

現在我們要問的，就是戰國、秦、漢的學者杜造了這些古史，當時曾發生了什麼反應？在歷史觀念極不發達時，當然對于他們的話只有"好，不好"的感覺，而沒有"真，不真"的分析。所以淮南子的脩務訓裏說：

> 世俗之人多尊古而賤今，故爲道者必託之於神農、黃帝而後能入說。亂世闇主高遠其所從來，因而貴之，爲學者蔽於論而尊其所聞，相與危坐而聽之，正領而誦之。

這描寫當時的情形何等活現！爲了要動聽，所以託之神農、黃帝。爲了來路遠，所以看得重。爲了盲目的信仰，所以留神地聽，用心地念。僞史就這樣地流傳下去了。脩務訓又道：

> 今取新聖人書，名之孔、墨，則弟子句指而受者必

衆矣。

其實是新出的文章，爲了希望讀的人多，只得冒充是孔、墨所作，一說了孔、墨，馬上震動了學術界，僞書就這樣地傳下去了。

但是戰國時未嘗没有聰明人，所以就有幾個人表示堅決的不信。例如荀子，他在非相篇裏說：

> 五帝之外無傳人；非無賢人也，久故也。五帝之中無傳政；非無善政也，久故也。禹、湯有傳政而不若周之察也；非無善政也，久故也。傳者久則論略，近則論詳；略則舉大，詳則舉小。……是以文久而滅，節族久而絶。

他主張不法先王，爲的是那時的典章制度已不可知了，不如法那有"粲然之跡"的後王。其實，在他那時，五帝之外的傳人出來了不知多少，例如無懷、葛天、風后、力牧。五帝之中的傳政也出來了不知多少，例如封禪、巡狩、授時、分州。禹、湯的傳政和周一樣多，爲的是在五德三統說之下早已替三代分配得一樣齊整。但他偏不承認五帝時有歷史傳下來，又不承認夏、商時有詳細的歷史傳下來，這真強悍得出奇！他在正論篇裏反對禪讓之說，已見上引；這一篇中還有一段反對象刑之說的，是：

> 世俗之爲說者曰："治古無肉刑而有象刑……。"是不然！以爲治邪，則人固莫觸罪，非獨不用肉刑，亦不用象刑矣。以爲人或觸罪矣而直輕其刑，然則是殺人者不死，傷人者不刑也。……殺人者不死而傷人者不刑，是謂惠暴而寬賊也，非惡惡也。故象刑殆非生於治古，並起於亂今也！

戰國人描寫古代的安樂情形，以爲當時只用特別的衣服冠履來表示罪人所受的刑罰；他堅決反對，以是這是"起於亂今"的"世俗之説"。若把這話擴而充之，簡直可以把當時口頭流傳的古史一筆鈎銷了。

同時，韓非在他的顯學篇中也對于儒、墨二家建設的古史根本破壞。他道：

> 孔子、墨子俱道堯、舜，而取舍不同，皆自謂真堯、舜；堯、舜不復生，將使誰定儒、墨之誠乎？殷、周七百餘歲，虞、夏二千餘歲，而不能定儒、墨之真；今乃欲審堯、舜之道於三千歲之前，意者其不可必乎？無參驗而必之者，愚也。弗能必而據之者，誣也。故明舉先王，必定堯、舜者，非愚則誣也！

他把"言必稱堯、舜"的人定爲"非愚則誣"，斷得何等痛快。堯、舜尚且如此，堯、舜以前的許多古帝王當然更無存在的價值了。在戰國的怒濤激浪之中竟有這樣獨立批評的議論，真不能不令人欽服。

淮南王安集合了一班博學的門客，著了一部書，裏邊雖也把古史講得天花亂墜，畢竟有些拆自己壁腳的聰明話。繆稱訓云：

> 三代之稱，千歲之積譽也。桀、紂之謗，千歲之積毀也。

又氾論訓云：

> 今夫圖工好畫鬼魅而憎圖狗馬者，何也？鬼魅不世出，而狗馬可日見也。夫存危治亂，非智不能；而道先稱古，雖

愚有餘。

他把"道先稱古"譬之"畫鬼魅"，真是把當時的古史傳説一椎打碎了。即此可見那時人的頭腦也有很清醒的，只是少數的清醒敵不過多數的糊塗而已。

除了正面反對之外，還有因神話傳説的不合理而強辭以解釋的。例如戰國時傳説"黃帝四面"，這當然説他一個脖子上長着四張臉。因爲這是神話，就有人替它解釋：

> 子貢問於孔子曰："古者黃帝四面，信乎?"孔子曰："黃帝取合己者四人，使治四方，不謀而親，不約而成，大有成功，此之謂'四面'也。"(太平御覽七十九引尸子)

經此一解，"四面"的神話就成了"四人治四方"的人事了！又如那時傳説，云"黃帝三百年"，這當然説他活了三百歲或做了三百年的皇帝。又有人覺它不合理，替它解釋道：

> 宰我問於孔子曰："昔者予聞諸榮伊，言黃帝三百年。請問黃帝者人邪，抑非人邪？何以至於三百年乎?"孔子曰："……生而民得其利百年，死而民畏其神百年，亡而民用其教百年，故曰'三百年'。"(大戴禮記五帝德)

經此一解，"三百年"就成了"發生三百年的影響"了。又如那時傳説，有一種獸名爲夔，"狀如牛，蒼身而無角，一足，……其聲如雷，……黃帝得之，以其皮爲鼓，橛以雷獸之骨，聲聞五百里"(山海經大荒東經)；因爲有這雷聲鼓的傳説，於是訛傳夔爲樂官(左傳昭二十八年)，仍説這位樂官是一足。有人覺得它不合理，替它解釋道：

魯哀公問於孔子曰："樂正夔一足，信乎？"孔子曰："昔者舜欲以樂傳教於天下，乃令重黎舉夔於草莽之中而進之，舜以爲樂正。夔於是正六律，和五聲，以通八風，而天下大服。重黎又欲益求人。舜曰：'夫樂，天地之精也，得失之節也，故唯聖人爲能和樂之本也。夔能和之以平天下，若夔者一而足矣'。故曰'夔一足'，非一足也。"（呂氏春秋察傳）

經此一解，"一隻腳"就成了"一個就够了"。從這三個例上，我們可以知道，當時人的智力已不能再信神話，他們和我們的懷疑正在同一點上出發。不過他們的膽子小，不敢明説它假，於是替它設法解釋。而又因膽子小，不敢自己負解釋的責任，於是把這些解釋的話推託在孔子的身上。因此，出發點雖在辨僞，但是結果則反而成了造僞：造了孔子的假話和古代的僞史來破除神話。不過這樣總比胡亂信仰的好一點，因爲它已經有了別擇真僞的萌芽了。

自從秦始皇焚詩、書百家語，戰國文化受了一次大摧殘。漢惠帝時，始除挾書之律。文帝時，剛想到尚書，尋得了伏生，傳下二十八篇。武帝時，廣開獻書之路。成帝時，又使謁者陳農求遺書於天下，令劉向、任宏等共同編校。西漢的皇室用了二百年的力量，把許多古籍和當代著述作一次大結集。漢人本是最缺乏歷史觀念的，只因校書的人看見的東西多了，不由得不因比較而生判斷，於是許多書籍就被定爲僞書。今將漢書藝文志所記的錄下：

太公二百三十七篇——近世又以爲太公術者所增加也。
文子九篇——與孔子並時而稱周平王問，似依託者也。
周訓十四篇——人間小書，其言俗薄。（顏注引別録）
黃帝君臣十篇——起六國時，與老子相似也。

雜黄帝五十八篇——六國時賢者所作。

力牧二十二篇——六國時所作，託之力牧。力牧，黄帝相。

黄帝泰素二十篇——六國時韓諸公子所作。（顏注引別録云："或言韓諸公孫之所作也。言陰陽五行，以爲黄帝之道也。"）

孔甲盤盂二十六篇——黄帝之史，或曰夏帝孔甲，似皆非。

大禹三十七篇——傳言禹所作，其文似後世語。

神農二十篇——六國時諸子疾時急於農業，道耕農事，託之神農。

伊尹説二十七篇——其語淺薄，似依託也。

鬻子説十九篇——後世所加。

師曠六篇——見春秋，其言淺薄，本與此同，似因託也。

務成子十一篇——稱堯問，非古語。

天乙三篇——天乙謂湯，其言非殷時，皆依託也。

黄帝説四十篇——迂誕，依託。

封胡五篇——黄帝臣，依託也。

風后十三篇——黄帝臣，依託也。

力牧十五篇——黄帝臣，依託也。

鬼容區三篇——黄帝臣，依託。

這樣的舉發它們的依託和增加，明定它們的時代和作者，更和今日的我們的態度相像。不過他們批評的範圍只限于諸子百家語，而我們今日則要擴而充之以至于詩、書而已。

最有辨偽的眼光，且已把戰國時的偽史作一番大淘汰的工作的，是司馬遷。他生值漢家全盛時代，又有很好的家學，又居了全國文化中心的官職，（太史公自序："天下遺聞古事靡不畢集太史公。"）再加以好游歷的習性，親見過許多歷史遺蹟、民情風俗，於是"網羅天下放失舊聞"，寫成了一部空前的著作——史記。這是中國第一部"究天人之際，通古今之變"的整個歷史記載。他對于上古的事情都不勉强充做知道；把覺得可疑的都删芟了。他的審查古史料的標準，曾在伯夷列傳上宣布出來：

> 夫學者載籍極博，猶考信於六藝。詩、書雖缺，然虞、
> 夏之文可知也。堯將遜位，讓于虞舜；舜、禹之間，岳牧咸
> 薦，乃試之於位：典職數十年，功用既興，然後授政，示天
> 下重器，王者大統，傳天下若斯之難也。而說者曰："堯讓
> 天下於許由；許由不受，恥之，逃隱。及夏之時，有卞隨、
> 務光者。"此何以稱焉？太史公曰：余登箕山，其上蓋有許由
> 冢云。孔子序列古之仁聖賢人，如吳太伯、伯夷之倫，詳
> 矣。余以所聞由、光義至高，其文辭不少概見，何哉？

許由不受堯禪，這個傳說自戰國至漢流傳得普遍極了，司馬遷並
且親在箕山上見到他的墳墓，論理真不應不信。但是他決定不爲
立傳，原因是爲有了三個負面的理由：（一）此事不見於虞書，禪
讓事也不該這等草率；（二）孔子列舉讓國的聖賢太伯、伯夷等，
但不及於許由；（三）許由沒有文辭傳下來。因爲他已不信逃堯禪
的許由，所以就聯帶及於逃湯禪的卞隨、務光。從我們看來，他
的思想固然還不及荀子澈底，但其敢於打破傳統信仰的膽量已大
足使人欽服。試看後來，哪部高士傳中沒有許由們，誰不信他們
的逃隱是真事實？即此一端，可見司馬遷的眼光是怎樣的卓絕。
誠然，史記這部書也常被人批評爲不謹慎，但他的"載籍極博，
猶考信於六藝"這個標準，在考古學沒有發達的時候，實在不失
爲一種有效的方法，尤其是在戰國、秦、漢間百家異說雜然並起
的時候，因爲六藝中的史料比較還算純粹，著作時代也是比較的
早呵。

六藝中的尚書是始於堯、舜的；還有禮家雜記的五帝德和帝
繫姓，雖然"儒者或不傳"，究竟還爲一部分的儒者所信，這兩篇
中的歷史系統是從黃帝開始的。司馬遷在他自己所立的標準之

下，根據了這些材料來寫史，所以他的書也起於黃帝。黃帝以
前，他已在傳說中知道有神農氏（五帝本紀）、伏羲（自序）、無懷
氏和泰帝（封禪書），但他毅然以黃帝爲斷限，黃帝以前的一切付
之不聞不問。這件事看似容易，其實甚難；我們只要看唐司馬貞
忍不住替他補作三皇本紀，就可知道他在方士和陰陽家極活動的
空氣之中排斥許多古帝王是怎樣的有眼光與有勇氣了。

　　他雖承認有黃帝，而好些黃帝的記載他都不信。所以他說：

　　　　予曾讀諜記，黃帝以來皆有年數。（三代世表）

似乎可以在他自己書中排出一個綜合的年表來了，然而他決絕
地說：

　　　　稽其歷譜諜，終始五德之傳，……咸不同乖異。夫子之
　　弗論次其年月，豈虛哉！（同上）

他因爲把各種年表比較的結果，沒有一種相同，覺得與其任意選
取一種，不如乾脆缺着，所以共和以前但記世數。我們只要看史
記以後講古史的書有哪幾種是沒有共和以前的年數的，就可以知
道他的裁斷精神是怎樣的嚴厲和確定了。

　　他既定下了這樣的標準，就隨處把它使用。我們在史記裏，
可以看到以下的許多話：

　　　　學者多稱五帝，尚矣。然尚書獨載堯以來；而百家言黃
　　帝，其文不雅馴，薦紳先生難言之。（五帝本紀）
　　　　五帝、三代之記，尚矣。自殷以前，諸侯不可得而譜，
　　周以來乃頗可著。（三代世表）
　　　　神農以前，尚矣。蓋黃帝考定星曆，建立五行，起消

息，正閏餘。（曆書）

農工商交易之路通，而龜貝金錢刀布之幣興焉，所從來久遠。自高辛氏之前尚矣，靡得而記云。故書道唐、虞之際，詩述殷、周之世，……以禮義防於利。（平準書）

故言九州山川，尚書近之矣。至禹本紀、山海經所有怪物，余不敢言之也。（大宛列傳）

自古帝王將建國受命，興動事業，何嘗不寶卜筮以助善。唐、虞以上，不可記已。自三代之興，各據禎祥。（龜策列傳）

夫神農以前，吾不知已。至若詩、書所述虞、夏以來，……使俗之漸民久矣。（貨殖列傳）

維三代尚矣，年紀不可考，蓋取之譜牒舊聞本于茲。（自序）

他一說到上古，就歎一聲"尚矣"，於是接着說，這"不可記"了，"不可考"了，"吾不知"了，"余不敢言"了。這種老實承認不知道的態度，試問比了一班儒者自以爲萬事萬物都能明白，雖是文獻無徵之世也可用了排列法來排出它的制度的，要光明磊落了多少？

司馬遷以前，講古史的人多極了。三代以前固然是"尚矣"，但正因它"尚矣"，所以纔有話說，纔有說不盡的話。我們只要一看漢書藝文志，便可知道在司馬遷之世是時代愈古則材料愈多的。但他竟決意把歷史範圍最小的六藝做標準，合於這個標準的收進來，不合於這個標準的打出去，於是這一大堆燦爛奪目的古代材料都成了歷史的異端外道。他不肯收受這時代給與他的聰明，而只會讀平凡的書，使無數瑰瑋的故事失去了歷史的地位，這不是他的大魄力是什麼！

# 一一、司馬遷與鄭玄的整齊故事

　　上面説的，是戰國、秦、漢間人的辨僞；在這一方面，司馬遷應爲功首。下面説的，是兩漢的儒生和經師因整理材料而造僞；在這一方面，司馬遷固非罪魁，但也應當担負一部分的責任。

　　"考信於六藝"固然不失爲一個審查史料的標準，但倘使没有別的附加條件，這標準也會嫌太簡單的。他所謂六藝，是包括經和傳而言的，然而這些文字來路非一，時代又非一，經和傳已常相牴牾，經和經又自相牴牾；在這種情形之下，他應取怎樣的態度呢？何況經傳的材料不够用，他畢竟要登用諸子百家之言，又要採取傳説；這裏邊矛盾衝突之處當然不知有多少。他倘使没有別的辦法去解決這些問題，那麽，他雖是志在"考信"而依然無濟於事。

　　不幸，他爲時代所限，不能得着很好的方法。他在自序裏説："厥協六經異傳，整齊百家雜語。"這就是他的方法。六經的異傳，他要調和；百家的雜語，他要整齊。他不能把記述一事而互相差異的材料，斷定這個真，那個僞；他只能説這個那個一齊對，把那些雜異之處想法安插的得當。這種"整齊故事"的方法，是漢代的儒生和經師的基本方法，其結果不知爲學術界中纏上了多少葛藤，真所謂"治絲而棼之"。例如三代的天子本皆稱王，所以合稱則爲"三王"，這本是無疑的事實。但司馬遷也許爲了想不出舜把帝位禪禹，爲什麽禹要改稱爲王，也許因看見商代的王有帝甲、帝乙、帝辛，就覺得夏、商之君的階位亦當爲帝，所以他就一一代他們加上尊號爲帝某某，甚至於"夏后啟"一名已有"后"

字表明了他的階位，而亦重牀疊屋地稱之爲“夏后帝啟”。到了周代，他看見文王、武王、成王、康王都直稱爲王，不好再稱他們爲“帝某王”了，於是在殷本紀的末尾記上一筆，“周武王爲天子，其後世貶帝號，號爲王”。照他所說，三代中只有一代稱王，云何而稱爲“三王”？又爲什麼虞、夏、商、秦均爲帝，只有夾在中間的周貶稱爲王？這不是因整齊故事而造出的僞史嗎？又如周人稱王自太王始，其後爲王季、文王，原是詩、書中很明顯的事實。但他相信了當時詩經學家的話，以爲“詩人道西伯，蓋受命之年稱王”，於是稱王自文王始，而太王、王季俱爲追尊。既爲追尊則當時不得稱王，所以他稱太王爲“古公”，王季爲“公季”。“古公”二字還算有根據，“公季”則直是杜撰之名。這又不是爲了整齊故事而造出的僞史嗎？其他如左傳中的“四凶族”和堯典的“四罪”，明明是一事的異說，但他爲要厥協整齊，遂載四凶族於舜本紀歷試時，而載四罪咸服於堯本紀舜攝政時，逼着舜重演了一回。又如魯世家中，既已從金縢之說，說武王病時，周公請以身代，又從雜說，說成王少時病，周公在神前自己認罪：好像他老是自願替死似的。又如孔子世家中，既從論語，說孔子“不語怪、力、亂、神”，而又集錄國語中的許多關於孔子的神怪之談，好像他真有二重人格似的。這都是他碰到了衝突牴牾的材料時，不懂得別擇而只懂得整齊的成績。這樣做去，舊問題還没有解決，新問題又出來了。他雖不是有心造僞，而只緣他所用的方法會隨時引誘他造僞，所以他傳給我們的困累並不比戰國人減少。

　　東漢之世，學者們的智慧群趨於訓詁一途，論理應當作些客觀的研究。但因當時的歷史觀念不夠，所以訓詁的方式不是隨文敷義，就是附會曲解。他們的目標在於貫通群經，而實際則是張冠李戴，錯配鴛鴦，弄得一塌糊塗。訓詁中最有權威的是鄭玄，他曾遍注群經，學問最博，而留下的新問題也最多。六經奧論中六經注疏辨曾批評他道：

　　大抵鄭氏學長於禮而深於經制，故先注禮而後箋詩；至於訓詁，又欲一一求合於周禮，此其所以失也。如注定之方中"騋牝三千"，則舉天子之制十有二閑。如注采芑"其車三千"，則舉司馬法兵車之數。如注甫田"歲取十千"，則舉井田一成之制。如注棫樸"六師及之"，則曰"殷末之制，未有周禮"。如此之類，則束縛太過；不知詩人一時之言，不可一一牽合也。康成長於禮，以禮言詩，過矣。

他爲什麼要這樣？只因他與司馬遷抱着同樣的心思。後漢書載鄭玄的戒子書云："但念先聖之玄意，思整百家之不齊，亦庶幾以竭吾才。"可見他一生的才力全用在"思整不齊"上了。他不想想："物之不齊，物之情也"，爲什麼老要這樣的削足適屨呢？

　　他的經注，可駁的實在太多了，現在只舉詩、書首篇中數事以見其大概。

　　堯典開頭説"曰若稽古帝堯"，足見作者承認自己遠在堯後，並不想冒充唐、虞時代的著作。但鄭玄一定要認爲唐、虞時作，而又礙於這樣明顯的證據，於是異想天開，説：

　　　　稽，同也；古，天也：言堯上同於天也。

這樣一來，也就混過去了，堯典就真成了唐、虞時的著作了。周禮有天、地、春、夏、秋、冬六官；堯典中則有九官，又有四岳，又有羲、和，和周禮不合。他一心要打通這個隔閡，好使周公的制度即是堯、舜的制度，如此一方面可以擡高周禮的地位，一方面又見聖聖傳心的事實。於是他説：

　　　　堯既分陰陽爲四時，命羲仲、和仲、羲叔、和叔等爲之官，又主方岳之事，是爲四岳。

這樣一來，"羲、和"就和"四岳"合而爲一了。他又説：

> 此命羲、和者，命爲天地之官。

這樣一來，"羲、和"又即是"天官，地官"了。他又説：

> 蓋春爲秩宗，夏爲司馬，秋爲士，冬爲共工，通稷與司
> 徒，是六官之名見也。

於是伯夷爲"春官"，皋陶爲"秋官"，垂爲"冬官"，合上羲、和便是六官了。後世編輯唐、虞官制的人，根據了他的説法，就可徑把周禮六官寫上去了。這是不是又新添了一筆僞史？固然從我輩看來，堯典的本身已僞，所載的官制必不可信，但這總還不失爲堯典作者的一個獨立的理想。獨奈何把絶不相干的周禮硬配上去，逼得它成爲非驢非馬的一種東西呢？而且堯典命官，皋陶既誅勸"寇賊姦宄"，又制止"蠻夷猾夏"，若依周禮來説，他乃兼任夏、秋二官，然而他的官名只有一個"士"字。鄭玄既把士定爲秋官了，然則夏官又在堯典的哪裏呢？所以，即此硬配的工作，他也未能做好。

提到詩經的第一篇關雎，那更可笑。"窈窕淑女，君子好逑"，用我們的話説來，"美好的女子，是公子哥兒們所喜歡追求的"，原是一句很尋常的話。毛傳説"幽閒貞專之善女，宜爲君子之好匹"，把動詞的"好"解作形容詞，把無限動詞的"逑"解作名詞，已嫌牽強，但還勉強説得過去。一到鄭玄的箋，他説：

> 怨耦曰仇。言后妃之德和諧，則幽閒處深宮貞專之善
> 女，能爲君子和好衆妾之怨者。言皆化后妃之德不嫉妬，謂
> 三夫人以下。

這簡直令人墮入五里霧中，莫名其妙！站在那一邊的還是君子；但站在這一邊的有后妃，有善女（三夫人以下），又有衆妾之怨者，真不知道這一大群女子是從哪裏來的？於是下面的"參差荇菜，左右流之"就成了：

> 后妃將共（供）荇菜之菹，必有助而求之者，言三夫人九嬪以下皆樂后妃之事。

而"寤寐求之"也就成了：

> 后妃覺寐則常求此賢女，欲與之共己職也。

求了來怎樣呢？

> 賢女之助后妃共荇菜，其情意乃與琴瑟之志同。……琴瑟在堂，鐘鼓在庭，言共荇菜之時，上下之樂皆作，盛其禮也。

本來是一首男女慕悅的詩，現在慕悅者成了后妃，被慕悅者成了助后妃祭祀的賢女，中間又插入了和好衆妾之怨的三夫人。這是不是空中樓閣？依照他的詩譜，這是文王時詩，這位后妃豈不成了太姒？後世作周史的人根據了他的話，自然太姒要做夢求賢，求了來要共供荇菜，要上下之樂皆作以盛其禮了。這是不是又添上了一筆僞史？

像這樣的胡鬧話，一部十三經注疏裏不知有多少。經書，是地下實物沒有進入學術界以前的惟一古史材料；注疏，又是國家頒行的具有權威性的解釋。一班讀書人，誰不受他們的影響。二千年來學術界的所以烏煙瘴氣，他們不能不擔負着絕大的責任。

讀者不要以爲我們有意指摘他們，我只望具有一點現代的理性的人們去把他們的書讀一下。寫到這裏，正讀爾雅釋地，就把這篇中的"九州"舉來做個例罷。

　　九州之制，尚書中的禹貢和周禮中的職方各有一個而不相同。禹貢既言禹，照前人之説當然是虞、夏時事。職方既在周禮，照前人之説當然是周時事。這兩篇所説的九州不同，一般人當然看作夏制和周制的不同。商呢，書上沒有提起。所以班固在漢書地理志的叙論上説，"殷因於夏，亡所變改"，可見到了東漢初年，學術界中還承認商的九州即是夏的九州。當王莽之世，出了一部爾雅，其中釋地一篇多半鈔襲呂氏春秋和淮南王書而成。因此，其中的九州之名和呂氏有始覽全同，只有一個州名不同：呂覽説"東方爲青州，齊也"，爾雅説"齊曰營州"。然而青州、營州之名雖異，而它對象的齊則相同。齊没有二國，所以營州即是青州，——不過從五行上定名，東方爲青色，齊在東，故曰青州；從都邑上定名，齊都營丘，故曰營州而已。呂覽的九州既没有指出是哪一代的制度，爾雅之説當然和它一樣。不幸爾雅是六藝的附庸，誦讀的人既多，附會之説就起。東漢時，李巡作爾雅注，就直斷這九州爲殷制（經典釋文引）。所以然之故，當然因爲它和夏制和周制都不同。"既不是夏，又不是周，那不是殷嗎！"這是他的感覺。從此以後，孫炎、郭璞繼繼繩繩，都説是殷制，這件故事就這樣地實定了！這是一件。

　　堯典中有"肇十有二州"之語；這十二州的名目，書上沒有寫，所以在西漢人的解釋中都不曾具體指出。就是班固的地理志，也只説"堯遭洪水，天下分絶爲十二州"，舉不出十二個州名來。自從爾雅在學術界上占了地位，於是馬融首先説：

　　　　舜以冀州之北廣大，分置并州；燕、齊遼遠，分燕置幽州，分齊爲營州：於是爲十二州。（史記五帝本紀集解引）

他的根據，第一是禹貢上的"冀、兗、青、徐、揚、荆、豫、梁、雍"，第二是職方增出的"幽、并"，第三是爾雅異名的"營"。他說，禹定的本是九州，舜嫌冀州太大，分爲冀、并二州；又嫌東方遼遠，更在冀、兗、青間分出幽、營二州，九州加了三州，恰成十二，這不是奇巧的事嗎！從此以後，鄭玄、僞孔依聲學舌，舜的十二州名就這樣地實定了！這是又一件。

爾雅作者嫌"青"的一名不固定（山東半島固以居東方而名青，山東南部和江蘇北部的徐州也在東方，何嘗不可名青），所以援用冀、雍的辦法，以邑名爲州名而改爲營。想不到就爲這一個"營"字，竟注定了殷的九州名和舜的十二州名！這不但是虞、夏、商、周的人想不到，就是爾雅的作者也何曾想到。然而唐、宋以來，講地理沿革史的人又哪一個敢違背了這些東漢人所決定的事實？因此，我們所看見的歷史地圖，就儘多了虞舜十二州圖和爾雅殷制圖。"俗語不實，流爲丹青"，經學家給我們上的當，我們已是够受的了！

# 一二、東漢的疑古

在這漫天的烏煙瘴氣之中，我們的學術史是不是已墮入了黑暗時代？那也不盡然。"跛者不忘履，瞽者不忘視"，這辨僞的一綫曙光總是存在的。現在隨便舉幾個例。

泰誓，戰國時本來有的，所以諸子書中屢屢引到。不幸伏生的尚書没有這一篇，直到武帝之世方説在河内發現。當時的儒生把伏生的二十八篇上配二十八宿，把泰誓一篇當作北斗（論衡正説），可見此篇地位之高。但最善附會的馬融忽然理性發現，批評道：

泰誓後得，案其文似若淺露。又云“八百諸侯不召自來，不期同時，不謀同辭”，及“火復于上，至于王屋，流爲鵬；五至，以穀俱來，擧火”，神怪，得無在子所不語中乎？又春秋引泰誓曰，“民之所欲，天必從之”。國語引泰誓曰：“朕夢協朕卜，襲于休祥，戎商必克。”孟子引泰誓曰：“我武惟揚，侵于之疆，取彼凶殘，殺伐用張，于湯有光。”孫卿引泰誓曰：“獨夫受。”禮記引泰誓曰：“予克受，非予武，惟朕文考無罪；受克予，非朕文考有罪，惟予小子無良。”今文泰誓皆無此語。吾見書傳多矣，所引泰誓而不在泰誓者甚多，弗復悉記。略擧五事以明之，亦可知矣。（尚書正義泰誓篇首引馬融書序）

這一段文字有見解，有證據，宛然閻若璩尚書古文疏證的縮影，幾乎使我不信爲漢人文字。他的話說得這樣有力，所以後來僞造古文尚書的人重作泰誓時就把他所反對的神怪之語一齊删削，又把他所提出的古書中所引的泰誓一齊收入了。

月令，爲天子居明堂的大政，由戰國至西漢醞釀了數百年而撰成的大文字（我不信爲呂氏春秋所原有，理由太長，俟別論），在東漢時占有極大的勢力。因此，這篇東西既録入逸周書，又録入小戴記。事情真奇怪，那位最長于拉扯牽合的鄭玄偏會提出異議。他道：

月令本呂氏春秋十二月紀之首章也，以禮家好事鈔合之，後人因題之名曰禮記，言周公所作。其中官名時事多不合周法。（禮記正義月令篇首引鄭玄三禮目録）

他又道：

> 凡此車馬衣服，……非周制也。周禮，朝、祀、戎、獵，車服各以其事，不以四時爲異。又玉藻曰"天子龍袞以祭，玄端而朝日，皮弁以日視朝"，與此皆殊。（孟春"衣青衣，服倉玉"下注）

> 三王之官，有司馬，無太尉。秦官則有太尉。今俗人皆云周公作月令，未通于古。（孟夏"命太尉"下注）

話説得這樣決絶，也迥異於他的"思整不齊"的常態。推原其故，就爲他熟讀了周禮，拿所謂周公作的周禮和又一所謂周公作的月令相較，就呈露了很多的牴牾；他既決認周禮爲周公作，只得反對月令爲周公作了。可見一個學者只要肯把多種材料作比較的研究而不想穿鑿附會，他自然會得走上辨僞的一條路。

其他，如盧植的疑王制，臨碩的疑周禮，何休的疑左氏和穀梁，都是東漢時的佼佼者。至于王充論衡，對于古籍和傳説無所不疑，爲中國思想史上的一部偉大著作，那更不用我介紹了。

我現在想特別介紹的是兩部書，一是許慎的五經異義，一是王肅的孔子家語。讀者要疑我舉得太不倫不類了嗎？請聽我講下去。後漢書許慎傳云：

> 慎以五經傳説，臧否不同，於是撰爲五經異義。

可見他著書的着眼點在於比較同異。本來白虎通德論也是由比較同異來的（東漢章帝建初四年，詔諸儒於白虎觀考論五經同異，作白虎通德論，見後漢書楊終傳及班固傳），但那書在比較之後作主觀的取捨，乃是求取信仰的正鵠；而這書將各家同異之點一一臚陳，目的乃在顯示他們的真相。固然在顯示了真相之後也要加以別擇，但這就是批評的態度而不是信仰的態度了。可惜這書已亡，雖經清代學者細心搜集，總不能完全。不然，我們研究漢代學術史時不知便利了多少呢。

這裏不便詳引，摘寫數條以見其方法：

> 今尚書歐陽説：春曰"昊天"，夏曰"蒼天"，秋曰"旻
> 天"，冬曰"上天"：總爲"皇天"。爾雅亦然。古尚書説云：
> 天有五號，各用所宜稱之：尊而君之則曰"皇天"，元氣廣大
> 則稱"昊天"，仁覆愍下則稱"旻天"，自上監下則稱"上天"，
> 據遠視之蒼蒼然則稱"蒼天"。謹按：尚書，堯命羲、和"欽
> 若昊天"，總勒四時，知"昊天"不獨春。春秋左氏曰"夏四月
> 己丑，孔子卒"，稱"旻天不弔"，時非秋天。（周禮大宗伯疏
> 等引）
>
> 公羊説："譏二名"，謂二字作名若魏曼多也。左氏説：
> 二名者，楚公子棄疾弑其君，即位之後改爲熊居，是爲二
> 名。許慎謹案：文、武賢臣有散宜生、蘇忿生，則公羊之説
> 非也。（禮記曲禮上正義引）
>
> 詩齊、魯、韓，春秋公羊説：聖人皆無父，感天而生。
> 左氏説：聖人皆有父。謹按：堯典"以親九族"，即堯母慶都
> 感赤龍而生堯，堯安得九族而親之？禮讖云："唐五廟"，知
> 不感天而生。（毛詩生民正義引）

這樣的先叙今文學説，次述古文學説，再提出證據，加以批評，
實在是一種有組織的辨僞著作，以前所没有見過的。固然，他也
許挾了家派的成見，站在古文學的立場上來駁今文，也許他的證
據很薄弱，批評很陳腐，但無論如何，這種方式和態度確是值得
稱讚的。尤其在東漢的烏烟瘴氣的時代，他能有這種分析的頭
腦，我們不該不尊敬。

孔子家語，不但是一部僞書，而且是一部雜湊書，我現在把
它列在辨僞類裏，似乎是笑話。但讀者須知，這是王肅的造僞以

辨僞的手段。在王肅的時代，鄭玄的學説正極昌盛，王肅眼見他的説話有許多錯誤，然而一班學者把他捧作教主，有什麼法子可以打倒他？他只得假託聖言，造此一書。既作此書，遂作聖證論，拿聖人的證據來壓倒鄭玄。固然裏邊夾着許多好勝的私見，但也未嘗没有公義。

鄭玄是最信讖緯的，他常用讖緯之説來注經，把幾部經書染上了很濃重的神話色彩。例如禮記大傳裏有兩句話：

禮：不王不禘。王者禘其祖之所自出，以其祖配之。

固然"祖"和"祖之所自出"的分别是一個含糊的問題，但並没有涉及神怪。鄭玄作注，就説：

凡大祭曰禘。……大祭其先祖所由生，謂郊祀天也。王者之先祖皆感太微五帝之精以生，——蒼則靈威仰，赤則赤熛怒，黃則含樞紐，白則白招拒，黑則汁光紀，——皆用正歲之正月郊祭之，蓋特尊焉。

這種迂怪之談，使得理智較強的王肅忍受不下。所以他在家語的五帝篇裏寫道：

天有五行：木、火、金、水、土，分時化育以成萬物；其神謂之五帝。

又自己作注釋道：

五帝，五行之神，代天生物者。後世讖緯皆爲之名字，亦爲妖怪妄言。

這就把靈威仰、赤熛怒等的奇怪名字掃除了。又寫道：

> 古之王者易代而改號，取法五行。五行更王，終始相
> 生，亦象其義。故其爲明王者而死配五行：是以太皥配木，
> 炎帝配火，黃帝配土，少皥配金，顓頊配水。……五行佐成
> 上帝而稱五帝；太皥之屬配焉，亦云帝，從其號。

又自注道：

> 法五行更王，終始相生。……而諸説乃謂五精之帝下生
> 王者，其爲蔽惑無可言者也。

這又把鄭玄的“王者之先祖皆感太微五帝之精以生”的説話打破
了。鄭氏説王者的祖先是天上的五帝，上帝們把自己的血統降到
世上，就成了人間的五帝；王氏説五行之神爲五帝，和人間的明
王本没有聯屬的關係，人間的明王死了之後，後人把他們上配五
帝，他們方發生了關係：這是二家的根本歧異之點。五行是自然
界的現象，並非怪物；明王死了纔配五行之神，也没有什麼神
秘；明王既非感五帝之精以生，當然有他們的人世的祖先：這是
王氏的一貫的見解。因此，他在聖證論裏就有下面一段話：（聖
證論已佚，這是禮記正義作者所引的。）

> （祭法：“有虞氏禘黃帝而郊嚳，祖顓頊而宗堯。”）案聖
> 證論以此“禘黃帝”是宗廟五年祭之名，故小記云“王者禘其
> 祖之所自出，以其祖配之”。謂虞氏之祖出自黃帝，以祖顓
> 頊配黃帝而祭，故云“以其祖配之”。依五帝本紀，黃帝爲虞
> 氏九世祖；黃帝生昌意，昌意生顓頊，虞氏七世祖。以顓頊
> 配黃帝而祭，是“禘其祖之所自出，以其祖配之也”。

這種話看似平常，而骨子裏則是對於讖緯的大反動，不知肅清了多少迷信。清代的經學家因爲尊重鄭玄的緣故，把王肅做了攻擊的目標。我在這兒，敢平心地説一聲：王肅的見解實在遠出於鄭玄之上。

# 一三、萌芽階段的結論

上面所説的戰國、秦、漢間的造僞和辨僞的事實固嫌太略，但大致也可以看出一個趨勢來。戰國是一個大時代，什麼都須創新，然而"創新"的事業卻掩護在"復古"的口號之下，所以那時無論什麼制度和思想都會反映到古代去，好像水上樓臺的倒影，於是戰國的燦爛成爲古代的燦爛，戰國的矛盾衝突成爲古代的矛盾衝突。到了秦，他們雖不唱復古的口號，但秦、漢間的好古的學者們仍把秦的制度和思想往上推，一直推到了皇古，逼得"事不師古"的始皇竟處處追踪了古人。漢代承襲秦制，創新不多，所以除了王莽一朝之外，僞託的古也不多；但因那時是消化古文化的時候，而歷史觀念不發達，一班學者没有學得整理的技能，偏任了頭一批整理的工作，遂把古代文籍史事弄得一塌糊塗，要待我們將來費了不知多少力氣之後才有恢復原狀的希望。所以我們可以説：戰國大都是有意的作僞，而漢代則多半是無意的成僞。我們對于他們一概原諒，我們決不説："這是假的，要不得！"我們只要把戰國的僞古史不放在上古史裏而放在戰國史裏，把漢代的僞古史也不放在上古史裏而放在漢代史裏。這樣的結果，便可使這些材料達到不僭冒和不冤枉的地步而得着適如其分的安插。這便是我們今日所應負的責任。

# 一四、三國、六朝的造僞與辨僞

三國時代，四十多年來兵馬倥傯，大家沒有心思弄學問，學術的衰頹，可以想見。但這時也産生了兩種有影響的古代史：譙周古史考和皇甫謐帝王世紀。兩書都廣搜博采，以多爲勝，不問神話傳説産生於何代，統統予以編入古史系統，把古史系統上溯至燧人、包羲，開了唐、宋以後編古史者廣采雜家小説入史的壞風氣。此後，朝代的興革，種族的鬥爭，書籍不知收集了多少次又燬壞了多少次，每一個新朝起來，就要大舉訪書和獻書，在收集的過程中，僞書就跟着出現了。如西晉永嘉之亂後，文籍淪喪；東晉逃遷到江南後，就下令求書。當時由豫章内史梅賾（頤）獻了一部古文尚書，共有經文五十八篇，其中包括西漢今文尚書二十八篇，但分成三十三篇（從堯典中分出下半爲舜典，皋陶謨中分出下半爲益稷，盤庚仍爲三篇，顧命中分出下半爲康王之誥）；又從百篇書序中採十八個篇題，從當時的一些古籍中搜集文句，聯綴成二十二篇（其中太甲、説命各三篇）；并新撰僞泰誓三篇。以符合劉向、鄭玄所説的古文五十八篇之數。另外還在全書前面僞造了一篇孔安國序，并有稱爲孔安國傳的注。可是從史記、漢書來看，孔安國並沒有做過這些東西，可見完全是冒名。又新出的二十五篇與劉歆所舉的孔安國"逸書"十六篇的篇題也不一致，相同的只有九篇。造僞的破綻是不少的，但當時的人既喜歡它經文的完整，又喜歡它注釋的簡明，再加上王朝的提倡，于是就風行起來，奪得了尚書這部儒家經典的正統地位，直傳到近代。但既然是僞造的，不論怎樣被奉爲神聖的經典，遲早總要被人識破而推翻，到了宋朝，就被朱熹看破了，後來又爲明代的梅鷟和清代的閻若璩證明爲僞而推翻了。

南齊時的姚方興又僞造了孔傳舜典一篇，經典釋文序錄上説：

> 齊明帝建武中，吳興姚方興采馬、王之注，造孔傳舜典一篇，云于大航頭買得，止之。梁武帝時爲博士，議曰："孔序稱伏生誤合五篇，皆文相承接，所以致誤；舜典首有'曰若稽古'，伏生雖昏耄，何容合之！"遂不行。

這篇孔傳舜典僞造得太拙劣了，當場就給梁武帝拆穿了，沒有留下後患。

對其他的文籍，也有人懷疑。如傅玄説："國語非丘明所作"（左哀十三年疏）。又説："管子之書，過半是後之好事者所加，輕重篇尤鄙俗。"（王應麟漢書藝文志考證）南齊的陸澄説："世有一孝經，題爲鄭玄注，觀其用辭，不與注書相類。案玄自序所注衆書，亦無孝經。"（南齊書陸澄傳）顏之推的顏氏家訓懷疑的範圍更爲廣泛，書證篇説：

> 或問："山海經，夏禹及益所記，而有長沙、零陵、桂陽、諸暨，如此郡縣不少，以爲何也？"答曰："史之闕文，爲日久矣。加復秦人滅學，董卓焚書，典籍錯亂，非止于此。譬猶本草，神農所述，而有豫章、朱崖、趙國、常山、奉高、真定、臨淄、馮翊等郡縣名，出諸藥物；爾雅，周公所作，而云'張仲孝友'；仲尼修春秋，而經書'孔丘卒'；世本，左丘明所書，而有燕王喜、漢高祖；汲冢瑣語乃載秦望碑；蒼頡篇，李斯所造，而云'漢兼天下，海内並廁，豨鯨韓覆，畔討滅殘'；列仙傳，劉向所造，而贊云'七十四人出佛經'；列女傳亦向所造，其子歆又作頌，終于趙悼后，而

傳有更始韓夫人、明德馬后及梁夫人嫕。"

可是他下結論説："皆由後人所羼，非本文也。"如此，偽書雖露破綻，地位仍不動搖。在這種觀念裏，不知伸長了多少偽書勢力。

劉勰的文心雕龍對一些詩人的作品也提出了懷疑，明詩篇説：

　　至成帝品録，三百餘篇，朝章國采，亦云周備，而辭人遺翰，莫見五言，所以李陵、班婕妤見疑于後代也。……又古詩佳麗，或稱枚叔，其孤竹一篇則傅毅之詞，比類而推，兩漢之作乎？

在佛經目録中，如道安的綜理衆經目録及僧祐的出三藏記集，都有所謂"疑經録"以別真偽。唐智昇開元釋教録序説："夫目録之興也，蓋所以別真偽，明是非。"這説明書籍收集到一處之後，經過比較異同，必然要產生辨別真偽的問題，辨偽的工作也必然會有人出來承擔，一代接一代的向縱深發展，直到弄清爲止。

隋代統一天下之後，又徵集圖書。隋牛弘請開獻書之路表説：

　　今祕藏見書，亦足披覽，但一時載籍，須令大備，不可王府所無，私家乃有。然士民殷雜，求訪難知，縱有知者，多懷恡惜。必須勒之以天威，引之以微利。若猥發明詔，兼開購賞，則異典必臻，觀閣斯積，重道之風超於前世，不亦善乎！（隋書牛弘傳）

隋文帝聽了他的話，"於是下詔，獻書一卷，賫縑一匹，一二年間，篇籍稍備"。在賞賜的引誘下，僞書就跟着出來了。劉炫傳（隋書儒林傳）説：

> 時牛弘奏請購求天下遺逸之書，炫遂僞造書百餘卷，題爲連山易、魯史記等，録上送官，取賞而去。後有人訟之，經赦，免死，坐除名，歸於家，以教授爲務。

劉炫所僞造的連山易、魯史記等書，大概破綻很多，所以很快被識破了。

# 一五、唐代的辨僞

唐代的辨僞比起三國、南北朝來雖然前進了一步，但仍處于啟蒙時代，所提出的古籍真僞問題，只顯示了一些模糊的印象。唐初作五經正義，孔穎達總其成，因爲收集到的材料很多，得到了比較的機會，雖説"疏不破注"，到底對於注的矛盾之處總不免要產生懷疑。例如：對於易經，不認爲卦辭、爻辭都是文王所作，而説是"卦辭文王，爻辭周公，馬融、陸績等並同此説，今依而用之"（周易正義序）。又如易傳"作結繩而爲罔罟，以佃以漁，蓋取諸離"，韓康伯注説：

> 離，麗也，罔罟之用，必審物之所麗也。

疏説：

> 按諸儒象卦制器，皆取卦之爻，象之體；今韓氏之意直

取卦名，因以制器。案上繫云"以制器者尚其象"，則取象不取名也。韓氏乃取名不取象，于義未善矣。今既遵韓氏之學，且依此釋之也。

這裏指出韓康伯"取名不取象"，違背了"取象不取名"的通例，既是在駁正注文的疏漏，也是對注文的真實性的懷疑。又如詩三千篇，自孔子世家以來已被認爲是歷史事實，但毛詩疏云：

如史記之言，則孔子之前，詩篇多矣。按書傳所引之詩，見在者多，亡逸者少，則孔子所録，不容十分去九。馬遷言古詩三千餘篇，未可信也。

這是在撰述正義過程中，對書傳所引的詩統計後，所産生的懷疑。對尚書則提出堯典、舜典"辭頗增甚"（堯典"靜言庸違"及舜典"蠻夷猾夏"疏）的懷疑。對周禮大司徒所云"諸公之地，封疆方五百里，侯四百里，伯三百里，子二百里，男一百里"，認爲"蓋是周室既衰，諸侯相并，自以國土寬大，皆遺禮文，乃除去本經，妄爲説耳"（武成"分土惟三"疏）。對禮記明堂位所云"有虞氏官五十，夏、商氏官百"，則説"禮記是後世之言，不與經典合"（周官"建官惟百"疏）。對大戴禮認爲是"遺逸之書，文多假託，不立學官，世無傳者；其盛德篇云'明堂外水名曰辟廱'，政穆篇稱'太學，明堂之東序'，皆後人所增，失于事實"（毛詩正義大雅靈臺序"以及鳥獸昆蟲"疏）。對於春秋左傳則認爲有增竄，如文十三年"其處者爲劉氏"疏云："傳説'處秦爲劉氏'，未知何意言此。討尋上下，其文不類，深疑此句或非本旨。"又襄二十四年"在周爲唐杜氏"疏云："炫于'處秦爲劉'，謂非丘明之筆。"對穀梁傳則認爲"漢初始作，不見經文，妄言之耳"（大禹謨"誓于師"疏）。經書之外，五經正義還對竹書紀年、國語、世本、史記、管子、家語，提出了懷疑。

其後，長孫無忌等撰寫的隋書經籍志，對歸藏、古文孝經、孝經孔傳、鄭注廣成子等提出了懷疑。顏師古的漢書注則對禮記中庸和西京雜記等提出了懷疑。這些唐代官修書對古書真偽懷疑的範圍這樣廣，膽子這樣大，爲後來的疑古辨偽開拓了一條寬廣的道路，産生了深遠的影響。

唐代在辨偽工作上産生了三個傑出的人物，那就是劉知幾、啖助和柳宗元。

劉知幾著的史通，是我國自古以來講作史方法的第一部有系統的著作，他發揮出凌厲無前的勇氣，對以前不論多麽高大的史界權威作了不容情的深刻批判。這書裏的疑古篇利用了晉代出土的竹書紀年與儒家經典的矛盾，加上三代以下統治階級的各種政治陰謀，指出所謂古聖人、古帝王的岸然道貌和政治上的雍容和平的氣象都是經過了後人塗飾的結果。他的惑經篇，從春秋經書法的"事同書異"的參差之下，指出了這部經典必是因襲舊文，而不是孔子先定了義例做出來的；春秋既不是孔子所作，當然不該享受後人過分的尊崇，看作一部完善無缺的東西。申左篇則是從史事的豐富上指出左傳的優點，遠勝於公羊和穀梁等書憑了傳聞和臆斷來説春秋。這三篇文字是一意相承的，就是我們要知道古代的真相，就不能太相信經典；經典裏的春秋只是經過删削的魯國舊史，並不曾含有聖人的大道理；春秋的經既是舊史，所以春秋的傳也應該注重舊史料而不需要主觀的猜測。這便是他把經學還原史學的創見！這疑古、惑經兩篇，因爲推翻人們的信仰太劇烈了，所以作者捱了一千多年的詬罵，然而到了今天卻證明了他的目光無比鋭利。至於他的孝經注議列舉十二證，考出鄭玄并没有注過孝經，現行的鄭注是假託的，證據確鑿，也是一篇很好的考證文字。另外，他還認爲河上公注老子及子夏易傳都是偽作。李陵答蘇武書"文體不類西漢人，殆後來所爲，假稱陵作"。劉向的洪範五行及新序、説苑、列女、神仙諸傳，都是"廣陳虛事，多構僞辭"，"故爲異説以惑後來"。

　　稍後，又有啖助，他是春秋專家，對於春秋三傳，有很徹底的見解。他著的春秋集傳、春秋例統雖没有傳下來，但他的再傳子弟陸淳的春秋集傳纂例記下了他批評左傳的話：

　　　　予觀左氏傳，自周、晉、齊、宋、楚、鄭等國之事最詳，晉則每一出師，具列將佐；宋則每因興廢，備舉六卿：故知史策之文，每國各異。左氏得此數國之史，以授門人，義則口傳，未形竹帛。後代學者，乃演而通之，總而合之，編次年月，以爲傳記，又廣採當時文籍，故兼與子產、晏子及諸國卿佐家傳，并卜書、夢書及祿占書、縱橫家、小説、諷諫等，祿在其中，故叙事雖多，釋意殊少，是非交錯，混然難證。（三傳得失議）

又記他批評公羊、穀梁的話：

　　　　公羊、穀梁，初亦口授，後人據其大義，散配經文，故多乖謬，失其綱統，然其大指，……密於左氏。……但以守文堅滯，泥難不通，比附日月，曲生條例，義有不合，亦復強通，蹻駁不倫，或至矛盾，不近聖人夷曠之體也。（同上）

他站在歷史事實的立場上指出左傳的勝於公、穀，認爲從左傳紀載各國史事的不同方式上，可以知道左傳確實得到各國的史書做底本；不過從經學的眼光看來，左傳解經自有其錯誤之處。他所發的疑問，到今天已經得到清楚的解答。原來這些錯誤是西漢末年人把左氏書改編爲春秋傳時所附加上的釋經話語鬧出來的。左傳裏所根據的各國史書是很早的材料，而釋經的部分卻是後出的，其間約有五六百年的距離，哪會取得一致。至於公羊和穀梁的妄説，他也加以批判，這就開了"春秋三傳束高閣，獨抱遺經究終始"的超家派的研究風氣。

啖助的弟子趙匡和再傳弟子陸淳，繼承了他的工作，認爲左氏非丘明。春秋集傳纂例説：

> 今觀左氏解經淺於公、穀，誣謬實繁；若丘明才實過人，豈宜若此。推類而言，皆孔門後之門人。……丘明者，蓋夫子以前賢人，如史佚、遲任之流，見稱於當時耳。……劉歆以爲春秋左氏傳是丘明所爲。……班固因而不革，後世遂以爲真。所謂傳虛襲誤，往而不返者也。……近代之儒又妄爲記録云："丘明以授魯曾申，申傳吳起，起傳其子期，期傳楚人鐸椒，椒傳虞卿，卿傳荀況，況傳張蒼，蒼傳賈誼。"此乃近世之儒欲尊崇左氏，妄爲此記。向若傳授分明如此，漢書張蒼、賈誼及儒林傳何故不書，則其僞可知也。（趙氏損益義）

這説明作傳的左氏不是左丘明，論語裏的左丘明是孔子以前的人，而作傳的左氏是孔門後的門人，兩人應當分開。這分明已經打破了劉歆的"左氏好惡與聖人同，親見夫子"的誑語，也依稀發覺了論語中的"巧言、令色、足恭，左丘明恥之，丘也恥之"一章的僞託。清代今文經學家劉逢禄、康有爲、崔適等所以能把左傳問題徹底解決，實在由于啖助們開了先路的功勞。他們不但不信三傳，懷疑其著作人物及其傳授，而且對於周禮、禮記、史記、竹書紀年、本草、山經也都加以懷疑。

柳宗元從陸淳受學，也即是啖、趙的繼承者，他接受了這超家派的治春秋的方法，就把這方法移過來研究諸子。他是第一個起來考辨子書年代的人，在他的文集裹有七篇辨論子書真僞的文字。他説論語成書距孔子甚遠，"蓋樂正子春、子思之徒與爲之爾"。列子不是鄭穆公時人，疑爲"魯穆公時，遂誤爲鄭"。列子書中甚多增竄，"其楊朱、力命，疑其楊子書；其言魏牟、孔穿，皆出列子後，不可信"。文子是剽竊孟子、管子等書而成。晏子春秋是齊國的墨家所作。鬼谷子、鶡冠子、亢桑子等都是後出的僞書。後來宋高似孫的子略，明宋濂的諸子辨，都是從他這幾篇文章引伸出來的。

　　韓愈也是一個具有疑古思想的人，他雖没有留下多少具體的辨僞論述，但是由於他倡導古文運動，和在古文上的傑出成就，他歌頌"春秋三傳束高閣，獨抱遺經究終始"（寄盧全），以"識古書之真僞"（答李翊書）爲年之進的辨僞精神對後世卻有很大的影響。開有宋一代辨僞風氣之先的歐陽修就是承受了他和柳宗元的疑古思想。清代著尚書古文疏證的閻若璩也受到他的影響。他説：

　　　嗚呼！事莫大于好古，學莫善于正僞，韓昌黎以識古書之正僞爲年之進，豈欺我哉！（尚書古文疏證卷一）

可見韓愈辨僞思想的影響是很深遠的。清代一些古文家在好古空氣濃厚的時期，竟然有一些辨僞的言論，如方苞的辨周官，姚鼐的疑莊子等等，無疑地也是熟讀了韓愈、柳宗元的古文，接受了他們的疑古思想才敢于寫出來的。

　　唐代的疑古辨僞，雖爲後人開拓了辨僞的渠道，但唐人把神話傳説納入古史系統卻也勝過前人。不僅司馬貞補三皇本紀於史記五帝本紀之前，而且有些人把古史系統上溯得比古史考和帝王世紀還要早，如馬總的通曆，纂太古十七氏、中古五帝三王及删取秦、漢以下世紀興滅（郡齋讀書志卷二）；劉軻的帝王鏡略則自開闢至唐初，綴其世次（讀書後志卷一）。這些"開闢"、"太古十七氏"的神話，到了宋代，就成爲定案而爲人們所深信不疑了。

# 一六、宋代辨僞的發展

唐代揭開了辨僞的序幕，到宋代就走上發展的道路，辨僞之風非常盛行。王十朋梅溪集卷十三策問中有一條說：

問：昔吾夫子因魯史而作春秋，信以傳信，疑以傳疑，雖以大聖作經，猶不敢以其所傳聞而忽其所親見，至于其所不知則缺如也，其慎有如此者。其後有孟子者出則不然，其讀書也則曰"盡信書不如無書，吾于武成取二三策而已"，其讀詩也則不信"周餘黎民，靡有孑遺"之言。夫子信而好古如此，孟子，學孔子者也，乃於詩、書猶有所不信，何耶？後世諸儒因孟子之不盡信詩、書而好爲異論，往往於古之信書、信史皆不能無疑于其間。詩大序，世傳爲子夏作久矣，而唐韓子不信之。春秋傳爲丘明釋經久矣，而啖、趙之徒不信之。易繫辭爲夫子作無疑矣，而近代歐陽子不信之。至于疑五千言非老子作有如崔浩，疑答蘇武書非李陵所作有如劉知幾，有謂周禮非周公之書，家語非孔氏之書。文籍去古稍遠而見疑于後世者非一，五經且不見信而況其他耶！夫孟子之不信詩、書也以"血流漂杵"與夫"孑遺"之言，誠有不足信者，而後世諸儒所疑經史，其亦有所見如孟子否耶？抑亦出于穿鑿而好爲異論耶？豈歷世浸久，簡編漏傳，傳聞繆誤，實有可疑者耶？其所疑亦必有得有失而不可以一概論耶？信其所可信，疑其所可疑，斯善觀書者也。願與諸君辯之而斷以高明之見。

讀此，可見當時疑古思想之盛。又司馬光論風俗札子説：

> 新進後生，未知臧否，口傳耳剽，翕然成風，讀易未識
> 卦、爻，已謂十翼非孔子之言；讀禮未知篇數，已謂周官爲
> 戰國之書；讀詩未盡周南、召南，已謂毛、鄭爲章句之學；
> 讀春秋未知十二公，已謂三傳可束之高閣。（溫國文正司馬
> 公文集卷四十五）

司馬光斥責疑古者不讀書，“翕然成風”，正見得北宋之世，疑古
思潮極爲澎湃，已成爲一種時代的潮流，不可能阻擋了。而他自
己也卷進了這股洪流，懷疑孟子的仁義之心，寫了疑孟。爲什麼
會出現這種情況的呢？

　　自從唐代有了佛經的雕版以後，到五代時，刻了九經和文選
等書，北宋時又刻了十五史和諸子等書，學者得書方便，見多識
廣，更易比較研究；又受了禪宗“呵佛罵祖”的影響，敢對學術界
的權威人物和經典著作懷疑：所以宋代的辨僞能蓬勃地發展，達
到一個新的高度。而辨僞之風所以盛行，又和當時的改注運動有
密切的關係。我們現在看到的宋朝五經注，固然都是南宋的，但
改注的運動，在北宋初年已起來了。孫明復寄范天章書二云：

> 國家以王弼、韓康伯之易，左氏、公羊、穀梁、杜預、
> 何休、范寧之春秋，毛萇、鄭康成之詩，孔安國之尚書鏤板
> 藏於太學，頒於天下。又每歲禮闈設科取士，執爲準的。多
> 士較藝之際，有一違戾於注説者，即皆駁放而斥逐之。復至
> 愚至暗之人，不知國家以王、韓、左氏、公羊、穀梁、杜、
> 何、范、毛、鄭、孔數子之説咸能盡於聖人之經耶？又不知

國家以古今諸儒服道窮經者皆不能出于數子之説耶？若以數子之説咸能盡於聖人之經，則數子之説不能盡於聖人之經者多矣。若以古今諸儒服道窮經皆不能出於數子之説，則古今諸儒服道窮經可出於數子之説者亦甚衆矣。……彼數子之説既不能盡於聖人之經，而可藏於太學，行于天下哉！又後之作疏者，無所發明，但委曲踵于舊之注説而已。復不佞，游於執事之牆藩者有年矣，執事病注説之亂六經，六經之未明，復亦聞之矣。今執事以内閣之崇，居太學教化之地，是開聖闡幽，芟蕪夷亂，興起斯文之秋也。幸今天下無事，太平既久，鴻儒碩老駕肩而起，此又豈減於漢、魏之諸儒哉！執事亟宜上言天子，廣詔天下鴻儒碩老，置於太學，俾之講求微義，殫精極神，參之古今，覈其歸趣，取諸卓識絶見大出王、韓、左、穀、公、杜、何、毛、范、鄭、孔之右者，重爲注解，俾我六經廓然瑩然，如揭日月于上，而學者庶乎得其門而入也。

讀此可見宋代改注運動之熱烈，此後朱熹等新注之成功即此運動的結果。錢大昕孫明復小集序云：

當宋盛時，談經者墨守注疏，有記誦而無心得。有志之士，如歐陽氏、二蘇氏、王氏、二程氏，各出新意解經，蘄以矯學究專己守殘之陋，而先生實倡之。觀其上范天章書，欲召天下鴻儒碩老識見出王、韓、左、穀、公、杜、何、毛、范、鄭、孔之右者，重爲注解，俾六經廓然瑩然，如揭日月，以復虞、夏、商、周之治，其意氣可謂壯哉！元、明以來，學者空談名理，不復從事訓詁，制度象數，張口茫如：則又以能習注疏者爲通儒矣。

又郡齋讀書志卷四七經小傳條云：

> 元祐史官謂慶曆前學者尚文辭，多守章句注疏之學，至敞（劉敞，字原父，作七經小傳），始異諸儒之説，後王安石修經義蓋本於敞。公武觀原父説伊尹相湯伐桀，升自陑之類，經義多勦取之，史官之言良不誣也。

這種打破章句注疏，出新意解經的改注運動，本身就是一種辨偽求真的運動。因爲重新注解，必然要對舊説的疏漏失實，進行一番認真的考辨，才能有所發明，而一些偽書、偽史也就被揭露出來了。

宋代懷疑孟子的人很多，周密齊東野語卷十六云：

> 王充作刺孟，馮休著刪孟，司馬公作疑孟，李泰伯（覯）作非孟，晁以道作詆孟，黃次伋作評孟。

可見宋代疑孟子始於馮休（宋史藝文志“馮”作“馬”），著有刪孟子一卷，後來司馬光、蘇軾都有懷疑的言論。司馬光的疑孟、史剡是繼承劉知幾的疑古思想的。但專就仁義立説，而不從事實進行考辨，是不能使人首肯的。但他認爲“答桃應之問”是委巷之言，“瞽瞍殺舜”爲閭父里嫗之説，則是很正確的。又他的問景仁（范鎮）以正書所疑書裏説：“舜無塗廩浚井之事……光探揣，謂其當然而未敢自信，今乃幸與景仁如合符契，豁然決矣。”可見，范鎮的正書也疑孟子。又洪邁容齋三筆卷五舜事瞽叟條説：

> 孟子之書，上配論語，唯記舜事多誤，故自國朝以來，司馬公、李泰伯及呂南公皆有疑非之説。其最大者，證萬章塗廩浚井，象入舜宮之問，以爲然也。

這樣疑孟子的隊伍又增加了呂南公和洪邁兩個人。另外，商務印書館所編舊小説丁集載宋人李孜纂異記張生條，借夢寐以疑孟子，與袁枚子不語所記爲同一方式，是反孟的別開生面的一種形式。

宋人辨僞始於歐陽修，與他的後繼者鄭樵、朱熹實爲宋代三個最主要的人物。歐陽修是一個勇於疑古的人，陳澧東塾集跋歐陽文忠公集説：

> 歐陽子掊擊經、傳何其勇也！其於易，則以爲繫辭非聖人之作；又以爲十翼之説不知起於何人，自秦、漢以來大儒君子不論。其於周禮，則以爲實有可疑，反秦制之不若。其於中庸，則以爲其説有異於聖人，怠人而中止，無用之空言。其於春秋三傳，則以爲妄意聖人而惑學者，三子之過。至其通論諸經，則以爲自秦之焚書，六經盡矣，至漢而出者皆其殘脱顛倒，或傳之老師昏耄之説；又以諸經所載鳳皇、玄鳥、河圖、洛書、龜、龍、六鷁、鸜鵒、麟曁騶虞，皆爲語怪。啟秦、漢以來諸儒所述之荒虛怪誕。然則如歐陽子之説，六經真可焚矣！

歐陽修的辨僞著述，還有辨帝王世次圖譜，辨石鼓文，辨毛、鄭詩説等。陳澧尚未叙及。

歐陽修爲什麼能這樣勇於疑古呢？這是由于他於韓、柳"苦志探賾"，"至忘寢食"(宋史本傳)，繼承了他們的疑古辨僞思想，敢於擺脱漢、唐舊注疏的桎梏，發表自己的見解，成爲有宋一代新學風的開創者。他批評九經正義説：

> 其所載既博，所擇不精，多引讖緯之書以相雜亂，怪奇詭僻，所謂非聖之書，異乎正義之名也。(歐陽文忠公集奏

議集卷十六，論刪去九經正義中讖緯札子）

歐陽修對舊的注疏所作的議論，他的兒子所寫的事跡裏説：

> 其於經術，務明其大本，而本於情性。其所發明，簡易
> 明白。……先儒注疏有所不通，務在勇斷不惑。……其於
> 詩、易多所發明。（歐陽文忠公集附録）

可見歐陽修的超越注疏，只是對先儒注疏無法説通的地方，不牽
強附會地把它説通，而是根據人情本性來説明，因此他對經義的
解説，簡易明白，超越前人。

　　歐陽修著有詩本義十四卷和易童子問三卷，裏面所講的都是
“前世人不以爲非，未有説者”（事跡）。他指出詩序“非子夏之
作”，“二南，其序多失；而麟趾、騶虞所失尤甚，特不可以爲
信。疑此二篇之序，爲講師以己説汩之；不然，安得繆論之如此
也。”“序之所述乃非詩人作詩之本意，是太師編詩假設之義也。
毛、鄭遂執序意以解詩，是以太師假設之義解詩人之本義，宜其
失之遠也。”（詩本義卷一，麟之趾條）他還指斥毛、鄭解詩“文意
散離不相終始”，“不成文理”（詩本義卷二，野有死麕條），或“自
出其意，各增字以就其己説”（詩本義卷十四，時世論條）。他辨
正毛傳鄭箋謬誤的有一百十多篇。

　　歐陽修在易童子問裏，糾正王弼的誤失數十處，認爲“繫
辭……文言、説卦而下皆非聖人之作，而衆説淆亂，亦非一人之
言也。”（歐陽文忠公集易童子問卷三）“河圖、洛書怪妄之尤甚
者。”（歐陽文忠公集卷四十三，廖氏文集序）“漢初雖有歸藏，已
非古經。今書三篇莫可究矣。”（歐陽文忠公集崇文總目叙釋易類）

　　另外他有泰誓論疑尚書，帝王世次圖序及後序，疑史記黃帝
以來堯、舜、禹、湯、文、武世次之謬。于周禮、爾雅、石鼓文

等亦皆有辨難之作。

　　他在答宋咸書中説：“經非一世之書也，其傳之謬非一日之失也，其所以刊正補緝亦非一人之能也。”（歐陽文忠公集卷四十七）看到了辨僞是一件艱巨而長期的工作。他的治學的精神爲文名所掩，使人不能見其學問精神，黃震謂之文人，章炳麟謂之佞人，都不能真正知道他學術上的革新精神。能看到歐陽修創新功績的是朱熹。朱子語類卷八十説：

　　　　因語歐陽永叔本義而曰：“理義大本復明于世，固自周、程，然先此諸儒亦多有功。舊來儒者不越注疏而已，至永叔、原父、孫明復諸公，始自出議論。如李泰伯文字亦自好。……如詩本義辨毛、鄭處，文辭舒緩，而其説直到底不可移易。”

所以朱熹在詩集傳裏很多地方採用了歐陽修的新釋，摒棄了毛、鄭的謬説。

　　在歐陽修的提倡下，北宋出現了不少辨僞人物。王安石疑春秋，視爲斷爛朝報（宋史本傳），説孝經爲淺近（見明吕維祺孝經或問），都是極有勇氣之語，可惜他的著作卻不存在了。蘇軾疑莊子，以讓王、説劍、漁父、盜跖非莊子作（東坡集卷十二莊子祠堂記）。

　　程頤是這一時期傑出的辨僞者，他雖是最嚴肅的理學家，而議論實甚通達。如謂封建之法本出於不得已。秦法縱不善，但罷侯置郡守的制度卻不可改變（河南程氏遺書卷二十二上）。又如論孔、孟不同之處，以爲孔子之時諸侯都是周所封建，諸侯稱霸，非挾尊王之義則不能自立。到孟子時，周王已爲獨夫，故孟子勉齊、梁爲王，與孔子之所以告諸侯不同（同上，卷二十一下）。可見他對春秋、戰國時代背景的不同有很深的瞭解，因而敢説拘儒們所不敢説的話。

　　他對於僞書僞史也有很多匡正，不但疑諸子傳記，如説“老子書甚雜”（河南程氏遺書卷十五），“其言自不相入”（同上，卷十八），以老子爲集録衆家之言，素問、陰符經作於戰國之末（同上，卷十八）等。而且敢進而疑經。他説：“尚書文顛倒處多，如金縢尤不可信。”周公欲代武王死事，“其辭則不可信，只是本有此事，後人自作文足此一篇”（同上，卷二十二上）。他認爲“詩序必是同時所作，然亦有後人添者”（同上，卷六）。對周禮則指出訛缺甚多（同上，卷十八）。儀禮只能“信其可信，如言昏禮云，問名、納吉、納幣皆須卜，豈有問名了而又卜；苟卜不吉，事可已耶！若此等處難信也”（同上，卷二十二上）。禮記的儒行、經解，他認爲非孔子之言，煞害義理（同上，卷十九），儒行“如後世游説之士所爲誇大之説”（同上，卷十七），“經解只是弄文墨之士爲之”（同上，卷二十二上）。又説：“祭法，如‘夏后氏郊鯀’一片，皆未可據”（同上，卷十九）。他以爲春秋有脱文，如“紀子伯莒子盟于密”，他説：“此是‘伯’上脱一字也，必是三人同盟。若不是脱字，別無義理”（同上，卷二十二下），“左傳非丘明作”（河南程氏外書卷十一），又説：“不可全信，信其可信者”，至於公、穀，“則又次於左氏”（同上，卷二十）。他還以爲論語有錯簡，如“‘誠不以富，亦祇以異’，本不在‘是惑也’之後，乃在‘齊景公有馬千駟’之上，文誤也”（同上，卷二十二下）。他對孟子的夸大不實之詞提出了糾正，如説：“夷、惠之行未必如此，且如孔子言‘不念舊惡，怨是用希’，則伯夷之度量可知。若使伯夷之清既如此，又使念舊惡，則除是抱石沈河。孟子所言，只是推而言之，未必至如此”（同上，卷十八）。孟子極詆楊、墨爲無父無君之禽獸，後世學者只看孟子之書，依聲學舌，楊、墨爲大罪人，早成定讞，惟韓愈讀墨子提出不同的看法。可是程頤卻説：“楊子爲我亦是義，墨子兼愛則是仁”（同上，卷十五）。又説：“楊子似出

於子張，墨子似出於子夏”（同上）。將此案根本推翻。以正統的
理學家而能脱去衛道的偏見，平心以對敵人，正顯示出程頤對古
代學術史有深徹的了解。其後，鄭樵、朱熹、黃震、王柏諸儒接
踵而起，更定古籍，無所顧忌，程頤實爲先驅。

　　他對神話傳説也有很通達的解説，如“傳、記有言，太古之
時，人有牛首蛇身者”，他説：“既謂之人，安有此等事；但有人
形似鳥喙或牛首者耳。”他不信楓樹化爲老人、望夫化爲石之説，
認爲：“莫無此理，楓木爲老人，形如老人，豈便變爲老人。……
若望夫石，只是臨江山有石如人形者。今天下凡江邊有石立者，
皆呼爲望夫石，如呼‘馬鞍’、‘牛頭’之類，天下同之”（同上，卷
十八）。此外評卜筮爲偶中（同上），以心理現象解釋鬼神託夢（同
上，卷二），斥堪輿之妄，辨城隍、泗州大聖（同上，卷二十二）、
龍女善濟夫人（同上，卷十五、十八、二十一上）諸祀之非，都是
極有見地的。

　　還有一個晁説之，是留意六經真偽的人，他的著作没有傳下
來，幸而在洪邁的容齋三筆卷一晁景迂經説條節録他辨經、傳的
大概：

　　　　景迂子晁以道留意六經之學，各著一書，發明其旨，故
　　有易規、書傳、詩序論、中庸洪範傳、三傳説，其説多與世
　　儒異。……其論書曰：“……此經遭秦火煨燼之後，孔壁朽
　　折之餘，孔安國初以隸篆推科斗；既而古今文字錯出東京，
　　乃取正於杜林；傳至唐彌不能一，明皇帝詔衛包悉以今文易
　　之，其去本幾何其遠矣。今之學者盡信不疑，殆如手授於
　　洙、泗間，不亦惑乎！”……其論詩序云：“作詩者不必有序。
　　今之説者曰：‘序與詩同作’，無乃惑歟！且逸詩之傳者，岐
　　下之石鼓也，又安覩序耶！……孟子、荀卿、左氏、賈誼、
　　劉向、漢諸儒論説及詩多矣，未嘗有一言以詩序爲議者，則

序之所作晚矣。"……其論三傳，謂"杜預以左氏之耳目奪夫子之筆削。公羊家失之舛雜，而何休者又特負於公羊。惟穀梁晚出，監二氏之違畔而正之，然或與之同惡；至其精深遠大者真得子夏之所傳。范甯又因諸儒而博辯之，申穀梁之志，其於是非亦少公矣，非若杜征南一切申傳，汲然不敢異同也。"

洪氏評論説："然則晁公之於群經，可謂自信篤而不詭隨者矣。""自信篤而不詭隨"一語寫出宋儒精神。他辨今本尚書與古本尚書的差別，是很對的。他辨詩序，打到痛處，序的時代在西漢以後，確實無疑。他説穀梁晚出，故有因襲前傳，亦有改正前傳，眼光犀利，但我終覺得穀梁尚未見到左傳。他還著有景迂論語講義十卷，"多取古人之説，以正近世之失"（文獻通考經籍考十一）。

　　還有一個曹粹中辨詩序出于毛傳之後。他説：

　　　毛傳初行之時，猶未有序也。意毛公既託之子夏，其後門人互相傳授，各記其師説，至宏而遂著之，後人又復增加，殆非成于一人之手，則或以爲子夏，或以爲毛公，或以爲衛宏，其勢然也。（經義考卷九十九）

曹氏有放齋詩説三十卷，見宋志，經義考注云"未見"。此條不知從何處轉錄，不知在詩説內否？但立説甚精確。

　　鄭樵生在北宋之末，是南宋識見卓絕的辨僞人物之一。他繼續歐陽修的工作而疑毛詩，著詩辨妄，指斥毛序之妄，説"詩小序只是後人將史傳去揀，并看諡，卻附會作小序美刺"（朱子語類卷八十）。朱熹的懷疑詩序就是鄭樵引出來的，他説："向見鄭漁仲有詩辨妄，力詆詩序，其間言語太甚，以爲'皆是村野妄人所

作’，始亦疑之。後來仔細看一兩篇，因質之史記、國語，然後知詩序之果不足信。”(朱子語類卷八十)

鄭樵在詩辨妄中還説：“詩、書可信，然不必字字可信。”又説：“易有彖、象，皆出仲尼之後，往往戰國時人作，彖自一家，象自一家耳，故左氏書無彖、象之文。”又説：“鳥獸草木之名惟陶隱居識其真，如爾雅錯失尤多。”他在寄方禮部書中説，看了他的春秋考，“雖三尺童子亦知三傳之妄”(夾漈遺稿卷二)。可見他對春秋三傳也是懷疑的。他還對毛、鄭輩斥爲“村里陋儒”，又云“鄭書生家，太泥於三禮刑名度數。”“亂先王之典籍而紛惑其説，使後學不知大道之本，自漢儒始。”(詩辨妄)説出了前人所決不敢説的話，鋒芒更爲鋭厲，更爲精到勁悍。可惜他所著的書大都散佚了。

南宋初年的洪邁在他所著的容齋隨筆中，不僅疑孟子，而且論周書多過實，指出戰國策的錯亂，書中有很多疑古的言論，卷一史記世次條説：

> 史記所紀帝王世次，最爲不可考信。且以稷、契論之，二人皆帝嚳子，同仕於唐、虞，契之後爲商，自契至成湯凡十三世，歷五百餘年；稷之後爲周，自稷至武王凡十五世，歷千一百餘年。王季蓋與湯爲兄弟，而世之相去六百年，既已可疑；則周之先十五世，須每世皆在位七八十年，又皆暮年所生嗣君，乃合此數，則其所享壽皆當過百年乃可。其爲漫誕不稽，無足疑者。國語所載太子晉之言曰：“自后稷之始基靖民，十五王而文始平之。”皆不然也。

在卷七姜嫄簡狄條又説：

> 史記謂姜嫄出野，見巨人跡，忻然踐之，因生稷；簡狄

行浴，見燕墮卵，取吞之，因生契：此二端之怪妄，先賢辭而闢之多矣。歐陽公謂稷、契非高辛之子。毛公於史記不取履跡之怪，而取其訛繆之世次。按漢書毛公趙人，爲河間獻王博士，然則在司馬子長之前數十年，謂爲取史記世次亦不然。蓋世次之説皆出於世本，故荒唐特甚。其書今亡。夫適野而見巨跡，人將走避之不暇，豈復故欲踐履，以求不可知之機祥；飛鳥墮卵，知爲何物，而遽取吞之。以古揆今，人情一也。今之愚人未必爾，而謂古聖人之后妃爲之，不待辨而明矣。

按史記所紀帝王世次，悉據世本帝繫篇，而帝繫爲戰國時代民族融合與天帝降爲人王過程中的産物，本不可信。司馬遷既已編排三代世表，其誕妄至爲彰明，但是竟不能辨，直到宋代歐陽修始抉其謬，洪邁繼續揭露，其非事實更爲明顯。但洪氏以國語文爲“不然”，則尚可商。太子晉謂自后稷至文王爲十五代，乃周人所定。后稷的時代僅相當於商太戊、仲丁之間，並不上攀唐、虞，與契爲兄弟輩。

與洪邁同時的程大昌，在他的考古編中也有辨僞的言論，如詩論認爲小序是“國史隨事記實”的古序，大序爲衛宏之語。

歐陽修、程頤、鄭樵等人繼續唐代的辨僞工作，積累既多，注意力越深，方面也就越來越寬闊，到了朱熹就作了更深更廣的開拓。朱熹是所謂“道統”的繼承者，他仿效了春秋的體裁作通鑑綱目，具體地使用了“三綱”的教條來一一評定前代的歷史人物，無疑是一個擁護封建道德的領導人；但是從另一方面看，他實事求是地從事于辨僞的工作，敢於推倒腐朽的傳統的説法，卻是一個反對前代封建統治者爲了他們自己的利益而假託了聖人們的説話來騙取群衆信仰的急先鋒，又是很有進步意義的。他在這一方面，先作了詩序辨説，揭破整篇詩序是沒有得到甚至極端違反詩經的真意的叙述；繼作孝經刊誤，證明孝經中有許多話是鈔録左傳而又鈔得不像樣的，必不是孔子所説。他在吳棫的疑古文尚書的啟發下，又屢次辨古文尚書，説："孔壁所出尚書……皆平易，伏生所傳皆難讀。如何伏生偏記得難底，至于易底全記不得？"又説："凡易讀者皆古文，況又是科斗書，以伏生書字文考之方讀得，豈有數百年壁中之物安得不訛損一字？"爲什麼伏生口傳的都難讀而藏在壁中斷爛難認的偏又易讀，他提出這個問題確實使得僞古文尚書受到了致命傷的打擊。他想整理尚書，可是感到自己的年齡已來不及，只得交與蔡沈作了。蔡沈遵守了他的意思，在所作的書集傳裏，每篇下注明"古文、今文皆有"或"今文無，古文有"，使讀者們一覽之下即了然于今文和古文的區别，僞古文馬上失掉了若干高級知識分子的信仰。朱熹又揭破所謂"孔安國"所作的傳和序（即所謂書大序）的僞，説西漢人文字粗枝大葉，哪會這般軟郎當地，牽連及于孔叢子，説它正和這個孔安國的文字一致，這就啟發了清代學者來判定王肅作僞的案子。朱熹在漳州時刊四經，把易經和易傳分開，把書經和書序（即所謂書小序）分開，把詩經和詩序分開，把春秋和左傳分開。這樣地"經"歸"經"，"傳"歸"傳"，看似平常，而實在是他的歷史觀念的高度發揮。這不僅使"經"和"傳"不相混，而且是把兩周的史事、制度、學術放在一邊，戰國、秦、漢間所傳的古代史事、制度、學術放在另一邊，因而劃出了兩種不同時代的文化的分野。他曾在給吕祖謙的信裏説：其（"經"）可通處，極有本甚平易淺近，而今"傳"、"注"卻化爲高妙的聖道，它的質是變了！由于他這般地分開"經"、"傳"，所以傳到清代，崔述要考信於"經"而屏去"傳"、"記"的種種附會，龔自珍又要寫定群經，替六經正名，釐定了各種經書的性質。

　　朱熹的考辨工作最有成就的是"經"，但他是"禪道、文章、楚辭、詩、兵法，事事要學"的人，學問廣博，各種書籍他都注意到，因此凡有疑問的地方，他決不肯輕易放棄提出問題。可惜他的讀書筆記困學恐聞編不曾傳下來，我們只能就他的弟子們所記的朱子語類裏抽出他對於六十種書籍的考辨。

由於南宋的偏安，朱熹的講學區域不出今福建、江西、湖南、浙江等省。他死後，他的弟子們和他的信仰者形成了一個極有勢力的學派；因爲國都所在的關係，這個學派以浙江人爲最多。明代的胡應麟和清代的姚際恒都是浙江人，他們遥遥地接受了他的辨僞的見解和方法。

曾跟從朱熹治學的趙汝談，是一個目光犀利、勇於疑古的人。宋史趙汝談傳說：

> 嘗從朱熹訂疑義十數條，熹嗟異之。

朱熹的贊嘆，正見得他的識見卓越。他的著作已亡佚，只在直齋書録解題著録了兩部書：一部是南塘易説三卷，"專辨十翼非夫子作，其説亦多自得之見"；另一部是南塘書説三卷（宋史藝文志作二卷），"疑古文非真者五條，朱文公嘗疑之而未若此之決也。然於伏生所傳諸篇，亦多所掊擊觝排，則似過甚"。可見他辨十翼非孔子作是非常徹底的，而他不僅疑古文尚書非真，而且連今文尚書中的毛病也看出來了。宋史趙汝談傳又説：

> 其論易以爲占者作，書堯、舜二典宜合爲一，禹功只施於河、洛，洪範非箕子之作，詩不以小序爲信，禮記雜出諸生之手，周禮宜傳會女主之書，要亦卓絶特立之見。……所著有易、書、詩、論語、孟子、周禮、禮記、荀子、莊子、通鑑、杜詩注。

這説明他不僅目光犀利，看問題深透，勇於説出別人不敢説的話，而且考辨的範圍很廣，可惜的是這些著作都散佚了，無從看到他具體的論證了。

稍後於朱熹的葉適，反對性理空談，并對理學家所崇拜的道統人物，如曾子、子思、孟子等進行了大膽的批判。在辨僞方面，也極有識見。因爲他是反理學的，所以他能懷疑朱熹所不能懷疑的問題，敢講朱熹所不敢講的話。

他疑易，比前人更大膽。歐陽修疑到繫辭，已使學者駭然相非。鄭樵比歐陽修要勇悍，但也只疑到彖、象爲止。也就是説懷疑的範圍只限於易傳。到他則竟懷疑到易經本身，推翻了漢書藝文志裏的宓戲氏始作八卦，文王重易六爻的説法，斥爲“相傳浮説，不可信”（習學記言序目卷三，上下經總論），而説“易不知何人所作”，“周易者，知道者所爲”，“畫非伏羲，重非文王也”（同上卷四十九，皇朝文鑑）。至於易傳，則説“所謂十翼者，獨彖、象爲孔子之文，其他或先或後，皆非也”。“孔氏有述無作；彖、象述也，非作也”（同上卷四十四，太玄），也就是説“十翼非孔子作”（同上卷四十九，皇朝文鑑）。

他反對史記的孔子刪詩、定書之説，認爲：“‘詩三百’，孔子舉其在者也。後人矜誇，謂孔子自刪爲三百篇，大妄也。”（習學記言序目卷十三，論語）書“藏於史官。孔氏得之，……何所不足而加損於其間，以爲孔氏之書歟？書序亦由舊史所述，明記當時之事，以見其書之意，非孔子作也。”（習學記言序目卷五，書序孔安國序）他還反對孟子的孔子作春秋之説，認爲：“孔子之於春秋，蓋脩而不作。”（習學記言序目卷九，春秋）修，不過是把其中不合理的地方修訂一下，和個人的寫作當然是不同性質的兩件事。

他雖不承認孔子有刪詩、定書的事情，但卻認爲孔子做過校訂的工作，他説：

孔子之時……詩、書殘亂，禮、樂崩逸，孔子於時力足以正之，使復其舊而已，非謂盡取舊聞紛更之也。（習學記言序目卷六，詩總論）

這種說法，雖不一定合乎歷史事實，但比起刪詩、定書來卻要近情合理得多。他又推測孟子說孔子作春秋的理由，說：

意者以是書接禹、周公，有大功於世，其道卓越，又欲揭而異之乎？（習學記言序目卷九，春秋）

但他并不贊成這種"揭而異之"的做法，認爲："考索必歸於至實，然後能使學者有守而不夸。"（同上）他的這種實事求是的精神是非常可貴的。

對於諸子，他也有懷疑。今本孔子家語連孔安國序、孔衍序，雖則他不知道全是王肅僞撰的，但已看出"集家語往往在左氏後，則固本之左氏，而左氏不本家語"（習學記言序目卷十七，孔子家語）；"或者皆非其本真而相傳以爲說，窮鄉委巷之人所以道聖賢之事，與夫當世之鄙儒求以自附於聖賢之名者，無不在焉"（水心別集卷六，孔子家語）。他懷疑這些都不是孔子之言。可見他雖沒有能道破是後人僞撰，但也知道得差不多了。對於老子的作者，他認爲："教孔子者必非著書之老子，而爲此書者必非禮家所謂老聃，妄人訛而合之爾。"（習學記言序目卷十五，老子）他認爲"管子非一人之筆，亦非一時之書，莫知誰所爲。"他推測當是春秋末年"山林處士妄意窺測，借以自名"，"而後世信之"（習學記言序目卷四十五，管子）。這些懷疑和推測，都提出了問題，並爲以後解決問題提出了有益的見解。

此外他對握奇經、六韜、孫子、司馬法等兵書和神農本草、黃帝内經等醫書都有懷疑，且都頗有見地。

朱熹的三傳弟子王柏，是朱熹以後最勇敢的一個人。他在詩疑中不信毛、鄭的傳、箋，不信衛宏的詩序，不信左傳中的記事（如吳季札觀樂説），甚至連他的太老師朱熹的話也不服從（如揚之水、伐檀等篇説），而單就詩經的白文致力，這種只服從理性的精神，在過去的學術界中是很不易見到的。最能瞭解王柏的學問的是黃百家，他在宋元學案卷八十二説：

> 魯齋之宗信紫陽，可謂篤矣。而于大學則以爲“格致”之傳不亡，無待于補。于中庸則以爲漢志有中庸説二篇，當分“誠明”以下別爲一篇。于太極圖説則以爲“無極”一句當就圖上説，不以無極爲無形，太極爲有理也。其于詩、書，莫不有所更定。豈有心與紫陽異哉！歐陽子曰：“經非一世之書，傳之謬非一人之失；刊正、補緝非一人之能也。學者各極其所見而明者擇焉，以俟聖人之復生也。”後世之宗紫陽者不能入郛廓，寧守注而背經，而昧其所以爲説，苟有一言之異，則以爲攻紫陽矣。然則魯齋亦攻紫陽者乎？甚矣，今人之不學也！

這個評價對王柏來説是很確切的。王柏惟其篤信朱熹，所以才用了朱熹的方法作出比朱熹進一步的研究，這才是真正研究學問的態度，也才是真正繼續大師的工作的態度。

王柏對詩、書的研究，敢於撇開前人釋經的框框，對經文作直接的研究，使得久已土蝕塵封的古籍顯現了些真相。他看出了詩經中有三十二篇是“淫奔之詩”，所以在詩疑中，他從衛道出發，主張把它們統統刪掉。在書疑中，他以爲大誥、洛誥等篇不足信。這些主張和看法的是非，固當別論，但都見到他是很大膽的。因爲他太大膽而別人太膽怯了，所以雖同樣地衛道，他的主張終于沒有人敢接受。在他的魯齋集裏，有一篇續國語序，現在看來正是崔述的見解濫觴，茲摘録數語於下：

> 大抵翻空者易奇，覈實者難工。異哉太史公之爲書也！唐、虞之上增加三帝：曰黃帝、曰顓頊、曰帝嚳。論其世次，紀其風績，驚駭學者，以吾夫子之未及知也。吁，學至于吾夫子而止，夫子之所不書，太史公何從而知之，缺其所不知，不害其爲學夫子也。至我本朝蘇黃門始曰："太史公淺近而不學，疏略而輕信。"朱子屢稱此言最中其病。及觀黃門之古史，又上及于三皇，以伏羲、神農、黃帝充之，若與大傳同，以少昊、顓頊、帝嚳、唐、虞謂之五帝，終與大傳異。其輕信何躬自蹈之乎？……出于吾夫子之言，吾之所信也。其或出于諸子百家之書，非吾之所敢信也。

此中宛然有一部考信録在，呼之欲出。他們雖因信孔子而辨僞史，不是因爲疑僞史而辨僞史，然孔子的史僞者少，他們已算捉住了這要點了。

與王柏同時，在北方金朝有一個王若虛，也是一個能大膽辨僞的人。吳澄稱他"博學卓識，見之所到，不苟同於衆"。他的著述有滹南遺老集四十五卷，其中五經辨惑，"頗詰難鄭學，於周禮、禮記及春秋亦時有所疑，然所攻者皆漢儒附會之詞"（四庫全書總目卷一六六）。他説話極大膽，如説"劉歆之見，固無異於兒童"（五經辨惑上），斥鄭玄爲"其説甚陋"，"鄭氏之謬妄如此"（五經辨惑下），甚至直斥孟子爲文法不通。

宋代繼承柳宗元辨子書真僞的是高似孫，他所作的子略四卷是他讀子書時的筆記，從陰符經到皮子隱書，共搜羅了三十八種子書，有的是鈔撮，有的是列舉歷代注釋本書的書目，有的是批判書中議論的是非和本書著作的真僞。其中考辨真僞的有鬻子、孔叢子、曾子、列子、文子、戰國策、尹文子、亢桑子、鬼谷子等九種。由於這本書是隨筆性的，所以體例不謹嚴，文辭又拖沓，心得也稀少，在學術上的地位不高。不過，他總是上承柳宗元，下開宋濂、胡應麟的一個人，不能抹殺他的篳路藍縷的功勞。

南宋末年的黃震，做了一部黃氏日鈔，也是讀書筆記性質的書，但範圍不限于子書，而遍及四部，其中亦有不少辨僞的論述，如指責鄭玄"以禮說詩，于人情多不通，及多改字之敝"（卷四），讀春秋，反對褒貶凡例（卷七）等。

此外還有一些目錄書，如陳振孫的直齋書錄解題，晁公武的郡齋讀書志，王應麟的漢書藝文志考證，不僅引用了許多前人辨僞的論述，也有不少自己的創見，爲後人提供了辨僞的資料，他們的功績也是不可磨滅的。

宋代疑古辨僞的風氣雖然盛行，但是宋人在整理古史時，卻是"志欲籠絡宇宙而無所遺"（司馬光資治通鑑外紀序），廣搜雜家小說之說以見其博，因此宋代所編的古史，不僅沒有把僞史剔出去，反而是僞史充斥其中，如章衡的編年通載始於帝堯，訖於宋治平；劉恕的資治通鑑外紀起自庖犧，止於周考王；司馬光的稽古錄起自伏羲，終於宋治平；蘇轍的古史，自伏羲、神農訖秦始皇；無名氏的寶曆歌自開闢太古訖於周世宗；胡宏的皇王大紀，始於盤古氏，終於周末；胡衛的通史緣起，則是"推盤古以來衆說之異同"（郡齋讀書志卷五上）；羅泌的路史，起自初三皇至夏履癸；金履祥的通鑑綱目前編，自盤古至周成王。宋人編古史，由于不删去僞史，也常常自相矛盾。司馬光作通鑑，託始於周威烈王命韓、趙、魏爲諸侯，下訖五代。劉恕爲此對司馬光説：

　　"公之書不始於上古或堯、舜何也?"公曰："周平王以來，事包春秋，孔子之經不可損益。"曰："曷不始於獲麟之歲?"曰："經不可續也。"（資治通鑑外紀引）

司馬光不同意劉恕把資治通鑑起自上古或堯、舜的意見是正確的，但是他說的孔子的春秋不能“包”不能“續”的理由是沒有說服力的。劉恕反駁說：

> 嘗思司馬遷史記始於黃帝，而包犧、神農闕漏不錄。公爲歷代書而不及周威烈王之前，學者考古，當閱小說，取舍乖異，莫知適從。若魯隱之後，止據左氏、國語、史記、諸子，而增損不及春秋，則無與於聖人之經，包犧至未命三晉爲諸侯，比於後事，百無一二，可爲“前紀”。（同上）

於是他就一個人編輯三家分晉以前的古史爲通鑑外紀。但他對傳說紛紜的古史，也是懷疑的，爲此他又撰疑年譜和年略譜。此兩書已失傳，直齋書錄解題卷四說：

> 先儒叙包犧、女媧，下逮三代，享國之歲，衆說不同，懼後人以疑事爲信書，穿鑿滋甚，故周厲王以前三千五百一十九年爲疑年譜，而共和以下至元祐壬申一千九百一十八年爲年略譜。

這個提要清楚說明了劉恕又有對古史的懷疑和想剔除僞古史的一面。司馬光在資治通鑑中雖然堅持託始的意見，但在撰稽古錄時，他自己也放棄了原來的看法，從伏羲開始了。他說：

> 伏羲之前爲天子者，其有無不可知也。如天皇、地皇、人皇、有巢、燧人之類，雖於傳記有之，語多迂怪，事不經見，臣不敢引，獨據周易自伏羲以來叙之。（稽古錄卷一）

司馬光認爲伏羲是周易繫辭上有的，繫辭又歷來認爲是孔子作的，所以他就從伏羲講起來了。所以他的古史真假的標準，仍舊是繼承了司馬遷的"考信於六藝"的標準。又王柏在續國語序裏批評了蘇轍的古史，指出蘇轍一面批評司馬遷"在唐、虞之上增加三帝"爲"淺近而不學，疏略而輕信"，可是蘇轍自己在古史中"又上及於三皇"，其輕信的程度反而超過了司馬遷。而朱熹則是一面對蘇轍的批評司馬遷，"屢稱此言，最中其病"，一面又竭力稱贊司馬光的稽古録。這種自相牴牾，正是他們既疑古又怕闕漏的思想矛盾，歸根到底，則是辨僞工作没有做得徹底。

元代雖然不重學術，但是辨僞的工作還是不絶如縷，繼續有人在做。如王柏的學生金履祥，撰尚書表注，對尚書中的有些篇章表示懷疑。吴澄繼承吴棫和朱熹之説，著書纂言，辨古文尚書及孔傳爲僞書。

# 一七、明代的造僞與辨僞

到了明代，學風爲之一變，理學家勸人不讀書，名士家勸人讀小品文字，學者則勸人讀奇書，宋人疑古辨僞之風幾爲歇絶。例如漢代的讖緯久佚，孫瑴替它輯集起來，編爲古微書，原是很好的事，但他的序上説：

> 予小子亦竊有愛焉，曰愛其古。……輒從羲、頡以降，斷乎陳、隋，取其凡蒂于古，綫于古，駢枝於古，響象依悠于古者，聚而成書。

又略例説：

　　　　雖細，録也；雖僞，收也；雖斷章者，亦取焉。

可見他編輯的動機只是爲的好玩，固然他的成就超過了他的動
機，但這是何等的危險。試看明初宋濂集中有燕書四十首，摹倣
左氏爲書(宋文憲公全集卷三十七，金華叢書本宋學士全集卷二
十七)。其引言説：“辨士設喻，以風以陳。”跋尾又説：“余爲燕
書四十篇，蓋取鄭人‘誤書舉燭’之義。讀者好之，謂有秦、漢
風。”假使他要充作秦、漢書，他只要不具名好了。鈔出一段
如下：

　　　　宋襄公繼霸，將與楚子會于盂，以乘車往而不設兵備。
　　通國人皆憂之，莫敢言。昆吾之虬曰：“君安則臣寧，君設
　　有難，宋社且不血食，吾屬將焉寘諸！請眛死言焉。”俟宋襄
　　公出，歌而過之曰：“有虎者貔，其毛栩栩。冠弁而揖，吾
　　不知死所。密密者陡，鮮鮮者矛。仡仡者夫，始可貔與居。
　　貔乎，貔乎，良足畏乎！君何之乎？”襄公怪之，召而問焉。
　　昆吾之虬對曰：“聞君將與楚子會，有諸？”曰：“然。”曰：
　　“聞君武備弗之戒，有諸？”曰：“然。”曰：“禮務從時，政在
　　體要。佩玉鏘鏘，不可薪于山；荷戈與祋，不可酬于廟：其
　　禮然也。今楚人貔而冠者也，君欲以文德合之，其術迂矣。
　　君之蒞政，動法文王。使文王遇貔，亦使勇士操戟逐之，未
　　必朝服與之揖也。”襄公曰：“人皆相率約君以禮，子奈何欲
　　興戎乎！壇坫之間，玉帛交錯，而使甲士廁之，人其謂我
　　何！”不聽。往與楚子會，楚子以兵車至，執襄公。君子曰：
　　“宋襄公爲萬世笑者，以膠柱而鼓瑟也。膠柱而鼓瑟且不可，
　　況往會强國而不知變乎！”

假使相信這段話而否認左傳，豈不可笑。宋氏雖明説自己所撰，

後來凌稚隆輯刻的史記評林卻已載於篇首了。

另外一個楊慎，博覽群書，是一個既辨僞又造僞的人。他非孟子，非鄭玄，非朱熹，膽力自是不小。堯授舜天下，孟子説"舜避堯之子"，他批評道：

> 天下非私也，何避之有？……至謂益避禹之子，尤爲無稽，禹未嘗禪於益。孟子嘗曰："唐、虞禪夏后，殷、周繼矣"，何其言之自相戾乎？孟子於武成取二、三策。善觀孟子者，例是可也。荀子云：孟子"略法先王而不知其統"，此類之謂乎？（升庵先生文集卷四十五，舜避堯之子條）

周禮秋官有屋誅之文，鄭玄注曰："夷三族也。"他駁斥説：

> 古者罪人不孥，豈有夷三族著之令典。古者屋誅，蓋漢人下蠶室之類耳。鄭玄瞀儒曲見，誤天下而陷人主，得罪名教大矣。（升庵先生文集卷四十四，屋誅條）

朱熹説"孔子言伯夷求仁得仁，又何怨，今觀太史公作伯夷傳，滿腹是怨。"他批駁説：

> 此言殊不公，今試取伯夷傳讀之。始言天道報應差爽，以世俗共見聞者歎之也；中言各從所好，決擇死生輕重，以君子之正論折之也。一篇之中錯綜震蕩，極文之變，而議論不詭于聖人，可謂良史矣。宋人不達文體，是以不得遷之意而輕爲立論。（升庵先生文集卷四十七，伯夷傳條）

又説：

　　朱文公談道著書，百世宗之，愚詳觀其評論古今人品，
誠有違公是而遠人情者。……蓋自周、孔以下無一人逃其
議，古人謂君子當於有過中求無過，不當於無過中求有過。
文公語錄論人，皆無過中求有過者也。或者門人記錄之過，
朱子無忠臣遂至此歟！（升庵先生文集卷四十六，文公著書
條）

他的批評雖不一定對，但他敢於發爲議論，正可見他胸中自另有
識見，可是他自己有時也不實事求是地根據事實説話，而是僞撰
古書以證成己説。四庫全書總目卷一百七十二，升庵集提要説：

　　至於論説考證，往往恃其强識，不及檢核原書，致多疎
舛。又恃氣求勝，每説有窒礙，輒造古書以實之。

又卷一四三漢雜事祕辛提要説：

　　楊慎序稱得於安寧土知州萬氏。沈德符敝帚軒剩語曰：
即慎所僞作也，叙漢桓帝懿德皇后被選及册立之事。其與史
舛謬之處，明胡震亨、姚士粦二跋辨之甚詳。其文淫豔，亦
類傳奇，漢人無是體裁也。

又卷一九二金石古文提要説：

　　是編所採，皆金石之文，上起古初，下迄於漢，然真僞
錯雜，殊多疎漏。……石鼓文韓愈已云缺畫，鄭、薛諸家所
載，無不譌缺，慎乃臆爲補足，詭稱得之李東陽，不知東陽
懷麓堂集固明云未見完本也。

楊慎以博洽著稱，明史楊慎傳說："明世記誦之博，著作之富，推慎爲第一。"但他所作的丹鉛錄諸書，瑕瑜互見，真僞並陳。於是陳耀文作正楊四卷，考正其非，但有意求瑕，語多詬詈。後來，胡應麟、周嬰、謝肇淛等繼續有所辨難，糾正他的疑誤。

再如王世貞，是一個最能摹古的人，在他的集子裏什麼都擬，擬雅、頌，擬離騷，擬漢郊祀歌，擬漢鐃歌，擬琴操，擬古樂府，擬晉、唐五言詩，只要古人有一種文體，他就擬作一種。在弇州山人四部稿卷一四一說部中有他的模倣左傳而作的左逸三十條，其序云：

> 嶧陽之梧，爨樵者窮其根，獲石篋焉，以爲伏藏物也，出之，有竹簡漆書古文，即左氏傳，讀之，中有小牴牾者凡卅五則，余得而錄之。或曰"其指正非左氏指也"，或曰"秦、漢人所傳而託也"。余不能辨，聊以辭而已。

又有短長二卷亦在四部稿說部內（卷一四二、二四三）是摹倣戰國策的，序云：

> 耕于齊之野者，地墳，得大篆竹册一帙，曰短長，其文無足取，其事則時時與史牴牾云。按劉向叙戰國策一名國事，一名短長，一名長書，一名脩書，所謂短長者，豈戰國遺策歟？然歲載秦及漢初事，意亦文、景之世好奇之士假託以撰者。余怪其徒之稱嬴、項，薄炎德，誕而不理，至謂四皓爲建成侯僞飾，淮陰毋反狀，乃庶幾矣，因錄之，以佐稗官。一種，凡四十則。

王氏的奇遇爲什麼會得這般多：嶧陽的樵者得石篋，他看見；齊野的農夫得竹册，他又看見。這二千年的古物一旦發現，正是學術上的一大寶物，爲什麽僅"以佐稗官"呢？他自己消遣消遣不打緊，但與他同時的凌稚隆已把他的短長説放在史記評林卷首了。幸而清朝人不上他的當，倘使他早生了數百年，一班愚人作起史來，信以爲真，把他抱不平的念頭（淮陰毋反狀），與猜想中的事實（四皓爲建成侯僞飾）在史書上照改了，豈不大糟！

但另一方面，他又是一個能辨僞的人。説部札記内篇（四部稿卷一三九）説：

> 詩之存淫奔也，非小子所敢知，意非其舊也，示戒微而道欲重。

這疑心詩經是有僞造的了，與孟子疑"血流漂杵"一樣。他們之疑，以仁義與否爲標準。孔子是全仁全義的，他的書不當有幾微非仁義的話，而僞跡昭彰的，還是要寬恕對待，如萬斯同對待詩經和古文尚書那樣。又藝苑卮言卷二説：

> 木蘭，……本色，自是梁、陳及唐人手段。胡笳十八拍，輒語似出閨襜，而中雜唐調，非文姬筆也，與木蘭頗類。

此説甚是。又説：

> 余讀琴操，所稱記舜、禹、孔子詩，咸淺易不足道。拘幽，文王在繫也，而曰："殷道圊圊侵濁煩，朱紫相合不別分，迷亂聲色信讒言。"即無論其詞已非内文明外柔順，蒙難者固如是乎！"瞻天案圖殷將亡"，豈三分服事至德人語！"望來羊固"因"眼如望羊"傳也。他如獻玉退怨歌謂楚懷王子平王，夫平王，靈王弟也，歷數百年而始至懷王；至乃謂玉

人爲樂正子，何其俚也！窮劫曲言楚王乖劣，任用無忌，誅
夷白氏，三戰破郢，王出奔。用無忌者，平王也；奔者，昭
王也；太子建已死，有子勝，後封白公，非白氏也。其辭曰
"留兵縱騎虜京闕"，時未有騎戰也！河梁歌"舉兵所伐攻秦
王"，句踐時，秦未稱王也。句踐又無攻秦。

夫僞爲古而傳者，未有不通于古者也。不通古而傳，是
豈僞者之罪哉！

王世貞這人，一面辨僞，一面造僞。他説："夫僞爲古而傳者，
未有不通于古者也。"這是他自己的得意話，而孰知這種的危險遠
在"不通古"而造僞之上。不通古而造僞，觀者雖不去辨駁他，猶
將目笑存之，以其造僞跡象太顯，不能欺人也。至于通古而僞
古，文永傳而史也永遠被搞亂了。

明代著名的造僞者豐坊，是一個大藏書家，從他的遠祖北宋
的豐稷就開始藏書，經過十幾代不斷的積累，收儲極富。著名的
范氏天一閣藏書，嘉靖以前的刻本，多半是豐氏萬卷樓的舊物。
豐坊自以家富儲書，僞造經籍。吳肅公明語林卷十二詐譎門説：

豐存禮坊，高才弔詭；十三經皆鈎新索隱，託名古本，
或詐云得之異域。臨摹碑刻，撰定法書，以真易贋，人莫
能詰。

他僞造的古書世學，陸元輔説：

"古書"云者，以今文、古文石經列於前，而後以楷書釋
之，且采朝鮮、倭國二本以合於古本，故曰"古書"也。"世
學"云者，豐氏從宋迄明四世學古書，稷爲正音，慶爲續音，
熙爲集説，道生爲考補，故曰"世學"也。（經義考卷八十九

引）

所謂朝鮮、倭國二本，乃豐坊偽託箕子封於朝鮮，傳書古文，自帝典至微子止，後附洪範一篇，是徐市傳於倭國的本子，他的曾大父豐慶從朝鮮和日本使臣處錄得，其實全書都出于豐坊一手所偽撰。

他又偽撰子貢詩傳及申培詩説；自爲魯詩世學，而云傳自遠祖稷；并自恃其能書，以篆隸體偽造正始石經大學。姚際恒古今偽書考説：

> 子貢詩傳、申培詩説二書，明豐坊偽撰。……從未聞有子貢詩傳，徒以孔子有“可與言詩”一語，遂附會爲此，其誕妄固不必言。若申培者，漢志有魯故、魯説；隋志云“魯詩亡於西晉”，則亡佚久矣。坊之作此，名爲二書，實則相輔而行，彼此互證，若合一轍；中多暗襲朱子集傳以與詩序異者，又襲詩序爲朱之所不辨者。……嘉靖中，廬陵郭相奎家忽出此二書，以爲得之香山黄佐；佐所得爲晉虞喜於祕閣石本傳摹者，故其書有篆、隸諸體。坊善書，其所優爲也。於是當時人幾於一鬨之市：張元平刻之成都，李本寧刻之白下，凌濛初爲傳詩適冢，鄒忠徹爲詩傳闡，姚允恭爲傳説合參，使得以盡售其欺，可歎也夫！坊又自爲魯詩世學，專宗詩説而間及於傳意，以説之本於傳也；又多引黄泰泉説，泰泉即佐，乃坊之師，有詩經通解行世，二書亦多與暗合，故謂出於佐家，以佐得見此二書，用其義爲解也。其狡獪如此。坊又偽造魏正始石經大學。武林張氏訂刻陶九成説郛，名曰大學古本，列之卷首。

偽石經大學受其惑者，除武林張氏刻入説郛以外，還有：

管志道爲作章句、測義、略義，錢一本、曹胤儒，俱有刊本，皆爲坊所惑，可怪也。（經義考卷一百六十引陸元輔説）

又吳應賓撰古本大學釋論五卷，其第五卷爲新本辨，辨僞石經云：

唐伯元誤信僞本，上言於朝，頒行學官，而又述之爲書，與管志道相倡和。志道撰古本自釋一卷，辨古本一卷，石經大學附錄一卷，周從龍撰大學遵古編一卷，鄒德溥撰大學宗釋一卷，吳炯撰大學古本解一卷，劉宗周撰大學古本參疑一卷，均誤信僞石經。

讀此可見，豐坊所造僞書，受惑之衆。又四庫全書總目提要卷三七也指出了很多受騙的。如明劉元卿大學新編條説：

是書前列大學正文一卷，以豐坊僞石經爲據，殊爲不考。

又明劉斯源大學古今通考條説：

至政和石刻出自豐坊僞撰，其政和年號以宋爲魏，賈逵姓名以漢爲魏，前人駁之悉矣，斯源猶珍重而信之耶！

又明陳仁錫四書考條説：

至豐坊古本大學，其僞託可不待辨，而仁錫乃爲持疑之辭，則茫無考證，亦可見矣。

又清邱惠穗考定石經大學經傳解條説：

> 其意以豐坊僞石經爲真，而又未見坊之原本，但據鍾惺四書聚考所載。……然其割取詩云“邦幾千里”十字，實用僞石經本也。

讀此可見，豐坊僞造的石經大學，受騙上當者之多，又可見即使出於後世所作的僞書也不可不辨，聽任它流傳，否則以訛傳訛，必然貽誤後學。豐坊還有古易世學，陸元輔也説是“本坊一人所作而僞託於遠祖稷、曾祖慶、父熙，而以己承其學，真狂易者所爲也”（經義考卷五十四引）。至其春秋世學，朱彝尊經義考説未見，恐也是他一人所作而僞託承受其先人的。

明代學人撰僞書的是很多的，特別是到萬曆間蔚爲一種風氣，王士禎居易録卷六説：

> 萬曆間學士多撰僞書以欺世，如天禄閣外史之類，人多知之。今類書中所刻唐韓鄂歲華紀麗，乃海鹽胡震亨孝轅所造。於陵子，其友姚士粦叔祥作也。

除了學人造僞之外，書賈爲了牟利造僞的更多，他們讀書少，識見淺陋，僞造的書，大都依託名家如楊慎、王世貞等，掇拾割裂，舛謬百出，此類僞書數量很多，這裏就不一一例舉了。

但明代考辨之學也並未因此而完全絶跡，宋人辨僞之風對明人仍然有一定的影響，仍有一股涓涓的細流在不息地流着。明初宋濂的諸子辨裏就徵引了許多宋人辨僞的話，此書的體裁也與高似孫的子略和黃震的黃氏日鈔相類，明顯地承受了宋人辨僞之學。元代馬端臨把唐、宋人考辨諸子的文字一起編入他所著的文獻通考經籍考，這些討論的材料既被聚集在一塊，就使得各種子書的僞跡大明，宋濂因之作諸子辨。這本書按着子書的著作年代和僞託時代的順序，一一作了簡單的批判，中心觀念是把儒家思想作爲衡量諸子思想的尺度和取舍的標準。因此他的所謂“辨”，乃是辨其“各奮私知而或戾大道”的殊説，其目的是“罷斥百家”，“使道術咸出于一軌”，他用年代的先後、思想和事實的異同、辭句的體裁三種方法來考辨古書的真僞和時代是比較真切的，所以他這書的篇幅雖屬寥寥，但還是發生作用，喚起了胡應麟和姚際恒的兩部著作。

另外，梅鷟繼承了宋吳棫、朱熹和宋、元之際吳澄對尚書的考辨，撰尚書考異和尚書譜，對孔壁古文和僞古文尚書表示懷疑，以爲是孔安國和皇甫謐僞造的，結論雖然不正確，但其辨僞求真的精神是不容抹煞的。

胡應麟生於晚明，是個目録學家，他有清楚的頭腦、豐富的知識，可是没有深入的研究。他受了宋濂的影響，從許多目録書裏，尤其是馬端臨文獻通考的經籍考裏，把歷來抉出的僞書或認爲著者有疑問的書都摘録下來，編成一部比較有系統的四部正譌。這書比起諸子辨來有進步的地方。第一，宋氏專論諸子，他則擴充至四部，所論書有一百餘種，視宋氏多出了一倍。第二，宋氏的目的在衛道，辨僞則是旁及的，他則以辨僞爲主旨，很少衛道的議論，所以他很能把僞書的性質做分析和綜合的研究。他在叙論裏把僞書分成二十類：(1)僞作於前代而世率知之者；(2)僞作於近代而世反惑之者；(3)掇古人之事而僞者；(4)挾古人之文而僞者；(5)傅古人之名而僞者；(6)蹈古書之名而僞者；(7)憚於自名而僞者；(8)恥于自名而僞者；(9)襲取于人而僞者；(10)假重于人而僞者；(11)惡其人，僞以禍之者；(12)惡其人，僞以誣之者；(13)本非僞，人託之而僞者；(14)書本僞，人補之而益僞者；(15)僞而非僞者；(16)非僞而實僞者；(17)當時知其僞而後世弗傳者；(18)當時記其僞而後人弗悟者；(19)本無撰人，後人因近似而僞託者；（20）本有撰人，後人因亡逸而僞題者。這樣的從證據方面、心理方面、歷史方面種種繁複的事實中尋出僞書的公例，確是一種很細密的工作。倘使他能够用了全力做去，鉤稽參互，使若干部分的僞跡悉受約束於此公例之下，他的成功決可與閻若璩相頡頑。可惜明代的學風務博而荒，淺嘗輒止，他僅僅立了這些條文也就停工了！

他在卷末還總結了八條審覈僞書的方法：（1）覈之七略以觀其源；（2）覈之群志以觀其緒；（3）覈之並世之言以觀其稱；（4）覈之異世之言以觀其述；（5）覈之文以觀其體；（6）覈之事以觀其時；（7）覈之撰者以觀其託；（8）覈之傳者以觀其人。這些方法，他雖沒有充分地使用在這本書裏，但他已把作者的環境、文字的本質、傳流的事實、書籍的記載……各方面都想過一想了。他論子華子一條，就是很顯明地使用這個方法的。所以他雖沒有對于僞書進行像我們想望中的研究，但他總結的這些方法，實在是駕馭僞書的好方法，有力地啟發以後學人的治學途徑。

他還統計了僞書的門、目而說：“凡四部書之僞者，子爲盛，經次之，史又次之，集差寡。凡經之僞，易爲盛，緯候次之。凡史之僞，雜傳記爲盛，璅説次之。凡子之僞，道爲盛，兵及諸家次之。凡集，全僞者寡，而單篇別什借名竄匿者甚衆。”這也是對僞書的一個比較全面的認識，並體現了一個目錄學家辨僞的特點。

# 一八、清代的辨僞

明代中葉以後，王守仁的心學盛行，風靡一時。他們講良知，言心性，束書不觀而從事清談。到晚明，其末流更耽於游談，而愈趨空疏。顧炎武首先起來反對這種空虛的學風，而提倡"習六藝之文，考百王之典，綜當代之務"，讀書結合實際的切實學風。於是清代初期又回復到宋人的路上。閻詠刻其父若璩朱子古文書疑序云：

>　　家大人徵君先生著尚書古文疏證若干卷，非之者亦復不少。徵君意不自安，曰："吾爲此書，不過從朱子引而伸之，觸類而書之耳。"因命詠取語類四十七條，大全集六條，彙次成編，名朱子古文書疑。

固然這是他的手段，讓一般人知道他們的新法子就出在大家尊信的聖賢書裏，但閻若璩的工作和朱熹一線相承，這就是很清楚的證據。這一時期通考群書真僞的著作有萬斯同的群書疑辨和姚際恒的古今僞書考。專辨一書真僞的著作：辨易者，有胡渭易圖明辨、毛奇齡河圖洛書原舛編、黃宗羲圖書辨惑、姚際恒易傳通論；辨書者，有閻若璩尚書古文疏證、姚際恒古文尚書通論、宋鑒尚書考辨、惠棟古文尚書考；辨詩者，有姚際恒詩經通論；辨周禮者，有姚際恒周禮通論、萬斯大周官辨非、方苞周官辨；辨儀禮者，有姚際恒儀禮通論；辨禮記者，有姚際恒的禮記通論；辨春秋者，有姚際恒的春秋通論。

　　不幸清代學者實際上雖承受宋學，而因對理學的不滿意，所以他們喊的口號，乃是"重興漢學打倒宋學"。有了這口號之後，就漸漸地從整理古書到迷信漢儒。月令也信了，王制也信了，淮是真入于江了，並認爲緯書是孔子作，太誓是真了，例如月令分明是陰陽家説話，就是鄭玄也以爲是秦人著，但孫星衍則篤信爲周人著作，且云："漢法疑經，則治以非聖無法之罪。"戴震是一個天才，王昶替他做的墓誌銘説：

　　　十歲受傅，受大學章句至“右經一章”以下，問其塾師
曰：“此何以知爲孔子之言而曾子述之？又何以知爲曾子之
意而門人記之?”師應之曰：“此先儒朱子所注云爾。”又問：
“朱子幾何時?”曰：“南宋。”又問：“孔子、曾子何時人?”曰：
“東周。”又問：“周去宋幾何時?”曰：“幾二千年。”又問：“然
則朱子何以知其然?”師無以應。

可見他幼時有這等的懷疑精神，但何以長成之後，他只爲漢學的
大師，沒有一點疑古的成績呢？實在那時信古的空氣已壓倒了疑
古了，只有不與外方通聲氣的崔述，才能够超出于這時代之外，
以畢生的精力寫了一部考信録。

　　　到了嘉慶以後，經今文學派興起，疑古的精神又高漲起來。
站在今文學的立場來打破古文學的，這一百多年中，有下列諸人
的成績。劉逢禄作左氏春秋考證。龔自珍，在他的定庵集中，疑
左傳、穀梁、周禮、孝經、爾雅和詩序。魏源作詩古微和書古
微。邵懿辰作禮經通論。廖平作今古學考和古學考。康有爲作新
學僞經考。崔適作史記探源。

　　　清人的辨僞方法愈來愈細密，討論的問題雖不太多，然而所
討論的問題總是接近於解決的地步。下面三件事，可以作爲清代
辨僞的主要收獲。

　　　第一，十七世紀的末年，閻若璩用了一生精力寫出尚書古文
疏證一百二十八篇，把晚出的古文尚書的來源一一尋出，又把僞
作者鈔襲古書而鈔錯了的地方也一一揭破，還把所謂古文尚書裏
的政治制度、歷史事實、曆法、地理、文法的不合於古代實際的
以及它和古本尚書、漢代經師解釋不合的地方也都一齊檢舉，暴
露了它的種種內在的矛盾。他的這般比較圓滿的理論漸漸取得了
學術界的公認，雖有毛奇齡等幾個人用了大氣力來翻案，大家只
是一笑置之，發生不出什麽影響。但是這部古文尚書究竟是誰僞

作的呢？他還没有能决定；這個問題留待一百年後的丁晏作了一部尚書餘論，纔指實是魏代的王肅。古文尚書是封建統治階級所謂修身、齊家、治國、平天下的教科書，尤其是"人心惟危，道心惟微，惟精惟一，允執厥中"十六個字是所謂"堯、舜、禹相授之心法"，成爲宋、元、明理學的最神聖的信條的，竟給閻氏摧陷廓清，實在不能不説是學術界中最突出的一件事。這是清代學者對於三國時代的僞書的研究成績。

　　第二，西漢後期，當漢代經學由極盛而蜕化的時候，驟然出來了許多部古文經，表章這些經的是劉歆和王莽。它的出現或託之孔壁所發，或託之中祕所藏，或託之民間所傳，實在有許多破綻，兩漢學者已很多懷疑；但因當時還没有精密的考據方法，批評的不得要領。到了清代，爲了崇拜漢學，凡是漢代的每一個大派和每一個名家差不多都有人作專門研究，於是把湮没了近兩千年的今、古文經學的爭論問題重新提出。十九世紀初葉，劉逢禄作左氏春秋考證，從本書的内容和傳授系統上證明左傳和春秋確實是不相干的兩部書，硬被人們湊在一起。到了那世紀的四十至六十年代，魏源作詩古微和書古微，又揭破了毛詩和漢代的古文尚書都是僞古文；邵懿辰作禮經通論，又揭破了逸禮是僞古文。左傳、毛詩、逸禮、古文尚書是漢哀帝時劉歆爭立的四部經典，他的願望到王莽執政而實現，想不到過了一千九百年之後竟一齊被人擊破。再有一種學者是不參加這些論戰而是專門整理今、古文問題的資料的，像東漢許慎作五經異義，記録今、古兩家對於古代政制和禮制的不同説法，到了十九世紀初葉，陳壽祺作五經異義疏證，就把兩方面的異説加以詳盡的闡明；東漢章帝初年，會諸儒於白虎觀，講議五經同異，班固記録爲白虎通義一書，到了十九世紀中葉，陳立作白虎通疏證，又把漢人經説悉數編排進去。同時輯佚之學大盛，凡漢代已佚的著作，幾乎全數輯了出來，資料集中，大有助於人們對於那時代的學術作全面的認識。

所以到了十九世紀的九十年代，廖平作今古學考和古學考，康有爲作新學僞經考，便把今、古學家的不同面貌和劉歆僞造古文經的一件事實作了整個的批評。最後，崔適作史記探源，揭出史記中涉及古文經的各點也出於後人的竄亂。這個研究工作的發展到現在不過一百八十年，已得着一個大體的認識。由於距離問題發生的時代較遠，許多古代資料已没法找到，當然不如僞古文尚書問題的可以順利解決。但是有了許多人的研究在先，將來我們把握了正確的方法和新出的資料（例如魏三體石經），必可比他們再進一步。這是清代學者對於西漢時代僞書的研究成績。

　　第三，戰國、秦、漢一段時期的人們最敢大膽説話，他們不根據資料而稱説古代，並把自己的意見亂套在古人頭上；古人的事情就儘跟着他們的每一張嘴而變化；破綻太多了，所以人們早就知道“百家言不雅馴”，司馬遷作史記，已經大大地費了一番別擇的工夫，然而總是掃除不盡。此後，對於古代，只有人作綜合資料的工作，卻没有人拿了這些資料來作分析和綜合的研究。到了十八世紀的九十年代，崔述發揮了他的極大的勇氣，加上沈潛三十年的功力，作了一部考信録，把戰國、秦、漢間所説的上古、夏、商、西周以及孔子、孟子的事情全部考證了一下，結果推翻無數僞史，又系統地説明了無數傳説的演變。雖是他牽纏於聖道王功的偶像作用，還不能把這個工作做得徹底，究竟他已經斧鑿開山，後人就他的基業上進展容易了不少。在崔氏同時，梁玉繩作了史記志疑和人表考兩書，對於司馬遷以前的歷史事蹟和人物傳説的發展變化作了一回總清理。把梁、崔二家的書合看，無論是古人有意的造作或是無意的傳訛，大致可以把握得住，不必再去盲從。這是清代學者對於戰國、秦、漢間人口頭傳説的歷史作出的研究成績。

　　從這三件事情説來，清代辨僞的主流無疑是要把從戰國到三國的許多古籍的真僞和它們的著作時代考辨清楚，還給它們一個本來面目。他們的優點是不受傳統的束縛，敢於觸犯當時的"離經叛道，非聖無法"的禁條，來打破封建統治階級爲了自己的利益而歪曲造成的歷史；所用的方法也是接近於科學的。他們的缺點是受了時代的限制，還不能完全擺脱聖道的觀念；所用的方法也有武斷主觀的成份。我們生在他們之後，當然容易接受他們的優點，如能掌握了辯證唯物論和歷史唯物論的武器，也容易改正他們的缺點。

# 一九、崔述的考信録

崔述研究了一世的古代史，運用司馬遷"考信於六藝"的方法，以經書裏的記載來駁斥諸子百家裏的神話和傳説，做成了這部不朽的巨著——考信録。他以爲後世所傳的古史，大半是戰國諸子所假造的，主張信史起自唐、虞，唐、虞以上便不甚可稽考了。我們今日講疑古辨僞，大部分只是承受和改進他的研究。他自述寫作此書的經過説：

余少年讀書，見古帝王、聖賢之事往往有可疑者。初未嘗分別觀之也。壯歲以後，鈔録其事，記其所本，則向所疑者皆出於傳、記，而經文皆可信，然後知六經之精粹也。惟尚書中多有可疑者，而論語後五篇亦間有之。私怪其故，覆加檢閲，則尚書中可疑者皆在二十五篇之内，而三十三篇皆無之，始知齊、梁古文之僞；而論語終莫解其由。最後考論語源流，始知今所傳者乃漢張禹彙合更定之本，而非漢初諸儒所傳之舊本也。（考信録提要卷下）

又説：

　　　余年三十，始知究心六經，覺傳、記所載與注、疏所釋
往往與經互異。然猶未敢決其是非，乃取經、傳之文類而輯
之，比而察之，久之而後曉然知傳、記、注、疏之失。顧前
人罕有言及之者；屢欲茹之而不能茹，不得已乃爲此録以辨
明之。（考信録提要卷上）

可見他做考信録，是從少年讀書時懷疑傳記所載古帝王、聖賢
之事引起的，他對六經進行了一番研究之後，發現經和傳、記
所載注、疏所釋，很有出入，覺得經文可信，傳、記可疑。他
又發現經書裏面也雜有僞書。因此他不得不做考信録來辨明
真僞。

崔述少年讀書時，爲什麼能看出古帝王、聖賢之事往往有可
疑的地方，實由於其父的教育方法。考信附録中載有先君教述讀
書法，略云：

　　　先君教述……經文雖已久熟，仍令先讀五十遍，然後
經、注合讀亦五十遍。……謂讀注當連經文，固也；讀經則
不可以連注。讀經文而連注讀之，則經文之義爲注所間隔而
章法不明，脈絡次第多忽而不之覺，故必令別讀也。

從前人以爲傳記即是經，注、疏必得經意，把二千餘年陸續發生
的各家學説視爲一件東西。因此這個方法，看來雖很平常，但
“不以傳注雜於經”的一個考信的基礎方法，崔述即於幼時養成
了。又云：

　　　世俗讀朱注者多所删削，有兩説者必删其一，甚至“某

氏曰""愚謂"等字亦删之，文氣往往不貫。

　　先君教述讀注，惟圈外注有與經旨未洽者不讀，其餘皆讀，不肯失其本來之面目也。

這是要把各人的見解還給各人，要各人自己負責任。又云：

　　易自朱子始復古本之舊，至明復用今本刻朱子本義，坊間遂無復鬻古本者。先君乃遵古本，手自鈔録，俾述讀之。

這是要回復本子之原狀，不使以後人改本看作原來面目。總之，他的教育方法，完全要把材料分析，使各時代、各個人、各本子均分了開來，而不渾作一團。這種精神，從前人太缺乏。他們囿於道統之見，以爲聖聖相傳，其心志必如一；賢者希聖，其解釋的聖言也必合於原意。就是逢到必不可同的地方，也以聖人的早年、晚年別之。他們隨處要合，而崔述之父則隨處要分，於是造成了這部考信録。

　　因爲崔述從小就有分析的習慣，所以分得出各種事態的層次，懂得各家學説的演化。他覺得一種學説不是突然出現的，所以要尋出它的前後左右的關係。這樣一來，就是很亂的材料，也就會瞭解它的秩序。最清楚地充分表現他的這方面的能力的例子，便是經傳禘祀通考的節目：

　　1. 禘祭見于春秋經文者二，一太廟，一群廟，皆非以祭始祖之父，如集注所云者。
　　2. 禘祭未書於經而但見於左傳者三，皆群廟之祭，亦無祭始祖之父之事。
　　3."禘于莊公"一事，三傳皆以吉祭爲譏，未有以禘爲當祭始祖之父者。

4. 禘之文見於論語者二，皆未明言其爲何禮，不得以爲祭始祖之父與五年一禘、不王不禘之證。

5. 禘之文見于左傳者三，其詞甚明，亦皆與戴記合，初無祭始祖之父及五年一禘、不王不禘之説。

6. 禘之文見于詩序者二，説與春秋經傳、戴記合，亦與祭始祖之父無涉。

7. 禮記中泛記禘祭之時者六，皆列禘於時祭之内，兼有諸侯宗廟通用之文，絕無五年一禘及不王不禘、祭始祖之父之説。

8. 禮記中專記魯禘之制者三，但以爲用天子器樂，亦但有祭周公之文，絕無不王不禘及祭始祖之父之説。

9. 自喪服小記始有不王不禘之説，乃因禮運之文而誤；其實，禮運未嘗以禘爲天子之禮。（悖一）

10. 自春秋説文始有五年一禘之説，乃因公羊傳及爾雅之文而誤；其實，公羊傳未嘗以禘爲五年之殷祭。（悖二）

11. 爲禘始祖所自出之説者皆引喪服小記、大傳爲據，然觀二篇之文實大不然。

12. 以禘爲祭嚳，以嚳爲稷所自出之帝者，皆本魯語、祭法爲言；然此二篇之文本不足據，且與小記、大傳“禘其祖所自出”之語無涉。

13. 自鄭康成始以小記“禘其祖之所自出”爲“禘其始祖之所自出”；然所自出者乃謂天神，非人鬼，與祭法“殷、周禘嚳”之文無涉。

14. 自王肅始合大傳、祭法及諸經傳之禘爲一，以爲周人禘嚳即禘其祖之所自出；趙匡從而演之，其後朱子集注及宋、元、明諸儒之説皆本於此。

他對於這一問題，先看春秋經如何，再看春秋傳如何，再看論語如何，禮記如何，禮記又怎樣的承襲與改變經師之説，鄭玄如何，王肅如何，以至於朱熹如何。這個問題經他這樣一分析，它的經歷乃瞭如指掌，黑漆一團的東西理出一個頭緒來了。而它的原因結果也就很分明了。這種治亂絲的法子，實當充分應用於古史説中，古史上任何制度任何故事沒有不可作這樣分析的，我們應當充分用這方法到別的問題上，古史上的各種説法乃有理清的希望。

崔述的另一個長處是瞭解古事的性質，他懂得故事怎樣的演變（傳聞）和怎樣的解釋（曲説）。他就用了故事來印證古史。舉一例如下：

> 按羑里之事本戰國人所述。既相傳爲有此事矣，秦、漢以後因以演易附會之，既復相傳有演易之事矣，魏、晉以後因又以古小城附會之，證據既多，遂成牢不破之説。市有虎而曾參殺人，三人言之，未有不信者矣，而孰知其説皆相因而生者乎！邠州山上，有水自洞口下，名水簾洞，山下果樹甚繁。好事者遂以爲西游記孫悟空發祥之所，而建猴王廟焉。嗚呼！世所言古跡者大率皆如此矣。（豐鎬考信別録卷二周遺蹟補考）

這是極能瞭解故事的性質及後人曲爲解釋之法的。又他在牛女行中推論何以有七月七日渡河之説，云：

> 春宵織女尚在地，初昏未睡空徬徨。五月六月星漸高，炎風煩熱如沸湯。初秋庭院氣稍爽，此星正在天中央。近朔數日苦夜暗，陳瓜設酒昏無光。近望數日嫌月明，碧天萬里星掩藏。不明不暗煩斟酌，曰維七夕辰最良，日數月數兩符合，後則重九前端陽。沿之日久習不察，遂謂此夕同蘭房。

（知非集）

這也是極平常而從前人都沒有想到的事實。

　　以前中國的文人接近人民的還有，而學者對於人民則幾乎完全隔離。崔氏卻不然，他敢以諧語入文，敢以民間故事入文。他在考信録提要中舉了近視眼看扁的例子，在讀風偶識中，舉了磁州揚氏的出賣煙草，京師店舖的出賣字號的例子，這是向來的經學家所必不肯言的。這不是他的故弄滑稽，乃是他做學問的基礎建設在事實上而不是在學者的架子上。他自己説："余生平無他長，惟以文論文，就事論事，未嘗有人之見存焉。"這就是他學問親切之處。

　　因爲這個緣故，所以他的父親酷望他以理學名世，他自己也要明二帝三王之道，然而他決不成一宋學家。以他那時的學術風氣，漢學正披靡一世，他的工作既致力于考證，原當投在漢學的旗幟下，然而他也決不成一漢學家。他自己在洪範補説中表明態度道：

　　　　今世之士，醇謹者多恪遵宋儒，高明者多推漢儒以與宋儒角，此不過因幼時讀宋儒注日久，故厭常喜新耳。其實宋儒之説多不始于宋儒，宋儒果非，漢儒安得盡是。理但論其非耳，不必胸中存漢、宋之見也。（豐鎬考信別録卷三）

這是多麼寬大的胸襟！那時人專講門户之見，而他則偏要打破門户，這安得不受一般學者的排斥！堪歎張之洞書目答問竟把他列在"漢學專門經學家"，他死而有知，哪裏願意承受這一個漂亮的頭銜呢！又考信録總目云：

　　　　述賦性愚鈍，不敢言上達之事，惟期盡下學之功，故于

古帝王、聖賢之事常殫精力以分別其是非真僞，而從無一言
及於心性者。

這也是對宋學的劈頭一棒。因此，他雖尊信朱子，而理學家謝庭
蘭、唐鑑之屬莫不對他攻擊。

他以一生貧困，沒有買書的力量，故讀書並不甚多。但他甚
精讀，且能思想（隨處都想一想），故心得極多。清代學者的書，
他見得很少，但竟能暗合，如辨古文尚書則合於閻若璩，辨孔子
家語則合於孫志祖，辨竹書紀年則合於朱右曾。他事事要求實
證，要打破邵康節們的幻想，又合於胡渭、毛奇齡等。因此，他
雖獨學無友，但能集王充、劉知幾以來的辨僞大成。

不過，他究竟是生長在理學的家庭裏的，所以他雖敢打破傳
記諸子而終不敢打破經，他對古帝王、聖賢的神聖的地位依然表
示其崇拜。因此崔述的最大的弊病，就是他爲古聖賢護善。他雖
説“就事論事，未嘗有人之見存”，但他終忘不了幾個聖賢。本來
戰國時人言堯、舜與桀、紂，只是毀譽兩個方面的不同，並非質
（故事演變的法則）量（演變過程中放大的倍數）的不同。他只是要
推翻壞的一方面的擴大之量及足以損壞好的擴大量，但他對於好
的一方面的擴大之量則保存之惟恐不暇。所以“譽堯非桀”原是戰
國人從一個態度之下發出來的兩個方面。崔氏只把“非桀”的一方
面駁了，卻寬容了“譽堯”的一方面。譽堯的一方面不但沒有駁，
反而信以爲真。換言之，就是他要使善意的故事不失其擴大之
量，這種例子在本書中很多，試舉二例：

　　1. 左傳文十八年所舉高陽、高辛之才子置入“備覽”，帝
鴻、少皥之不才子置入“存疑”。一人之言而善惡列成兩類。
　　2. 越裳氏重譯來朝之事及周公作指南車之事起得甚後，
覈以“寧闕毋濫”之義，自在不采用之列，徒爲欲塗飾周公之

治，亦列之於"備覽""存參"，評之曰"按此事不見於經，……然于理無所害"，又曰："恐係後人增飾，然亦未有以見其必不然。"這不是自欺欺人嗎？

這些都是很清楚的證據。

他對于古聖賢的曲護，如孟子言古史事多謬誤，崔氏亦屢駁之，然必曰："孟子爲其門人所記，不免言過其實。"就爲孟子輕輕卸責了。

他明知羲、農等語皆當在戰國後（補上古録卷上），亦笑譙周、皇甫謐爲古史始於燧人、包羲，但唐、虞之前還要作補上古考信録，這補上古録還要始於庖犧、神農。他覺得易傳言"包犧氏王天下"是一個破綻，也説："按唐、虞以前未聞有稱王者"，似可以打破了，但又説："王天下云者，據三代之稱而加之上古者也。此傳之所以不逮經，學者不可以辭害義也。"這樣輕輕一卸，於是庖犧、神農在上古史上的地位又確立了。

他的聖人的成見橫梗太深，故於豳風補説云：

> 如鄭氏之言，傷春思嫁，乃後世不肖女子之所爲，寧先周美俗而有是哉！（讀風偶識卷四）

這不是比了漢儒還進一步嗎？

論語上説的"詩可以觀"，"誦詩三百，授之以政不達，使于四方不能專對，雖多亦奚以爲"，這二義是他的論詩宗旨。故他説"十五國風，人讀之皆詩也，余讀之皆政也"。這是主觀的讀詩法，仍非作詩時的事實。必欲强解之，其失亦與衛宏相等，衛就是"余讀之皆政也"一流的人呵！爲了這成見，故很平常的一句話會得看出大道理來。

總之，他根本的誤處，是信古史系統能從古書中建立起來，而不知古書中的材料只够打破古史系統而不够建立古史系統。這個問題，康有爲已經抉摘出來了。他説得很痛快，云：

> 人生六、七齡以前，事跡茫昧，不可得記也。開國之始，方略缺如，不可得詳也。況太古開闢，爲萌爲芽，漫漫長夜，舟車不通，書契難削，疇能稽哉！……吾中國號稱古名國，文明最先矣。然六經以前無復書記，夏、殷無徵，周籍已去，共和以前不可年識。……崔東壁乃爲考信録以傳信之，豈不謬哉！（孔子改制考卷一）

以他這樣的謹嚴，而康氏猶斥其太不謹嚴，這可見百年來的思想進步！

淮南子原道云：

> 先者難爲知而後者易爲攻也。先者上高則後者攀之，先者跆下則後者蹑之，先者隤陷則後者以謀，先者敗績則後者違之。……所謂後者，非謂其底滯而不發，凝竭而不流，貴其周於數而合於時也。

東壁無論有什麽不對的地方，都是由于時代的關係。至於在辨僞史上，他總已導我們的先路了，他已經用了四十年的力量，蓽路藍縷以開道路，使我們易爲功了。只要好的方面我們能追攀他，壞的方面我們敢違背他，善於做他的"後者"，竟他未竟之功，所以我們如果善學崔東壁，就應當超過崔東壁！

# 二〇、唐以後辨僞的發展趨勢

辨僞工作，萌芽於戰國、秦、漢，而勃發於唐、宋、元、明，到了清代瀕近於成熟階段。萌芽階段的辨僞工作前面已作了一個小結。這裏再就唐以後辨僞的發展趨勢，作一個概括的説明。唐以後的辨僞，發源於劉知幾和啖助。他們一個是史學家，一個是春秋學家，如果他們循常蹈故，當然鼓動不起什麼波瀾，但他們生於唐朝的全盛時代，在安定的生活裏肯用自己的腦筋去深思，既看出了裏邊的問題，就敢仗着一股勇氣來打破家法的束縛而直接去討論古籍的本質，使得頭腦敏捷的人們樂於參加這個運動。不久就起來了一位柳宗元，他轉變方向到子書上，後來高似孫和宋濂都接受了這個傳統；繼是而有胡應麟和姚際恒，把這個傳統擴大到全部古書。這是劉、啖之學的一條廣而不深的支流。劉知幾和啖助直接用春秋經文來治春秋，因而看出了公、穀、左三家的是非得失。到宋代，歐陽修繼承了這風氣，把這個方法推廣到詩經和易傳上：他從詩的經文來治詩，因而擺脫了毛傳、衞序、鄭箋的束縛；又從易的經文來治易，因而擺脫了易十翼的束縛。傳到朱熹，他繼承了歐陽修的詩本義而作詩集傳，又繼承了歐陽修的易童子問而作周易本義；又把這個方法擴充到尚書上，用今文尚書的經文來治尚書，因而擺脫了書序和僞古文尚書的束縛。以上幾家都只是把經和傳分開，至於經和孔子的關係是仍然存在的。到王柏，他開始指出詩經裏有一部分是和孔子不生關係的，而後經和孔子也部分地分了家。到崔述，他又把這方法開拓到論語上，指出論語裏有一部分孔子的話是靠不住的，而後孔子言行的最早記錄也部分地和孔子分了家。這是劉、啖之學的一條壯大的幹流。荀子説：“昔者江出於岷山，其始出也，其源可以濫觴；及其至江之津也，不放（方）舟，不避風，則不可涉也。”（子道篇）正寫出了這條幹流的奔騰浩瀚的盛況。再從這條幹流的中心來説：唉助一派主張左傳一書的史料是有來歷的，但解經的話不可信，左氏未必是左丘明，就説是左丘明也不能説他即是論語裏的左丘明；劉逢禄接續他們的未竟之緒，而後春秋經和左傳分了家，左丘明和孔子也分了家。到康有爲，知道左丘明的書只是國語，一部左傳只是從國語裏分析出來的；到崔適，知道今本左傳不但解經的話是插進去的，就是記事方面也有許多插進去的或鈔錯了的，而後真左丘明和假左丘明的書也分了家。從前戰國、秦、漢間人利用“合”的手段，把什麼東西都收進來，堆積到孔子的寶座之下，造成了儒家，造成了經學，也幾乎造成了孔教。想不到經過一兩千年，學風丕變，什麼都要“分”了。經了這一分，而後經學解體，孔子不再可能成爲教主。可見辨僞的工作，在我國舊有學術裏比較富有科學性和民主性的，是我們應當繼承的優秀遺產。我們應該吸收其精華而淘汰其糟粕，宋學取其批評精神，去其空談；清代經學取其考證法，去其墨守漢儒説；今文經學取其較早的材料，去其妖妄與迷信，然後在這個基礎上建立起新史料學來。

# 二一、標點問題

　　最後談一些標點問題。標點，就是古人所謂“章句之學”。章句之學是向來給人瞧不起的，所以做這種事情的人常被稱爲“章句陋儒”，和“三家村學究”居於同等地位。可是我們在今日，偏須做一做陋儒，爲的是希望將來的人們容易做通儒。從前的社會組織簡單，人事稀少，讀書的人不妨把書中文字從容咀嚼；但現在的時代已不容我們度這優游的生活了。從前只要熟讀幾部書就可成一個學者；現在則研究的範圍越窄，牽涉的學科越多，一個人需要的知識乃擴至無窮遠了。所以我們要求於書的就是一讀就明白。一部書而沒有標點，看來多麼麻煩。記得我們幼年讀的古文都有圈點，又記得某文家曾說："圈點最能益人神智。"他們感到圈點的需要而無法說明其原因，所以只得使用這種玄妙的話語。其實他們的意思就是：有了圈點之後，既可使書中的意義加增其表顯力，又可使讀者減少其勞力而得到更清楚的認識。這種見解是不錯的。況且以前文字學家常說"積字成句，積句成章"，他們勸人治學須從研究文字做起。文字之學已早從小學發展成專家之學了，爲何章句之學何獨不可從"陋儒"變成專門名家呢？

又有一種批評，以爲標點古書是爲古人穿西裝。但這不過表示他們的成見。標點何嘗是盡從西洋來的。學記述入學之序，說"一年，視離經辨志"。所謂"離經"，就是分絕經句，作最簡單的點號。說文於"丨"下云："有所絕止，丨而識之也。"南宋岳珂九經三傳沿革例云：

> 監、蜀諸本皆無句讀，惟建本始倣館閣校書式，從旁加圈點，開卷瞭然，於學者爲便；然亦但句讀經文而已。惟蜀中字本，興國本併點注文，益爲周盡。

這可見館閣（皇家圖書館）中校書都是用圈點的，印本書的圈點在宋朝就有了。今檢岳珂所刊相臺五經，如"人生十年曰幼學二十曰弱冠"，"幼"和"弱"均於字下加圈，以示其爲讀而非句；"學"和"冠"則於字旁加圈，表明它是一個整句。這樣的分別句讀，比較單有點的已經進一步了。明代刻書，在人名的右旁加"｜"號，在地名的右旁加"▯"號的很多。這是標號的開始，比較單有點號的又精密了。到清初，又有積數句則加一畫於字下的，比句爲長，比章卻短。例如毛奇齡的西河合集，就是如此。試鈔他的陳老蓮別傳數行如下：

　　洪綬好畫蓮自稱老蓮｜數歲見李公麟畫孔門弟子勒本能指其誤處｜十四歲懸其畫市中立致金錢｜初法傅染時錢唐藍瑛工寫生蓮請瑛法傅染已而輕瑛瑛亦自以不逮蓮終其身不寫生曰此天授也｜

他雖没有説明用畫的意義，或者也説不出理由來，但這正合於現在所稱的"句"，主辭和賓辭全備的，可知毛奇齡已悟出這一義了。因爲我們如用今日的標點加上去，便成爲：

　　洪綬好畫蓮，自稱老蓮。數歲，見李公麟畫孔門弟子勒本，能指其誤處。十四歲，懸其畫市中，立致金錢。初法傅染時，錢唐藍瑛工寫生，蓮請瑛法傅染，已而輕瑛；瑛亦自以不逮蓮，終其身不寫生，曰："此天授也！"

這很可見地無論東西，人無論古今，只要此理同則此心無不可同。所以中國書的標點已有深長的歷史，依了文法分句亦已萌芽。不幸清代中葉以後，學者自矜好古，屏斥後來進步的東西以爲不古，於是所刻的書以没有標點爲通則，弄得它只成了士大夫的專有品而與平民隔離。這實在是"開倒車"的現象！

　　至于分章，最顯著的自然是詩三百篇。其後如枚乘七發之類，每章就提行寫。歷代石經，常以空格表示分章。宋代所刻經書，每章之首都加一"○"號。有許多筆記，每段的第一行頂格，其餘則低一格（本書原刻本論語餘説就是這樣）。以前曾見一種筆記（惜已忘其名，藏中山大學圖書館），是每段的第一行低一格而下面諸行則頂格；當時所以想出這個方法，原爲省紙和清楚起見，不意竟暗合於西文的分段法。近見清初何焯評校本困學紀聞（浙江務本堂刻本），每條眉批的首一行皆低兩格，其式如下：

| 阮逸字 | 王安石 |
|---|---|
| 天隱官太常 | 字介甫有易 |
| 丞有易鑒六 | 解十四卷 |
| 卷 | 青苗歛 |
| 朱震撰 | 錢豈以不取 |
| 漢上易傳十 | 取之乎 |
| 一卷叢説一 | （同左） |
| 卷 | |
| （卷一，頁七） | |

這豈不是同我們現在的辦法一樣！所以我們現在的標點，只有支點、逗點、感歎號、疑問號等用的是西洋貨，引號一種用的是東洋貨（這是日本人把西洋方式略加改變的。在我們的書上於引語畢時常注一"止"字於旁）而已，其餘全是土貨，我們只比清代初葉的人進了一步，正用不着大驚小怪。

　　而且用標點符號到東壁遺書上，正是東壁先生的宿願。他在豐鎬考信録中説：

　　　　蓋緣初學讀書，多不能誦長句，率於四五字處讀斷。如"知和而和"、"何必讀書"、"飽食煖衣"、"夫子循循然"之類，相沿既久，遂以爲固然耳。嗟夫，章句之學，通儒所鄙，然章句之士亦何可多得！韓子云："凡爲文宜略識字。"

爲文而能識字，説經而能知句讀，此固非易之事也。

他又於論語餘説中舉出句讀之誤數條，痛論積習之當改。他説因句讀有誤遂致文義不通，甚至改變史實，如孟子滕文公篇“周公相武王誅紂伐奄三年討其君”一語，舊時均把“周公相武王”爲句，“誅紂伐奄”爲句，遂把伐奄的事歸到武王身上，而不知武王時原無此事，乃係周公“相武王誅紂”，又於成王之世“伐奄三年討其君”耳。即此可見句讀實有求正確的必要。東壁先生既經見到了這一層，所以他如生於今日，一定要把他自己的著作標點而後付印的。我們現在印出這部書來，他應在九泉之下含笑接受呢。

可是標點一事，想來容易，實做甚難。即如此書，我標點好了，大家看了一定以爲很平常，覺得我只費一番讀書的功夫而已。但是“事非經過不知難”，天下的事情只有親身做的纔能知道其中的甘苦，只有從事工作的人纔能知道完成一件工作的艱辛。這部書裏，牽涉的古書太多了，古書中文字的解詁，文法的結構，言語的起訖，都是極難捉摸的。固然現在印了出來，似乎眉目疏朗，沒有什麼問題似的；但當我着手的時候，不知經過了多少的盤根錯節。説不管前人之説罷，古書正如千仞的石壁，無法攀援而上。説依據前人之説罷，那正如解放前下火車時逢着一群車夫，手忙腳亂，拉拉扯扯，各各要你坐在他的車上，使你不知道應當坐在哪一輛好。挑一輛車還自由，只怕他們誆騙你，引你入迷途呢。因爲如此，有時爲了一個疑義，翻了三天的書仍是茫然。結果，只有勉强承受某一説，或逕用己意去臆斷。

試舉數例。論語中“雖有周親，不如仁人”二句，僞孔安國論語注云：

親而不賢不忠則誅之，管、蔡是也。仁人謂微子、箕子，來則用之。

這是解為"周雖有親族的管、蔡，還不如殷的有仁人微、箕"，
"周"字是個專有名詞。然而偽孔安國的尚書傳就自己打了自己的
嘴巴，他說：

> 周，至也。言紂至親雖多，不如周家之少仁人。

這乃解為"紂雖有甚多之至親，但不如周之有幾個仁人"，"周"字
就變成了形容詞。究竟"周親"是屬於周呢，還是屬於紂呢？"仁
人"是屬於紂呢，還是屬于周呢？其後何晏作集解，用了偽孔論
語說；朱熹作集注，用了偽孔尚書說。我們採用那一個好呢？又
如論語公冶長篇"或曰雍也仁而不佞子曰焉用佞禦人以口給屢憎
于人不知其仁焉用佞"一章，上半固無問題，下半則大費躊躇。
邢昺疏云：

> 言佞人禦當於人，以口才捷給，屢致憎惡於人。……佞
> 人既數為人所憎惡，則不知其有仁德之人，復安用其佞耶！

照這樣講，是"不知其仁，焉用佞"說的是佞人，這七字是"禦人
以口給，屢憎于人"的下半句。朱熹集注則云：

> 言何用佞乎，佞人所以應答人者，但以口取辨而無情
> 實，徒多為人所憎惡爾。我雖不知仲弓之仁，然其不佞乃所
> 以為賢，不足以為病也。

這樣講來，"不知其仁，焉用佞"乃是批評仲弓的，恰站在佞人的
對面，應當獨立為一句。我們標點起來，以從哪一說為是呢？論
語作於戰國，文字還算平順；到了書的周誥、詩的周頌，那是西
周的東西，經過幾百次的傳寫，錯字錯簡不知有多少，自然更沒

有辦法了。

　　這是句的方面。更看詞的方面，其惑亂之狀正不相上下。例如詩王風中"彼留子嗟"，"彼留子國"，毛傳解爲"'留'，大夫氏。子嗟，字也。子國，子嗟父"，則這兩句加上標號應爲"彼留子嗟"和"彼留子國"。朱熹集傳云："'子嗟'，男子之字也。……婦人望其所與私者而不來，故疑……復有與之私而'留'之者。……'子國'亦男子字也。"則加標時應爲"彼留子嗟"和"彼留子國"。惠周惕詩說又解爲"'嗟'者，語助；'國'者，食邑"，那就是人事而非人名，標號也不用加了。這種地方，若用自己的意見去定，誠恐學力不足，也慮他人的不見信；若隨順舊說，實爲我們的理性所不許，而且眾說紛紜，也不知應選取哪一說纔好：因此，工作時就常常感到痛苦。最爽快的，是得到新材料作證據。例如楚辭天問中有"該秉季德"，"恒秉季德"的話，意義實在晦昧得很。前人不知而强爲之解，於是訓"該"爲"兼"，訓"季"爲"末"，訓"恒"爲"常"，而云"啟兼秉禹之末德"，"湯常能秉持契之末德"（朱熹楚辭集注），指明這兩句是啟和湯的事了。直至王靜安先生從甲骨卜辭中考出了季和王亥、王恒爲殷的先王，纔知道"該""季""恒"都是人名（見卜辭中所見殷先公先王考），我們就可標作"該秉季德"，"恒秉季德"，不須理會禹、湯們了。但古書中多少不能讀的句子，哪會盡有新發見的材料來給我們作證呢！

　　"羲和"，在山海經及楚辭中是一個人，在堯典中就是四個人了。"重黎"，在帝繫和史記楚世家中應作一人之名，在左傳、國語和史記太史公自序中就成了二人之名了。這固然使得標號不能統一，但隨文施標總算說得過去。至於文字中不顯明其數目的，如呂刑中的"重黎"，該怎麽辦呢？又如孔子之父，左傳中稱他爲"鄹叔紇"，鄹是他的邑，叔是他的字，紇是他的名，本不是一個名詞。然而假使標爲"鄹叔紇"，那麽看着就亂了，只能當他是一個專名而標爲"鄹叔紇"。同樣，左傳中稱秦國的公子鍼爲"秦鋮”，稱楚國的公子比爲“楚比”，我們亦只能合國名於人名而標爲“秦鋮”、“楚比”。

　　喬松年的蘿摩亭札記（卷五）載着一段笑話。穆天子傳中有一句“封膜晝於河水之陽”、“膜晝”是人名，“封”是封建。不意有一本“晝”字誤書作“畫”，作歷代名畫記的張彥遠自以爲找到一段畫史的材料了，就在他的書内寫道：“封膜，周時人，善畫”。我點此書，常自畏懼，怕也留下了這類的話柄。如果幸而免於此，則我但希望對於東壁先生負責任，而不希望對于古書負責任，因爲古書的標點是一件大事，非語言學、歷史學、古文籍校訂學都有很高的成就時是不會達到完滿的地步的。我只要把東壁先生自著的文字點得不錯，又能把他所引的古書照了他自己的意思去點，在現在的情形之下也就可告無罪了。

　　前代學者引書，往往只綜括了一個大意，文字儘有不符。東壁先生固然比較鄭重，但出入處亦所不免。今作標點，也只得隨順了他的語氣而加上引號，不悉計較其符合原文與否。又其誤處亦未便糾正，因爲我們的標點工作只是代他自己作的，不該求勝於他。試舉一例。七經緯，義疏中常稱爲“某經説”（禮檀弓疏引鄭志，“當爲注時，在文網中，嫌引祕書，故諸所牽圖讖皆謂之‘説’云”），或稱爲“某經説文”（猶言某經説之文）。東壁先生未達此義，故於經傳禘祀通考云“自春秋説文始有五年一禘之説”，又云“春秋説文之言本之公羊文二年傳”，遂把“春秋説文”當作一種書的名目。現在標點此書，也只得順了他的意思而加上書名標號了。

　　標點之法本没有一定的標準。幾個人同點一部書，點號的多少，句子的長短，可以各不相同。只要文義不亂，語氣不變，就是不同也没有什麼大關係。不惟幾個人同點時有出入而已，就是一個人先後所點也往往不能一律。我這件工作只就職業的餘閒零碎做了，本非一氣貫注，而且點成一種即發寄滬付印，須彼此對勘時，前稿已不在手邊，所以不一致的地方當然很多。還有自己見不到的錯誤，敬待讀者諸君嚴格糾正。倘將來有重排版的機會，能改得一律，改得無誤，那真是厚幸了！

附

## 王煦華：崔東壁遺書序附記 *

這篇序是我一九八〇年開始協助顧師寫的，由于常有其他工作插進來，時寫時輟，一直到他逝世也没有能完成，讓他作最後的改定，親自了卻他多年來的宿願，這是我感到非常遺憾的事。這篇序的戰國、秦、漢部分是顧師自己寫的，曾在燕京大學史學年報第二卷第二期上發表過，收入古史辨第七册時作了一些文字上的修改。後來顧師在他自己藏的一本古史辨第七册上又作過一些校訂，這次都照改了。他爲了清楚醒目，還爲第九節到十二節加了標題，説明他後來想每一節都加上標題，只是没有全部擬定加上。顧師晚年對他的舊作中長一點的文章，都要分節加標題，如從古籍中探索我國古代的西部民族——羌族一文，原來是不分節和没有標題的，在整理中他就要我先代爲分節和草擬標題，再由他自己改定。因此，此文第一至第八節的標題，我也就援例各擬補了一個。

顧師在亞東版的序中説：

這篇序文，我十年之内起了三回稿，可是没有一次能寫成。

---

* 原載上海古籍出版社版崔東壁遺書。

顧師所寫的三個草稿，在清理中，都找到了。所以漢以後的部分，凡是顧師草稿中有的，大都沿用了他的原文，只在個別銜接的地方作了一些改動，後來在其他文章中看法有變動的，就改用後來的文字，草稿中列了題目而沒有做的，則儘量找出他別的文章中的有關論述，予以補上，只在找不到適當的文字和雖沒有題目而必需增加的內容，我才作了一些補充。因此，這篇序文的後半部分，我只是遵照他的原意把他未完成的草稿聯綴補充成文而已。

顧師在亞東版的序中又說：

漢以前書籍還少，讀盡不難；漢以後則浩浩瀚瀚的四部書，有什麼法子可以一口氣把它吸完？與其爲了這篇一時寫不出的序，弄得這部書不能出版，不如把這部書先行出版而後慢慢地去做一部辨僞學史，將來可和這書並行。因此，就把已寫成的一部分擱下了。我誓言于此：只要我有時間，我決不捨棄這個志願；我一定要使一般人會得用了歷史演進的眼光來看東壁先生和我們。

我沒有能照顧師的意見，讀盡了漢以後的有關辨僞史料再來增補，所以這部分的材料可以肯定說是不够充實的。另外，顧師已刊和未刊的著述很多，特別是他四百多萬字的筆記，短時期內不可能一一閱遍，因此，即使在聯綴顧師的有關論述，也可能會有遺漏。但如果讀完了這些材料再來寫它，那又不知到何年何月才能完成。因此，覺得還是把這個不完備不成熟的東西先拿出來，請大家批評指正。以後再慢慢地訂補，做一部詳盡的辨僞學史，實現顧師的遺願。

新版崔東壁遺書的校訂工作，是在顧師生前親自指導下進行的。他說亞東版所收的附錄材料，其中有些對瞭解崔述的思想和生平，用處不大，可以刪去；蛓田謄筆殘稿，是在崔述年譜寫成後才發現的，這裏面的材料應該補纂進去。在新版中，這兩個方面都在他具體指導下作了刪補。書末的名目索引，是朱一冰同志參照原來的引得改編的，并校正了一些引得的差錯和體例不一致的地方。在校訂過程中，出版社給予很多支持，謹此致誠摯的感謝！

王煦華　一九八一年六月

## 王煦華：崔東壁遺書重印補記 *

崔東壁遺書的顧頡剛先生編訂本，一九八三年由上海古籍出版社重印後，轉瞬二十多年過去了。這種專門性的學術著作，當時印了五千冊，竟很快就賣完了，現在連舊書店裏也很難看到了。北京世紀文景文化傳播有限公司爲適應新一代學者的需要，將要再版此書，這是令人欣喜的。看來崔東壁的這部有價值的高水平學術著作，在埋没了一百多年之後，經過上世紀胡適、錢玄同和顧頡剛等先生的表彰和顧頡剛先生的認真、嚴肅、細緻的編訂，今後有希望在出版社不斷地重版下永遠流傳下去了。

一九八一年，我爲顧先生續補此書的長序時，其中標點問題一節，有兩件事因没有看到材料而遺漏了，現在就把它們補在這裏。

一是顧頡剛先生在一九三四年一月三十一日的日記中说：

> 肖甫作封氏聞見序，其論標點全襲予説（崔東壁遺書序），其作書序辨序，論書序非西漢古文家物亦襲予説，而

---

\* 該文收入新版崔東壁遺書。

皆不聲明，我現在要作崔東壁遺書序反而不能用了。

　　我爲顧先生續成崔序，這一節用的都是顧先生的原稿。爲了不使後人看到兩者相同而産生懷疑，並化費時間去作不必要的查考，就把這段日記摘録在這裏，作爲見證。

　　二是一九四五年十二月出版的史學雜誌創刊號上刊有顧先生的一篇關於標點的札記，其中所談標點的史事，可補標點問題之缺，全文僅三百字，就附録在後面：

## 標點

　　"標點"一詞似爲適之先生所創。五四運動後，汪原放君點諸舊小説，適之先生序之以行，廣告上顏之曰"新式標點"，此詞遂確立矣。盧南嶠君語予曰："此詞宋代已有。宋史卷四百三十八儒林何基傳曰：'凡所讀，無不加標點，義顯意明，有不待論説而自見者。'又同卷王柏傳曰：'有疑必從基質之。於論語、大學、中庸、孟子、通鑑綱目，標注點校，尤爲精密'，皆是也。"讀此，可見讀書而加標點，自是金華學派治學方法。其後明人刻書，遂多塗附，匪特便初學，更使義顯意明，不待論説而自見也。惟評文之家，濃圈密點，流於惡濫。清人起而糾之，行格間掃除清白，含綱鑑及小説、墨卷外，殆無有附刻標點者，此則矯枉過正，所謂"扶得東來西又倒"者也。

王煦華　二〇〇四年四月二十日

# 戰國秦漢間人的造僞
# 與辨僞附言<sup>*</sup>

　　這篇文字原是崔東壁先生遺書序的一部分。東壁遺書是民國十年以來所標點的，到十四年本已完工；不幸我好求完備的習性祛除不了，總覺得應當加些新材料進去。繼續搜訪，到今十年，新材料居然加進不少，而書則至今未能出版，無以饜一般愛讀者的期望，歉仄已極。去年春夏間，逼着自己做一篇序文，要把二三千年中造僞和辨僞的兩種對抗的勢力作一度鳥瞰，使讀者們明白東壁先生在辨僞史中的地位，從此明白我們今日所應負的責任。不幸人事太多，找不到整段的時間作此長文，旋作旋輟，只寫成了戰國、秦、漢間的一段，而很重要的讖緯則尚未叙及。（在這一年中，必作爲專文發表。）其後西北旅行，盤桓逾月，家母病逝，喪居一年，始終沒有能續寫。今春在蘇州，頗想動筆，而一切材料都不在手邊，空中樓閣搭不起來，只得把整理東壁遺書的經過寫一短序，送滬付印，這篇未完之稿就擱下來了。這次回平，承史學年報索稿，因把此序略加修飾，易爲本題發表。將來倘有時間，許我續作，那麼這篇"造僞和辨僞史"自必做完，因爲漢以下的材料我已收集了些，其中的問題不多，只要有時間總是可以寫下去的。

---

* 　原載史學年報第二卷第二期，1935 年 9 月；又載古史辨第七册。

　　年來頗少作議論文字，此篇直是破例；而且因爲牽涉太廣，以致有的地方太粗淺，有的地方有罅漏，自己也覺得不能滿意。請讀者諸君千萬當作談話看而不要當作論文看，使我可以減輕一點罪戾！

　　我想借着這個機會發表我的兩種牢騷；如果讀者們不厭其煩，請看下去。其一，我這幾年真太忙了，不但想作的文不能作，就有想讀的書也不能讀。固然也緣我自己好事，這樣那樣都想做，但社會上加給我的負擔實在太重了，使得我不喜歡做的這樣那樣也只得做，我真有些支持不下了！如果讀者們是真實的愛我而希望我在這一生中完成了我所應做的工作的，那麼，凡是可以不壓在我肩上的事情還是不再送給我罷！其二，五六年來，時時看見詆斥我的文字，固然我很願意虛懷接受，但有許多簡直是不該接受的。我有時也很想回答，稍盡彼此琢磨之意，可憐我再沒有時間作此等事，也就擱下來了。現在把我的意見寫幾句在下面，算做總答覆。以前中國的上古史材料只限于書本的記載，記得我在幼時就把馬驌繹史看作上古史的全部，恐怕那時存這心理的不止我一個人吧。我開始辨古史在民國十年，那時中國的考古工作只有地質調查所做了一點，社會上還不曾理會到這種事，當然不知道史料可從地底下挖出來的。那時唯物史觀也尚未流傳到中國來，誰想到研究歷史是應當分析社會的！我在那時，根據六經諸子，要推翻偽古史而建設真古史，我自己既覺得這個責任擔當得起，就是社會上一般人也都這般的承認我，期望我。從現在看來，固然可笑，但論世知人，知道了那時的環境是怎樣的，也就不必對于我作過分的責備。其後考古學的成績一日千里，唯物史觀又像怒潮一樣奔騰而入，我雖因職務的束縛，未得多讀這方面的著作，但我深知道兹事體大，必非一手一足之烈所克負荷，所以馬上縮短陣綫，把精力集中在幾部古書上。我常想，也常説：我只望做一個中古期的上古史説的專門家，我只望盡我一生的力量把某幾篇古書考出一個結果。我決不敢說，也決不敢想：中國的上古史可由我一手包辦。事實具在，只要一看古史辨第二册以下的自序便知。我以爲各人有各人的道路可走，而我所走的路是審查書本上的史料，別方面的成績我也應略略知道，以備研究時的參考，我決不願阻擋別人的走路。我自視只是全部古史工作中的某一部分的一員，並不曾想奪取別人的領導權而指揮全部的工作。我的工作是全部工作的應有的一部分，決沒有廢棄的道理；如果這一部分廢棄了，無論是研究考古學或唯物史觀的，也必然感到不便。建築一所屋子，尚且應當有的人運磚，有的人畚土，有的人斲木，有的人砌牆，必須這樣幹了方可有成功的日子。各人執業的不同，乃是一件大工作下面必有的分工，何嘗是相反相拒的勾當！若以爲工作既異，便應相打，心眼兒如此窄隘，只配去三家村裏做小手工業，那可到大都市辦大工廠！所以除非說考證古文籍的工作是不該做的，才可使顧頡剛的工作根本失其存在的理由；倘使不這樣說，那麼這項工作就決沒有推翻的可能，至多只有在某一考證問題上應當駁正，某一考證材料上應當訂補而已。我深信，在考證中國古文籍方面不知尚有多少工作可做，盡我們的一生也不過開了一個頭而決不能終其事。這條路遙遠得很，個人的生命終嫌太短，沒有恒心的人和急功的人不必來走，不來走的人也不必對我們乾生氣。我更希望人們，彼此應當知道學問領域之大而自己能力之小，不要像河伯一般，看見涇渭之間不辨牛馬，就自以爲"天下之美爲盡在己"。能够這樣，彼此纔有合作的可能，而中國的學術界也纔有了發揚光大的日子！

　　　　　　　　　　　　廿四，七，廿六，顧頡剛記。

# 崔東壁遺書序二<sup>*</sup>

　　我敬對於亞東圖書館和本書的讀者致無盡的歉忱！當民國十年，適之玄同兩先生和我計畫辦僞叢刊時，我們都以爲這部書亟應表章，就由我自告奮勇，擔任標點（此事經過，詳見古史辨第一册上編）。十一年，亞東圖書館經理汪孟鄒先生和我會面，約定由館中出版。自十一年起，到十四年，我在業務餘閒，把這項工作做完。到十五年，館中已排印完成了，照例作一篇序文即可出版。不幸我的好求完備的癖性總覺得應當把有關本書的材料輯出，列爲附錄，作“論世知人”之一助；這樣一來，範圍就放寬了，出版之期就延長了。更不幸的，那時受內戰的影響，國立大學的經費積欠了兩年，使我不得不爲衣食而奔走，於是先到廈門，再到廣州，三年後又返北平；每搬動一次，半年內的生活就不能上軌道，讀書且難，何論作文，因此，這篇序文竟不得作。適之先生曾在北京大學國學季刊上發表了半篇科學的古史家崔述，未寫畢而他於十五年游歷歐洲，臨行時把草稿交給我，囑我續成了編入此書；我亦未能報命。許多朋友早知道我點成了，而久久不見印出，常來問我；使我慚愧得怕聽他們的問話。亞東圖書館又屢次告我，説常接到各方人士的函訊，問此書究竟何時可以出版；這些館中來信，真使我沒有拆開看的勇氣。然而眼見上海的書肆，北平的書肆已把這書一印再印三印；常有人對我説，

＊　原載崔東壁遺書書首，亞東圖書館，1936 年。

"你這書出版時，已成了過時貨了！"唉，我擔負這良心上的罪過已有九年了，除了對於出版者和讀者們鄭重道歉伏罪之外，更有什麼話可説！

但有一事比較可以自慰的，就是爲了出版期的延長，收集的材料也逐漸增多了。起先，我們所看見的只是道光本遺書而已。不久，嘉慶本書鈔找得了，書鈔的改訂本也找得了。在這方面，使我們對於東壁先生的學問進展得到更清楚的認識。還不止這些，東壁夫人的二餘集發見了，東壁先生的知非集和莜田賸筆也發見了，他的幼妹的針餘吟稿也發見了，甚而至於他的弟弟德皋先生的詩文集和雜著一大宗都發見了。以前，我們要求知道他的事蹟，只有死守着一部遺書和陳履和所作的一篇行略，要去分年繫事，終有許多闕疑的地方；現在則因新材料的發見而得確定了，他們的家庭狀況也更明瞭了。最高興的，是我們於民國二十年結伴到大名，憑弔他們的冢墓和家宅遺址，又瞻仰他的讀書之堂，徘徊於曾被漳水湮没的魏縣故城，想見他自幼至壯的生活狀態。

我敬致感謝於適之玄同兩先生：若没有他們的提倡與鼓勵，這部大書必點不成，就是點成也未必能出版。我敬致感謝於趙肖甫先生（貞信）：他用了一年的工夫續成適之先生的一文，又作本書初刻各本的校勘記，又續輯各種附錄的材料。我更致感謝於洪煨蓮先生（業）：他給我以許多興奮，知非集是他找出來的，莜田賸筆是他考證的，版本表是他排比的，引得是由他主幹的引得編纂處編成的，大名的訪問也是他所發起的。至於搜集材料，助我工作的同志，大名方面有范廉泉、姚晉檠、李和軒、王守真、李仲九諸先生；廣平方面有楊靜庵、張文炳兩先生；雲南方面有袁丕明、張春暉、李貫之諸先生。悉心讎校，使本書不至有錯字的，是胡鑑初、章希吕、余昌之諸先生。這都是不能忘記的厚惠！我有了這許多熱心的師友，如果再編不出一部像樣的書來，豈不是違背了他們的期望！

　　現在這一部遺書和各件附録都編成了，只有這篇序還是一個
“殭局”。這篇序文，我十年之内起了三回稿，可是沒有一次能寫
成。所以然者何？我原想乘這個機會，把過去二三千年中造僞和
辨僞的兩種對抗的勢力作一度鳥瞰，從而評論東壁先生在學術界
的成績，使人知道他這種工作並不是突然發生的，他本人也決不
是專發怪議論的怪物，而只是用了堅强的意志，把前代所已積累
的成績聚集起來，加上自己的貫串，使得古人的辨僞的苦心和精
力不致虛靡而已。我們既知道辨僞工作的演進史，又知道他在這
演進史中的地位，自然容易明白我們這班研究史學的人當前所負
的責任是什麼。這十餘年中，一般人對于我們的工作，只覺得有
意跟古人過不去；我希望大家讀了這篇序文之後，肯平心靜氣地
給我們一個批評。不幸這“辨僞學史”的題目太大了，要憑了一個
人的力量在業務餘閒去幹，實在不是一件容易辦到的事。漢以前
書籍還少，讀盡不難；漢以後則浩浩瀚瀚的四部書，有什麼法子
可以一口氣把它吸完？與其爲了這篇一時寫不成的序，弄得這部
書不能出版，不如把這部書先行出版而後慢慢地去做一部辨僞學
史，使將來可和這書並行。因此，就把已寫成的一部分擱下了。
我誓言于此：只要我有時間，我決不捨棄這個志願；我一定要使
一般人會得用了歷史演進的眼光來看東壁先生和我們。

　　再有一件事也應得説明。標點之法，本没有一定的標準。幾
個人同點一部書，點號的多少，句子的長短，可以各不相同；只
要文義不亂，語氣不變，就是不同也没有什麼大關係。不惟幾個
人同點時有出入而已，就是一個人先後所點也往往不能一律。我
這件工作，原由零碎時間拼湊而成，自然説不上一氣貫注，而且
點成一種，即寄滬付印，須彼此對勘時，前稿已不在手邊，所以
不一致的地方當必不少。至于古書文句，解釋紛歧，既要勉强標
點，不得不任擇一説，這裏邊又必有自己見不到的錯誤。凡此種

種，敬待讀者諸君嚴格糾正。倘將來有重排版的機會，能改得一律，改得無誤，那真是厚幸了！

又，可作附錄的材料，搜羅起來，本無窮盡。一編剛印好，新材料又出來了。如果要等待材料完全而後出版，則此書至少在我的世裏是得不着出版的日子的。所以本書未收的材料，只得待將來的逐漸補錄。讀者聞見所及，萬祈告我！

請大家原諒我，讓我暫時留着這幾點缺憾！

<u>顧頡剛</u>。<u>民國</u>廿四年四月廿八日。

# 崔東壁遺書按<sup>*</sup>

## 序目按

　　按，崔氏自訂目及自序，今本遺書（金華府學印本）或有或無。陳氏校刊例言謂總目曾刻置於三代考信録之首，以提要中具載考信録目，餘書亦載於行略，故省去；則遺書中不載此目者，自因於此。其無自序者，不知陳氏亦爲其已節入行略之故而省之，抑由於印刷之者之偶失之也？然自訂目實即莇田綴語之薄皮繭總目（觀跋尾可知），篇中備列其未刊著述之名，致可寶貴；自序則縮提要與附録二書爲一文，亦足以增進讀者對於崔君學行全體之認識，不當棄也。東壁著述，自道光以後至今日，刊本凡六（一，定州王氏畿輔叢書本；二，光緒初年聚珍版本；三，日本史學會本；四，上海古書流通處石印本；五，上海群學社鉛印小字本；六，北平文化學社鉛印大字本），然皆出於金華府學本，無所殊異。惟嘉慶道光之間，則其本至爲紛歧而其修改亦至多，崔氏則有彰德、羅源諸刻，陳氏則有南昌、太谷、北京、東陽諸

---

＊　録自崔東壁遺書，亞東圖書館，1936 年；上海古籍出版社 1983 年版略有删改。

刻，非悉心鉤稽無以得其實。洪煨蓮先生讀之有年，作版本表一篇，先以年繫書，更以書繫年，而後其先後次第朗若列眉。日本那珂先生點印此書之前曾作考信錄解題，載於史學雜誌。承于式玉女士譯以賜登，不勝銘感。

民國二十一年二月十五日，顧頡剛記於杭州。

又按，六年前編錄此卷時，尚未見劉大紳所撰崔東壁先生行略跋（見傳狀），故標畿輔書徵所引語，其起訖有誤（見十四頁），予所作跋語亦有誤（見廿五頁）。今因版已刊成，未易追改，用記於此："謬而削之"以上爲劉氏語，"全編立言"以下爲徐氏附增語；曩皆以爲劉文，非也。又崔氏自序云："不以傳注雜於經，不以諸子百家雜於經傳。"劉氏文中誤將"經傳"書爲"傳注"，已不檢矣；而劉氏所作爲行略跋，徐氏乃認爲考信錄序，蓋又沿陶樑畿輔詩傳之誤也。

頡剛又記。

# 王灝崔東壁遺書目按

右目寫自叢書舉要。取與畿輔叢書中東壁遺書校，自尚書辨僞以下，惟五服異同彙考一種刊出，餘俱未刊。讀經餘論一書及大名縣水道考以下數篇，陳氏刻本並缺，王目載之，不知得其稿本耶，抑存其目以待訪耶？不可知矣。又目中於東壁遺書總題下注"未校"，亦不詳其故。

頡剛記。

# 徐世昌畿輔書徵崔述按

按：此目譌謬甚多。上古、洙泗諸録沿初刊本卷數，致擯考信附録于考信録三十六卷之外，一也。易卦圖説刊于東陽，今本遺書中皆有之，而此題"鈔本"，二也。有三正、禘祀兩考，無經界考，三也。無聞集不知有刊本，四也。推其致誤之故，蓋僅有初刊零種本與畿輔叢書不全本，而無道光中重刊足本，又不檢書目，故左右失據也。

　　　　　　　　　　　　　　　頡剛記。

# 傳狀按

按，東壁先生於考信附録及考信録序中自道其遭際者略備。其未刊書中，如文壇憶舊録、索居尋夢録、于嵞日録、入閩程途録、青山歸去録、青山歸去續説，似皆自叙生活之文字。而七十歲自述一篇，尤爲自叙中之甚重要者。其他若涉世雜談、見聞雜記、所見證所聞，則爲記其耳目之所接觸，亦可備傳狀之選材。惜遺命存篋，陳氏從之，未付剞劂；其後陳氏謝世於東陽，遺稿已不知散失與否，及石屏之廬舍被焚而益不可復問矣。惟陳氏所作行略，多僅存之材料；東壁一生事實之有系統之記載，此一篇而已。遺書既刊布，張維屏讀之，鉤玄提要，入其詩人徵略。其後李元度作先正事略，未見東壁遺書而但見張氏之書，則盡取資焉，爲東壁先生事略。惟於上古考信錄條贅出一人皇，又洙泗考信錄條謂"公山佛肸兩章蓋戰國之士欲自便其私"，"欲"字作"顧"則誤寫也。光緒畿輔通志卷二百四十崔述傳，除摘錄陳作行略外全鈔李文，此兩誤亦因仍未改。今避複出，不更録。徐世昌畿輔先哲傳固與畿輔志同一藍本，然其前半篇猶能自原書取材，故存之。劉師培覩日本史學會所刊東壁遺書而作崔述傳，亦但節縮陳氏行略；以校諸家，其所增益者但考信提要中數條耳。蓋東壁交游不廣，舍本書即無從得其學行事蹟；秉筆者之陳陳相因，固其所也。年來以二餘集、知非集之發見，繼以實地之調查，乃有溢出於行略外之史料可得。趙肖甫先生踵成適之先生科學的古史家崔述一文時儘量用之，而後按年隸事可無舛誤。縱事實之失傳者尚多，亦聊可自慰矣。

又，按今本遺書、行略之外更無他文。十五年十一月，石屏張春暉先生訪得行略原版，重印以貽予。此版爲嘉慶二十三年所刊，字作真書體，時歷百年，猶未殘蝕，可謂奇遇。取以校遺書本，文字偶有不同，蓋其後略有點改。因請余昌之先生對勘一過，擇其善者從之。越三年，趙肖甫先生又爲作校勘記，附於書末。至劉大紳行略跋，夙所未見，賴此而知之。昔在畿輔詩傳中見所引"劉大紳序"，詫其何不見於遺書；求劉氏寄庵文鈔，又倉卒不可得：蓄疑者久矣。自得此，乃知詩傳誤認行略跋爲遺書序也，爲之大快。今仍附之行略後。日月逾邁，忽經五臘，未悉春暉先生于故里中續有所得否？側身西望，我勞如何！

　　　　　　　民國二十一年二月二十二日，顧頡剛記。

# 崔東壁先生故里訪問記按

予讀東壁遺書，神游於崔氏之故鄉者久矣。一九二八年，承李仲九先生委託王證先生就崔氏墓宅遺址，攝影若干幀見寄，得略識禮賢臺面目。去年春間，又承仲九備告旅行之術及其當注意者。適值燕京大學國學研究所同人訪古河北，得抽暇至大名魏縣作三日游。雖初到，若舊相識；一一訪問，導者爲詫驚焉。歸後作記，備列其事。崔氏家譜一册，歷亂無序，洪煨蓮先生清理多日，始有統紀可尋。既向郭頤清先生乞取大名縣圖，又在彰德購得安陽縣圖，并屬趙肖甫先生集錄遺書中邑里之名，而由張頤年先生合繪爲圖；肖甫又作附説以説明之。於是讀東壁書者得瞭然於其所稱舉之地及其往來遷徙之程。此亦尚論古人之應有事也。姚晉檠先生敬恭前哲，於予等行後又繼續蒐訪，得未知者三事，貽書述之；兹錄以殿本記，且以誌感。

　　　　　　　　民国二十一年二月十五日，顧頡剛記。

# 崔東壁先生佚文按

按：以上文字皆適之先生於九年前所輯集者。先生原輯本從乾隆大名縣志中錄出水道考兩篇及詩只當行一首，從陶樑畿輔詩傳中錄出感遇三首（即知非集中之第一、第三、第七首。）及清化鎮晚眺、磁潤、擬古、西安、離緒、卜居、早春、華州曉行、嶠關、登易州西山、宿竇店、春暮即事十二首，已於五年前排印成書矣。不意去年洪煨蓮先生忽於燕京大學圖書館中發現寫本知非集，比對之下，除西安、卜居二首外皆本集所已備。蓋知非集之未定本不止吾儕所見之一册，陶氏根據者別一本耳。今既重刊知非集，故悉去之，但存陶氏所未録之二首於知非集後。大名縣方言一篇所以列爲本帙附録者，蓋東壁先生於只當行之序曰"只當，魏之方言，已知其誤而自恕之詞"，與此所云"誤而自解曰只當"者甚相類，且乾隆大名縣志，東壁先生職任編纂，固有出於其手筆之可能也。

　　水道考兩篇，本在無聞集第五卷，未審陳氏何以不刻。又自訂全集目録云："無聞集附録之水道考曾用活板印出。"則此文尚有活字板本。去年游大名聞崔之桂言在廣平韓氏得大名水陸考，獻之張縣長者，疑即此本；言"水陸"者其誤記耳。五年前標點此文，以村、集之名不易分截，乞裘子元先生代借乾隆大名縣志校讀一過。縣志中有漳衛河圖及説明，取其可與兩考相參證，故附録於文後。

　　東壁著述之佚失者，以五行辨爲最可惜，成孺人詩云："五行三正細剖分，創論驚天思入雲。"蓋此兩問題爲東壁所同樣致力者；然三正考發表最早，刻本甚多，而五行之篇乃終闕焉，可謂大不幸。觀洪範補説云："世所傳五行之術，非尚書意；説詳五行辨中。"是東壁固有意以此書與考信録並行也。無聞集第二卷已著五行辨之題矣，而注曰"闕"。自訂目中存篋書三種，其一曰"大怪談一卷"，注曰："五行辨、天問。"是則當此篇之成，固已編入文集；暮年自訂其書，不知有何不愜意處，或自嫌有與世人信仰大衝突處，遂自無聞集抽出而置於存篋書爾。然陳履和遺書序曰："五行辨、天問二篇，題爲大怪，實'大好'也，亦宜刻；餘且從存篋之命。"可知東壁雖有是命而陳氏固不欲遵之，又有行世之望。不審以何牽掣，此一卷之書終於未刻，而陳氏亦旋逝世，向之期於存篋者，且作雲煙之消散矣。是則過於矜慎之過也！倘天壤間尚有副本，復現於他日，得繼續輯入佚文乎，此固不敢存之奢望而又不忍不妄作萬一之希冀者耳。

民國二十一年二月二十五日，顧頡剛記。

# 崔東壁先生佚文·附呂游西門閘記按

頡剛案：呂游與東壁，論學之友也。考信錄中，數引其戊申記疑等書以爲己證，知於論史爲同調。水利亦然，故呂氏有衡漳考、開渠説、築隄論諸篇，而東壁有大名水道考、漳河源流利弊策，且有與呂樂天論漳水事宜書焉：其聲氣相應非偶然事矣。

# 知非集按

案：四年前得二餘集，已詫爲意外之獲，孰料去年洪煨蓮先生又從燕京大學圖書館破書堆中檢得是集，爲東壁之稿本，且容有一部分爲東壁所手書者，其可矜寶爲何如！展卷之初，幾不信爲實事，亦幾疑東壁先生于冥冥之中呵護百年而特以授我輩者。世間之事乃有巧遇如此者乎？是知人苦不求耳，否則精誠所至，鬼神來告，固非異事也。

東壁自訂全集目，列知非集三卷於文集正編中，固志在刊行者。其後陳履和刻無聞集而未及此，或絀於貲，或困於病，皆未可知；而定本三卷則即以陳君之没而散失。此本爲未定之稿，觀其有原編，有續入，有再續可知。且霧樹詩爲東壁所欣欣自喜者，乃不見於此，亦可證也。

吾儕於考信録，見其理知之銳；於此集，見其情感之强。如負薪行、秋夜獨坐、寄酬韓邠州諸篇，牢騷抑鬱，殆不可堪。至心緒一篇，其聲更哀厲欲絶，末云："若非黄卷能寬解，此日多應到夜臺"，則彼之受生活壓迫，不至自殺者幾希。其坎坷之實事雖不可知，然觀水調歌頭云："一日風塵失足，幾處交游下石，惟恐死灰燃。袖手看成敗，相較尚爲賢。"於世途險巇之情言之深切如此，知固飽受人侮矣。

東壁伉儷能詩，故多倡和之作。霧樹詩之相和，序中已道之。白燕兩詩，題同韻同，成孺人録入繡餘吟，則是邠州結褵後作，不知誰倡與誰和也。孺人九日贈良人云："今朝且醉菊花叢。"而此集將至館舍得句亦有"猶堪下酒菊叢花"之語，是亦互酬之作也。此集水調歌頭云："多少不平事，撫劍髮衝冠。"又云："時勢一朝變，霜翩起秋天。"而孺人贈君子詩云："一朝飛騰遂厥志，平盡人間不平事。"則用其言以慰之也。此集答細君寄衣詩云："明年準擬攀喬木，款語妝臺莫愴神。"然竟不第，孺人贈之詩云："豈必上林無樹借，知君性本愛山巒。"則反其言以慰之也。當其任縣令於閩，夫婦年六十矣，東壁以事離邑，孺人爲詩以寄之云："老去更添恩愛重。"又云："暫時小别還成憶。"其敦篤猶如此。嗟乎，彼之所以窮厄顛連而不死者，豈僅得黄卷之寬解耶！

集中如牛女行之闢神仙故事，只當行之闢渾沌思想，金縷曲之闢荒渺古蹟皆與考信録諸文異曲同工，可作考信録之補充材料者也。

民國二十一年二月十七日，顧頡剛記。

# 二餘集按

案：予讀東壁先生行略，知成孺人著有爨餘詩文二卷，然自訂目則作細君詩文稿一卷，書名與卷數皆不同，而其兼有詩文則同。一九二八年居粵，得識李仲九先生（一非），大名人也，叩其有無東壁著述不見於遺書者，仲九允爲訪之。越一月而以二餘集見示，則即爨餘詩也，爲之大喜。書凡二卷，爨餘吟爲嫁後作，繡餘吟爲在室時作。然觀曉發一詩云：“遥憶天涯雙白髮，歸寧何日淚千重。”蓋適東壁後同出陝西之詩，則繡餘吟中固不盡在室之作。又白燕之題。知非集中亦有之，又與此同韻，疑東壁就婚邠州時夫婦倡和之作也。其書有詩無文，當非完帙。然即此殘存者觀之，什六七爲傷離別，致慰藉之辭，其伉儷之敦篤蓋有大過人者。東壁處境雖至坎坷，猶得矻矻一編，終成其學，是必閨房敬愛之情足以調和其生活，而消釋其牢愁，乃有以致此。至其贈君子詩云：“近來學古益成癖，獨坐搔首常寂寂，喚之不應如木石。忽然絶叫起狂喜，數千餘言齊落紙。”寫形寫聲，使吾儕得於百載之下想見東壁先生治學時精力專注之容態，詎非一快事乎？行略謂孺人既卒，“先生爲之傳，系於詩後”，今此本亦無之，蓋彼乃定本而此爲孺人生存時所傳鈔者。安得他日發見其文，並得其傳，而重刊之！此本，仲九得自王守真先生，王先生又得自姚晉檠先生；一九三一年秋，姚先生又從范廉泉先生處假一與針餘吟合鈔之本見示，遂得一校。敬對於四君致無盡之感意！

民國二十一年二月十二日，顧頡剛記。

又案：此書既以大名兩鈔本合校，擇其善者從之，將發印矣，忽得袁洪銘先生自廣東東莞來書，謂有家藏二餘集鈔本，可寫寄。聞之狂喜，乞其手寫以貽。念此本不知如何流傳嶺外，或與大名本有多少同異，可資考核，頗涉懸猜。一九三二年五月中，郵至；拆視之，乃與大名單鈔本一律。如九日贈良人，"寂寥"亦誤作"寂寂"；送三兄歸里，"故國"亦誤作"故歸"，實不及合鈔本之善。故今仍依合鈔本寫定。然非袁先生之見示，亦無由知此單鈔本曾傳鈔而至于粵東也。

民國二十二年一月二十三日，頡剛再記。

# 針餘吟稿按

案：去歲予等游大名，得識姚晉蘩先生（諭）。秋間晉蘩來平，出此書見示，蓋假自范廉泉先生者。東壁有妹適劉觀成，昔在考信附錄中知之。劉家藏有成孺人畫菊一幀，直至五年前始被焚，亦聞崔衍隨先生言之。獨至其妹之名字及其才調則絕無所聞見。今忽覩此，爲之抃掌。成孺人孅餘吟序云："舅多病，每呈詩至，則爲一破顏失所苦。而小娘亦略知聲律，常唱和於針綫刀尺間。"所謂小娘，即指幼蘭。崔氏一門能詩，習而俱化，故幼蘭亦喜吟詠，且以"針餘"題其稿，示取法於其嫂之"繡餘"焉。晉蘩所得於范先生者有二本：其與二餘集合鈔者凡四十八首，迄"丁丑年六月亢旱，京都大雪，因而有感"止；其單鈔者又有"七旬自嘆"以下十篇。然溢出者多不類。如"忠肝義膽在閨門"，猶可解也；至於"志氣衝霄漢，常懷報國心"，"空懷治國志，不得定乾坤"，似非昔之婦人所應出。東壁常謂古書篇末多後人附屬之語，此例得毋亦適用於此書乎？詩以嫁前所作爲多，風格雖嫌平弱，而婉變清揚，適合少女身分。及其既嫁，則質直乾枯，歎才盡矣。環境移人，一至於此。是知成孺人垂老作黄鶯兒，尚以滑稽之語自相嘲謔，蓋由於夫婦之交相撫慰，故處境雖難堪，猶得不改其樂，而幼蘭則未有是也。卷末附婦女奇談論，述其長婦楊氏事，惜下半缺失。此題殊不顯豁，或指夭亡之次女附於婦之身而作之談話乎？予輯東壁親友文字及其故實爲一編，幼蘭之作原當入之。惟以其獨成一書，非出鈔輯，且夙與二餘集合訂，不欲變其舊，故仍置之二餘集後。諺有之，"愛其人者及其屋上之烏"，今録此書毋乃類是。

民國二十一年二月十三日，顧頡剛記。

# 苑田賸筆殘稿按

頡剛案：此殘稿一册，前年范廉泉先生發見於大名，去歲姚晉檠先生持以來，洪煨蓮先生爲之考，考定爲苑田賸筆之初稿及苑田綴語之一部，其説縝密而可信。東壁先生之私人生活，尤爲宦閩六年中之生活，觀此益可明白。其與人書札，於作令時所屢屢慨歎者不外數端：吏玩民蠻，事多掣肘，一也；地係衝途，差使絡繹，二也；前任虧空，時慮賠累，三也。此即成孺人黄鶯兒之所咏者也。至其與朱松田、陳海樓之書，一往情深，足爲師友矜式。與海樓書更可與考信附録中海樓來書合看，於以知考信録與王政三大典考之刊改次第。知非集拾遺缺失雖多，而可知今存之本，先生由舊本删去者之題目爲何，其今本雖存而終被删于定本者又爲何，斯固一快事。雜説推闡人情，以明率意論古者之非，疑爲考信録釋例之前身。噫，先生定稿未刊者皆焚於滇南矣，何意叢殘棄擲之稿轉得保存於河北，而吾儕亦得賴之以識先生之墨蹟，豈非藝林之大幸耶！

民國二十四年四月二十八日，記於蘇州。

# 崔德皋先生遺書目録按[*]

頡剛案：十餘年來，予以輯録東壁遺書，遂得與大名人士相交游。賴其熱心搜訪，幾於每年必有新材料發見；然皆詩文書牘之類，固得藉此以深悉崔氏一門之生活，而與學術思想猶無直接關係也。前年輾轉傳聞，知尚有東壁之弟德皋先生所作尚書辨僞藏於廣平縣某家。喜其爲學術著作，諄囑大名友人探詢，卒未覓得。予遍檢東壁遺書及其他傳狀，先生所作僅有訥庵筆談等數種，其讀僞古文尚書黏簽標記亦已録入東壁書中，他無所謂尚書辨僞者；意傳者之非真也，亦置之矣。去冬在北平，接張文炳先生自成安漳河店貽書，書曰："數年前，曾聞先生不辭勞苦，訪東壁先生遺事於大名，輒恨不能爲先生助。今乃於廣平別有發現，德皋先生全集之原鈔本已尋得，不但訥庵筆談一種而已。如願爲表章，乞示知。某誠不忍使德皋先生之心血精力湮没無聞，必許付印始肯寄也。"讀之樂不自勝，亟覆書請寄；謂東壁遺書尚未出版，當可附刊。今年二月在杭，得平寓轉寄張先生函，發之，分量之重遠出我想像，凡書四種，綜七萬言，是誠一大創獲

---

[*] 先載禹貢半月刊第三卷第四期崔邁之禹貢遺說之首，1935 年 4 月 16 日，内容略有不同。

也！筆談之上卷爲書經辨説，皆駁辨書序、僞古文與宋人經説者，既列册首，覽者易見，其有尚書辨僞之傳訛，宜矣。此一卷與文集中之大半，考辨古史，其持論之廉悍與乃兄同，其歷史見解之透澈亦至相似，於以知考信録一書雖寫成於東壁晚年，而早已定型於昆季同學之時代；然則此書自必爲讀東壁書者所不敢廢。又兩書互勘之下，考信録中固多明引弟説以證成己説，然襲用其言而未揭之者亦不在少。推此而論，必有先生於坐談之頃直抒其疑古之見，而未著於書，遂爲東壁所採擷者，惜其事不可詳耳。東壁年七十七而先生僅三十九，學之成與不成豈非天哉！

民國二十四年三月十六日，記於杭州。

又案：德皋先生著作，據考信附録中“附記弟所著書”，其詩文爲寸心知集二卷，文集一卷，詞爲夢窗囈語一卷，筆記爲訥庵筆談二卷，論詩者爲尚友堂説詩一卷。其搜集鄉土文獻者：於文有大名文存三册，於詩有大名詩存三册，於故實有魏墟雜志四卷、魏郡瑣談三卷、魏郡叢談、金石遺文記略、雜記三種。在楊靜庵先生所作傳中，有梓鄉文獻二卷，疑即上數書中某種之異名。今所見者，其自身著作，舍詞一卷外皆已備。大名文存等書，未爲陳海樓攜以南行，他日容有發見之望也。張先生寄來四種，云係借自靜庵先生者，先生，清舉人，廣平耆宿；十餘年前初見是書即欲付諸剞劂，詳見其所作序文中。今取與東壁書同刊，有若符節之重合，當必聞而拊掌。書凡二册，紙已脆絶，幾觸手而碎。其中“寧”字尚不避諱，足證爲道光以前鈔本。然觀詩集字體勁挺，墨非一色，文又頗有改竄，意者其獨爲稿本耶？苟其信然，則尤可珍已。前年洪煨蓮先生發見知非集，對於寫生筆蹟有至密之討論。今予獨處南方，匆匆付印，不得呈師友一鑒定之，其悵恨爲何如也！

四月廿五日，記於蘇州。

# 崔德皋先生遺書·訥菴筆談按

　　頡剛案：筆談之名，聞之舊矣。若“禹伐三苗”、“羲和湎淫”、“敷虐萬方”諸條，並爲考信録所轉載。即辨“六府三事”之文，亦擷取數語入録。彼時推其全文，當是解經筆記。自得此帙，方知其半論書經，半載雜説，而尚有擬作之讀書疑焉。以考證與文辭合爲一編，頗訝其體例之不類。東壁先生於考信附録曰：“訥菴筆談二卷，已成一卷，其末卷未成。”於以知此爲先生隨筆所記，原非定本，苟天假以年，積成鉅藁，則經説必與雜記相離可知也。先生治學，集其精力於尚書，此既有書經辨説，文集中又有古文尚書考及朱子彭蠡辨疑諸篇，東壁古文尚書辨僞中復録其讀僞古文尚書黏籤標記；其見解證論，宛然百詩、定宇，後之作尚書學史者所必不當遺也。且其中尚有極勇敢之創説，雖同志如其兄亦不敢信，而至今日乃審知爲事實者。彼斥僞書大禹謨“龜筮協從”之語，以爲筮後於卜，不但非虞、夏之際所有，且於殷亦未聞。東壁於商考信録云：“吕覽曰：‘巫咸作筮。’余按易傳，卦畫於伏羲氏，不容歷二千年至巫咸而後有筮。恐係後人之所附會。”則固信虞、夏之前已有之矣。其洪範補説於“謀及卜筮”“龜從筮逆”之文無所考辨，則亦信卜與筮並行於商世矣。然邇來出土甲骨以萬計，當時卜禮皆可鉤索而知，固未嘗有筮儀也，亦未嘗有既卜且筮之文也。是知筮實周人之法；所謂伏羲氏畫卦者，但後出之易傳如是云耳。又彼辨説命，擯鄭玄“亮陰”凶廬之

解，且曰“居喪之説，出於論語，人不敢疑耳”，是直以孔子之
“君薨，百官總己以聽於冢宰三年”之釋爲非是。商考信錄於武丁
一篇但辨“象夢”、“賚弼”之言，不錄筆談此條一字。自廖平、康
有爲以來，“託古改制”之義大顯，而三年之喪即爲儒家改制中最
要之一事，論語解釋迥非無逸文義乃不復可以辨護。而孰意德皋
先生於百五十年以前已發其端乎！嗚呼，使考信錄而成於先生之
手，吾知其必有進於是者矣！既爲補目，更略論之如此。

民國二十四年四月二十五日記。


# 崔德皋先生遺書·尚友堂文集按


頡剛案：右文凡二十九篇，原不分卷，亦不分類。初意其分
年，細檢之亦非是（如枝人、蠶人兩文相去十二年而駢列），蓋隨
手裒集者。今次爲二卷，以論學議古者爲卷上，記事抒情者爲卷
下。慮原次之或有意義存焉，故注之於目以俟考。其書本無名
題，但稱文集；楊靜庵先生以説詩之名轉名之，故今遂從而題曰
尚友堂文集，諒亦九原所默許也。先生思想既鋭，文筆尤肆，使
其克享中壽，稍廣交游，必將樹赤幟於文壇。至其論古諸作，不
啻一考信錄之縮影。觀其書歐陽文忠公廖氏文集序後曰：“人不
必皆明理而好以耳食；六經出於聖人，不幸而爲異説所亂，後人
不能辨其僞，而相傳爲聖人之言，信而不疑。”又曰：“歐陽公自
謂‘哀學者守經以篤信，而不知僞説之亂經’，爲説以輠之，而以
爲後世必有同其説者，信可謂豪傑之士矣！余之爲説多與之同，
蓋所見有不可昧者。”嗚呼，何其似考信錄釋例之甚也！若其書蘇
子瞻樂毅論後云：“蘇子瞻……言多不衷於理，……然不過見之

偏而已；未有如樂毅論考據之不詳也！……樂毅豈以百萬之衆，五年之久，專攻此二城而不下哉！蓋五年之中積漸而下七十餘城，而二城者力尚未及下也。當是時，閔王在莒，田單在即墨，君之所在，人心必固，而單又能將，二城之不遽下，其理宜也。烏在其以仁義自誤而不急攻哉！"此豈非釋例中近視者讀匾上字之喻所由取證者乎！其他若朱子彭蠡辨疑、生民詩集傳辨、三代考信錄中並承其説而不著其名。是知東壁著書，所接受於其弟者實不少，而惜夫零縑碎璧，未覩其全，弗獲一證成之耳。惟古文尚書考一篇，東壁於尚書辨偽中云："余弟邁……駁孔氏經傳之偽，較顧、李兩先生之説尤詳。……尚書考中所徵之書，所持之論，則余源流真偽通考中已悉備之。"未没其美。又卦變辨中，直斥卦變爲穿鑿支離之説，非易之本義；而東壁於讀易瑣説（易卦圖説附）曰："卦變之説，世多疑之。余謂朱子卦變之圖所推或不盡合則有之矣，若謂無卦變之説則誤也。"是爲其兄弟二人立説之相違者。又封建論之目，無聞集中亦有之而闕其文，不審二人之言有異同否。至其蒐輯大名詩文，記錄魏郡故實，則修梓鄉文獻引及與友人書皆詳哉言之，讀者得以識其著作之苦心。而其抑鬱佗儌之情，以文字代痛哭者，悉置於後方；讀者與詩集比而觀之，可知其悲之深矣。夫以先生之篤學，又沈潛於甲部，顧據訥庵筆談所載，十三經家中僅有其半。東壁記弟事，謂其"性喜博覽，一書未見如負芒刺於背。聞有異書，必求之；常歷十餘人轉相囑託。得觀之，然後已。"以先生足跡不出鄉里，魏縣又遭漂没，其讀書之難可見，而尚有此成就，雖不稱其志，要已大足愧今之人享受十分之便利，迄不獲一分之成績者，先生亦可以瞑目矣夫！

民國二十四年四月二十五日記。

# 崔德皋先生遺書·寸心知詩集按

　　頡剛案：右詩兩卷，古近體凡二百五十首。録出其目，以便觀覽。陶樑畿輔詩傳卷四十四載先生雜詩一首，薄命辭一首，皆此册所未有，則知陶氏未見此書，而先生之詩實不止於是也。東壁先生於考信附録中謂其“少年頗好詞賦，擬上林、七發等體，繽紛陸離，讀書幾不能句。尤愛小詞，傚宋柳耆卿，名其稿曰步柳集。”又記其所著書曰：“自訂其詩曰寸心知集，凡二卷；詞曰夢窗囈語，凡一卷。”步柳集與夢窗囈語，當爲一書之異名。今其賦之存於文集者僅二篇，而詞乃不存一首。然即此遺詩，已足見先生一生之經歷與心情，其顛連憔悴於貧病之間，欲讀書而不得，欲仕宦而不能，困之以頑童，厄之以猾吏，百感交侵，呻吟待盡，較之乃兄之遭遇，痛苦奚止十倍。然後知一文人或一學者之成就，雖云窮而益工，淡可養志，要必具有維持生活之最低限度，方可言之；苟並此而不存，則惟有以哀傷折其天年，又安所望於著述乎！先生秉卓犖之才華，副之以銳敏之觀察，爲文爲學，兩可成功。不幸賦性絶俗，遂寡交游，名場失志，橫逆頻來，年未三十，已嬰痼疾；自後以底於亡，長爲病廢之人。然已病，而家中大小十六口，蓄養之責萃于一身，何有養息之望；身既陷於絶境，是以雖諳醫理，曾不得自療也。此中悲憤，豈豐衣足食者所可識知乎！後之讀此書者，苟其境尚不如先生之厄僢，必當有以自釋其牢愁，而努力于其所斬向之業矣！

　　　　　　　　　　民國二十四年四月二十五日記。

又案：以此集與知非、二餘、針餘諸稿合讀，得稍稍識其消息。卷一有和家兄秋興原韻，檢知非集，知是秋思之誤。又有和嫂氏書懷原韻，今原作不見於二餘集，知已亡失。成孺人自序云："所作多率意，過即棄之，所存無幾也。"可證其不虛。卷二霧樹詩二首，爲和東壁者；惜原作不存，不克一較高下。其小庭中丁香桃花金雀三種盛開，漫成一題，適與針餘吟稿中慈母命咏金雀丁香桃花三事合，意者亦出於母命乎？步韻酬廣平學博孫子明一詩，與知非集和廣平孫學師寄贈原韻爲一事。又紅瘦、綠肥二首，與知非集中綠添、紅減遙相應和，雖非同韻而爲同體，意者亦壎篪之酬倡乎？獨是東壁夫婦詩篇贈答，彼此列於集中，而德皋夫人劉氏，據野紀便覽，亦頗能詩，今寸心知集二卷中乃不覿其一字，何也？同日記。

# 崔德皋先生遺書附録·楊蔭滏
# 崔德皋先生年譜按

頡剛案：靜庵先生此譜，鉤索先生詩文中之有年可稽者已略備。惟原稿定其生年爲乾隆六年辛酉；予據東壁先生先孺人行述則實爲八年癸亥。始不曉其何以相異，繼讀遙送朱松田詩云："我昔年一紀，甲子與君同；而我應府試，識君官署中。八歲家兄交，還往余偶爾。歲在壬之春，始克同硯几。"諒靜庵先生知先生年十二入泮，遂以"壬之春"爲乾隆十七年壬申，以之上推十一年則爲六年辛酉爾。然先生與松田相識，未必即爲其同硯之日也。觀"八載家兄交，往還余偶爾"一語廁於其間，則知相識之後，初未甚往還，歷八年而始同硯几，是爲"壬之春"，即乾隆二十七年壬午也，是時先生年二十矣。由此推之，其相識之年乃十九年甲戌也。東壁先孺人行述一文，爲發喪時哀啟，所記弟之生卒年月必不誤，故擅爲改正。先生詩文中所叙行事，有以年歲記者，有以甲子記者，經此一改，不得不重爲整理，故亦頗有移易；並爲箋注其出處，以便檢覈。然亦有不審其何出者，如修梓鄉文獻之年，實詩文中所未見，而靜庵先生定之於乾隆庚寅，恐其曾見是書，或別有所據，則不敢删焉，懸以待他日之補綴。

民國二十四年四月廿七日記。

# 崔東壁先生親友事文彙輯按

顧剛案：東壁先生爲考信附錄，自述家世與遇合甚詳，蓋以示其遺傳與環境所影響於其治學者；亦以示其志力之卓，有以超出於其遺傳與環境而成其學者。人之初生，蒙昧未有知也；賴父師之誘掖，朋輩之鼓吹，始養成其擇業之趣味。及其所學益專，志氣益發，則百千途徑皆由自尋，向之誘掖鼓吹之者曾不能爲之分幾微之勞。然而功成事遂，溯其所由，則引其緒者亦勳在不廢。夫江始出於岷山，其源可以濫觴；及其會合百川，洶湧東注，呼吸萬里，吐納靈潮，遂使觀者望洋而歎。苟無彼濫觴，亦必無此洪濤焉。東壁先生，大名人也，自幼及壯，所得於大名之薰染者必甚厚。予覽大名志，見有足以補考信附錄者，輒錄出之，擬附刊於本書。蔓延所及，並得畿輔書徵、詩傳、先哲傳諸書，輯爲一帙。此民國十四、五年間事。前年，趙肖甫先生（貞信）來平，囑其審訂，乃更集臨漳、廣豐、太谷、東陽四縣志，及各本大名府縣志，增益逾倍。雖與東壁遺書大都無直接關繫，而觀此一時一地之人文，或導其先路，或作爲後援，既於無意之間顯其生活方式，即於有意之間見其導揚文化之願力，而東壁先生之得著是書，與其書之得以傳布，亦可由此而尋其伏脈。知人論世，庶幾有助。讀者幸毋以蛇足哂之！

又案：此輯材料既瑣碎，性質復參互。今分爲四部三類以整齊之。部甲爲崔氏，東壁先生之親屬也。部乙爲成氏，東壁夫人之親屬也。部丙爲呂游、俞光澄之屬，東壁先生之同地友人也。部丁爲朱煐、陳履和之屬，東壁先生之異地師友也。類子爲事蹟，凡傳狀、著述目錄等屬之。類丑爲投贈等，凡他人之書札、贈詩、序文及他文之有關於是人者屬之。類寅爲遺文，本人所作之詩文辭屬之。此種零星材料，實取之無盡。苟有暇閒，不難續獲。惜爲職業所拘，復搖撼於時勢之動盪，精神時間俱感不足，勢不能不即此而止。將來倘得爲太平之民，容優游於藝圃，則廣輯之事固猶可爲也。

民國二十二年一月二十九日，顧頡剛記於北平。

# 評論按

按，崔氏書在舊日學界中，殆是外道，故甚不爲人所稱。二年以來，畢力搜檢，僅此而已。惟念此書自那珂氏重刊以來，中國學者，如劉申叔先生之崔述傳、蛤笑先生之史學芻論皆緣此而作，則日本史學界之評論自必更多。惜無東友，未得一收集也。又按，王氏樂山集二文皆未明揭崔君，而文中以春秋之霸例古代天子之不繼，謂三正順國之宜而春秋爲周正，皆助東壁張目者。王氏與陳履和爲摯交，三代、洙泗兩錄皆有其序文，竊取其義以入己文，蓋應有事也。故録入。

民國十五年三月十四日，顧頡剛記。

又按，末三條似皆無與于評論，然觀其在目録中之類屬，可以覘此書在時代不同之學術界中占有之地位。

十五日，頡剛又記。

# 評論續輯按

按，數年以來，涉獵所及，評論東壁先生之文字又得如干篇，録爲續輯。陳履和云："老未登第，官又不達，且其持論實不利於場屋科舉，以故人鮮信之；甚有摘其考證最確，辨論最明之事而反用爲詆諆者。"（行略）足徵當時識先生著書之心事者蓋寡，或則望望然去之，或則聞而訿病之，固到處受奚落者也。陳氏所云詆諆之事，其人與骨俱朽，已不可知。幸藉謝庭蘭、劉鴻翱、張澍數君之文，得以窺其涯略。是數君者，東壁同時人也：謝與劉爲理學家，張爲樸學家，與東壁皆不相識，而讀其文字，義憤填膺乃如此，盛氣呼斥，若主之責奴，然則東壁所受於周遭之怨毒固可推見之矣。原理學家所以作劇烈之反對者，蓋東壁著書目的雖在維護道統，而考據結果實足以毀壞道統，道統毀則理學失所憑依，故衛道者不得不起而示威。謝劉之文，與唐鑑所作學案（録入傳狀）可以比觀，皆欲以恫喝空言壓倒實據，其怒也正其怯也。至於樸學家，標榜求是，注重實證，對於東壁之説宜可承受，而張氏猶如此，是不可解。謂此爲張氏一人之意，不當代表樸學家乎，試觀阮元王先謙兩刊清代經解，所收不爲不多，零星筆記尚且入錄，而東壁之著述曾未收入一種，則其受樸學家之排斥非極顯明事耶！冷酷之遇，不但飽享於生前，且施及於身後，道之窮也一至此乎！最堪詫怪者，張氏闢唐虞考信錄之文，乃稱其名曰崔應榴。崔應榴者，浙江海鹽人，阮元之門下士，著有吾亦廬稿，摘刊入皇清經解者也。張氏手持崔述之書，而喚崔應榴之名以斥之，李代桃僵，何粗疏乃爾！然即此可以想見東壁聲名黯淡，其名姓初不在人記憶之中。若無張維屏之作提要於詩人徵略，又無那珂氏之點刊其書，有不隨草木而同腐者哉？是可悲已！

又案，十載而還，學人多稱道東壁；然已大都收入拙編古史辨，不更集錄。此卷承王重民、趙貞信兩先生代錄數文，盛意可感。一人所見至有限，願讀者隨時留意，苟有所得便來告我，俾將來得續爲三輯四輯也。

民國二十二年八月二十日，顧頡剛記。

# 評論續輯・梁啟超古書真僞及其 年代分論第六章論語按

頡剛案：梁先生要籍解題及其讀法中之論語編輯者及其年代及論語之真僞兩章，說與此同，而其闡發不若此詳，故今捨彼而取此。惟此云"又看許多稱了謚法的人死在孔子死後數十年，那當然是時代很晚的人記的"，未舉其例。彼則云："書中所記如魯哀公、季康子、子服景伯諸人，皆舉其謚，諸人之死皆在孔子卒後"，可以補闕。

# 評論續輯·梁啟超古書真偽及其
# 年代總論第四章中庸按

顧剛案：梁先生於分論中禮記章下又云：“中庸，沈約説是子思子所有。而以思想系統論當置孟子後。文義由崔述考證，也是鈔襲孟子的。到底子思子是否孔子思所作，也是問題。”又要籍解題及其讀法中附論大學中庸章亦云：“中庸篇，朱晦庵謂‘子思作之以授孟子’，其言亦無據。篇中有一章襲孟子語而略有改竄，據崔東壁所考證，則其書決出孟子後也。”

# 初編校勘記原序·初刻本校勘記
# 卷一補上古考信録校勘記

本書點印既竣，始在適之先生處見嘉慶二年四月陳氏映薇堂刻本。取勘今本，别異甚多。其中有改刻抽換者十頁，又有改刻數行而粘於原頁之上者若干條，雖不詳其時日，要在嘉慶二年之後，道光元年重刊定本之前。書分三卷，篇第亦多移改。因備録其目，爲之校勘。明知定本已行，初稿可廢，但存此草樣以勘成書，庶幾可見前哲黽勉之功與其進益之歷程。畫家寶重粉本，猶此意也。

民國十四年八月十五日，顧頡剛記。

## 初編校勘記原序・初刻本校勘記
## 卷二洙泗考信録校勘記

此亦嘉慶二年四月映薇堂刻本而經抽換重次者。書凡六卷，較今本溢出二卷。當時洙泗考信餘録尚未著成，故顏閔以降諸賢之事亦有入録者。今之原始篇曩析爲先世、初服兩篇。今之考終篇，則附於歸魯下。而曩之餘澤、雜録，今又附於考終；總論，又附於遺型。删改之多，視上古一録爲甚。原書改刻重排，頗有失次之處。今勉爲之校記，未知能無誤否也。

民國十四年十月十二日，顧頡剛記。

## 二編校勘記原序・東壁遺書校勘記序

予之初讀東壁書也，但見適之先生所購畿輔叢書本耳。其後在北京書肆中買得道光本，亦僅正録二十卷。逾年，輾轉在滬上假得日本那珂氏點本，乃得雇工寫補以成完書。又逾年，亞東圖書館囑標點此書，即以是半刊半寫者爲底稿。那珂氏之校點，雖据道光時定本，亦曾搜得嘉慶刻本，故往往有校語。然疏略殊甚，非特别顯著者悉不録焉。既移録其校文，聞適之先生又得嘉慶本，因往借取。其書凡四種：曰補上古考信録，曰洙泗考信録，皆嘉慶二年南昌刻本而經改訂者，其中重刻抽換之葉凡十，改刻數行而粘于原葉之上者又若干，疑即陳履和自南昌寄彰德書

中所謂"洙泗録亦照改訂處修好"（考信附録卷二頁一七）者也。曰
經傳禘祫通考，亦嘉慶二年刻本而未改訂者。曰三代正朔通考，
則嘉慶十一年改刊于彰德者。時予適點讀王政三大典考，以兩書
舊刻校之，正朔考修改處甚少，禘祫考則較多，並爲校記附于篇
後。越四月，復校上古、洙泗兩録，以書已排成，爲寫校勘記兩
卷，附于全書之後。

　　去夏游杭州，忽在坊間覯一書，顔曰東壁先生書鈔；驚而檢
之，蓋嘉慶二年本而未經重刻抽換者，於諸本中爲最早。其書蠟
箋標籤，青綾護角，册未重裝，紙未脆折，猶是當年式樣。最奇
突者，則三代正朔通考題爲"三正異同通考"，與"書鈔"一名並爲
創見，而其中視定本差異者在四種中爲最夥。大喜欲狂，持之以
歸，幾疑崔氏神靈默護，以報我搜集之勤也。遂乞於館中，重爲
校勘記而棄去前所刊之兩卷。到粤以來，人事倥傯，直至寒假中
始爲陳書讎對。以不願分歧，凡校語之已見于各篇中者仍録出
之。其改訂本與原本，定本與改訂本之不同者，並爲注出。至原
本之誤字脱字亦記之，私意將以書鈔全帙付之影印，即豫爲此影
印本作勘誤表也。校書未竟，課業已開，無法畢工，乃以各本寄
余昌之先生，請爲終其事焉。

　　或曰：書之所貴者定本也，作者之意如此矣。定本既行，初
稿自廢。子復在故紙堆中覓出初刊本，爲之逐字校勘，得無不憚
勞乎？應之曰：吾人之於前人之學也，不但願知其結果而已；所
以有此結果之由來，其求知之心實更切摯也。學問無窮，賴于積
累。個人之學之進，亦賴于積累。其老而止也，非學已成也，非
積累至於不可加也，受生命之制限而莫可奈何耳。既自少至老皆
在積累之程途之中，故吾人之於前人之學，求其終止之點，與求
其所歷之程途，此兩事蓋不可以軒輊。能如是，庶幾不薄古人，
亦庶幾不崇奉一大師之説以爲絶對之真理。何也？知古今一長程
也；知昔人之一生一短程也；知吾生之程乃當繼昔人之跡而邁進

者也。崔氏於古史之學沈潛四十餘年，其積稿當不勝計，惜弗可
見。其可見者，則一改再改之書三數種耳。讀者誠能即此三數種
書中尋其垂暮之二十年中之進益，則於繼跡邁進之道亦可以善自
處矣。

中華民國十七年三月六日，顧頡剛記于廣州東山寓所。

# 今本知非集校勘表按

東壁先生之詩，在今本知非集未發現前，適之先生曾於畿輔
詩傳中輯得十五首，乾隆大名縣志中輯得一首，由剛編爲佚文下
卷。自今本知非集出後，比對之下，其相同者有十四首，因祇留
集中所無之二首，餘皆删除，改佚文爲一卷。惟此十四首中，頗
有若干字兩本不同者；集後所附不全之闇齋先生墓誌銘，校之考
信附録中者亦多互異。故爲草成一表，附印於此。

二十年三月十一日，顧頡剛記。

今日向友人借得上湖文編補鈔二卷，翻閲其中之闇齋先生墓
誌銘，與在今本知非集後及考信附録内者均有異同。其關西彙草
序，亦與在乾隆大名志者有出入，故皆爲記入此表。關西彙草
序，本與今本知非集無關，但爲便利起見，不復另列。

十一日，頡剛又記。

# 崔東壁先生故里訪問記 *

　　我們這一次出外旅行調查，是要走河北、河南、山東三省的各一部分。我們的目的是要看看在這連年兵災大禍之後，我們歷史文化的遺物還保存得怎樣。但大名一行卻不是爲這目的而去。前年頡剛正在整理崔東壁遺書的時候，得着由大名王守真先生（證）寄來的崔東壁太太成孺人二餘集的鈔本。今年煨蓮又從燕京大學圖書館破書堆中找出崔東壁的知非集。這兩種詩集現擬都放入新印編目標點的崔東壁遺書裏面。兩三月來，我們討論崔東壁遺著，興致正濃，故趁着這一次邯鄲旅行道過之便要往大名調查崔東壁先生故里，並希望能得點新材料。未離北平前，頡剛接得前在廣州中山大學的同事大名人李一非先生自張家口來函，極勸作此行，且附寄介紹函件。我們到大名時頗承學界諸君殷懃招待；我們感謝他們，更感謝李先生的介紹。

　　一九三一年四月七日，我們到邯鄲，住和順棧中，購邯鄲至大名汽車票。

　　四月八日：天明即起，卷了鋪蓋，草草吃些小米粥，即上汽車。七點十六分，汽車開行，共載十餘人，還不甚擠；惟車既老而無力，路又壞而未修，時要下車步行。車走不動時，汽車行中備有二人下車，盡力推之。據同行者言：邯鄲大名之間原無汽車

---

＊　1931 年 6 月與洪煨蓮合作。原載燕京學報第九期，1931 年 6 月；又載崔東壁遺書。

道；一九二○年華洋義賑會利用飢民力以築道，頗便交通；十年來訖未修理，故破壞不堪。然細審其道，每數里往往有長數百步之一小段，還算平穩。初不解其故，後乃覺凡未大壞之道，皆在小橋之前後。橋之製皆以木，樹幹數條，上橫釘木板，板長不過三尺；故橋之左右各爲板一行，中央露空一條。平常騾車走橋上，牲口之腿有落入露空處之虞，必折而走大道下之小道，橋前後之路殆因此而得保全耳。吾國北方大車之輪，其邊甚薄，護以鐵，車載重任輪轉乃如利刃，割裂道路。有司既不能令平民廣其輪邊，又不能禁大車走馬路上，得此木橋妙製，或可以保全道路吧？九點三十二分，車到成安，我們藍布大褂，厚積塵土，已發綠黃色。再行一小時許，過舊魏縣城，路旁有大石牌坊若干，湮没土中，僅露其頂，群訝爲奇景，因下車攝影數片復行。十二點三刻到大名。至北門内豫豐館洗臉，吃午飯。飯後，頡剛持李先生介紹函往教育局。住局中大廳。大名縣城甚小，周圍不過九里。教育局在城西南隅，舊爲普照寺。大廳後有佛殿，今僅留一大佛，聞前年馮軍用鐵索牽之不倒；開鎗擊之，傷其鼻。局中房屋多係新蓋者，爲半洋式。庭中石砌，半爲斷碎碑碣，往往尚有殘字畫像可辨，惜未能保全。我們布榻大廳中，稍整頓行李，即應接來訪者。

在接談中，我們就打聽崔東壁的家世及遺址，雖所説不完全一致，然以下諸點，頗可注意：——

（一）崔東壁之子孫某，原住魏縣河里（一名河下），今住大名城内，以賣杏仁茶爲業。

（二）東壁有二女：一嫁廣平某家，一嫁廣平馬虎莊某家。

（三）魏縣正南八里崔家莊原有東壁所刻書板，一九二○年被火燒了。

（四）魏縣正南稍西二十七里雙廟集某家存有東壁印書之

活字板；但有人取以燒火。

（五）東壁曾自編家譜，現尚存於魏縣正南稍東三十一里雙井村他的子孫崔衍隨處。

（六）縣中某家原藏有東壁所書一聯，但三年前已爲其家婦女剪作鞋樣。

（七）一九一八、一九年間，大名縣縣長張昭芹爲崔東壁立碑，開會演劇。渠囑東壁子孫代覓東壁手稿，得大名水陸考於廣平某家。

（八）在開會時，崔家子孫曾取出東壁及成孺人的遺像來懸掛。遺像現在魏縣南三十五里許之小清化村。

（九）頡剛前得成孺人的二餘集鈔本，乃姚野浣先生所手鈔者。其原本亦爲鈔本；姚先生借自高配三先生，高先生又借自他人。

以上所舉的（一）（二）兩條，我們頗疑其不可靠。據東壁詩文集及陳履和的東壁先生行略，東壁一子一女皆早殤。然家譜遺像，書籍存板，我們應仔細調查。二餘集的原鈔本，亦應借來再校對一次。是晚我們仍往豫豐館晚餐，十一時睡。未睡前，我們計劃將旅行團分作兩組，容希白、吳文藻、鄭德坤三君留在大名調查古蹟；並就便訪成孺人娘家的後裔，有無崔家的遺稿字畫。煨蓮、頡剛，及林悅明君則往魏縣、雙井、小清化一帶，調查關於崔東壁的事蹟。計劃既妥，當夜即雇定一個小汽車。

四月九日：早起，由局中僕役代買梨、燒餅、油炸果等，早餐訖，即上汽車；八點一刻開行。汽車較昨日所乘者更破壞不堪：四輪之硬皮帶皆破裂，司機者二人取麻繩捆之，藉護其內之軟帶。每行約半小時，必停止一次，修理捆繩重打空氣入軟帶中。每次修理恒費半小時。我們等候得不耐煩輒向前步行三四里；俟汽車由後趕來，再上。魏縣在大名西北僅四十餘里，倘有好汽車，半點鐘可到；我們行路乃費二小時。十點一刻到舊城中，在東門內第六區公所下車。

　　區公所舊爲關帝廟，有光緒丁丑碑。我們入坐少息，即復外出，觀舊城。一望盡爲田園，綠者麥苗，黃者油菜，白者梨花，尚未凋謝。房屋十餘處，皆爲廟宇公所之屬；似水湮舊城，縣併大名之後，居民盡移城外，習久不返。城爲圓形土牆，周圍僅二里許；所謂門者，僅有闕處而已。按大名縣志（乾隆五十五年本），魏縣於正統十四年築土爲城，周五里，闢四門，又設東北一小門。弘治四年，造門樓，立甕城列垛，復闢西北一小門，統爲六門。其形如龜，故俗名龜背城。又環城築隄，以備漳水。正德六年，築隄爲外城。八年，於外城開東北西北二小門。其後二城時有修飾。乾隆二十一年，縣丞楊琪以城中多水，於東小門外開涵洞以洩之，而城外被漳水淤，高於城內，水不能出。次年，河決朱河下口（按朱河下今地名，在魏縣西五里），遂自涵洞灌入。城垣坍損，廬舍漂没。又按今城中城隍廟內有同治八年，大名縣知縣張仲麟撰魏縣城碑，謂咸豐十一年，東匪西竄，鄉學單公倡團練，議修寨。同治二年，知縣劉杰乃因城基修寨久未成；梟、捻之擾，縣丞黃師淦、訓導和紹宗督修之，八年成。可見舊城在乾隆時已被水冲壞，現在土垣乃同治中寨牆之遺跡耳。現時城中地面，較之乾隆時似高丈許，故大石牌坊之頂端，僅露五六尺或七八尺不等。大碑之頂有竟與地面平者，意碑之湮没於地下者必多。數百年後，此廢城必爲考古者搜求材料之好場所也。

　　大牌坊之排列殆皆跨當時大街道而立，其中頗有與崔家文獻有關者。南門內，從南數至北第二牌坊，立於康熙二十八年，南面刻“紫誥重封”，北面刻“榮褒三世”。三世者，崔世耀及妻劉氏，崔向化及妻唐氏、王氏，及廣西布政使內陞通政使崔維雅也。維雅爲東壁之高祖維彥同産兄，無聞集卷四有上本縣先布政公行狀頗具事略。城之西南角，又有兵部進士崔士章石牌坊一座。北刻“材壯風雲”，南刻“策對彤墀”。按大名縣志，士章爲順治十一年武解元，十二年武進士，曾隨康親王平耿，以軍功授副將，親老未赴。後見崔氏族譜，士章爲維雅弟、維彥兄，是亦東壁高伯祖也。此外東門内尚有工部屯田司主事崔謙亨、順天府大興縣知縣崔謙光之石牌坊各一座。謙亨、謙光之名不見崔氏族譜中，又謙亨牌坊立於萬曆二十八年，是在東壁祖宗遷居魏縣之先，此二人當係另一家者。雖然，即就上述舊牌坊觀之，已足見崔家在魏縣之勢力。東壁之上本縣先曾祖段垣公行狀說："吾宗爲魏望族；自先布政遷魏以來，甲第相接，僕馬喧闐里間。"更就崔維雅及崔士章牌坊之位置考之，這些崔姓望族似都住在城中南部。段垣公行狀中說："爲園於城南，構亭水上。"考信附錄說東壁的父親常攜兩子登城觀城外水，自注："城在宅後故爾。"可見東壁未遷禮賢臺以先之故居乃在南牆根一帶，又必稍近南門，故便於上城牆。現時在這一塊地上，已無崔家遺跡可尋。當時備廬中之經史筆硯，和擬刻段垣詩文稿之梨板數十方，如果未被數十年漳水漂流而猶可尋者，要在地下丈許。今地面上所見者，不過梨樹數十株耳。林悅明君就崔維雅牌坊照相數片。我們最注意者，乃坊上雕像，其一爲官家差送誥封到門之圖；不知是否實畫當時崔家房子狀況。映照畢，我們又回第六區公所。

午後，我們先到區公所之東南數十步縣立第三完全小學校。其地據殘碑，爲洹陽書院舊址。現時學生有二百餘人，住宿者半。參觀學校畢，我們踚土城牆出城，看禮賢臺。禮賢臺在魏縣城之東南約半里許；其地爲一小土阜，上有一塔。塔磚製，上刻有八卦，中祠奎星。按大名縣志，魏縣舊有臺，相傳爲魏文侯所築以禮賢士；湮沒不知其處。嘉靖間知縣陸柬築臺東隄上，以存其名。所謂東隄者，即弘治四年，鮑鱗所築之環城隄，而正德六年（志卷十七頁五上誤刻二年）高夒所就以爲外城者也。陸柬於嘉靖三十二年任魏縣知縣，蒞魏二年而去，是建臺時當在三十二年、三十三年中。然明郭思極魏臺奎光塔記曰："吾邑古有魏臺，父老相傳以爲其地即向者段干木所廬而文侯所式焉者也。迨歲久遠，臺榭遂以蕪没不存，僅僅遺一土址耳。"是陸東築臺之後數十年又毀，萬曆十九年知縣梅守相乃修之。臺之後爲堂，堂之後建塔，塔之稍次而東西，各爲小室。今塔前有一碑，已傾側欲倒，字殘不可讀，細審之，知爲萬曆二十年魏侯梅公重建魏臺碑，殆即記其事者。又有一碑，已倒，只見其一面，字亦殘，僅得"本府易震吉捐銀二百兩"及"本縣王廷諫，訓導張國賢"各字。按大名府志，易於崇禎中任大名知府。按縣志，王於七年至十三年任魏縣知縣，張於十二年任訓導。是萬曆十二年時，又曾修理一次。至康熙二十餘年間，知縣金協廣又重修一次，有記文載縣志中。此後至乾隆初年，東壁幼時，常游覽其上。禮賢臺新居記中説："敞亭三楹，矗塔數丈，左右房序庖湢之處悉具。"可見還甚繁盛。然又説："乾隆丁丑（二十二年），城没於漳，官舍民廬，橡薪壁礫，而臺亦就荒。又八年，予始卜居來此，亭榭軒檻已無復有存者，惟孤塔歸然插雲，及柏下斷碑數片而已。"則荒廢在乾隆丁丑後也。

　　當時東壁纔二十六歲，正講究制藝詞章，還未改入考據一途。又少年自負之氣頗盛，儼以段干木自擬，故記中説"後之人之居此者，且未必知爲段干君之臺，況能知余之棲息於是乎?"考信附録中送秦學溥詩亦説"文侯昔館段干木，遺址今在東南隅。誅茅作室俾我宅，伯夷所築聊可娱"。其實魏文侯與段干木之故事見吕氏春秋、淮南子、史記、新序、高士傳各書，全未説到文侯曾爲干木築臺。築臺一事，自是後世附會之説。況臺又爲陸東所建，姑置隉上以存其名者。東壁知非集後桂窗樂府選有金縷曲一闋，中説"齊東野語從來巧。漫譏評，離騷屈子，南華莊老。太史文章千古重，舛謬依然不少。還未算全無分曉。最是而今談古蹟，試推求，人地皆荒渺。堪一笑，問囊橐。"以此相律，東壁之信禮賢臺爲段干木舊址，得無亦將供一笑之資乎? 東壁當時住這土阜上的地所，現時已不可詳。乾隆五十五年之大名縣志卷七有舊魏縣圖，圖中有禮賢臺在長隄上；塔之左右有房子幾所，不過上面寫着漳河丞署駐防等名，是當時東壁雖已移家住西山乞伏村，而臺旁尚有屋宇；現時則一塔以外更無所有了。我們站在土阜上四望都是田地，一點水也沒有。想到東壁記中"湖水迴環，周十餘里，城處其中，若島嶼然"，成孺人魏臺晚眺詩中"雙櫂何處來，漁歌斷復續"各語，真有滄海桑田之感。現時的漳水，已改道到魏縣之南五十里了。

看完了禮賢臺，去看崔氏墓。墓在禮賢臺之西，魏城之南。北頭有神道碑一，曰"清大儒羅源縣知縣崔東壁先生神道"，額曰"表揚先矗"，"佑啟後人"。碑爲一九二〇年四月縣長張昭芹所立者，文如下：

### 捐贖崔東壁先生墓田記

大名崔東壁先生以學行彪炳於世；昭芹嘗讀其遺書，心嚮往之。迨奉檄涖茲土，過禮賢臺，訪先生故廬，則蔓草荒煙，遺跡無有存者。惟魏縣舊治南門外，邱壟故在；然荆棘叢穢，馬鬣不封。問先生之裔，則嫡派中絶已久，族親式微，墓田亦轉質於他姓。明德不昌，良可慨已。然則興舉廢墜，固守土責也。爰捐俸洋一百七元，從邑人劉振清贖回所質墓田，歲徵其租，繳送縣立第三高等小學校收存，爲修理祭掃之費。學校距墓數十武而近，經理其事既甚便，每當春秋佳節，校長躬率諸生敬謹致祭，楮錢麥飯，憑弔松楸，莘莘學子知必有景仰前徽，礪節懋修於不能自已者，則昭芹之願也。墓田在魏縣舊城外東南，東至韓國賓界長五十二步二尺，西至郭書田界長八十三步，南至崔之桂界闊三十一步三尺，北至陳金正界闊三十三步二尺，中闊二十九步二尺，共計小地八畝七分三厘零四絲八忽。校長王君登明囑泐石以垂久遠，因記其梗概如此。至租户仍爲劉振清，贖回文約及現訂執照均存縣署。後之君子有能崇其堂斧而增其祭田者乎？先生在天之靈實式憑之。

　　大名縣知事樂昌張昭芹記。試用巡檢邑後學李貴三書。

由北入墓道後有二小冢：其一有小碑，書曰"妾周氏之墓"，這是侍妾麗娥了，無聞集中有她的傳。又其一無碑，疑是東壁的次妾，即陳履和到彰德時所見者，不知然否。往南更進數步，爲主穴，崔元森墓。碑題：

　　　　　　　文林郎羅源縣知縣真儒闇齋崔先生
　　皇清勅贈　　　　　　　　　　　　　　　　之墓。
　　　　　　　孺　　　人　　　李　　　氏
　　嘉慶九年十一月大名縣分防縣丞余元泰敬題。

碑陰書：

　　公諱元森，字燦若，號闇齋，行一，歲貢生，隱居不仕。生於康熙四十八年五月初八日，卒於乾隆三十六年二月十五日，□□（當是孺人）生於康熙四十五年二月初九日，卒於乾隆四十五年十月初九日。男述，乾隆庚辰副榜，壬午舉人，福建羅源縣知縣；邁，乾隆壬午舉人，揀選知縣。孫應龍（改名騰蛟），夢熊。

稍東南爲東壁墓，墓碑中書：

　　大名老儒崔東壁先生暨德配成孺人墓。

兩旁書：

　　先生諱述，字武承，乾隆壬午科擧人，福建羅源縣知縣。著書八十八卷，今先刻考信錄三十六卷行世，餘書次第授梓。孺人諱靜蘭，字紉秋，著有繡餘詩一卷、爨餘詩一卷，擬附刻於先生詩文集之後。嘉慶二十四年歲次己卯，十一月吉日，滇南受業門人陳履和頓首拜題。姪伯龍立石。

這一塊碑，我們以爲很重要：（1）可見陳履和不僅爲東壁刻書，作行略，而且爲他題墓碑。（2）成孺人字紉秋，我們在前並不知道，這是一個新發見。（3）當我們讀二餘集的時候，我們以其中只有爨餘吟附繡餘吟，除序一首外並無文，而東壁之自訂目錄有細君詩文稿一卷；陳履和之東壁先生行略謂成孺人有爨餘詩文二卷；因疑她的集裏應有她的文。現在照這墓碑看來，也許我們所見的二餘集已是足本，不過其中短了東

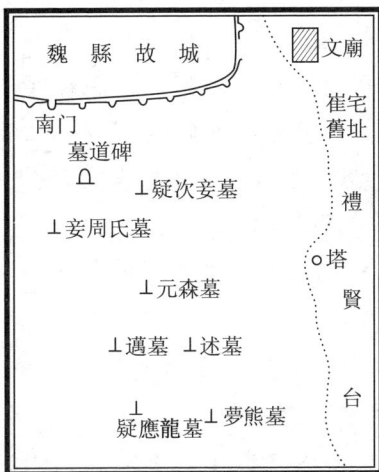

崔氏墓圖

魏縣故城　　　　文廟
　　　　　　　　崔宅舊址
南門
　墓道碑　　　　　　禮
　　凸　凵疑次妾墓
　凵妾周氏墓　　　　塔
　　　　　　　　　　賢
　　凵元森墓
　　　　　　　　　　台
　　凵邁墓 凵述墓
　　　凵　凵夢熊墓
　　疑應龍墓

○鄉賢祠在文廟内
○崔宅舊址係根據邢中道先生所説

壁爲成孺人所作的一篇傳而已。（4）從前我們以爲東壁弟邁之子龍官改名應龍又名伯龍的乃是過繼與東壁者；今墓碑上伯龍自稱姪，我們乃理會東壁雖命伯龍以一人承祧兩房，實未嘗過繼。東壁曾作承嗣條例，可惜其文已不可見矣。此外，在墓田上還有兩墓，均有碑可考。崔邁墓在闇齋墓之西南，有碑曰"皇清壬午擧人揀選知縣崔邁德皋之墓"。在東壁墓之東南者，爲"夢熊之墓"。夢熊爲邁次子，據行略，十五歲而殤；殤於何年不可考。二餘集中雨中有感一首，下注云："時久客於外，夢熊新亡。"似在東壁五十歲後。就夢熊墓之位置而論，似曾過繼與東壁爲子。崔邁墓

之東南有一墓，無碑，疑是伯龍之墓。其西南又有三墓均無碑，不知屬何人也。林悦明君在墓田上，照了幾張相片。我們又取出白紙及黑蠟，就各碑上搨下碑文。惟以風大，紙在碑上站不住，所以搨得不好。

搨碑畢，我們上車，往雙井村。因沿途壞車，到時已近下午五時，我們見崔衍隨先生（號從龍，年五十五歲）及其從弟衍恒先生（號月波，年二十五）。衍隨先生係秀才，現在村中設塾，有小學生約三十人。他曾在開封購得考信録讀之，故能道東壁事。我們問他有無家譜，他說在小清化崔鴻藻先生處。

於是我們趕緊要到小清化去。汽車司機説汽油已用完，索取大洋二元去，買煤油代之。以煤油開汽車，這是我們從來没有聽見過的；但用後車竟開得動。不幸纔出村外，輪帶又壞了，不能走。因此我們只得步行到小清化，共走了八里路，汽車隨後也趕到，時已七點，天色將黑了。

崔家在村的北頭，門前環植椿樹，門上粘有紅紙，書曰："博陵舊家"。聯云："清朝從來紳衿第，民國依然詩禮家。"我們來得不巧，崔鴻藻及其弟鴻濱（二人皆業農）適均進城。鴻藻之長子可畏來接見。我們先問東壁像；遲疑久之。經解説我們來意，乃取畫像三軸出。細審三像，我們疑其全與東壁無關；其理由如下：

（一）三像皆畫在洋布上，顏色甚新，斷非百餘年前舊物。

（二）三軸裏外均無字樣説明是誰的像。

（三）三像中，戴紅頂者二，戴藍頂者一；東壁做官，外不過知縣，内不過主事，紅藍頂皆不宜戴。

（四）三像皆爲壽身像，觀其面貌神氣，最老者不過五十餘歲；

東壁壽至七十七歲，且生平多病，不如意事多，老態當甚顯然。我們即舉三像以問可畏君，那一個是他的祖宗崔東壁先生，他也説不出來。再問成孺人像，答以無有，亦可怪。更問家譜，取一寫本來給我們看。首有二序：一爲乾隆五十四年崔楷元所作，内説康熙中崔維雅迎父向化、叔仰化，並楷元的五世曾叔祖鳴霄三支，同居魏縣；原先的譜乃維雅所編；乾隆二十二年，鈔本没於漳水，三十年中，譜未修，乃就記憶爲譜，急與合族並本支桂元、檜元等繕鈔本以備刊刻。一爲崔鴻藻先生所作，未明言乾隆五十四年後之譜爲誰所補，然就譜觀之，似即彼所自爲也。現將譜中東壁一支與諸崔之關係，簡單爲表録下。表中實綫代表血統，括弧代表過繼子，數目字代表世系，直綫下無名字者皆因簡去不録，問號(?)代表譜中原稱“失諱”之名字。

　　此譜若完全可信，則我們不僅知崔緝麟是崔維彦的承嗣子，可以補東壁所未道。且崔邁的兒子之後，還承嗣有兩代然後絶，亦我們以前所不知。然而這個譜裏顯然有錯誤。據譜，則崔邁之三子，爲振蛟、夢熊、應龍。但據東壁的先府君行述，及先儒人行述，崔邁的三子：是長應龍，初名龍官，次夢熊，次躍鯨。在崔閣齋的墓碑碑陰上，應龍改名爲騰蛟，而躍鯨之名不見，疑乾隆四十七年，嘉慶九年之間，躍鯨已死，故不及。今譜把應龍變作第三，而添出振蛟一人做崔邁的長子，可見編譜者對於崔元森一支的昭穆並不熟悉。其所以不熟悉的理由，大概因他們宗族中有不很妥協的地方，致頗少聯絡。且看譜中過繼之出入，也可猜到他們因分産而起之糾紛。閣齋幫助了立秉純爲崔沂後一事，且打起官司來，而他自己本是奉父命出繼於伯父崔瀚的，今譜中過繼與瀚者乃又有元林。先府君行略中所謂“侵取田宅”，所謂“骨肉多難言之隱，族戚有毀譽之嫌”，也許都與這些事有關係。

　　這一本譜編排殊亂，行輩不齊，宗支不清，檢讀頗難。我們看時，天色已黑，不能多鈔，只得託人代鈔一份，並將三軸像各

1　義

2　安　　　　　　　　　　　　　　　2　？
3　顯　　　　　　　　　　　　　　　3　？
4　富　　　　　　　　　　　　　　　4　？
5　廷珍　　　　　　　　　　　　　　5　？
6　世耀　　　　　　　　　　　　　　6　？
7　仰化　　向化　　　　　　　　　　7　有進

　　　　　　　　　　　　　　　　　　　鳴霄

8　維彥(緝麟)　士章　維雅　　　　　爾倫　緝麟　爾仁

9　慶麟　福麟　定麟　喜麟　瑤麟(喜麟)　　銳　鈞　沂(秉純)　濓　瀚　浴　鉅

10　澋　淇　(浴)　祖詒　　　　元葵　元林　元蓋　元鼎　元鼎(邁卒後歸宗)　元森　元森(元森)　述(夢熊)　(元林)　杷元　元圭

11　楷元　檜元　桂元　秉純　樹德　　莊臨(惠)　玉祥　邁　應龍　振蛟(紹先)　禮亨　景浩　崧　慧中

12　　　　　　　　　　兆祥　　　　惠　　　夢熊　　毓球　貞棠

13　　　　　　　　　　　　　　繼先　　　　　　鑫

14　　　　　　　　　　紹先(萬齡)　萬齡　　龍見

15

16　　　　　　　　　　　　　大衍　　增高　　爲高

17　　　　　　　　　　　　　則友　　國昌　　其昌

18　　　　　　　　　　　　　自新　　衍恒　　衍隨

19

20　　　　　　　　　　　　　鴻藻－可畏

照一相，寄與我們。

　　我們離了小清化，本擬趕回大名，但汽車無燈而鄉間路又難辨；幸虧林悦明君帶有手電燈，勉强認道而行。然而時時要下車辨路，車屢停屢開，機器熱起來，車內充滿了煤油汽，人如在蒸籠中，好不難受。司機説，黑夜走道無法保險，且大名每晚六時即閉城門，即到大名亦進不去。因此，我們又轉入雙井村求宿。頡剛笑謂煨蓮曰："今晚也許我們要親嘗東壁宿青石滾詩所道的生活了。"幸而崔衍隨、衍恒兄弟頗歡迎我們到他家中住。但其時已近九點，所以我們先到村街進晚飯。據飯館夥計説，只有猪肉餃子可喫。我們食時，覺得所謂猪肉其實乃是肉皮，且往往皮中多毛；勉强食了幾個了事。又到崔家談東壁事。座中，衍隨、衍恒兄弟外，又有王、楊二君，年皆六十以上。所談與東壁有關者，有下數則：

　　（一）傳聞彰德城內鼓樓下埋有錫箱，中藏東壁著作。此事似不可信，不過有此傳説而已。

　　（二）東壁妹夫劉某（按：當是劉觀成），水災後遷至王村。後裔劉光遠家中，藏有成孺人畫菊一幀，一九二六年爲土匪所燒。

　　（三）李鴻章作直隸總督時，以東壁入祀鄉賢祠，以衍恒之父國昌爲東壁奉祀孫，載在木主。

　　（四）雙井村東南八里，范駢村中，有范鑑古先生，號廉泉，爲衍隨之師，於東壁事頗熟，可往一詢。

　　（五）東壁書之刻版及活字版，均不曾聞得。
談過十一點，纔分散去睡。我們二人和林君共睡一土炕上。床既硬，被又薄，我們和衣而臥，終夜輾轉，未得睡好，且皆感寒傷風。

　　四月十日：未明即起。散步庭中，見一屋內有神座，旁置槍劍之屬若干，就而視之，始恍然悟其爲紅槍會中之佛堂。據我們昨日所聞，紅槍會之勢力在這一帶地方頗盛。村中往往有製鎗廠，廠裏工人有五十人者，每兩日可造洋鎗五枝，每枝成本約五十元，較舶來者（約一百五十元）爲賤。村中各街民戶商家都得買鎗，民戶按五十畝買一桿，一頃地買兩桿，商家則以買賣大小規定鎗數多寡。村中夜常靜街，以砲響爲號，砲響後，故意違行街上者，鎗斃。凡抵抗土匪時，紅槍會皆鼓勇作戰。且説凡是臨陣被對方鎗殺者，皆功夫未至之流；功夫至即不怕鎗彈。因爲此間鄉村中大抵都有紅槍會，所以近年土匪不敢來搶，即官兵亦不敢騷擾。這可算是民衆自衛的武力的表現。只要傳統的迷信能不因此揚其將盡之燄，這就好了。

威　鎮　北　方

道德鎮華夏

一桿皂旗遮日月

掌旗將　鄧丐陰馬温　黑虎之神位

供周公祖　雷靈官之神位

祖師老爺勅令萬法教主玄天仁威上帝神闕蕩天遵之神位

奉桃花仙　辛單陶趙劉　蛇二之神位

金剛將　龜將軍之神位

七星寶劍定乾坤

佛法保乾坤

（佛堂中神位式）

　　早飯仍到村街中去喫，喫的雖是小米粥，比昨晚的猪肉餃子實在好得多了。早飯後本擬去雙廟集及范騂村，但昨晚未回大名，又無電話可通知容、吳、鄭諸君，恐怕他們發急，且時已有微雨，故即命車歸大名。當司機修理汽車時，衍隨兄弟導頡剛到村北觀其祖墓。從墓碑上知崔元圭於嘉慶元年始遷雙井。按縣志，元圭爲乾隆丙辰舉人。按族譜，彼爲東壁族叔。既同時，又同是科第中人，而東壁詩文集中絕未提及其人，怪甚。元圭六世孫增高的墓表卻云：

　　　　五世祖東壁公，當代經師大儒也，而桑梓多有不能舉其名者。公請於教諭曹公榮績，稟明督憲，祀入鄉賢。未幾，兩姪衍謙、衍隨同賦采芹，人謂崔氏之書香可稱世代矣。

又豫立崔公懿行碑云：

　　　　公諱增高，字豫立，洹陽名族也。五世祖東壁公，乾隆壬午舉人，仕福建羅源知縣，著書三十四種，而考信錄一書尤精力所專注，推爲經術大儒，祀入鄉賢。公以家學淵源，束髮受讀，將冠即補弟子員。……邑富人劉姓者，公姻戚也，出金數百緡，俾於皋比坐講之餘兼權子母。公天資敏銳，出持籌，入課藝，兩無廢事。未幾，試冠其曹食廩餼。……不數年，購田數百畝。……邑有大興作，多賴公提倡。……大名道常熟龐公特書"義著解紛"四字以額其楣。……民國十三年甲子梅月立。

增高生於道光三十年，卒於光緒三十一年。東壁之得入祀鄉賢，實出於增高之力。他既以東壁爲五世祖，他的兒子國昌自然是東壁的奉祀孫了。

上午十時許，我們回到大名城裏。道上車壞的延擱較昨日爲少。像這樣破車，以蔴繩捆輪帶，以煤油代火油，竟運載九人走了百餘里的路，來回未生危險，我們不得不十分佩服司機二人的本領。我們到教育局時，容、吳、鄭三君早已打發人騎腳踏車到鄉間去打聽我們如何失落，並正在討論如何作廣告，如何出賞格，想法子，把這三張窮“票”從土匪手中贖回了。他們昨日不僅枵腹多時，等待我們一同食飯，且因憂慮我們的失落而不曾睡好，真是白擔了心，只可埋怨交通的不便而已。他們昨日往觀宋北京故城的遺蹟，並調查成家後裔有無東壁遺稿，結果無有，這亦是意料之中的事。

我們本擬即日下午僱一汽車回邯鄲，搭火車到安陽去，故立刻捆起行李來。事畢，容、吳、鄭三君先到豫豐館。煨蓮、頡剛及林君則往縣署（即舊時府署）去看晚香堂。在縣署西有茶棚一，司鑪者年三十左右，狀頗魁梧，詢之爲崔之桂，不識字，不能言其祖，但云曾在廣平韓家找得東壁的大名水陸考一書送給了張縣長。

晚香堂在署之東部，凡五楹，已頹敗。院子頗大，壁上嵌有李光地、方觀承等碑刻，有已倒臥地上者。堂南之土堆上有銅佛二：一爲文殊像，不詳年月，一爲彌勒像，爲順治戊戌製，聞均從他處遷來者。我們在院中照相數張，想及東壁當時與知府朱煐的諸子在此間讀書時狀況，徘徊久之。

午時，我們同到豫豐館食飯。飯畢，吳文藻先生外出打聽汽車消息；回報云，汽車行以下雨人少不肯開車。同時有省立十一中學、第五女子師範來邀請演講。堅辭不得，允之。回教育局打開鋪蓋，已近四時。未幾，催者來，遂冒雨往十一中學校。時省立第七師範亦來。聽講者爲三校師生，全堂擠滿約六七百人。頡剛講自己中學時生活；煨蓮講訪問東壁故蹟事。六時，三校校長在豫豐館設宴招待。九時，別諸君，冒雨返教育局。是日下午雨頗大，想到男女諸生整隊走泥途中來聽我們没有準備的演講，心中甚抱不安。未睡前，頡剛取高配三先生手鈔之二餘集本校對前年所得姚野浣先生見贈之鈔本。姚先生所鈔者，與高先生鈔本完全相同。

　　四月十一日：天明即起。偶談及繡餘吟中送三兄歸里詩"迢遙故歸情"一句，友人中昔有改"歸"爲"鄉"者，亦有改爲"里"者；然"鄉"於平仄不叶，"里"與下一聯"千里復孤征"句中字重復，皆未當。容希白先生忽曰："'歸'字應改'舊'字，蓋兩字俗寫體相似(归旧)，故鈔譌也。"其説甚精，這也算是大名一行的好結果。早飯訖，即卷行李，別送行諸君，往北大汽車行。八時半，車開。車新，機器好，故無前三日破車的苦。昨日下雨二尺，故途中塵土少。但此車走的快，顛簸甚，坐客及所帶物時從座位上跳起，頡剛額上受一小箱之打擊，幸未傷。十二點，午正，到邯鄲。

# 致胡適：答書<sup>*</sup>

適之先生：

姚立方的遺書，這兩星期隨處留心，總得不到什麼。惟有浙江通志的經籍門裏有一條卻狠重要：

> 九經通論一百七十卷，仁和姚際恒立方撰：存真類一百三十五卷，別偽類二十八卷。（按兩類相加祇一百六十三卷，未知孰誤。）

浙志別條都把鈔輯的原書名引上，惟有這條沒有，可見各家書目都未經著錄。説浙志引他的傳文罷，然儒林文苑傳裏卻沒有。最奇怪的，既引了九經通論，復從經義考裏輯下古文尚書別偽例，放在尚書類中，既爲重複，且"別偽類"和"別偽例"的名詞也參差，連"仁和""錢唐"的籍貫也不一致。可見編輯浙志的人也沒有看見他的書，不過恰巧徵引到罷了。從所載的卷數上看，存真類既有這許多，想竟是把經文統統注釋一過的。按偽書考記通論卷數，有易傳通論六卷，古文尚書通論十卷，周禮通論十卷。

安徽通志也翻過了，別的都沒有，只有金石偽書考一種。這卻未之前聞，而且名詞看來很不順，疑心"金石"兩字是由"今古"傳訛的。如果如此，修安徽志的人也全沒有見到他的書籍。

---

<sup>*</sup> 原載古史辨第一册。以下諸信及附信同。

好古堂書畫記已從讀畫齋叢書裏看得了。書前有二段識語，錄如下：

> "玩物喪志"一語，出僞古文尚書旅獒篇，其云"玩人喪德，玩物喪志"，物對人言，蓋指犬馬之類也。自後人誤以書畫古器目爲玩物，而或者遂執此語以相禁戒。不知伏羲畫卦，書之始也；帝舜十二章，畫之始也：二者正吾儒所宜究心。故古之小學即是學書，而繪事亦見於聖言，在所不廢。至若從古流傳玉銅諸器，多詩、書、禮諸經所載，必藉此得以考古人制器尚象之意，尤不可爲學問以外事也。此與才人文士風流鑒賞者又迥別。若夫富貴貪婪，目不知書而亦事此，此直好貨耳，更不足論焉。

> 好古始於虞舜，曰"予欲觀古人之象"，則知十二章非創自虞也。嗣是莫盛於周。中庸稱"武王周公陳其宗器"，則文王以上歷世有寶藏重器可知。至於成王，不惟以赤刀、弘璧、天球、河圖爲寶，即古人之鼓、戈、弓、矢之屬亦盡羅爲珍異，更可見矣。

> 康熙己卯記。以前散去者甚多，不錄；以後散去者亦在焉。

由上面的一篇序，可見姚君對於經傳非全持懷疑態度的，故堯典、中庸並皆信爲實錄。他所辨的僞，只是著作人的僞，不是著作内容的僞——徵事的確實與否。

姚君的家世雖是無從知道，但看他書畫記成了兩卷，宋元明名蹟無數，可見是個富家。再揣測下去，因爲是個富家，所以可以不出來應試，不與人交游。因爲不應試，所以他的籍貫大家都不甚曉得清楚。因爲不與人交游，——記得閻潛丘年譜裏有"閉户十餘年"之語；現在流傳下來的僞書考及書畫記也都没有別人的序跋，——所以他的名氣不廣。再可以看見他的原籍雖是新安，卻終身住在杭州，所以經義考及浙江通志竟直以他爲杭州人。

浙江採進遺書録也查過，他的著述一本都没有，所以四庫全書裏也不見。假使那時把九經通論採進，即不著録，也要有個存目。

他在書畫記的序裏，雖是説了"制器尚象"等語，但是他的書裏卻全是"風流鑒賞"的話。他家裏藏的書畫真多，要去陳列起來，又是一個文華殿。

寫完了上幾紙，更想起兩件事：

（一）他的古今僞書考，刻在知不足齋叢書裏。知不足齋的鮑廷博，是徽州人而常在浙江的，與他的行踪差不多，所以得了他的書。

（二）刻他書畫記的顧蒓崖，是和鮑廷博交好的。讀畫齋叢書裏有許多書，都是從鮑氏那裏取來的。這本書雖未説明，大概也是鮑氏所藏。

姚君之文質樸至極，看他書畫記及僞書考兩序可知；由此可以推定他的性情。

學生顧頡剛。九，十一，二十三。

上兩星期，適之先生有信來，詢及姚際恒著述。我當時匆匆回了一信，舉四庫雜家類存目中庸言録提要，及經義考中古文尚書別僞例二條相答，我説四庫提要裏説他"生於國朝初，多從諸耆宿游，故往往剽其緒論。其説經也，如闢圖書之僞則本之黃宗羲，闢古文尚書之僞則本之閻若璩，闢周禮之僞則本之萬斯同，論小學之爲書數則本之毛奇齡，而持論彌加恣肆，至祖歐陽修趙汝楳之説，以周易十翼爲僞書，則尤橫矣"。既可見清初的學風，復可見姚君是個辨僞書的集大成者。又説在各處的書目裏，從没有見他的九經通論，這一部書恐怕已經佚去。

隔了幾天，我到適之先生處，先生説四庫提要實在寃枉了他，因拿張穆做的閻潛邱年譜給我看，乃知閻若璩到杭州去看他，并引他的説話到尚書古文疏證裏去，并不是姚去剽襲閻。其他諸經，想也一例。適之先生又説同治間雲南方玉潤做的詩經原始（鴻濛室叢書之一）裏引他的詩經通論很多，可見這書没有佚；想託琉璃廠書肆去找。

二十三夜又記。

附

## 胡適：詢姚際恒著述書

頡剛：

你的清籍考内没有姚際恒。此人亦是一個狠大膽的人。我想尋求他的九經通論，不知此書有何版本？你若知道，請你告我。

適。

# 致胡適：答書

適之先生：

點讀僞書考，這件事很易，大概至慢也不過二十天。不過先生說再加上一點補綴，我看可以不必，因爲一則失了他原來的面目，二則也補不盡一補，如果只補幾段，反覺得掛一漏萬。我想先生要做僞書考，不必做他的續考，簡直可以拿他所考的重考一考。

“僞書”的名目，我覺得不能賅括一切，所以我今年上半年擬的書目表稱做“僞書疑書目”，因爲有許多書只是存疑，並非作僞。

我在民國三年的春天，借鈔了一本僞書考，鈔完了做了一篇跋。今鈔錄奉上，請指正。

學生顧頡剛。九，十一，二十四。

附

## 胡適：囑點讀僞書考書

頡剛兄：

謝謝你的信。

你爲姚際恒費了那麼多的精力，使我不安。但我知道你對於這種事的興趣是最濃厚的，故也不阻止你。

他的書畫記，我也在讀畫齋叢書裏見過了。當時我也覺得他收藏的書畫之多，真可使人駭異！

你在浙江通志鈔出的一條確是非常重要，因爲我們因此可以知道九經通論是多大一部書。我已叫北京的隆福寺和琉璃廠兩處的書店"大索"此書了。看他們的手段如何。他們能替我找到一部人人不知有刻本的文木山房集，也許能尋着此書。

我對於此二書(九經通論與庸言錄)並不絕望。因爲四庫館的諸臣能知姚氏所攻擊的諸書，大概乾隆時此書還在；又方玉潤的詩經原始每章詳引姚氏的詩經通論，是此書至同治時猶存。你看是嗎？

知不足齋叢書，我新買了一部。我想先把古今僞書考抽出，點讀一遍，做一個序，先行付印。將來我想做一部古今僞書續考。單獨付印。這也是掃除舊污的一個辦法。

若你能任點讀的事，就更妙了。不必急急，每天點兩三頁便够了。

你若點讀僞書考，再加上一點補綴，——如尚書及周禮等，——我定可擔任尋出版者。此書版權印歸你，我可以保他必銷售，也是你工讀的一個好法子，並且於後學有益。請你想想。

或者我們可以計畫一個小小的"國故叢書"。用新式標點翻刻舊書，如經傳釋詞，古書疑義舉例，國故論衡等等。你很可以做這件事。我可以略幫忙。

適。九，十一，二十四。

# 致胡適：告擬作偽書考跋文書

適之先生：

我這幾天標點偽書考又没有進行；但有一件快樂的事情，便是胡應麟的筆叢已由蘇州友人買到寄來了。裏邊四部正譌一種，今送覽。

我的意思，可以拿諸子辨、四部正譌、古今偽書考三種合印成一册，喚做辨偽三種。這三種合起來不過五六萬字，可使人對於偽書得到更深的印象。

我想做的一篇跋，裏邊想做五個表：——

    (1)表偽書所託的時代；

    (2)表造偽書的時代；

    (3)表宣揚偽書的人；

    (4)表辨偽書的人；

    (5)表根據了偽書而造成的歷史事實。

但又是範圍太大了，不是倉猝能穀做到的事。或者這回先做個略表，詳的放在將來自己的目録上。

我想，第五表很重要。中國號稱有四千年(有的説五千年)的歷史，大家從綱鑑上得來的知識，一閉目就有一個完備的三皇五帝的統系，三皇五帝又各有各的事實，這裏邊真不知藏垢納污到怎樣！若能仔細的同他考一考，教他們涣然消釋這個觀念，從四千年的歷史跌到二千年的歷史，這真是一大改造呢！

要這樣的一做，我們的範圍須得軼出他們三種之外了。

　　諸子辨裏固是也有信僞書的地方——如尉繚子等，——但創意辨僞的也很多。在元代有此，比清代可加幾倍的尊敬。四部正譌雖未標題，但次序排得很準，亦爲有統系的作品。

　　我標點古今僞書考所以慢，學校方面固是事情多，但我爲附注詳細起見，想對於他徵引的書都去注明了卷帙、版本，對於他徵引的人都去注明了生卒、地域。但竟有找不到的，即如周氏涉筆一種，竟不能考得周氏是誰，涉筆是還有傳本與否。

　　周氏這個人，不見引於晁陳的書目，而獨見於馬端臨的經籍略，想來是宋末或元初的人。他懷疑的精神很高，因疑六韜而並疑及太公的無其人，這可以想見他的勇敢了。我想這書如世間竟沒流傳，以后當在通鑑上輯錄下來。

　　清代人辨證古史真僞的，我知道有二大種而都沒有看過：一是崔述的東壁遺書，一是林春溥的竹柏山房叢書。先生那裏有麽？如果考證精確，也可列在國故叢書裏頭。

　　　　　　　　學生顧頡剛。九，十二，十五。

# 附

## 胡適：告擬作僞書考長序書

頡剛：

　　僞書考不妨慢慢地點讀。你那樣校注法是極好的。

　　你主張把諸子辨、四部正譌、古今僞書考合刊一册，叫做辨僞三種。這是極好的。此書不妨慢慢地整理。或臨時加入別的新發見的辨僞著作，亦未可知。

　　你的跋一定很有價值。但我怕你所提出的五項都不適於作"表"。我看不如都作叙述議論體，何如？

　　第五項尤其重要，——"根據了僞書而造成的歷史事實"。此一項當佔全跋之大半。（這是我的估量。）

　　我想做一篇長序，（1）略駁章實齋言公篇的流弊。旁人如此說，尚可恕。實齋是講"史學"的人，故不可不辨。（2）申說我自己"甯可疑而過，不可信而過"之旨。（3）略述"訂疑學"之歷史——起王充，以至於今。論"訂疑學"不可不施行於道藏及釋藏。此序之成否，須看我的病體如何。

　　崔述的東壁遺書我没有。林春溥的竹柏山房叢書，我有全部。你要看，可以拿去看。此兩書中，只有關於考證古史的部分可以抽出。崔氏書有日本人那珂通世的新式圈點校印本，可惜此時不易得了。我已託人尋去。

　　　　　　　　　　　　　　　適。九，十二，十八。

# 致胡適：答書

適之先生：

　　林春溥的竹柏山房叢書，我想看的。這封信送到時能交給來人帶還麼？我已寫信到家裏去寄一部繹史，一部通鑑外紀來，手頭又有一部路史，合起來考證古史的出處大概也夠了。先生疑夏商書的話，請便中也寫一點給我做材料。

　　先生長序的四項，專在"訂疑學"上說；讓我專就僞書的出處流衍上說。我希望點完了諸子辨等三種書之後，出空一個月工夫，專做這個跋。不知道能縠如願與否。

　　　　　　　　　學生顧頡剛。九，十二，二十一。

# 致胡適：論竹柏山房叢書
# 及莊子內篇書

適之先生：

竹柏山房叢書收到。此書信三墳，信僞古文尚書，信洞冥記、三元經等書，頗使我失望。我沒看見這書時，揣測他一定是辨僞的，因爲他生於嘉道間，應當如此。那裏曉得還同馬驌繹史一樣！可見憑時代來揣測也有不行的地方。

但這書雖不能給我"辨僞"的資料，卻可以給我"僞史"的資料，反正是有用的。

夷初先生加入國故叢書的組合，擔任老子、莊子二書。他拿這二書教了幾年，收得的版本一定很多，在校勘上一定可以出色。我覺得莊子內篇也有靠不住的地方，如"北冥有魚"，與"窮髮之北有冥海者"一段詞意重複。齊物論的"王倪曰，至人神矣"一段，與逍遥游的"藐姑射之山"一段亦重復。逍遥游的"惠子謂莊子曰"的兩段，陳義既淺，且執大笑小，與上面的宗旨也不類。大宗師裏"真人之息以踵"及"狶韋氏得之以挈天地"兩段，明明白白是神仙家的說話，莊子不當有此。"帝之懸解"，養生主和大宗師的話極相同。又內篇裏別篇不易看，而逍遥游和養生主卻甚易看。這都是可疑的。希望夷初先生也在辨僞上做一點功夫。

學生顧頡剛。九，十二，廿六。

附

## 胡適：告續得姚際恒著述書

頡剛：

國故叢書事，昨日馬夷初先生來看我，他談及此事，我詳細告訴他，他也很贊成。他允任老子與莊子二書。

夷初先生說杭大宗續禮記輯說（浙江書局刻）中引有姚際恒的話甚多。便中當一查。

昨晚翻開四庫提要，見庸言錄一條下說姚際恒字善夫，徽州人。"善夫"的字，與別書所記姚氏之字皆不同。大概作提要的諸臣已不曉得此人的底細了。

適。九，十二，廿三。

## 胡適：答書

頡剛：

信收到了。

竹柏山房叢書使人失望是自然的。林君雖生在嘉道間，但他讀的乾嘉學者著作甚少。我們只要看他的開卷偶得，便可知道他讀的是些什麼書。

莊子內篇每篇的前一大段是真的，每篇的後面數小段大概是後人加上去的。我久持此說，你看如何？

適。九，十二，廿六。

# 致胡適：論僞史及辨僞叢刊書

適之先生：

昨函接讀。

考信録這部書，我想看了好久了，到琉璃廠問了兩回，書易得而價不能出，所以至今還没有看見。

先生說這書有全部翻刻的價值，我想有暇時到先生處看看，如我的力量能彀標點的，等我辨僞三種做完了之後便接下去。等這部書做完了，再標點孔子改制考。

我在年假裏弄了幾天的"僞史考"，覺得很有些新意。看這些僞史和時代的關係，如"封禪""符命"之類，倒也很可玩。如王莽一代，我們不必像康崔的處處吹求——我近來看看康崔的書大部分是黨爭——只要拿漢書王莽傳來看，便可見當時因於時勢關係，出了不少的僞史。如少皞的一個人，就是到王莽時才成立的，其原因是因爲想頂替了他的後代，去封國奉祀。王莽雖享國不久，然而那時造的僞史已成了有力的古史。到了東漢，無論什麼有學問的人所做的書，如白虎通、風俗通義等，竟堂皇冠冕的徵引上去了。

又如黃帝，看封禪書便可知道是秦國所奉的"上帝"之一；到戰國時竟變成了"人帝"。做世本的又拿古帝王的世系一個個牽引上去，於是黃帝就成了中國人公共的祖先。至於各代的帝王大家發生親族上的關係，這不一定是古代的貴族政治，恐怕即是六朝時人的門第觀念呢。

錢玄同先生主張把辨僞文字一起集出，這固是很好，但一時恐不易輯錄得周密。我的意見，不妨喚做辨僞叢刊；現在標點的三種喚做叢刊第一集。以后續得續刊，凡滿十萬字時，就成一個單行本。

玄同先生主張從王充起，我想最好分別一下。論衡固是辨僞文字，但他所辨的僞乃是事僞，不是書僞。事僞的範圍很大，材料也多，如方孝孺的讀周禮，他雖不是辨書僞，然是辨事僞，我們也應該采取他了。因此，我主張把辨僞叢刊分做甲乙種，甲種辨僞事，乙種辨僞書，各出各的集。先生以爲何如？

我這幾天因檢理貴重書籍，夜間又鈔錄諸子辨，——宋集已在本校書庫檢到，——所以梁任公先生的哲學史講義還沒有看完。

我覺得梁先生對孔子固是説得極美滿，但選材上還没有斟酌妥貼。他拿孔子以前的東西——如易——和孔子以後的東西——如禮運——都推到孔子身上，完全算做他的哲學。

我以爲中庸、禮運等篇，都是受了道家影響的儒家所作。先生以爲何如？

我覺得史記老子列傳同各書裏引的老子的話，都没有真實的。老子這個人，只當依了黄震的話，説他是周代憤世的隱者。他和孔子的關係，完全是後來人僞造的，正與六朝時假造老子化胡經一樣。史記上的老子列傳，只能看做列仙傳裏的東西。老子的事實，現在一點都不能知道了。因看梁先生定的年表上有“孔子五十一歲適周見老子”的話，所以想起了這一些話。

我又想起，若是我將來能彀做孔子的史，我決計拿時代來同他分析開來：凡是那一時代裝點上去的，便喚做那一時代的孔子。例如戰國的孔子便可根據了易傳、禮記等去做；漢代的孔子便可根據了公羊傳、春秋繁露、史記、緯書等去做。至於孔子的本身，拆開了各代的裝點，看還有什麽。如果没有什麽，就不必同他本身做史。

學生顧頡剛。十，一，二十五。

# 附

## 胡適：告得東壁遺書書

頡剛：

　　近日得崔述的東壁遺書（還不是全書，乃是畿輔叢書本，只有十四種，但考信錄已全），覺得他的考信錄有全部翻刻的價值，故我決計將此書單行，作爲國故叢書的一種。

　　此書我一二日内可看完。今先送上提要一册。此爲全書最精采之部分，你看了便知他的書正合你的"僞史考"之用。但他太信經，仍不澈底。我們還須進一步著力。

適。十，一，廿四。

## 胡適：自述古史觀書

頡剛：

　　來信使我很高興。考信錄在清代要算一大奇書，你肯任標點，那是極好的了。我想此書太多，不必重鈔，可即用畿輔叢書本點讀。我當再買一部供此用，因我此部已被我批點過了。

　　考信錄甚多使人失望處，你看了便知。但古今來沒有第二個人能比他的大膽和辣手的了。以後，你的"僞史考"即可繼此而起，把他的判斷再細細判斷一回。

　　大概我的古史觀是：

　　現在先把古史縮短二三千年，從詩三百篇做起。

　　將來等到金石學、考古學發達上了科學軌道以後，然後用地底下掘出的史料，慢慢地拉長東周以前的古史。

　　至於東周以下的史料，亦須嚴密評判，"甯疑古而失之，不可信古而失之"。

送上考信錄二、三、四、五册。

　　　　　　　　　　　　　　　適。十，一，二十八。

# 致錢玄同：論辨僞叢刊
# 分編分集書

玄同先生：

昨天在適之先生處見到先生的信，説辨僞書從王充起（剛意可以從七略起），至崔適止，總集攏來，這件事我狠贊成。我以爲現在着手的幾種，可以稱做辨僞叢刊第一集；將來再集到十萬字的左右時，做二集、三集。如先生標點的僞經考，便可獨居一集。這樣辦法，先生以爲如何？

我有一個疑問：我們的辨僞，還是專在"僞書"上呢，還是並及于"僞事"呢？像論衡裏，雖有書虛等篇，而他所疑的乃是不當有此事實，並不是説這本書是僞；所以采及論衡便是辨及"僞事"。這樣做法，範圍放得大些。我們或者拿辨"僞事"的算做辨僞叢刊的"甲編"，辨"僞書"的算做"乙編"；論衡這部書，就可算做甲編的第一集。先生以爲何如？

頡剛敬白。十，一，二十一。

附

## 錢玄同：論近人辨僞見解書

頡剛先生：

廿一日賜示敬悉。

近來我忽想蒐集古今關於辨僞書的著作，把它們點校印行。我覺得前代學者真是可憐，他們的最大多數都是日讀僞書，孳孳矻矻，死而不寤的；這僞書不知坑了多少聰明人！近人則更有可笑者：曾見有人一面引閻百詩、惠定宇之說，説孔安國底書傳是僞書，而一面又把僞孔書序大引特引；又有人謂大禹謨等雖僞，而其中頗多善言，必不可廢。殊不知考辨真僞，目的本在于得到某人思想或某事始末之真相，與善惡是非全無關係。即以孔二先生而論：假使禮運是僞書，春秋繁露非孔學之真，則“大同”之義，“三世”之說，縱極精美，卻不可認爲真孔學；假使墨子非儒篇或莊子盜跖篇等不但非僞書，而且所記是實錄，則我們雖甚愛孔二先生，也不能替他遮掩剝人家衣裳的拆梢行徑和向土匪磕頭禮拜的醜態。

先生所問：“我們的辨僞，還是專在‘僞書’上呢，還是并及于‘僞事’呢？”我以爲二者宜兼及之；而且辨“僞事”比辨“僞書”尤爲重要。崔東壁、康長素、崔觶甫師諸人考訂“僞書”之識見不爲不精，只因被“僞事”所蔽，儘有他們據以駁“僞書”之材料比“僞書”還要荒唐難信的。試舉三例：

(1)康長素孔子改制考中攻擊劉歆所説孔子作六經之旨，而自己乃引“緯書”來説孔子作六經之旨。

(2)夏穗卿中國歷史教科書第二冊中明明説秦漢儒生糅合方士之言爲非孔學之真，而反以桓譚、張衡之闢圖讖爲非。

（3）崔觯甫師春秋復始斥左氏穀梁二傳後出，其事實不足信，顧反尊信比左穀更後出之何休之説（何休公羊解詁中肊測之史事，崔師皆信之）。

所以我認爲辨"僞事"比辨"僞書"爲尤重要。日前與馬幼漁先生談及，謂論衡之書虛、藝增，史通之疑古、惑經等等，是最高等之"古籍校讀"（幼漁擬編古籍校讀法講義，故云然）；前乎此者，如孟子之疑武成，（但孟子所述可疑之理由則決不能成立，他用自己所定"仁者無敵"之義來評判古史，以合于此者爲可信，否則不可信，真是笑話！）韓非子顯學篇所論，皆是。竊謂若將此等"疑古"底材料蒐羅齊備，擇要擇善而點校印行，實在"有功藝林不淺"。先生以爲然否？

　　先生所云可分爲辨僞叢刊"甲編"及"乙編"之説，我狠贊成。

　　　　　　　　　　弟　玄同。一九二一，一，二七。

# 致錢玄同：論辨僞工作書

玄同先生：

昨接來書，極快。

我的性情還是近于史學；因爲想做史學，所以極要蒐集史料，審定史料。爲蒐集史料，所以要做"目録學"；爲審定史料，所以要"辨僞"。這"辨僞"的一個意思，竟與先生宗旨不謀而同，快極。我想，我能做的辨僞事情不過兩種：（一）書籍的源流，（二）史事的真僞。但最緊要的事乃是"考書裹的文法"；這件事如果能够弄清楚了，那末，"書的真僞"和"作僞的時代"便不難隨看隨剖别了。像我這樣，對於這件事便不能做；只能説盤庚、大誥因爲佶屈聱牙，所以是真，列子氣息明媚近人，所以是僞。這種"文氣""文格"似是而非之談，不説則覺得實有這個意思，説則又是"言之無物"。這樣的辨僞是不確實的。先生對于音韻文字之學這般有研究，若是從文法上去考究，真不知道可以發見多少僞跡！先生以爲如何？（如胡先生的"爾汝""吾我"之論，拿來看真古書覺得實是這般，看僞古書便觸處牴牾。）

我們辨僞，比從前人有一個好處：從前人必要拿自己放在一個家派裹才敢説話，我們則可以把自己的意思儘量發出，别人的長處擇善而從，不受家派的節制。譬如僞經考、史記探源等書，黨爭是目的，辨僞是手段；我們則只有辨僞一個目的，並没有假借利用之心，所以成績一定比他們好。先生説康有爲一輩人考訂僞書的識見不爲不精，然而反信了讖緯，尤其荒唐難信。我想，讖緯之爲僞造，康、夏等亦未嘗不"心知其意"，但有了一個"今文學家"的成見橫梗胸中，不能不硬擺架子罷了。這種的辨僞，根本先錯了。

辨"僞事"的，各家文集及筆記裏常有得看見。我們若是每月各人看三四部書，隨時摘出，我想一年總可出幾本。

我想把諸子辨、四部正譌、古今僞書考三種標點完，算做辨僞叢刊乙編第一集。此後接續標點考信録，算做辨僞叢刊甲編的一集。

頡剛敬上。十，一，二十九。

# 致胡適：論僞史例書

適之先生：

考信録已讀兩册，大快。他雖但疑史傳雜説而仍信經，令人不滿意，但經到底少，史傳雜説則很多，他把難的地方已經做過一番功夫，教我們知道各種傳説的所由始了，由此加功，正是不難。

我覺得在僞史裏很可歸納出許多例來。譬方如"年壽"，大家隨口亂道這人的事蹟，結果合不攏起來，於是只有説他們"長壽"。所以老子會活到二百餘歲，墨子會至周末猶存，子夏會活到一百零六歲以上（用梁任公先生哲學史講義語）。又譬如"數目"，要硬斷定他，於是屢屢成爲"整數"，或者成爲"乘數"。成整數的如"一百"（黄帝及堯的享國），"三千"（孔子弟子，平原、春申等家的食客，詩、書未删時之數）。成乘數的如"七十二"（孔子弟子中通六藝者），如"八十一"（蚩尤的兄弟）等。這種例很多，若留心搜輯，可得一大批。再有出於"想像"的，如想到古代是"游牧"的生活，所以擬出一個"庖犧"；想到從游牧進爲"耕稼"，所以擬出一個"神農"；想到更進而有"文物"，於是有"軒轅"。又如想到一定有人正"時"，於是想出四個"羲和"，歸之於堯的經天；想到一定有人正"地"，於是造出一部禹貢，歸之於舜的經野。

至於在造僞的原因上看，有的是要"裝架子"，如漢高算做唐堯的子孫，如北魏算做昌意的子孫，如北周算做炎帝的子孫。有的是方士騙皇帝，求利禄，如封禪書所載。有的是爲搶做皇帝而造的符命。有的是學者的隨情抑揚。有的是學者的好奇妄造。

這種的例，都可隨時摘出來，等將來的總集，做成"僞史考"裏的一部分。

學生　顧頡剛。十，一，三十一。

# 致錢玄同：答編録辨僞叢刊書

玄同先生：

前星期接來書，讀悉。

承詢“辨僞叢書”的目録，另紙録出奉覽。我讀書不多，此目所列，有許多是只在書目上看來的，并不知道他的内容如何，所以必有錯誤。所謂辨僞，大約有三方面：一是僞理，二是僞事，三是僞書。其中“僞理”一部分本没有一定標準，或竟是出主入奴的成見，我們可以不必管他。我上次信中，曾舉論衡的全書爲“辨僞叢刊甲編”之一。實是當時的粗忽；承先生糾正，感極。論衡大都是辨“僞理”，這種是非，要請哲學科學家來判斷的，這範圍太大；若是把他拉攏在内，則荀子的非相，墨子的非命，一切均須拉進，不勝其繁。先生把這方面撤去，專就“僞事”“僞書”方面著手，此意極佩。

我前函主張把“辨僞叢刊”分爲兩編，甲編辨“僞事”，乙編辨“僞書”；如今想來，也有不對的地方。考信録是辨“僞事”的，内中也帶辨“僞書”；僞經考是辨“僞書”的，内中也帶辨“僞事”。所以我現在主張把兩編打通了做，不設什麽界限。先生以爲善否？

先生説，在專書以外，可將各家文集或筆記裏關於辨僞的著作裁篇别出，前者唤做“辨僞叢書”，後者唤做“辨僞叢著”。這個界限，我以爲也不必分。譬如我現在標點的諸子辨、四部正譌、古今僞書考三種，前二種是删節的，后一種是全載的，出版時釘在一册，那“叢書”“叢著”的名目便不能定了。所以我主張像學海

堂經解那樣辦法，全載的全載，删節的删節，都轄在一個名目
之下。

　　先生對於古今文的批評，讀之佩甚。

　　　　　　　　　　　　頡剛敬白。十，四，二。

擬"辨僞叢刊"條例：

　　　　（一）十萬字外，二十萬字内，爲一集；一集爲一册。
　　　　（二）大部書或分數集，小種則幾種併成一集。
　　　　（三）凡不是辨僞，或辨僞而不甚重要者，盡删削。
　　　　（四）如係數種彙刊之集，則略略斷代，又略略比類。
　　　　（五）即一書止録一條，仍題書籍原名，不與他書合幅。

擬目録：

　　韓非子　史記　漢書藝文志　論衡　史通　柳宗元集　歐陽
修集　習學記言　黄氏日鈔　詩序辨説　孝經刊誤　朱熹文
集、語録　鄭樵詩辨妄（可從非詩辨妄中輯）　王柏書疑、詩
疑　高氏子略　周氏涉筆（可從文獻通考輯）　考古質疑　崇
文總目　晁氏讀書志　直齋書録解題　東觀餘論　諸子辨
遜志齋集　王世貞集　四部正譌　尚書考異　古今僞書考
易學象數論　易圖明辨　顧炎武集　黄宗羲集　王夫之集
萬斯大周官辨非　萬斯同群書疑辨　姚際恒九經通論　尚書
古文疏證　古文尚書考　孫志祖家語疏證　范家相家語證僞
　考信録　史記志疑　杭世駿質疑　四庫提要　新學僞經考
　孔子改制考　史記探源　袁枚集　顧棟高集　王國維古本
竹書紀年輯校、今本竹書紀年疏證
　俞樾集　章炳麟集

這個目録，寫得極凌雜。錯的地方請先生改正，少開的書請先生
告我。

剛又白。

# 附

## 錢玄同：論今古文經學及辨僞叢書書

頡剛先生：

　　一月杪間先生給我的信，我當時一偷懶，所以直到如今才寫回信。

　　先生説，因爲要研究歷史，於是要蒐集史料，審定史料；因爲要蒐集史料，審定史料，於是要"辨僞"。我以爲這個意思是極對的。我並且以爲不但歷史，一切"國故"，要研究它們，總以辨僞爲第一步。前代學者如司馬遷，如王充，如劉知幾，如顧炎武，如崔述諸人，都有辨僞的眼光，所以都有特到的見識。可是前代學者的辨僞，都是自己做開山始祖，所以致力甚劬而所獲甚少。咱們現在，席前人之成業，更用新眼光來辨僞，便可事半功倍。可恨我記性既差，識力又闇，先生所説從文字上考出僞跡，此事現在僕病未能。適之先生對於此事最有特識，蓋其天資學力均非常人所及，我不敢仰望其肩背。雖然，我也不甘自暴自棄，我自問尚有一點長處，則兩年來對於考古方面，是丹非素出主入奴之見幸而尚能免除，故異日或有一得之愚，亦未可知。

　　我對于"經"，從一九〇九至一九一七，頗宗今文家言。我專宗今文，是從看了新學僞經考和史記探源而起：這兩部書，我都是在一九一一才看到的。一九〇九細繹劉申受與龔定庵二人之書，始"背師"（章太炎師專宗古文，痛詆今文）而宗今文家言，但那時惟對於春秋一經排斥左氏而已，此外如書之馬，詩之毛雖皆古文，卻不在排斥之列，而魯恭王得壁經一事，並不疑其爲子虚烏有，故那時雖宗今文，尚未絶對排斥古文。自一九一一讀了康崔二氏之書，乃始專宗今文。康氏之僞經考，本因變法而作；崔師則是一個純粹守家法之經學老儒，篤信今文過於天帝。他們一個是利用孔子，一個是抱殘守缺；他們辨僞的動機和咱們是絕對不同的。但他們考證底結果，我卻認爲精當者居多，此意至今未變。我前幾年對於今文家言是篤信的；自從一九一七以來，思想改變，打破"家法"觀念，覺得"今文家言"什九都不足信，但古文之爲劉歆僞作，則至今仍依康崔之說，我總覺得他們關于這一點的考證是極精當的。我現在以爲古文是假造的（左傳所記事實自然不是劉歆造的，它底本身是一部與春秋毫無關係的歷史），今文是口說流行，失其真相的，兩者都難憑信，不過比較起來，還是今文較可信些。咱們若欲知孔學之真相，僅可於論語、孟子、荀子、史記諸書求之而已。

　　（這是四年前的見解。現在我覺得求真孔學只可專據論語。至於孟子、荀子、史記中所述的孔學，乃是孟軻、荀子、司馬遷之學而已，不得遽目爲孔學。至於解"經"，則古文與今文皆無是處。一九二五年九月十四日，玄同。）

　　日前適之說，先生開過一張"辨僞叢書"底書目給他；我要向他借看，但他一時尋不着了。先生可以另鈔一份給我嗎？

　　我以爲"辨僞叢書"之中，考信錄、僞經考等專書以外，可將各家文集或筆記里關于辨僞底著作"裁篇別出"，編成一種"辨僞叢著"，也作爲"辨僞叢書"中之一種。例如——

　　　論衡之儒增，藝增，書虛，正說；

　　　史通之疑古，惑經；

　　　朱晦庵之詩序辨說；

　　　章太炎師之徵信論

等等，都可合爲一編。因爲如論衡之中，確有辨僞之著作，但其書本非爲辨僞而作，它是一部哲學底專著；若將全書列爲"辨僞叢書"之一種，不但太占篇幅，抑且名實不符也。先生以爲然否？

弟<u>玄同</u>。一九二一，三，二三。

# 致胡適：論通考對於
# 辨僞之功績書

適之先生：

　　昨寄還黃氏日鈔一册，想先此收到。

　　辨僞叢刊事，現在固是做得不少，但没有善本校正，終不宜付刊。我想秋間入京後修補完全，再請先生交付商務印書館印刷。

　　那時我可交上兩集：一集是柳宗元集至周氏涉筆，一集即照原定計畫，從諸子辨至僞書考。周氏涉筆已從通考裏輯出了。李燾的話也輯出，（僞書考曾從通考上轉鈔李燾的話三條，一稱爲李仁，一稱爲李仁父，一稱爲李異嚴；名號如此模糊，甚是疑誤後人。）惜不能知道他的原書名目。

　　胡氏的正譌，姚氏的僞書考，都是依傍了通考做的。凡是他們引的書，十分之八都出在通考上。諸子辨雖不明説，亦有暗下勦襲者（如淮南子一條即襲周氏涉筆）。通考雖不標明辨僞，但他聚了許多宋人的評論，每一部古書必有一二人説他是僞的，使人逐條看了自然生出一個“僞書”的觀念。這也是他的無意中的功勞。先生的黃氏日鈔，大約是翻刻宋本的，裏邊錯字很多，並有脱文（如古三墳書一條即未畢）。我曾向書坊裏看過數部，也和先生的一樣。浙江圖書館有元代刻本，當往校勘。

　　　　　　　　　　　　學生　顧頡剛。十，六，廿八。

# 致胡適：答書

適之先生：

先生主張把辨僞叢刊以僞書爲綱，而以各家的辨僞議論爲目，我極贊成這個法子。現在雖不能輯得完全，將來續得也可另做補編。我本想依了原書排次，而在書後附上一個索引，按了僞書名目分列各家評論。但現在想，這究竟不甚便利，所以決從了先生的提議。惟如考信錄等還以仍存原書式樣爲妥。

學生　顧頡剛。十，七，十。

附

## 胡適：論辨僞叢刊體例書

頡剛：

信二封，黄氏日鈔一本，都收到了。

辨僞叢刊事，你的辦法我很贊成。但我近來想，此書爲發生最大效力計，可否以僞書爲綱而以各家的辨僞議論爲目？例如：

書經：

孟子説：

吳才老説：

朱熹説：

　　　　吳澄説：

　　　　梅鷟説：

　　　　閻若璩説：

　　　　惠棟説：

　　　　姚際恒説：

　　　　龔自珍説：

　　　　康有爲説：……

或參用兩法：（1）有些書，如你所輯校的兩集，用原書的次序，依年代排列。（2）有些大書，有些發生大問題的書，——如書經、周禮之類，——則用我此次提出的法子，每一部僞書爲一集，如"尚書的公案"；或竟加入一兩種更大的問題，如"今古文的公案"之類。

　　　你以爲何如？

　　　姚際恒的禮記通論，已由錢玄同先生動手從續禮記集説裏輯出。

　　　　　　　　　　　　　　　適。十，七，一。

# 致錢玄同：論孔子刪述六經
# 説及戰國著作僞書書

玄同先生：

　　承問我的僞書辨證集説的"諸子"部分，我只有慚恨。我固是鈔出了許多，但一到學校裏辦事，連校對的工夫都没有，何況於排次！……這書俟寫定後，自當立刻請求教正。現在材料已輯得不少，倘有一個月的閒工夫，必然可以就緒。

　　辨諸子的文字，我已録的是柳宗元集、郡齋讀書志、高氏子略、直齋書録解題、黄氏日鈔、周氏涉筆、宋濂集、方孝孺集、王世貞集、四部正譌、古今僞書考等。葉水心的習學記言，正倩人到京師圖書館鈔録。此外，我想把四庫提要也摘録一點。

　　先生所説集録經部辨僞之文的意思，讀之佩甚。我想此書集成後，便可進一步去推翻"孔子刪述六經"這句話了。六經自是周代通行的幾部書，論語上見不到一句刪述的話，到孟子，才説他作春秋；到史記，才説他贊易，序書，刪詩；到尚書緯才説他刪書，到清代的今文家，才説他作易經，作儀禮。總之，他們看着不全的指爲孔子所刪；看着全的指爲孔子所作。其實，看劉知幾的惑經，春秋倘使真是孔子作的，豈非太不能使"亂臣賊子懼"了嗎？看萬斯同的疑今文尚書及詩三百篇，書詩若果是孔子刪的，孔子真是獎勵暴君，提倡淫亂了。看章學誠的易教、儀禮倘果是孔子作的，孔子也未免僭竊王章了。"六經皆周公之舊典"一句話，已經給"今文家"推翻；"六經皆孔子之作品"一個觀念，現在也可駁倒了。

日來又有一個意思。從前常以爲戰國橫議，趁口亂道古事，造成了許多"僞事"；現在想想，戰國時不但隨便編造"僞事"，而且已在著作"僞書"了。試看舜，在孔子時只是一個沒有事蹟的古帝，門弟子問孝的這般多，孔子絕沒有説到舜身上，可見舜在那時還沒有孝的名望。孔子之後，有人做了一部堯典，説了"父頑，母嚚，象傲，克諧以孝"一句話，在做書的人原是要表出堯舉舜的緣故，但舜從此成了一個孝子。到孟子時，大家更造了他許多孝蹟，"焚廩捐階"是他，"號泣旻天"是他，"五十而慕"是他，"不告而娶"是他，"夔夔齊慄"是他，甚而至於代他解決"瞽瞍殺人"的一個問題，可見他那時已做了"惟一的孝的模範人物"了。於是那時就有摹做了尚書語氣來給他做僞史的，所以萬章上的一段酷類尚書，不是孟子時的語法。先儒不知，定爲"逸書"。其實尚書上的堯典已是僞造，孟子上的引文更是因了堯典去踵事增華所做，可見那時自有一班專門造僞書的。更看漢書藝文志上許多託古的書，漢朝人做的固有許多，但戰國時僞造的必已不少了。

我的舊學的工夫極淺，即有所見，從不敢告人。此信隨便説了一些，正因先生誘掖之勤，所以放大了膽。務請先生正其誤謬。

　　　　　　　　　　　　頡剛敬上。十，十一，五。

## 附

### 錢玄同：論編纂經部辨僞文字書

頡剛先生：

先生所纂僞書辨證集説底"諸子"部分，如有寫定本，可否借我一讀？

　　我想關於"群經"部分辨僞之文，也應該用"集説"的辦法；雖
文章太多，然可以節要編録。後人用前人成説者，若全襲前人，
毫無增加，即不必録；若稍有增加，則選録增加之一部分。例如
康氏僞經考，辨"逸禮"的全襲邵位西，則單録邵説可也。他辨春
秋，以左傳之"五十凡"等爲劉歆所附益，乃全襲劉申受左氏春秋
考證，則但録劉説已足，而説左傳本是國語之一部分，不但不名
春秋左氏傳，就是左氏春秋這個名目也是本來沒有的，此乃康氏
所發明，應該選録，列劉説之後。又，前人但隱約其詞，且無明
確之證據，而後人辨駁精當，突過前人的，則略載前説而詳録後
説：例如辨毛詩之僞，以康氏爲最明快，應全録其説，康氏以前
亦有疑毛序之文，則略載較精采者已足。如此編纂，似亦不難。
先生以爲何如？

　　我以爲"經"之辨僞與"子"有同等之重要——或且過之。因爲
"子"爲前人所不看重，故治"子"者尚多取懷疑之態度；而"經"則
自來爲學者所尊崇，無論講什麼，總要徵引它，信仰它，（直到
現在還有人根據周禮來講周史的！）故"僞經辨證集説"之編纂尤不
容緩也。先生以爲然否？

　　　　　　　　　弟玄同。一九二一，十一，五。

# 整理十三經注疏計劃[*]

## (一)十三經之性質

十三經者，蓋漢以前之古籍，自周迄宋一千八百年中層累彙合而成。春秋時人常以詩、書、禮、樂並言，故王制有"樂正崇四術"之文。然考左氏春秋所載，詩、書或但舉篇名，或標以代名國名，恐流行者多爲單篇散佚，而非斠若畫一之定本；至於禮、樂，則不見於稱引，蓋所習者儀文曲調之事，而非諷籀簡編也。其後戰國人更增以易、春秋，按左氏傳有韓宣子適魯，見易象與魯春秋事，此二者皆魯國所獨有，故左氏所載卜筮之文每異今易，而孟子所載他國之史又有乘、檮杌等。儒家承孔子之緒，盛於鄒、魯，即以此六者爲設教之科條。降及漢代，稱爲六藝。然古樂歇絕，名存實亡；歷代制度之籍，復爲諸侯惡其害己而去之。凡可以陳策而教者，詩、書、易、春秋四種而已。詩者，樂章之歌辭也。書者，政文之紀載也。易者，卜筮之繇辭也。春秋者，魯國之編年史也。自秦始焚書，學術衰絕；迄於漢惠，除挾書之律，孝文、孝武廣置博士，然後鄒、魯、梁、趙始有經師。

* 1926 年 5 月 4—6 日作。録自底稿。

是時漢興已七八十年。老儒無復存者，儒者之微言大義固已乖離矣。以文學掌故利禄之引誘，故經師好爲異説，爭求立學，派別紛歧，易、書、詩、禮、春秋五經凡十四博士，其後寖多。今十三經中起於是時者有五種。公羊傳者，經師講解春秋之語録也。穀梁傳者，繼公羊而起者也。禮記者，自戰國至西漢之經師對於禮意及禮文之雜説雜記也。論語者，孔子之再傳弟子所記孔子與其弟子之言行也。孝經者，不詳所自來，大要爲託孔子以張孝道者也。景帝時，魯恭王壞孔子宅，於其壁中得古文經籍，於是有古文之學。古文既起，與今文相競，至王莽時而立於學官。今十三經中起於是時者又有四。左氏傳者，本春秋分國之史，劉歆析之，使脱離國語而獨立，以爲釋春秋經者也。儀禮者，周末禮節之殘編也。周官者，漢人擬議設官之書而託於周者也。爾雅者，分類釋字之書，大要爲總解群經文字者也。至於東漢，今、古文之家法泯，遺籍傳記之倫亦久矣與主經並尊矣。但種雖十數，猶以六經或六藝之名總冠之。唐代設科取士，以易、書、詩及儀禮、周官、禮記三禮春秋左、公羊、穀梁三傳合稱爲九經。至宋，於九經之外又增以論語、孝經、爾雅及翊孔最力之子書孟子，於是而十三經乃爲一固定之名詞。故十三經者，彙合周代之文獻，儒家之學説，經師之解釋而成者也，中國二千餘年來之文化莫不以此爲中心而加以推揚，欲明瞭中國文化之根荄者，必於此求之矣。

　　以上所述十三經之性質，乃最簡單之説明，所下異説亦只是率然之論斷。若欲尋其實際，爲愜理饜心之論，其中問題正多，若周代諸國經籍之編纂傳佈問題，孔子删述六經或著作六經問題，儒家承受孔學或託古設言問題，漢初經師口説與孔學真相問題，古文經籍真僞問題，漢代經籍本子問題，皆聚訟紛紜，其書充棟，非旦夕所能理析而作解答。昔人視經過尊，有諷誦信守而少研究，以是此類問題皆有待於我輩之竭精商榷。整理前人成説，實入手之初步。他日於繁亂之中獲其綱領指歸，然後十三經之真面目可得而詳説焉。

# (二)十三經注疏之性質

注者，所以釋經者也。疏者，所以釋注者也。在十三經中，如易傳之釋易，公羊諸傳之釋春秋，爾雅之總釋群經，固皆爲注矣。毛詩故訓傳，鄭玄從而箋之，固亦爲疏矣。然以經師之好爲循文敷義，又從而注之疏之，故十三經皆燦然具備。今以唐、宋所定注疏分列時代。其在西漢，爲毛亨之毛詩傳；在東漢，爲衛宏之毛詩序，趙岐之孟子章句，何休之公羊傳解詁，鄭玄之毛詩傳箋及周禮、儀禮、禮記諸注；在魏，爲王弼之周易注，何晏之論語集解；在晉，爲韓康伯之周易注，王肅之徒所僞造之尚書孔氏傳，杜預之春秋左傳集解，范寧之春秋穀梁傳集解，郭璞之爾雅注；在唐，爲孔穎達等之周易、尚書、毛詩、禮記、左傳之正義，賈公彦之周禮、儀禮注疏，徐彦之公羊傳注疏，楊士勛之穀梁傳注疏，唐玄宗之孝經注；在北宋，爲邢昺之孝經、論語、爾雅注疏；在南宋，爲邵武士人之孟子注疏。由此可知今所謂十三經注疏者實包有一千二百年之經師注釋。其間雖學術潮流不同，家派又紛淆，趣別淺深，旨殊虛實，不能求其一貫之見解，然歷年既久，蓄積彌多，譬之江河所經，挾川流而俱下，質雖雜而量則鉅，得其主幹則可以窮其支曲。凡欲求宋代以前之經説者，此固一無盡之寶藏也。細爲甄析，以見各時代之學説真相，其責在我輩！

漢代有今、古文之分，今、古文中又各有其家派。至東漢之末，鄭玄混同今、古，學者風靡，頗有統一之傾向矣。然不久王肅繼起，一意掊鄭，經學又分爲鄭、王兩宗。至於隋、唐，此兩宗又混合爲一。學者所誦經注，則王弼之易，僞孔安國之書，毛鄭之詩，鄭玄之禮記，杜預之左傳。唐太宗命孔穎達與諸儒撰定五經正義，凡一百七十卷。高宗永徽四年（西元六五三），頒於全國，明經科依此考試，迄於宋代，皆遵此本，是五經正義者，七世紀中葉至十一世紀中葉四百年中以科舉之規定而於學術界具有最大勢力者也。北宋中雕版風行，學者見聞廣博，好以理性説經，不復爲前人成説所限。此自一進步。至清，學者厭薄宋、元人主觀之流弊，欲以最古之解釋爲標的，加以各種古籍之歸納研究，以求合於道真。此又一進步。今日承清學之後，復值科學方法之輸入，自可更進一步，彙合各時代之成績而折衷於至當，以纂定十三經之新正義。然茲事體大，非一蹴可幾也。整理十三經注疏，使學者對於宋以前之經説開卷了然，則基礎既固，自不難於堂構矣。

# （三）十三經注疏之卷數及版本

注疏有依疏分卷者，有依注分卷而復依疏分子卷者。具列於下：

周易正義十卷；

尚書正義二十卷；

毛詩正義二十卷，子卷分七十卷；

周禮注疏四十二卷；

儀禮注疏十七卷，子卷分五十卷；

禮記正義六十三卷；

春秋左傳正義六十卷；

春秋公羊傳注疏二十八卷；

春秋穀梁傳注疏二十卷；

孝經注疏九卷；

論語注疏二十卷；

孟子注疏十四卷；

爾雅注疏十卷；

依子卷計，凡四百十六卷。至其版本，則習見者約有以下諸種：

(1)宋建本(宋建本修版，至明正德間。每半頁十行，故亦稱十行本。無儀禮、爾雅。)

(2)閩本(明正德中御史李元陽刻於福建，每半頁九行，故亦稱九行本。其版後入南京國子監。)(一稱閩監本、南監本)

(3)北監本(明萬曆中國子監祭酒李長春等刻於北京國子監，故有是稱。修版至清康熙間。)

(4)汲古閣本(明崇禎間，常熟毛晉校刻。清嘉慶間，蘇州書坊有翻刻本。)

(5)武英殿本(清乾隆四年刻，每卷各附考證。同治十年，廣州書局有翻刻本。)

(6)阮刻本(清嘉慶二十年，江西巡撫阮元依宋建本，加入宋單疏本刻於南昌。每卷各附校勘記。四川書坊有翻刻本。)

以上六種，以阮刻本爲最，蓋當經學極盛校勘極精之世，依最早之本，集專門之士，故能爲獨出之善本也。今整理注疏，擬以此本爲據。

# (四)阮氏校勘注疏之依據

阮氏收藏甚富，故校勘之本至多。任校勘者，如顧廣圻、臧庸、李銳、徐養原諸人，均篤學之士。依其序錄，總括得下列各種：

(甲)石經
  (一)漢熹平石經論語殘字；
  (二)唐開成石經(唐末乾符中修改，後梁及明又補刻，凡十二經，無孟子)；
  (三)唐天寶四年石臺孝經；
  (四)蜀石經(詩殘本)；
  (五)北宋熙寧石刻孝經；
  (六)南宋紹興石經(書、詩殘本、禮記、論語)；
  (七)宋高宗行書孟子石刻。
(乙)群經彙刊本
  (一)南宋岳珂相臺五經單注(又武英殿重刊本)；
  (二)南宋十行本注疏(明正德間修補)；
  (三)明閩監本注疏；
  (四)明北監本注疏；
  (五)明汲古閣本注疏；
  (六)明葛鼒永懷堂十三經古注。
(丙)單經本
  (一)南宋刻詩小字本(十三行)；
  (二)明刻詩注(十行)；
  (三)宋刻周禮單注殘本(宋刊小字本附載音義，以別本

　補足）；

　（四）明嘉靖徐氏刻周禮單注本；

　（五）宋嚴州刻儀禮單注本；

　（六）明嘉靖徐氏翻宋刻儀禮單注本；

　（七）明鍾人傑刻儀禮單注本；

　（八）北宋咸平刻儀禮單疏本；

　（九）明嘉靖徐氏刻禮記單注本；

　（十）南宋刻春秋集解殘本（十行）；

　（十一）北宋刻春秋集解小字殘本（十一行）；

　（十二）宋淳熙刻春秋左傳小字附釋音本（十行）；

　（十三）宋刻纂圖左傳集解本（十行）；

　（十四）宋慶元沈中賓刻左傳正義本（八行）；

　（十五）明吳士元等重修監本春秋左傳注疏；

　（十六）影宋鈔穀梁單疏（明李開先藏）；

　（十七）明刻穀梁（十行）；

　（十八）明吳元恭仿宋刻爾雅單注（八行）；

　（十九）元雪窗書院刻爾雅單注；

　（二十）宋刻爾雅單疏；

　（二十一）元刻爾雅單疏；

　（二十二）日本刻皇侃論語義疏；

　（二十三）明修補宋刻論語注疏；

　（二十四）宋岳珂相臺書塾刻孝經單注；

　（二十五）明正德修補元泰定刻孝經注疏；

　（二十六）孔繼涵刻孟子單注；

　（二十七）緯岱雲刻孟子。

（丁）校本

　（一）錢曾校周易單注單疏兩本；

　（二）盧文弨傳錄明錢保孫校影宋注疏；

（三）日本山井鼎、物茂卿七經孟子考文補遺引古本、足
　　　利本、宋本；

（四）臧庸校宋刻大字周禮秋官；

（五）惠棟校宋周禮注疏；

（六）惠棟據宋刻禮記正義校汲古閣本；

（七）盧文弨、孫志祖校汲古閣禮記正義；

（八）惠棟過錄何煌校宋公羊注疏；

（九）何焯校宋余仁仲刻穀梁單注殘本；

（十）何煌校元刻注疏本；

（十一）惠棟校爾雅；

（十二）盧文弨校爾雅；

（十三）陳鱣論語古訓引高麗本論語；

（十四）何焯校緑明章邱李開先藏北宋蜀刻孟子大字單
　　　　注本；

（十五）何焯校宋劉氏丹桂堂刻孟子單注巾箱本；

（十六）何焯校宋岳珂刻孟子單注本；

（十七）何焯校宋廖瑩中刻孟子。

阮本所取如此，蓋自有刊本以來未有若斯之慎密者也。然其子阮
福撰雷塘庵弟子記云：“此書尚未刻校完竣，即奉命移撫河南，
校書之人不能細心，其中錯字甚多，有監本、毛本不錯而今反錯
者。校勘記去取亦不盡善，故大人不以此刻本爲善也。”觀此則爲
山之功虧於一簣，猶未竟阮氏之志。


# （五）整理十三經注疏之方法


　　今欲整理注疏，約計可作四事：一曰校勘，二曰標點，三曰

纂輯，四曰索引。

　　校勘之業，阮氏既未竟其功，而百餘年來，以交通之便易，發見之多方，祕籍日出，凡阮氏所未見，或見之未真者，今皆燦然陳列，如入五都之肆，使人目眩。使阮氏而在，其狂喜不知將何如矣。綜合舉之，約有下列諸項：

　　（一）石經。阮氏所舉，開成以前，熹平殘字而已。光緒二十一年，魏正始三體石經發見於洛陽。民國十一年冬，農人耕地又得巨石。今按其文有尚書、春秋各七方。

　　（二）古寫本。清末敦煌發現古籍數萬卷，皆六朝至宋初人所書。其中經書有隸古定尚書、周易王弼注、毛詩故訓傳、論語鄭氏注等，其地位在開成石經之上。日本古寫本亦隸古定尚書、六相禮記疏義等。取與敦煌本相合，有逾軼唐宋之勢。其書刊於德清傅氏、遵義黎氏、上虞羅氏、吳興劉氏，求書固甚便也。

　　（三）古刊本。乾、嘉以後，士流競尚收藏古籍，校勘之風特盛。如瞿氏鐵琴銅劍樓、丁氏善本書屋、楊氏海源閣，書皆未散，可資探討。其影刊古本者，如古逸叢書之宋蜀大字本爾雅，四部叢刊之宋刊二十行周易單注，皆是。而日本所藏足利本，阮氏僅據七經孟子考文著錄者，今彼邦亦刊有完帙矣。

　　（四）輯本。阮氏所校，盡於完書。然類書字書之中，證據不一，惟單辭隻句，蒐輯爲難而已。近年北京大學研究所國學門將藝文類聚、太平御覽、一切經音義、水經注、文選注等書依引書名剪鈔湊集，得佚書數千種，而存者亦得備校勘之用。

　　（五）校本。阮氏以前，如何焯、惠棟，並時如盧文弨，所校書既錄入矣。其後如張宗泰之校爾雅、周官（刊入積學齋叢書），李富孫之校易、書、三傳（刊入清經解續編），朱駿聲考春秋三家異文（刊入聚學軒叢書），江瀚考詩經四家異文（刊入晨風閣叢書），皆足備阮記之缺。至於今日，如羅叔蘊先生之遍校新發見之經注文，尤爲有功。經書白文，曾無佳本。市中所行，僅從注疏中摘出，漫無別擇，又以書序、詩序闌入，夫序文固亦注之類也。今重校注疏，竊意可將白文抽出單行。經書之白文，非徒石經與刻本之有異：古籍所引，文多參池；學官不同，文亦不一。例如毛詩漢廣之“不可休息”，韓詩作“不可休思”，則協韻矣。毛詩雨無正篇無字合於篇銘，韓詩篇首有“雨其無極，傷我稼穡”之句，則應題矣。儀禮歌召南三篇，越草蟲而歌采蘋，則知今之篇次非古矣。凡此之類，必加詳徵。雖徵引之後亦終不能定其本真，然校之暖暖姝姝守一先生之説以自滿者不已愈乎。編次之法，擬分若干格，以時代順次，不立主經，不加標點，使人一覽之下，異文逸篇，昭然在目。

# （六）整理十三經注疏之設備及期限

今世舉事，惟期速成，故惟有塗飾耳目而無實效。今爲此書，要當切實作去，不求便捷而但求真確。試爲規畫如下：

一、人數。少則二人，多則三人，其性質之分配一依經書之分配。按經書分類，尚書，春秋三傳，史也。爾雅，文字學也。詩，文學也，而可資文字學之研究者最多。易，三禮，論語，孝經，孟子，哲學宗教學也。若有三人，即如此分配。文字學方面事較輕，或分三禮之一部分與之。如爲二人，則以史與文字爲二幹，而哲學宗教學方面平分之。

二、期限。全書四百十六卷，約計每人一旬成一卷：如兩人則爲六年，三人則爲四年。加以付印之校勘，約再增二年。

三、設備。設工作室二間或三間，以備編輯。雇書記二人或三人，以任鈔寫。須備之書籍約如下列：

各代石經，石經彙函；

各種注疏本及白文本；

通志堂經解；

詁經堂續經解；

經苑；

清經解正續編；

各種零種經解書；

各種文字學書。

# 擬編輯尚書左傳讀本計劃書<sup>*</sup>

1. 尚書、左傳兩書爲中國古史中最重要之書籍，故擬先行編輯讀本。所以稱讀本者，因前人所作之經解，用今日眼光看之，其中不合處甚多，但欲另作愜心貴當之新注實非經過長時間之研究不可，今亦無此機緣；爲領會古書之大意，引起研究之工作起見，只在前人注解中擇取其可信者，加以整理，作爲初學之讀本。

2. 讀本中分爲以下諸部分：

(1)正文——依選定之注釋分章句，加標點。其僞書及逸文(如東晉時出之僞古文尚書，江聲輯集之尚書逸文)別爲一部分，不雜廁。至堯典、禹貢等篇是否虞夏書真本，左傳是否即國語，現在固已提起問題，但尚未論定，不須牽涉。

(2)校勘——正文各本不同者，爲之校勘。

(3)注音——凡不習見之字及一字有岐音者，用注音字母(或國際音標)注音。

(4)釋義——選擇歷代經注經説之精當者，并參考金石文字，作簡明之注釋。如各家異義有難以決定者，即條列其説，備讀者之自行討論。

(5)譯文——凡難解之文字，雖有注釋而仍不易明白者

* 1926 年 5 月 28 日作。録自底稿。

（如盤庚、大誥），用白話翻譯。

（6）圖表——凡事物非圖表不能説明者（如尚書之九州，左傳之氏族），作各式之圖表以説明之。

（7）索引——將全書中之名詞作爲分韻分類之索引；其一物而異名者互注之。

（8）附録——摘録從前人對于本書之重要批評及考證，并關于本書之歷代著述目録，附刊全書之末。

（9）序文——詳述本書之原本意義及其遷變之意義，經師之學派及其得失，版本之次第及其真僞精劣，作爲長序。

3. 尚書讀本豫計兩年完工；左傳讀本豫計三年完工。于十五年九月一號開始工作。編輯成績，每半年送付審查一次。印刷須在本書完全脱稿以後。

4. 本書出版後，如銷數在五千部以上，著者得向出版者抽取書價十分之一的版税。

5. 本書編成後，如雙方滿意，得再議編輯他種古書之讀本。

# 上古史研究

## 一、序論<sup>*</sup>

  我從事中國古代史的研究工作，已近三十年，這次來蘭大，想把三十年來研究的心得，作一番系統的講述與檢討，不過三十年來所致力的，大半偏重於零碎問題的考據與研討，整個的來做一番系統的研究，這還是第一次嘗試，恐怕不一定能講得好的。

  談到系統，說的人很多，但是一種有系統的學問，真是談何容易！學問的起源，是由於假設而來的，因爲上帝並沒有給人們以分門別類的學問。有了假設以後，得着大家的承認，就變成了常識。如從前人說："地是方的"，這就是假設。這假設經許多人承認，遂變成常識了。可是經過若干年以後，這種常識被人發現了破綻，而認爲不正確時，便不得不有新的假設，於是又有人說"地是圓的"來推翻前者的說法了。這種新假設，經大家公認後，又變成了常識。所以常識是時時受學問的指導而改變着的。所謂學問，就是這樣繼續不斷地提出新的問題，得到新的結論，來提高或改變一般人的常識。所以研究學問的人，必須先有充分的常

---

  \* 本節由李得賢記錄。原載文史 2000 年第四輯。

識，來鞏固研究學問的基礎。諸位同學現在所有的知識，必須自己承認，這都是常識而不是學問，然後方可得到勇猛精進的道路。

什麼是學問呢？拿現在的話來講，"學"是搜集材料，"問"就是提出問題。所以學問必須搜集材料，然後纔能提出有價值的問題；同時也可以説，必須心中有了問題，然後眼中找得到材料。所以，"學"與"問"是要相輔而行的。孔子曾説過"學而不思則罔，思而不學則殆"。可見"學"與"思"是要並重的。這裏所説的"思"就是"問"，因爲要提出問題，必須先費一番思考的。"學"與"問"並行而不偏廢，纔是研究學問的真精神。

我們可以把有史以來中國學術思想分爲下列四個時期：

（一）王官時代——戰國以前（爲貴族保存材料）；
（二）諸子時代——戰國（以自己思想指導時代，修改舊日傳統材料）；
（三）經學時代——漢以後（以經典爲信仰中心）；
（四）史學時代——清以後（以經典爲研究古代社會的對象）。

更綜括起來説，王官時代的學術是因襲的，諸子時代是創造的，經學時代是信仰的，史學時代是研究的。

# （一）王官時代

中國史上有文字記載，是從殷商時代開始的，此前的史事，因爲没有文字記載，很多無法考證。在商、周時代，一切學問都在王官手裏，是即所謂"王官之學"。"王"是指當時的貴族階級，"官"就是官守。所以那時候的學術，爲貴族階級所特有。貴族家中，設有禮、樂、史、卜等官，分别執掌其事。兹分别舉例略爲説明如下：

　　禮官：禮是維持貴族社會的地位的工具，當時貴族爲了要鞏固他們的社會地位，要提高他們的身份，所以便設禮官執掌這種職務。禮官所執掌的禮，可分爲家庭、朝廷、地方及軍事等四類：

　　甲、屬於家庭方面的禮：

　　　　(1)冠禮——古時男子二十而冠，是一種表示成人的儀節。

　　　　(2)昏禮——"昏"就是後來的"婚"字，古人於天昏時結婚，所以叫做"昏"。昏禮便是結婚的儀節。

　　　　(3)喪禮——是喪葬的儀節。

　　　　(4)祭禮——是祭祀的儀節。

　　乙、屬於朝廷方面的禮：

　　　　(5)朝禮——朝覲天子的禮節。

　　　　(6)聘禮——聘問他國的外交禮節。

　　丙、屬於地方方面的禮：

　　　　(7)射禮——鄉射是地方上習武的一種儀式。

　　　　(8)鄉禮——就是鄉飲酒禮，是尊重一鄉中高年和有德者的禮節。

　　丁、屬於軍事方面的禮：

　　　　(9)軍禮

以上冠、昏是嘉禮，喪是凶禮，祭是吉禮，朝、聘、射、鄉是賓禮，連軍禮合起來，又通稱爲吉、凶、賓、軍、嘉五禮。這五種禮都有一定的儀式，都歸禮官所執掌。他們傳留下來的記載，就是現在十三經中的儀禮。

　　樂官：樂官是執掌朝廷及宗廟音樂的官員，在朝廷及宗廟中行禮時都要奏樂，帝王和貴族在起居宴飲時也要奏樂的，所以形成了當時貴族社會的重要生活的一部分。那時的樂器，可分爲八種：

(1)金——鐘　　　(2)石——磬

(3)絲——琴、瑟　(4)竹——簫

(5)匏——笙　　　(6)土——敔、塤

(7)革——鼓、鼗　(8)木——柷

樂官所傳有兩部分，一是歌詞，即詩經；一是樂譜，可惜樂譜後來竟失傳了，沒有遺法可循。現在留下的只有詩經，都是當時的樂歌。詩經共計三百零五篇，通常稱做三百篇，分南、風、雅、頌四類，實際上這四類並沒有太嚴格的區別，大致説來：

南和風：是各國民間的歌謠，屬於地方性的。

雅：是在朝廷上奏的樂章。

頌：是在宗廟中奏的樂章。

這三類詩，在當時都能歌唱，可惜樂譜業已失傳，現在留下這部美麗的詩集，只供我們閲讀了。

史官：史官是爲當時貴族保存歷史記載和史料的，他們傳下來的東西，有尚書與春秋兩部書。尚書中包括有典、謨、誥、誓等幾種體裁的文字紀載：

典——相當於今所謂紀事本末。

謨——就是後世的奏議一類的東西。

誥——是帝王的詔諭。

誓——是出征時的誓師辭。

以上典是記事的，謨、誥、誓都是記言的。

春秋是一種編年體的記載。"春秋"二字，是"因春以包夏，舉秋以兼冬"，即是指年月的次序而言。所以春秋記事，處處繫以年月日，例如

某年春王正月……（因春秋是魯史，故奉周建子的曆法。）

夏四月……（該月中雖無事可記，也得將月份寫出。）

秋七月……

冬十月……

卜官：商、周時迷信鬼神的風氣很濃，一切行事都要預卜其吉凶，商代占卜，是用甲骨，今所發現者有殷虛卜辭；周代則用蓍草。周易一書，就是卜官傳下來的。用蓍草占卜時，單數爲陽爻，它的符號是—，雙數爲陰爻，符號是- -，將這兩種符號三次排列，便成了下面的八卦：

☰（乾）　☷（坤）　☳（震）　☵（坎）

☶（艮）　☴（巽）　☲（離）　☱（兑）

拿這種符號來代表人，則乾爲父，坤爲母，震爲長子，坎爲次子，艮爲少子，巽爲長女，離爲次女，兑爲少女，剛好是一個八口之家。集爻爲卦，卦與卦再相配，便得六十四卦，三百八十四爻，每爻注上一兩句繫辭，以此來占卜吉凶。後人更把它看作宇宙的最高原理，他們以爲三百八十四爻，已够說明宇宙間的一切。又有人以它爲做人的原則，例如他們拿陽爻代表剛，陰爻代表柔，說做人應剛柔相濟。所以一部易經，對於中國的精神文明（宇宙觀和人生觀）影響極大。

以上四官，傳有五經（樂經已失傳），這就是王官之學。從這些材料中，我們可以看出商、周時代的社會情形及制度來。

# （二）諸子時代

諸子興起的時代背景：諸子學說的興起，是與當時的時代有極大關係的。西周是貴族社會，故產生王官之學，到了春秋末年以迄戰國初年，周王室漸衰，戰爭頻仍，社會上發生了劇烈的變遷，交通發達，商業也日趨繁榮，貴族階級不能應付這種劇變的社會局勢，封建制度爲戰爭所破壞，便日趨於沒落，於是平民階級便應運而興起。諸子的學說，正代表當時的時代思潮。諸子學說從春秋末開了頭，到戰國時爲最盛行的時代，也是中國文化發展得最輝煌的時代。孔子便是諸子中的第一人。他們的學說，雖也由王官之學中蒐得材料，但我們可以說：真正的學問是始於諸子的。因爲他們的學問較王官之學有見解，有思想，富有創造性，是對當時的社會對症下藥的。

諸子的學說：春秋時戰爭最多的是晉國與楚國，孔子生於春秋末年，那時晉、楚已不大作戰，社會比較安定。史記孔子世家說：孔子以詩、書、禮、樂教弟子，共有三千人。其中通六藝的有七十二人。孔子有弟子三千，這個說法是不大可靠的。三千人不過是表示人數很多罷了，正如孟嘗君食客三千，平原君門下也有三千等的說法是一樣的意思。孔子既以詩、書、禮、樂教弟子，他的教材，還是取之於王官。同時孔子自己也是個小貴族（他的弟子也有許多是貴族）。所以他的思想有濃厚的封建色彩，並且還是一個封建制度的擁護者。因此他只想恢復過去的社會制度，而沒有開創新時代的計劃，所以他非常痛恨破壞當時社會制度的分子，這般人在他眼中都是亂臣賊子。相傳他作春秋，也是基於這個立場，所以說"孔子作春秋而亂臣賊子懼"。以後諸子興起，卻一致推翻了貴族階級，這是孔子所沒有料想到的。

孔子死後不久，便有墨子繼起，墨子的國籍大概不出宋、魯二國。他出生時，大概孔子剛死。他對王官之學也很有研究，但他能認識時代，思想較孔子爲解放。他認清尊尊貴貴的傳統思想已不適用於當時的時代，因此他提出尚賢、尚同及非攻等的主張來。他特別提倡尚賢的學說，主張以全國最賢的人來居最高的領導地位，惟有這樣，平民纔能代替貴族的地位，而徹底打破階級制度。這樣以最賢的人做天子，次賢的做諸侯，再次賢的做大夫，然後人民的意志上合於大夫，大夫的意志上合於諸侯，諸侯的意志上合於天子，天子的意志上合於天，天下自然會大治了。因爲要尚賢，他又提倡尚同，凡是在下位的人，都要追隨賢者，以賢者的意志爲意志。天子既然是最賢的人，諸侯亦是次賢的人，則各國之間的戰爭自可免除，因此他又主張非攻，這就是墨子理想的大同世界。他還有一點跟孔子不同的，便是孔子的弟子毫無組織，而墨家門徒卻爲一有組織的團體，他們都絕對服從鉅子(領袖)的命令，有赴湯蹈火，爲別人犧牲的精神，是極端的救世主義者。

孔、墨兩家思想互相牴牾之處甚多，同時孔子也尚嫌貴族化一點，因此平民化的墨子非常反對他。墨家學說，無疑的是儒家的反動，不過他們也有其相同的地方，那便是孔、墨兩家都是希望有一個安定的社會，在思想上都共同是向外發展的。

儒家一派的孟子，可以說是調和儒、墨的一個人物，孔、墨兩家的思想，在孟子一書中都可以看到。如孔子尊尊，墨子賢賢，孟子則並二者而有之：孔子言仁，墨子以仁義爲天下的大利，孟子中也處處談仁義；孔子說家有等差——貴族之家與平民之家，孟子中所主張的卻是八口之家，與封建制度似沒有關係，而卻與墨子的兼愛思想相合。所以孟子雖然在表面上痛罵墨子，實際上他卻接受了一部分墨子的思想。無論是孔、墨、孟，他們都是想平治天下的，也就是說他們都是向外發展的。

孔、墨、孟三家以外，有一位跟他們站在相反立場的人，便是楊朱。關於楊朱的學說和時代，古書上紀載的很少。孟子上批評他是“爲我”主義，這個“爲我”，就是“輕物重生”。他將自己的生命看得很重，不願爲外物而傷其生。所以他提出“全生保真，不以物累形“的口號，勸人不要忘記了自己。他的這種主張，恰好與孔、墨、孟三家相反，是代表向內發展的一派。

宋銒是一個調和楊、墨的人，墨子主張非攻，他主張救鬥寢兵，楊子要全生保真，他也主張減少情欲。他的學說是要以楊朱“爲我”之說來治身，而以墨子之說來救世，同時他也不非毀儒家的仁義禮樂。莊子天下篇說他“以禁攻寢兵爲外，以情欲寡淺爲

内”，正可以看出他調和儒、墨、楊的宗旨來。後來莊子所謂的
“内聖外王”之學，就是由宋鈃而來的。（按宋鈃所著書，久已失
傳，近由郭沫若先生的考證，纔將他的遺著心術、内業兩篇，從
管子提認出來，詳見郭著青銅時代一書中宋鈃尹文遺著考。）

　　依據上面的分析，可拿正反合的法則列表説明如下：

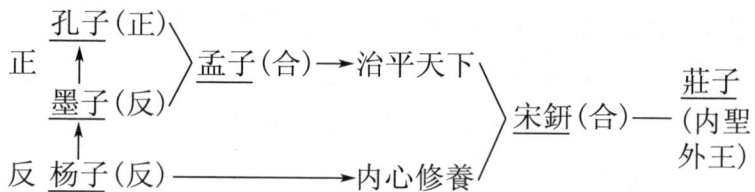

```
        孔子(正)╲
    正    ↑      ╲孟子(合)→治平天下╲
        墨子(反)╱               ╲宋鈃(合)—— 莊子
                                ╱        (内聖
    反 杨子(反)────────→内心修養╱         外王)
```

諸子之學，都富有創造性，都想改革當時的社會。他們濟世救民
的主張，都是對症來下藥的。我國學術思想以戰國時代最爲發
達，就是因爲有諸子的興起。不過諸子在當時還不能完全脱離王
官之學的藩籬，因爲他們所需要的材料，都還不能不憑藉六經，
可是六經的材料仍然嫌太少，不够他們充分應用。在這種情況
下，他們便不惜創造歷史，以爲他們託古改制的根據。如孟子
“道性善，言必稱堯舜”，便是很顯明的例子。禮記上也説：“毋
勦説，毋雷同，必則古昔稱先王。”也是同樣的意思。堯、舜與先
王，距離孟子不知已有多少年代，記載本來就少得很，但孟子爲
了要符合他言必稱堯、舜的學説，便不得不從他的腦筋中虛構出
一個先王的輪廓來。這種創造歷史的學説，是諸子學説的一大特
色。康有爲孔子改制考一書，就是説明諸子的學説大多是“託古
改制”的。兹再簡單的列一個表如下：

```
              ╱學説
    諸子創造╱
          ╲歷史
```

　　戰國諸子很多，其前期諸子的思想界限，比較顯明，至後期諸子學術思想，因受各方面的影響，分析起來，比較複雜困難，這裏只以前期諸子來做個例證，其他暫不詳説了。

　　諸子與六經的關係：康有爲所著孔子改制考，是一部劃時代的著作，不過這個名稱，應改做"戰國諸子託古改制考"，因爲孔子尚無改制思想，還没有想到改制，到戰國諸子纔有這種改革舊社會的思想的。康有爲認爲六經皆孔子所作，照他説來，孔子與六經關係是這樣的：

$$孔子 \longrightarrow 六經 \longrightarrow 儒家$$

但據我前面所説的話，則諸子與六經的關係卻是這樣的：

$$
\begin{array}{ll}
六經 \text{——} & 孔子 \text{——} 六經（前後六經, 思想不同）\\
時代 & \diagdown \diagup \\
影響 & \diagup \diagdown 諸子
\end{array}
$$

諸子的學説，都是對當時的社會對症下藥，這即是他們所受的時代影響，但是對於古代的知識，他們知道的並不多，所以又不能不借重六經，因而形成了上表所列的那種錯綜複雜的關係。

　　據史記孔子世家記載孔子與六經的關係是這樣的：

$$
孔子 \begin{cases}
刪 \begin{cases} 诗 \\ 書 \end{cases} \\
正 \begin{cases} 禮 \\ 樂 \end{cases} \\
作 \text{——} 春秋 \\
贊 \text{——} 周易
\end{cases}
$$

據孔子世家説，詩原有三千多篇，書有二萬多篇，都嫌太多而零亂，所以孔子把它删去一部份。禮、樂是實際的規範與儀式，其已經不適用的，便加以改正。春秋則加以筆削（筆即改，削即是删）。易的卦爻辭是經，易傳則是孔子自作（?），是用來解釋經的，所以叫做贊。史記上這種孔子曾整理六經的説法，比較的公道而正確。但康有爲卻爲什麼説孔子作六經的話呢? 他也自有他的道理。他認爲尚書中堯典、皋陶謨兩篇與論語中孔子的思想相同。其實堯典與皋陶謨乃是後來孔門弟子或再傳弟子根據儒家思想所僞作（論語也出孔子弟子所纂輯），所以孔子以前的六經與孔子以後的六經，顯然不同。孔子以前的六經是貴族家中物，而影響於諸子者頗大。孔子以後的六經，則又多受諸子的影響，且經過儒家的修飾與潤色。此外，墨子是不相信命的，他在非命篇引尚書桀事説：

時日曷喪，予及汝偕亡。

又引尚書紂事説：

我生不有命在天。

以證明"命"的不可靠，而孔子卻説：

死生有命，富貴在天。

與墨子的説法完全不同，説不定墨家在當時也有墨家的尚書（就是由墨家竄改以迎合己意的尚書），以作他託古改制的憑藉。因爲戰國時的經、子經過這樣的竄亂混淆，故頭緒紛繁，諸子與六經的關係，一時不易分得清楚。

漢武帝時，因聽董仲舒的建議，絶百家之言，而獨尊儒術，所以漢代的經學獨盛，一直到宋、明，政府與學術界，仍然以經典爲信仰的中心。

# （三）經學時代

漢以後的經學時代：漢代爲一規模宏大的帝國，爲了要維繫人心，使一般人有一個中心信仰，以鞏固其王權，所以聽董仲舒的話，一切都以經典爲準。他們將偏重倫理的經，看作天經地義，完全把它神秘化。董仲舒說：“天不變，道亦不變。”就是這個意思。

漢人所第一標榜的是“通經致用”，這以今日的眼光看來，當然是很可笑的。經是周代的書，而拿它來做漢代人的用，這怎麼可能呢？但是他們卻大聲喊出了：“以春秋斷獄，以禹貢治河，以詩三百篇當諫書”的口號。漢代自有律例，而他們卻喜歡以春秋斷獄，取春秋一字褒貶之義；禹貢上只言山川、土壤、物產等等，並沒有說治河的話，而他們卻主張用以治河；詩經上雖也有勸諫帝王爲善的篇章，可是其中還有許多是男女戀愛的情歌，難道也以情歌來當諫書嗎？這不免太荒謬了！可見當時真成了“經書狂”的時代，儘量把經來神秘化、宗教化，凡是對經發生一點懷疑的人，都給他加上個“離經叛道”的罪名。因此經師的地位也就特別提高，正如歐洲中古時代教會中的神父一樣了。經書的地位當然更要來得高，然經書數量究竟太少，總嫌不夠應用，不得不設法增加。秦代焚書，有些人把書藏在牆壁中，漢代欲求發現，遂有壁中書出世。書的數量雖然加多了，但也就演出了今古文之爭（今文的本子，是用漢代通行的文字隸書寫成的，古文是壁中書，用漢以前文字古籀寫成的）。

古文出於西漢，當時所發現的古文經很多。西漢承平二百多

年，宮廷内藏書，自然非常豐富。成帝河平中，劉向受詔校理宮
廷藏書。劉向死後，由他的兒子劉歆繼續奉命整理。在他們校理
時，便於其中發現了古文春秋左氏傳、毛詩及逸書、逸禮。經與
傳的關係是這樣的：

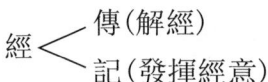

$$
經\left\{\begin{array}{l}傳（解經）\\記（發揮經意）\end{array}\right.
$$

春秋是經，左氏傳是解春秋經的，所以叫做春秋左氏傳。毛詩是
毛公所作的詩傳。尚書原僅有伏生的二十八篇，西漢中葉又發現
泰誓一篇（中間包括三篇），共是二十九篇。逸書發現，遂又增多
了十六篇。今文儀禮原只十七篇，發現的逸禮共三十九篇。内有
王居明堂禮、巡狩禮、奔喪禮、投壺禮等。在西漢哀、平以前所
立於學官的經，都是今文。到哀帝時，劉歆請將逸書、逸禮、毛
詩及春秋左氏傳等四種古文經立於學官，哀帝下其議於博士，當
時博士都竭力反對。這些博士們所持的反對意見，已無從詳細考
究。惟據劉歆致博士們的書信看來，知道博士們是“以尚書、禮
爲備”，並説：“左氏不傳春秋（按今文以公羊傳春秋）。”這件事情
鬧得很大，博士們以劉歆改亂舊章，非毀先帝所立，而皆起怨
恨。使得劉歆感到恐懼，而請求由中央調補地方官。但劉歆與王
莽很友善，等到王莽當權，終將此四種古文經及周官、樂經、爾
雅等同立於學官，於是今文漸廢，古文經盛極一時。後來王莽失
敗，古文經雖不立於學官，而民間傳授仍然很盛。今古文的爭
論，實是當時一個很大的問題。自西漢末年一直延續到東漢末
年，達二百多年之久。直到鄭玄出來遍注群經，混亂今、古文家
法，這種熱烈的爭辯，纔暫行休止。

　　當今古文家互爭短長的時候，許慎著了一部五經異義，從事
分析今、古文的異同，這種分析工作，很有見解。現在就來舉幾

個例在下面：

　　九族：

　　　　（今文）父族四、母族三、妻族二。
　　　　（古文）自高祖至玄孫。

　　婚姻：

　　　　（今文）男三十，女二十，天子與庶人同。
　　　　（古文）國君十五生子，庶人二十而嫁，三十而娶。

　　田賦：

　　　　（今文）十一而稅。
　　　　（古文）國中園廛之賦，二十而稅一，近郊十而稅一，遠
　　郊二十而稅三。

　　服役：

　　　　（今文）年二十行役，三十受兵，六十還兵。
　　　　（古文）國中自七尺以及六十，野自六尺以及六十有五皆
　　征之。

　　由上面所舉幾個例看來，今、古文經不但本子不同，而且意義
也不同，令人莫知所從。漢儒治經，不能不有家派，就是這個
原因。因爲有了家派，今、古文便各立門戶，壁壘森嚴。今文
學家斥古文學家爲"顛倒五經，變亂師法"，而古文學家則譏今
文學家爲"專己守殘，黨同妒真"。真好像有點現在的黨派之

爭了。

這種熱烈的爭論，到後來爲什麼卻漸漸歸於熄滅，竟連所謂今、古文經傳的區別都不太明瞭了呢？這不能不歸功（罪）於東漢末年一般所謂的通學者了。鄭玄與馬融就是這種通學者的代表人物。這輩通學者的本意，或者以爲今、古文相互攻擊，爲經學界不幸現象，爲息事寧人計，因而恃其博學，參互雜糅兩家之説，藉示調和。然而今、古文的家法，卻因他們的調和而混淆了！現在我們若要想恢復當時各不相謀的今、古文原來面目，是一件極端困難的事！所以漢代雖爲經學最發達的時期，同時也是經學最紊亂的時期。我們現在要研究經學，探求這種真相，若不抱"不入虎穴，焉得虎子"的精神，是不會有成的。

若用正反合的法則來看，今文與古文經，是一正一反，而鄭、馬之調和二家是合。關於他們這種調和的説法，也可舉個例子如下：（古代公侯伯子男的封國面積）

（今文）禮記王制：

　　公侯皆方百里
　　伯七十里
　　子男五十里

（古文）周官職方氏：

　　公方五百里
　　侯方四百里
　　伯方三百里
　　子方二百里
　　男方百里

二家説法，不但不同，而且差得很遠。現在再來將這兩種封國面積列表比較一下：

| | | 今　　文 | 古　　文 |
|---|---|---|---|
| 總面積 | | 9000000 方里 | 100000000 方里 |
| 封<br>國 | 公 | 10000 | 250000 |
| | 侯 | 10000 | 160000 |
| | 伯 | 4900 | 90000 |
| | 子 | 2500 | 40000 |
| | 男 | 2500 | 10000 |

據鄭玄解釋這種差異的由來是這樣的：

> 周武王初定天下，……猶因殷之制，以九州之界尚狹也。周公攝政致太平，斥大九州之界，制禮成武王之意。

他的意思是説王制所載是周武王時的制度，武王時土地狹小，所以封國面積也小；職方記載則是周公時的制度，周公東征獲得了許多新的土地，國家版圖擴大了，因此封國面積也隨之擴大。這種説法通是通了，但是不是事實呢？武王與周公年代相差有限；周公東征雖獲勝利，但土地面積一時不能就擴展得那樣大，並且分封土地要受地形的限制，也決不會那樣整齊劃一。所以經學經這般通學者愈説愈糊塗。因爲他們太主觀，在沒有可資證明的材料時，就憑着想像，自己創造出一些材料來，結果弄得不合實際。其實今、古文經各有其不同的時代背景；今文經出於西漢初年，當時國家版圖尚小，後來經雄才大略的漢武帝開疆拓土，纔造成一個規模宏大的帝國。古文經就是在這個時代（西漢末年）出現的。西漢初與西漢末的疆域相差很遠，故兩時代所言封國面積也就不同了。可是當時没有一個人敢對經書發生懷疑，没有一個經學家敢大膽地説禮記、周官是漢代的作品，當然愈弄愈糊塗了。再説五等爵，公在殷商，只是先祖之稱，並非爵名。殷時封爵，僅有侯與男，而男又附屬於侯國，並没有五等爵之存在。那麽爲什麽後來有五等爵的説法呢？這似乎不能不牽涉到春秋，因春秋中有這種爵名的記載。不過春秋所記載的公就是君，原爲一種普通稱呼，伯即是長，如家庭中長子就稱伯，子則是王子，那麽公、伯、子都是家庭中的稱呼，與後世所附會者並不相合，所以五等爵是起於周朝末年的一種學説，因有人想將大小不同的國分出等次，乃將公、伯、子三個名稱加入侯、男中間，於是完成五等爵的説法。況且今文上雖説是五等，實際上封土只爲三級，到古文纔實分爲五級，都可證明五等爵的後起。總之漢代經師們所説的話，大多不可信，他們常歪曲事實來解決問題，但是否與實際情形相符，他們卻不問了。

漢以後又有一種用義疏來解經，那便是隋、唐時代“注疏之學”。解釋經義叫做注，疏通傳注叫做疏。（注經有傳、箋、解等名目，今通謂之注。）這種關於經的傳、注、疏，又稱義疏。其中收羅材料極爲豐富，但作疏以不破注爲原則。所以注雖不可信，作疏的人必須想法圓其説法。這種因襲舊法而從事圓謊的工作，自然易失其本意，它的可靠性也就很少。

# （四）史學時代

由經學時代演變至史學時代：凡事窮則變，是天地間的一定道理。經學經過漢、唐經師的附會穿鑿，已是日暮途窮，無可發展，乃不得不走上變的一途。經學研究的演變與雕版的發明關係很大。我國古代的典籍都是竹木簡與帛書，流傳不易，學者都需手鈔，得書至不容易。讀書人們一生見不了幾部書，自然無法比較，更談不到思想和批評。自隋朝開始用雕版刻佛經，到五代時許多書籍，也都用雕版刻印，於是書籍大量流通，使一般人能獲得充分的材料，來從事比較研究，信仰經典的風氣至此一變，學術界逐漸有思想可言了。

　　我國史學可說是從宋代開始萌芽的。宋代盛極一時的理學，是兼有佛學與孔、孟學說的精華，並參有道家的思想在內，遂開闢出一個哲理的新境域來。當時理學家如程頤、朱熹等，皆極富有思想與批評的精神。宋、明理學可分爲兩派：一派的爲學步驟是由哲學到科學，一派則是由科學到哲學：

　　（一）哲學→科學（執簡御繁）以陸（象山）、王（陽明）爲代表
　　（二）科學→哲學（由博返約）以程、朱爲代表

這兩派都有理由，一直爭論到明末。程、朱一派主張由博返約，故要博覽群書，經書、子書無所不讀，他們不像以前的經學家的抱殘守缺的一意彌縫，而具有懷疑及批評的精神。如朱熹在朱子語類中就懷疑僞古文尚書（魏晉時王肅作，計廿五篇）。尚書是講聖道的，理學家也是講聖道的，而朱子竟敢出來批評其爲僞作，這種治學精神爲前此經師所未有。到了清初閻若璩出來，便根據朱子所提出的理由，逐條辨析，著成一部古文尚書疏證，終於證明古文尚書係僞書。閻氏這部書可說是有系統的劃時代著作，因他積數十年的精力，將這個問題徹底解決了。程子書中，辨僞的地方也很多，此處暫不再列舉。宋儒能不盲目信仰，而富有批評與懷疑的精神，實是把經學時代轉變爲史學時代的一個重要關鍵。所以我便以宋代爲史學的萌芽。

　　清學開山，首推崑山顧炎武，他因不滿明代理學家的一味空

談，故起而反對，以爲經學即理學，唐、宋人所注的經，不及漢代人所注的經可靠，因爲漢代距孔子的時代比唐、宋時爲近。這種以時代先後來衡量經學價值的見解，拿現在眼光來看，自然不完全對，但顧氏並不盲目的追隨漢儒，他治學極有實驗精神，在旅行時常帶了許多的書，以實際考察所得來印證書本記載，以求得新的知識。所著日知錄一書，與閻若璩的古文尚書疏證同樣是劃時代的巨著，我們看日知錄雖然大都是零碎的考證，不像閻著那樣的有系統，但要想成立一個大的系統，非先有這種零碎的考證不可。清儒受顧氏的影響較閻氏要來得大，就是因爲考據工作可由很小的一點着手，比較容易的原故。自顧氏日知錄出，遂造成了一種考據的風氣，因此清代學者記筆記的也特別的多。

按"考據"兩字的本義來説："考"就是研究，"據"是説有根據。近來反對考據的人，以爲考據支離破碎，不能見其大。殊不知先要有支離破碎的零星工作，然後纔能理出一個整體；先解決了許多小問題，然後纔能解決大問題。考據在清代學術上的大特點，就是説話有根據，與明代空疏之學正相反。當然，清儒這種研究工作，不免枯燥呆板一點，可是行衢道者不至，清儒治學既以考據爲主，自不能嫌它枯燥乏味了。

考據用現代名辭來説：就是史料的考訂，研究歷史所憑的是史料，對史料又不能不加以審查與考訂。史料好似歷史的組織細胞，史料不完備或是不確實，則無復歷史的可言。史料是主觀的記錄，考訂卻是客觀的審查，要以客觀的精神，分析主觀的材料，求出一個正確的答案，然後自會有正確的歷史。古人説"下學上達"，考據即是下學的功夫，清代三百年學術，以考據爲其特徵，這種下學的功績，極爲偉大，我們應該繼續努力，以完成上達的工作。

天地間所需要的無過於真、善、美，漢、唐以還的經學在求

“善”，明人在求“美”，清代的學術，則是求“真”，這樣遂把史學時代開創起來了。我們今日能走上史學之道路，不能不歸功於清代學者三百年來的努力。清代學者因一意從事求真工作，自不免忽略大體。這只要看皇清經解就可以知道。這部叢書正編成於道光年間，續編成於光緒年間，他們用校勘、輯佚、考證、注釋、分類等方法，從事經籍的整理，而匯合成一部偉大的著作，這部書實集清代研究經學的大成。不過他們每個人所注意的，還是個別的小問題，而不是整體的，因此他們所做的工作，仍然是下學的工作，而未能上達。我們現在研究經學，應該利用他們所零星整理的材料，來從事進一步的上達工作。因爲清人已爲我們打好了基礎，這於我們的研究，實有莫大的方便。

清代研究經學的成績：清人研究經學，雖是盲目的，零星的，而忘記了大目標，但從客觀的立場來看，他們仍然是在無形中有一個總目標的。這個總目標便是逐步的打破清以前經學的積累，而恢復其原來的面目：

六經（戰國以前）——諸子（戰國時）——今文（西漢）——古文（東漢）——義疏（漢以後）——宋學（宋）

清代的工作，是按以上時代先後的次序，由下而上，一步一步的去打破它。現在就來分別舉例加以簡單的説明：清人反對宋學的，有毛奇齡的攻擊朱子，著有四書改錯；胡渭的抨擊河圖洛書，著有易圖明辨（易本無圖，河圖洛書不過是古代的神話，而宋人卻依神話繪圖附入易中）。進一步反對唐代義疏的有焦循，著有孟子正義，有劉寶楠，著有論語正義；更進而反對古文的有劉逢禄，著有左氏春秋考證，劉氏此書與閻氏僞古文尚書疏證，同樣的爲劃時代的著作，閻氏書尚承朱子的啟示，而劉氏考證純是開創，並無前例。此外邵懿辰著禮經通論，辨逸禮之僞，康有

爲著新學僞經考，説古文學是新莽之學而非漢學，古文經傳是劉
歆所僞造並非舊經，對東漢古文學下一總攻擊。至於反今文的，
則有章炳麟、劉師培等，章氏叢書，是以古文家立場來反對今文
與康有爲，恰相對立；劉師培著有劉申叔先生遺書，其家三代傳
經，四代疏左氏，也是以古文家立場替古文辯護。然而今文時代
在前，古文在後，照理説不能以古文家立場反今文，唯一的辦
法，就是能超越出古文的範圍，然後再反對今文纔不至於偏袒。
古文、今文既都爲清人所打破，於是康有爲更進而攻擊諸子，
他所著孔子改制考，論諸子都是託古改制，並非復古，他們都
想創立一種新制度，因此都造出一段古代史來作爲立説的根據，
這種古代史並不可靠，所以他主張推翻諸子所創造的古代史。
比康有爲早一點的還有崔述，所著考信録，考證凡諸子與六經
不合的地方，都是諸子的錯誤。因六經比較客觀，諸子比較主
觀，且六經時代在前，諸子時代在後。六經爲王官所記載，諸
子以其主觀立場立説，自不免蒙蔽經書的真相，考信録的主要
目的，即是要剔除諸子對於六經中參僞的部分。六經既然經過
諸子的參僞及附會，因此龔自珍與章學誠等，又皆攻擊六經。
章學誠著有文史通義，龔自珍的定盦文集中有古史鉤沈論，（整
理者按：此處記録稿有缺字，篇名爲整理者補。）提出了六經皆
史的主張，用歷史的眼光來看經。從前學者認爲經書是天經地
義，不可更改，到了章氏，六經便變成了史料，再無什麼神秘
可言了。在章氏以後，又有龔自珍出來，想重新寫定六經，他
所著的定盦文集中，曾提出這個主張，以恢復六經本來的面目。
後來他的兒子龔孝琪便依他的這種指示，完成了一部尚書寫
定本。

　　清人的這種研究工作，一方面在做經書的整理工作，一方面
又在做逐步打破的工作。這實是一種自然趨勢，在他們是本無意
識，無聯繫的。而我們今後的上達工作，則應該是有意識，有目

標的。

現在再來將清代整理並研究經學的成績及次第，依上所述列成一表如下：

```
六經──諸子──今文──古文──義疏──宋學
                              毛奇齡：四書改錯
                              胡渭：易圖明辯
                        劉寶楠：論語正義
                        焦循：孟子正義
                  劉逢禄：春秋左氏考證
                  邵懿辰：禮經通論
                  康有爲：新學僞經考
            章炳麟：章氏叢書
            劉師培：左庵集（劉申叔先生遺书）
      崔述：考信録（崔東壁先生遺书）
      康有爲：孔子改制考
章学誠：文史通義
龔自珍：定盫文集
龔孝琪：尚書寫定本
```

# 二、中國古代史料概述 *

"史"乃過去的事實，凡對過去的事實，能表示出其一部分的，都稱爲史料。史料大概可分爲三類：

1. 遺物──古代遺留下來的實物。

---

* 本節由辛毓南記錄。原載文史 2002 年第四輯。

2. 文籍——爲書於紙上之物，所説的紙，當然包括竹簡、木簡以及帛。

3. 傳説——是爲口頭的。現在常用"文獻"二字，"文"是指文物書籍，"獻"即尚書中所謂黎獻，係指老年人。因老年人經歷的事多，有豐富的記憶，故有口頭材料。

以上三者，當然以遺物爲最可靠，文籍記載得最詳細，傳説因幾經演變最不可信，但其中還是有百分之一二的材料是可靠的。

史料的搜集與選擇，是一件很困難的事，因古往今來之史料，有如大浪淘沙，滔滔代逝，幸而能保存到今日的，又星散在各處，東鱗西爪，不易尋覓，所以我們無論對遺物或文獻，都應下一番苦功，才能有所收穫。

# 遺物

現在先説遺物：

1. 骨骼：如一八九一年 Engene Dubois，在爪哇中部，發現人類的遺骸，即所謂爪哇猿人。一九二九年，楊鍾健、裴文中，在北平西南房山縣屬之周口店，先後發現人類的牙齒及頭骨等化石，這就是聞名世界的"北京人"。有謂他較爪哇猿人尤古。此外還有海德爾堡人、皮爾當人等，都是極有價值的發現。

2. 石器：其時代可分爲：

a. 舊石器時代：多利用天然的石頭，或略經過打碰。周口店曾發現舊石器，在圖們江附近、延吉、哈爾濱等地，據日本人的調查，謂有舊石器，並有火的遺跡。

b. 新石器時代：新石器時代的石器磨得極光亮，在河南澠池縣之仰韶村、遼寧錦西縣之沙鍋屯、陝西之鬥雞臺、甘肅之辛店、寺窪，以及河北、山東等地，皆有新石器發現，所以新石器分佈極廣。

3. 陶器：陶器的起源與農業有關係，因農業時代需要儲藏穀物的器皿。現在發現的陶器計有彩陶、黑陶、灰陶、字紋陶等數種。有謂彩陶時代爲最早，爲新石器時代物，灰陶時代最晚，乃周代物。

4. 甲骨文：商代的文化，以甲骨文爲主。甲骨文於光緒二十五年出土於河南安陽之小屯村，該地乃商代武乙之都，也就是史記項羽本紀所說的“洹水南，殷虛上”。“甲骨”是指龜甲和獸骨，刻字於上，以作占卜事件的記載。

5. 銅器：應稱爲青銅器，因自然銅的硬度不够，必須要與錫相合，成爲青銅，才能鑄出精美的銅器。我國周代銅器已極盛，銅器上並刻有銘文，説明鑄器的原因或用途，如：“用鑄其簠，以膡孟姜”，及“作旅匡”等語（普通之器，多半只刻幾個字，書明係何人所作）。周代銅器上，字數最多的有：毛公鼎四百九十七字，曶鼎四百零三字，小盂鼎三百九十字，散氏盤三百五十七字，皆可抵一篇尚書，此爲散文。還有邾公華鐘、邵鐘、虢季子盤，皆爲韻文，與詩經、石鼓，頗相吻合。銅器大都是置於宗廟之中的。

6. 鐵器：鐵器的時代，有謂較銅器爲遲，然銅的熔解度比鐵高，銅反比鐵先發現，這是歷史上的一個變例。

7. 石刻：我國最早的石刻爲石鼓，是刻在十塊形同鼓的石頭上，其文每句四字，與詩經很相似，字體爲大篆，據説石鼓的來歷是，秦送平王東遷後，自以爲不凡，故刻文於石以記之。其中第八鼓已廢，第六鼓在宋代曾被人取去作臼用，幸後來仍取回。石鼓因爲在陝西鳳翔發現的，故稱“岐陽石鼓”。又有稱爲“獵碣”的。此外如詛楚文、嶧山石刻、會稽石刻、碣石刻石，都極貴重，惜因年代久遠而被毀壞，現在僅能看到翻刻本，真能見到原刻的，只有石鼓文。自漢代以後之石刻，都是碑誌了。

8. 竹木簡：竹木簡的時代，或在甲骨文之後，或與甲骨文同時。爲什麼會有竹木簡呢？即因紙張還沒有發明的時候，不得不書於竹簡或木簡上，再將各簡以絲或韋連穿起來，就成爲"册"。在清光緒三十四年，英人斯坦因在敦煌、羅布淖爾、于闐附近，各得古簡牘多種，最古者有漢宣帝元康、神爵、五鳳諸年號，大約兩漢物居半，餘則爲晉以後之物。法人沙畹著有考釋，我國則有王國維、羅振玉合著流沙墜簡考釋一書，辨證極詳。至民國十七年，又有西北科學考查團，在寧夏黑城子，發現竹木簡兩萬片，黑城子位於居延海邊，乃漢代居延都尉府地，此兩萬片簡牘，皆爲西漢居延都尉府的檔案，其中内容，大部分是關於屯戍，亦有古書的記載，如急就篇即是，新近勞榦著有居延漢簡考釋，極爲精核。

9. 古寫本：古寫本是在紙張發明以後才有的，紙張是最容易損壞的，但古寫本還能保存至今，這不能不歸功於西北氣候的乾燥。在清光緒末年，斯坦因游甘肅之敦煌，發現一石室，室内所藏，多爲唐人所寫的佛經，以及古文尚書、古畫等，其年代最古者爲六朝，最晚者爲北宋初。這個千餘年前的古圖書館，一旦發現，當然是一件文化上最可慶祝的事，但可惜的是，其中最有價值的及真正研究學問有用的寫本，都被斯坦因及法人伯希和取去了。

# 古文籍

## 六經與十三經

中國最重要的古文籍是六經，後來逐漸擴大爲十三經。這些書是中國文化的中心，我們研究古史，須大大注意。

| 六經 | 詩 | 書 | 禮 | 樂 | 易 | 春秋 | |
|------|-----|------|------|------|-----|--------|------|
| 今文 | 詩 | 書 | 禮 | | 易 | 公羊傳 | 論語<br>孝經<br>爾雅 |
| 古文 | 毛詩 | 泰誓<br><br>古文尚書 | 禮 17<br>逸禮 39<br>周官<br>禮記 | 樂經 | 易 | 穀梁傳<br>左氏傳 | 論語<br>孝經<br>爾雅 |
| 十三經 | 毛詩③ | 古文尚書<br>今文尚書②　 | 儀禮⑤<br>周官④<br>禮記⑥ | | 易① | 公羊傳⑧<br>穀梁傳⑨<br>左氏傳⑦ | 論語⑩<br>孝經⑪<br>孟子⑬<br>爾雅⑫ |

　　論語、孝經在漢書藝文志中附列於六經之後，論語係孔子再傳弟子所作，而孝經則爲秦、漢間人所作。

　　爾雅，爲六經分類解釋，至古文學興起時始表彰。

　　公羊傳，因有一位春秋家名叫公羊子，公羊傳中曾引公羊子語二次，故稱公羊傳，這個名稱實在是極不合理的。

　　穀梁傳，公羊與穀梁爲雙聲疊韻字，原是穀梁欲冒公羊之名。穀梁之爲今文，古無異辭，至崔適著春秋復始，説穀梁是古文，故本表根據崔説，列入古文中。

　　周官，託爲周代的官制，分爲：天、地、春、夏、秋、冬，六官。

　　毛詩，詩因叶韻易於記憶，當時並未失傳，本無今古文之分。毛詩所以列於古文，是立説不同。它的立説，關於事實和左傳相同；關於典章制度和周禮相同；關於訓詁，又與爾雅同，故列於古文內。

　　實際上，十三經中，不僅是經，並且尚包括有傳、記、小學等，今以實在性質來分，可列表如下：

十三經——
- 經——易、詩、書、禮、春秋。
- 傳——公羊、穀梁、左氏。
- 記——禮記。
- 子——論語、孟子。
- 小學——爾雅。
- 制度——周官。

清代段玉裁曾説過："以周還周，以漢還漢。"這兩句話，極富有歷史觀念；章學誠曾説："六經皆史"，故六經都是史料。我們應該把這些史料，用以周還周，以漢還漢的方法，將它詳細的分析出來，放入各個適合的時代，才可在研究歷史時不致發生謬誤；並且各種材料，我們都能用這個方法將它好好的利用了。故：

殷周政治史料：尚書、詩（一部分）。

春秋政治史料：春秋、詩（一部分）、左傳。

西周社會史料：儀禮、周易、詩（一部分）。

春秋思想史料：論語。

戰國思想史料：孟子。

戰國、秦、漢思想史料：易傳、公羊傳、禮記、尚書（一部分）、孝經。

漢代思想史料：穀梁傳、左傳（解經的一部分）。

漢代政治思想史料：周官。

古文字學史料：爾雅。

以下各書，因爲它們的性質差不多，所以清朝學者曾主張擴大十三經爲二十幾種，我們可以將它這樣排列起來：

詩——楚辭。

書——逸周書。

禮記——大戴禮記。

左傳——國語、戰國策。

論語——墨子。

爾雅——説文、廣雅。

## 逸周書

逸周書，起於西周，迄於東周，分篇記載，體裁與尚書相同。尚書中，泰誓、牧誓兩篇，説武王伐紂真是"仁義之師"。輕而易舉的克殷致勝，然武成篇卻有"血流漂杵"之文，故孟子歎息"盡信書不如無書"。並謂："……吾於武成取二三策而已矣，……以至仁伐至不仁而何其血之流杵也。"可見孟子是不以此爲然的，但逸周書中世俘篇，叙周武王殘暴之狀，説伐紂時，殺人上億（上億一語不可靠，只是殺人極多而已）。世俘大概就是武成。其實，逸周書卻爲比較早的材料，因孟子理想中的"仁義之師"，本爲歷史上不可能發生之事實，且戰國時，已將武王諸人聖人化，動輒以禹、湯、文、武爲法，故決不肯採用此等材料，立爲異説，受衆人的集矢；後至漢代經儒者鼓吹，更是神聖不可侵犯，史記中當然更不用這種未聖人化的材料了。

## 大戴禮記

大戴禮記，西漢後期，戴德（大戴）、戴聖（小戴）皆傳禮，各有一部記，但並非他們自己所寫，而是將戰國以及漢代的東西編集而成，有如今人之編叢書，所以内容極複雜，其中包括制度：王制、曲禮，議論：大學、中庸，教育：學記、内則。文體有議論文、記事文等，作者有戰國時代的人，也有秦、漢時代的人，所以它是没有一貫的宗旨與精神的。後小戴禮記列入十三經内，大戴禮記則失傳了一半。

大戴禮記中最重要的一篇爲帝繫，是記帝王的系統。太史公作史記時，將這篇完全採入。現在我們常説，自己是黄帝的子孫，即受帝繫的影響，因它將古代許多國家，都歸在黄帝的系統之下。此説的起源，或者是在秦始皇統一六國之後，爲着使國内没有民族問題，故有人起而謂："無論南面的越，北面的胡，以及中原的華夏，都是黄帝的子孫，原爲一家人。"並以越是姒姓，乃大禹之後。這明明是不對的，因國語中曾説：越爲芈姓。帝繫之所以要這樣説，是含有政治意味的。其目的，是爲着使中國内部各民族融合起來。（帝繫中，關於楚國的記載極詳細，可參考史記中之楚世家。）

**國語**

國語，分國記載，故稱國語，計有：

1. 周語：三卷
2. 魯語：二卷
3. 齊語：一卷
4. 晉語：九卷
5. 鄭語：一卷
6. 楚語：二卷
7. 吳語：一卷
8. 越語：二卷

自漢代劉歆以來，皆謂左丘明著有兩部書，一爲國語，一爲左傳。又稱左氏欲傳春秋，先作國語，故國語在漢時，有"春秋外傳"之名，與左傳之稱"内傳"，相爲表裏。然史記中曾兩次説到："左丘失明，厥有國語。"司馬遷報任少卿書中，也是這樣説。由此看來，左丘明只作國語，與劉歆之説相矛盾。這個問題至清代，治公羊學者劉逢禄氏，著有左氏春秋考證，謂左氏不傳春秋，後康有爲、崔適諸人，亦以劉逢禄之説爲然，並考定左傳即國語之一部分。我們再看漢書劉歆傳説："初左氏傳，多古字古言，學者傳訓故而已，及歆治左氏，引傳文以解經。……"國語

的體裁，是零碎一篇一篇的，後或爲劉歆將它取出一部分，加以
編年，並竄入一些材料，來傳春秋，所以左傳的分量多，國語的
分量少。我們如將這兩部書一比較，可看出此詳則彼略，如左傳
記周代事少，故國語中周語有三卷；左傳記載楚國事多，而國語
內楚語僅有二卷。可是我們一定會懷疑到一點，爲什麼左傳中載
晉國的事極多，而國語中之晉語也多至九卷，這不是與此詳彼略
一語相矛盾嗎？但我們仔細的研究，就可以知道晉語爲原始材
料，例：鄢之戰，范文子不欲，晉語中記了三次，可見當時史
官，不止一個人，而左丘明是將各史官所記之言搜集起來，相同
之處，亦未刪去，故晉語中有重出之言。再齊、吳、越三語，恐
係別人僞造而竄入者，因齊語完全是管子小匡篇的節要。左丘明
爲戰國初年人，管子卻是戰國末年的人，當然這種材料是不可能
在國語中的。吳語與越語，都是記越滅吳的事，可是在越語兩卷
中，上下兩篇所記亦不同，由此可推知吳、越語三卷，係三個人
所作，因當時這件事好似一個故事，所以許多人都有記載。總
之，國語已失去了它本來面目，如要將它還原，是一件極度困難
的工作。

**戰國策**

戰國策的體裁與國語相像，其中分國凡十一。

　　東周：一卷（此東周、西周，是指戰國時周朝分爲兩國，
　　　　　　東周在河南鞏縣，西周在洛陽。）

　　西周：一卷

　　秦：五卷

　　齊：六卷

　　楚：四卷

　　趙：四卷

　　魏：四卷

　　韓：三卷

燕：三卷

宋、衛：一卷

中山：一卷

戰國時代的史料多闕，這不能不歸咎到秦始皇，因始皇統一六國之後，爲着要消滅六國民族思想，而焚六國史，其中被焚的，當然以戰國時材料爲最多，六國表云："秦焚書，諸侯史記尤甚。"所以太史公作史記時，無所根據，只有儘量的利用戰國策一書，於是錯誤頻出。因戰國策是一部非客觀的記載，係一人的意見，此人爲誰？史記田儋列傳贊謂："……蒯通者，善爲長短説，（索隱："言欲令此事長則長説之；欲令此事短則短説之，故戰國策亦名曰短長書是也。"）論戰國之權變，爲八十一首。"又據劉向戰國策序錄説："中書本號，或曰國策……，或曰短長……"因此可證明，戰國策是蒯通所作，蒯通是戰國時一個大説客，長於權變，故其所寫亦多是説士權變之言，乃主觀的記載，例如寫蘇秦合從，張儀連衡，今考證，當時並無合從、連衡説，且蘇、張兩人的時代，早在孟子以前，斯時以齊、楚兩國最強大，秦國尚偏處西陲，根本就談不上合從、連衡，此必爲蒯假託其事，以張其權變之術。戰國史料瀕於無法之中，卻有了新的開展，即竹書紀年的發現。

**竹書紀年**

在西晉太康二年，汲郡人不準於魏襄王墓内，發現竹書數車，其中有紀年書。此書爲太史公所未見，秦火所未焚，爲戰國時代最可貴的史料。然不幸約在五代、宋初之時失去，所以唐以後的人都未見到此書，現在所存的，是出於明人的僞造，不過他還是根據隋、唐人之言而作。清代研究此書的人極多，至民國初年有王國維著：古本竹書紀年輯校，古本是指晉本，已失傳，故要從許多人記載中輯校出來。又今本竹書紀年疏證，今本即明本，必須疏證，以辨明其真僞。今利用竹書紀年研究戰國史最有成績的，是錢穆，著有先秦諸子繫年，根據竹書紀年來考諸子的年代，並考證出戰國歷史錯誤之點。例：

一、莊子："田成子弑齊君，而十二世有齊國。"今史記自成子至王建之滅祇十世，紀年則多悼子及侯剡兩世，故齊世系可明。

二、"齊伐燕"，據孟子爲宣王，而史記於齊系前缺兩世，威、宣之年，誤遷而上，遂以伐燕爲湣王，得紀年即可匡正。

三、史記：梁惠王三十六年卒，子襄王立，十六年卒，魏、齊會徐州相王，在襄王元年。又史記：梁予秦河西地在襄王五年，盡入上郡於秦在襄王七年，楚攻魏襄陵在襄王十三年，而惠王告孟子乃曰："西喪地於秦七百里，南辱於楚。"依紀年：惠王三十六年改元，後元十六年而卒，則魏、齊相王，正惠王改元稱王之年。（戰國時，韓、魏、趙三家最初爲大夫，稱子，後改稱侯，再又稱王，故梁惠亦稱王。）由上我們可知用比較法研究學問之重要。

### 戰國諸子書

戰國諸子書今存者如下：

1. 論語：論語有古論、齊論、魯論之分，至何晏治論語參取三家，不能分爲古今文。
2. 孟子
3. 荀子
4. 曾子（輯）
5. 子思子（輯）
6. 墨子
7. 老子
8. 列子（？）
9. 莊子
10. 文子

11. 關尹子(?)

12. 鶡冠子

13. 申子(輯)

14. 商君書

15. 慎子(輯)

16. 韓非子

17. 鄧析子(△)

18. 尹文子

19. 公孫龍子

20. 鷖子(△)

21. 管子(△)

22. 晏子春秋(△)

23. 鬼谷子(?)

24. 尉繚子(?)

25. 尸子(輯)

26. 呂氏春秋

27. 孫子

28. 吳子

29. 意林

注：以上記有(?)者，爲有問題。記(△)者，爲春秋時
　　人，乃戰國時所作。

　　戰國諸子書極多(見漢書藝文志)，諸子們的學說，我們可以
將它看作戰國思想，比較可靠，利用它研究戰國社會史與思想
史，是極有價值的。如管子，雖非管仲所作，然可代表當時齊國
的一個學派。昔齊國有所謂稷門，學者至齊，都住在那裏，所以
稱爲稷下先生，管子或者就是那般稷下先生所作的文章。呂氏春
秋爲呂不韋門客所作，由其中可看出戰國思想，在戰國史上地位
頗高。可惜這些書自漢以來，從未好好的整理過，任其自生自

滅。到清代，爲了研究經典須尋覓比較材料，才開始研究諸子，當然其中已有很多散失了，如墨子還是從道藏中找出來的，這都是自漢代以來，專崇經學的結果。諸子經清人的整理，雖略具端倪，但今後仍需要用一番功夫才行。總之，這些書將它放在戰國時代是很適當的，如照他所說的時代放到戰國以前，則便不可靠。意林是將諸子中好的話頭鈔下來，爲唐馬總所編，這雖係他一人的欣賞，然至今極有用處，凡輯子書的，多采意林及太平御覽。

### 山海經

山海經這部書，從前都把它當作小説或謡言看待，大家極看不起它。現在我們已懂得應該研究神話，研究傳説，所以對這部書也要另眼相看，非下一點功夫不可了。史料中所説第一項是遺物，二爲古文籍，三即傳説。古文籍中本保有極多的傳説，但一放入經書中，就將傳説中的神人格化，如我們欲知道其本來面目，那只有求之於山海經這一類的書。

山海經可分成兩部分，一爲山經，一爲海經。山經中又可分爲：南山經、西山經、北山經、東山經、中山經。其中記載某地有某山，有何種動物，何種植物，有什麼神靈，祭那個山用什麼祭品。由此推想這部書必與巫有關係。又山經中以西山經及中山經作得最好，北山經次之，東山經最差，令我們想到作山經的，也許是河南、山西、陝西一帶的人（所謂好、壞，是看它是否與實際情形相合）。

山海經是一部古代地理書

山經——本國地理；海經——邊疆地理、外國地理。二千年以前的地理知識，當然還很幼稚，很多是憑着想像寫出來的。山經中約有十分之一可信，海經僅百分之五可信。他們認爲中國的四周，都爲海所環繞着，並有内海、外海之分。如下圖：

外海

海

中土

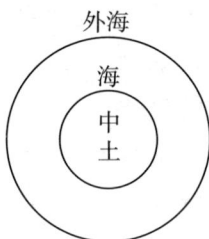

山海經的分類與篇數

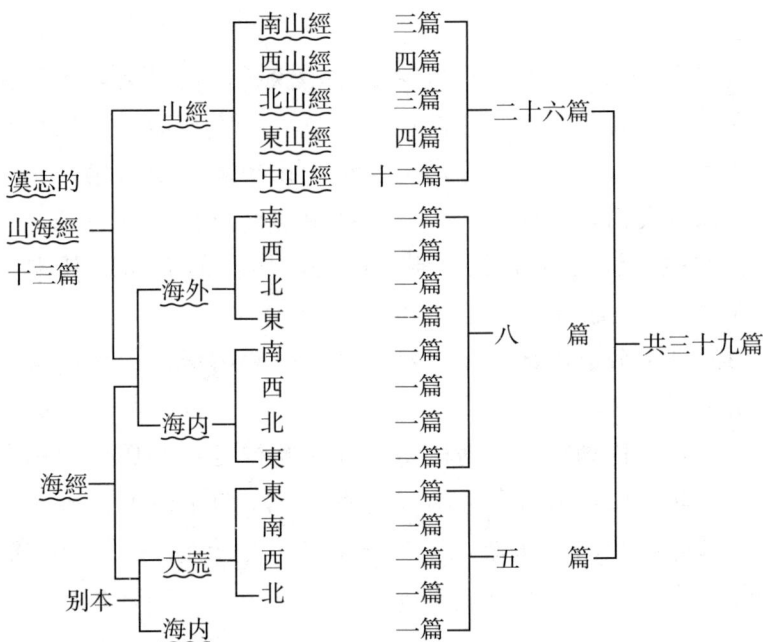

```
                        南山經 ── 三篇 ┐
                        西山經 ── 四篇 │
               山經 ──   北山經 ── 三篇 ├── 二十六篇 ┐
                        東山經 ── 四篇 │            │
                        中山經 ── 十二篇┘            │
漢志的                                              │
山海經 ──                 南 ── 一篇 ┐              │
十三篇                   西 ── 一篇 │              │
               海外 ──   北 ── 一篇 │              ├── 共三十九篇
                        東 ── 一篇 ├── 八　篇 ┐   │
                                              │   │
                        南 ── 一篇 │          ├───┘
       海經 ──          西 ── 一篇 │          │
               海內 ──   北 ── 一篇 │          │
                        東 ── 一篇 ┘          │
                                              │
                        東 ── 一篇 ┐          │
               大荒 ──   南 ── 一篇 │          │
       別本 ──          西 ── 一篇 ├── 五　篇 ┘
               海內      北 ── 一篇 │
                             一篇 ┘
```

漢書藝文志所謂山海經十三篇，是指山經中，南、西、東、北、中，五大篇，及海經之海內四篇、海外四篇而言。又大荒與海內，爲海外、海內之別本。

我國古代海陸交通與山海經之關係

一、殷墟發掘，得到鯨魚骨，故早在商代，已與海上發生關係。

二、詩經商頌云：“相土烈烈，海外有截。”可見商代已有海上交通。

三、論語：子曰：“道不行，乘桴浮於海。”説出春秋時代之海上交通工具。

四、戰國時，海上交通更發達，故有“燕、齊海上方士”之稱，並説海中有蓬萊、方丈、瀛州三神山，上有不死之藥，吃後即可長生，秦皇、漢武都極崇信這種説法。

五、漢書地理志：“自日南障塞、徐聞、合浦船行可五月，有都元國；又船行可四月，有邑盧没國；又船行可二十餘日，有諶離國；步行可十餘日，有夫甘都盧國。……船行可二月餘，有橫支國……自橫支船行可八月，到皮宗。……”漢代的海上交通，已能走得很遠，但這許多國名，因時代的變遷，已不可考。

六、漢代陸路交通也極發達，史記大宛傳謂：“大夏……其東南有身毒國。……騫曰：‘臣在大夏時，見邛竹杖、蜀布。問曰：‘安得此？’大夏國人曰：‘吾賈人往市之身毒。身毒在大夏東南可數千里。……’”這樣看來，四川與印度早已相交通，所走的路，就是今日的滇緬路，這條路是相當危險的，可是商人們爲着貿易求利，不得不冒着危險。漢武帝聽了張騫的話，欲闢一條通道，因爲許多小國從中阻礙，竟未成功。

所以山海經中的地理知識，都是根據這些傳聞的材料，再將它擴大，海經更是誇大其辭的加以描寫。

山海經的成書年代

山經的年代，早則在春秋時，遲則在戰國。海經年代在戰國，説遲則在秦、漢。所以山經在前，海經在後。山經的體例統一，應係一個人，或一個團體所作。山海經本附有圖，昔陶淵明的詩有“流觀山海圖”之語，惜後來失傳。

山海經的來源

山海經中，關於古代的神話、傳説極多，故其來源也很多。

一、九鼎：乃周朝最大的鼎，相傳爲夏禹或啟所作，但夏禹時還没有銅器，應係青銅時代商代的産物。左傳宣三年："昔夏之方有德也，遠方圖物。貢金九牧，鑄鼎象物，百物而爲之備，使民知神、姦。故民入川澤、山林，不逢不若，螭魅罔兩，莫能逢之。"（注：螭魅，爲川澤之怪。罔兩，木石之怪。）此爲山經第一個來源。

二、巫：巫即古代之醫，故醫字古代亦書爲"毉"。論語："人而無恒，不可以作巫醫。"因作醫者，必定要入山采藥，知道什麽藥可治什麽病，山經中載植物極多，故此爲山經第二來源。

三、祭山川：爾雅："梁山，晉望（望——祭也）也。"又左傳："祭不越望。"（在自己國内的山川曰望）故不在本國境内的山川，則不祭。尚書："望于山川。"即祭于山川。此爲山經第三來源。

四、戰國時鄒衍學説：史記孟子荀卿列傳："鄒衍睹有國者益淫侈，不能尚德。……乃深觀陰陽消息而作怪迂之變，終始、大聖之篇，十餘萬言。其語閎大不經，必先驗小物，推而大之，至於無垠。……先列中國名山大川，通谷禽獸，水土所殖，物類所珍，因而推之，及海外人之所不能睹。……以爲儒者所謂中國者，於天下乃八十一分居其一分耳。中國名曰赤縣神州。赤縣神州内自有九州，禹之序九州是也，不得爲州數。中國外如赤縣神州者九，乃所謂九州也。於是有裨海環之，人民禽獸莫能相通者，如一區中者，乃爲一州。如此者九，乃有大瀛海環其外，天地之際焉。"（裨海——小海也。瀛海——大海。州——島也。）中國之走上專制政體，是始於戰國時代，當時各國君主都極淫侈。所以鄒衍用這種説法來提醒那般君主，使他知道其國土與整個的世界比起來，實在渺小得很，故應尚德。自鄒衍出來之後，在歷史上有五德終始之説，地理方面則有大九州之説。他的學説，是應用演繹法，當然其中有許多是不可信的。他這種説法不但是山經的來源，同時也是海經的來源之一。

### 鄒衍大九州説圖

（天地之際）
大瀛海

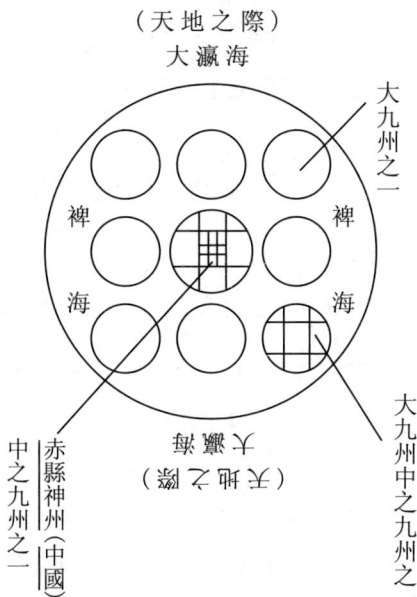

赤縣神州在大九州中之何方，書
上没有説，今姑置在中央。

　　五、周穆王故事：穆天子傳，此書亦藏於汲郡魏襄王墓内，與竹書紀年同時發現，年代早於山海經。左傳昭十二年："昔穆王欲肆其心，周行天下，將皆必有車轍馬跡焉。"因穆王所到的地方多，其所見的奇異之物也多，故亦爲山海經之來源。

　山海經經文舉例

　　南山經：招摇之山……有草焉，其狀如韭而青華，其名曰祝餘，食之不飢。有木焉，其狀如穀而黑理，其華四照，其名曰迷穀，佩之不迷。有獸焉，其狀如禺而白耳，伏行人走，其名曰狌狌，食之善走。麗𪊨之水出焉，而西流注於海，其中多育沛，佩之無瘕疾。按：狌狌即猩猩。瘕疾即蟲病。

大荒西經：大荒之中……有靈山，<u>巫咸</u>、<u>巫即</u>、<u>巫盼</u>、<u>巫彭</u>、<u>巫姑</u>、<u>巫真</u>、<u>巫禮</u>、<u>巫抵</u>、<u>巫謝</u>、<u>巫羅</u>十巫，從此升降，百藥爰在。

海內西經：<u>開明東</u>有<u>巫彭</u>、<u>巫抵</u>、<u>巫陽</u>、<u>巫履</u>、<u>巫凡</u>、<u>巫相</u>，夾窫窳之尸，皆操不死之藥以距之。窫窳者，蛇身人面，貳負臣所殺也。

南山經：自<u>招搖之山</u>，以至<u>箕尾之山</u>，凡十山。……其神狀皆鳥身而龍首。其祠之禮：毛用一璋玉瘞，糈用稌米，一璧，稻米、白菅爲席。

西山經：自<u>錢來之山</u>至於<u>騩山</u>，凡十九山。……<u>華山</u>，冢也，其祠之禮太牢。<u>羭山</u>，神也。祠之用燭，齋百日以百犧，瘞用百瑜，湯其酒百尊，嬰以百珪百璧。

山（海）經的作法

<u>何觀州</u>著山海經在科學上之批判及作者之時代考（燕京學報第七期）歸納出山（海）經的作法，計有：類推之變化，增數之變化，減數之變化，混合之變化，易位之變化，神異之變化等六種，今舉例如下：

一、類推的變化：有獸焉，其狀如貍而有髦，其名曰類，自爲牝牡，食者不妬。（<u>南山經</u>）

二、增數的變化：有鳥焉，其狀如雞而三首，六目，六足，三翼，其名曰鶓鵂。（<u>南山經</u>）

三、減數的變化：有鳥焉，其狀如梟，人面而一足，曰橐琶，冬見夏蟄，服之不畏雷。（<u>西山經</u>）

四、混合的變化：有鳥焉，其狀如烏，人面，名曰鶹鵑。（<u>北山經</u>）

五、易位的變化：有獸焉，其狀如羊身，人面，其目在腋下，……其名曰狍鴞。（<u>北山經</u>）

六、神異的變化：有鳥焉，其狀如雞，五采而文，名曰鳳皇，首文曰德，翼文曰義，背文曰禮，膺文曰仁，腹文曰信。是鳥也，飲食自然，自歌自舞，見則天下安寧。（南山經）

何氏所說的乃是寫山經的方法，從上面的例子，我們可以知道寫法的大概，他的目的就是把一些東西變化得與實際上不相合，而以爲神奇。山經中記載實際的植物比較多，如桃、李、松、柏、桂等皆有，而記載實際的動物很少。何氏以山經係鄒衍所作，鄒衍是齊人，居於東方，但東山經寫得並不好，故不可信。

海經中所說的國家（鏡花緣中有許多國名，都出於海經。）

一、實際的國家：肅慎國、三苗國、貊國、朝鮮、南倭、北倭、月支、大夏。

二、以（人）形態來定名的：長股國、黑齒國、雕題國、勞民國（面目手足盡黑）、大人國、僬僥國、白民國（白身披髮）。這些國家當然不可能有，但這種樣子的人一定有，作海經的人也許看見過，故替他們假設出許多國號。

三、想像的國家：羽民國（民皆生毛羽）、卵民國（民皆生卵）、貫胸國（胸有竅）、不死國、三首國（一身三首）、三身國（一首三身）、奇肱國（一臂三目）、無臂國（無腸）、牛黎國（無骨）、歧舌國、丈夫國（男生男）、女子國（女生女，與鏡花緣所說不同）。戰國時，因交通發達，看到一些樣子不同的人，而產生了這種奇怪的想像。

山海經中之神話

一、湘妃

古傳說：堯的二個女兒，嫁給舜爲妻，舜南巡狩，死在蒼梧，二女哭夫，眼淚滴在竹上，而竹成斑，稱湘妃竹（或斑竹）。

> 中次十二山：“洞庭之山……帝之二女居之，是常游於江淵。澧、沅之風，交瀟湘之淵，是在九江之間，出入必以飄風暴雨。”

這樣看來帝是説上帝，二女大概是水神，爲什麼變成了堯的二女呢？因古代帝王皆稱帝，而帝堯乃人間王中最有名的，所以帝之二女變成堯之二女。舜因南巡狩到了蒼梧，故與二女發生關係，這都是穿鑿附會的。但山海經中還保存了神話的面目。

二、羲和與常羲

> 尚書堯典：“乃命羲和，欽若昊天，曆象日月星辰，敬授民時。”
> 大荒南經：“東南海之外，甘水之間，有羲和之國。有女子名曰羲和，方浴日于甘淵。羲和者帝俊之妻，生十日。”
> 大荒西經：“有女子方浴月，帝俊妻常羲，生月十有二，此始浴之。”
> 吕氏春秋：“羲和作占日，常羲作占月。”

大荒南經：“羲和浴日”，大荒西經“常羲浴月”，羲和與常羲皆爲神話中的人物，一爲管日之神，一爲管月之神。古人以十日爲一旬，故説有羲和生十日。又因一年有十二個月，所以常羲生月十有二。這本是一個很有趣味的神話，但尚書中卻以羲和爲欽天官，吕氏春秋也將他們人格化，説什麼羲和作占日，常羲作占月，很好的神話，倒被他們説得糊塗了，幸有山海經保存了它的原意，以供我們研究古史之參考。

羲和故事畫圖

民間神話——→學者古史

羲和生日┓
　　　　┣→　羲和占日
常羲生月┛　　常羲占月
　↓
嫦娥奔月

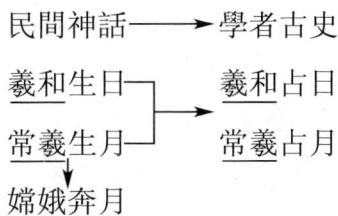

### 山海經內真正的史事

楚辭天問："該秉季德，厥父是臧，胡終弊于有扈，牧夫牛羊？干協時舞，何以懷之？平脅曼膚，何以肥之？有扈牧豎，云何而逢？擊狀先出，其命何從？恒秉季德，焉得夫朴牛？何往營班祿，不但還來？昏微遵跡，有狄不寧；何繁鳥萃棘，負子肆情？"

注楚辭的有漢之王逸，宋之洪興祖、朱熹。因爲注得不好，故其中有許多句子不能懂得，現在我們來看王逸的注：

該秉季德：該，苞也；秉，持也。季，末也；言湯能苞持先人之末德。

恒秉季德：恒，常也；秉，持也。季，末也；言湯常能秉持契之末德。

自甲骨文發現後，我們得到了一些新的材料，甲骨文中有：

貞尞（燎）于王亥。
貞之于王亥卌牛。
貞之于王□三百牛。

史記殷本紀中無王亥名，而王國維自山海經中找出：

> 大荒東經：有困民國，勾姓而食，有人曰王亥，兩手操
> 鳥，方食其頭。王亥托於有易，河伯僕牛。有易殺王亥，取
> 僕牛。

山海經郭璞注（因郭璞見過竹書紀年，故用竹書紀年注山海經）
於下：

> 竹書曰：殷王子亥，賓於有易而淫焉，有易之君緜臣殺
> 而放之。是故殷主甲微假師於河伯，以伐有易，滅之，遂殺
> 其君緜臣也。

故甲骨文中之王亥，即竹書中之王亥，大荒經中之王亥。

> 呂氏春秋謂："王冰作服牛。"
> 世本作篇："胲作服牛。"

據王國維考：王冰即王亥，胲亦作亥，故河伯僕牛即服牛。

> 甲骨文：貞之于王𠂤。又：貞王𠃬。
> 詩經：如月之恒。毛傳：恒，弦也。

甲骨文之𠂤與𠃬，皆如月之弦，故應爲恒。（此王國維所考定）

> 周易大壯：六五喪羊於易，無悔。
> 旅：上九鳥焚其巢，旅人先笑後號咷，喪牛於易，凶。

易，即竹書中之有易。旅人，因王亥賓於有易，故稱旅人。

根據以上之甲骨文和山海經、竹書紀年、易經等書的考證，楚辭天問這一段，就可以讀懂了，我們應將王逸的注改爲：

> 該——亥（王亥）。
>
> 季——王亥父王季。
>
> 有扈——有易。
>
> 舞、肥——淫也。
>
> 恒——王恒。
>
> 朴牛——服牛。
>
> 昏微——主甲微。
>
> 有狄——有易。故：

> 殷:季 ┬→王亥 →主甲微
> 　　　└→王恒

從前的人，把山海經視爲小說，說其中所記皆是荒誕之論，語怪之祖，故爲史家所輕視，現在我們懂得如何利用神話與傳說，所以山海經中所載的半神話半歷史性的東西，就成爲超乎群經、諸子以外，最貴重的史料了。

**穆天子傳**

穆天子傳也出於汲冢，是記西周時穆王巡狩的故事，共六卷：一至四卷記西巡，五卷記南巡，六卷記東巡。其中以西巡最爲人所重視，所經過的地方，在山海經中均可看到，故這部書與山海經有密切關係。這部書我們又可以把它看作歷史小說，有如正德皇帝游江南，或三保太監下西洋。關於此書的年代，大概爲戰國時的產品，後經過晉朝人重寫，因竹簡容易脫落，故打口之處甚多。寫山海經時，已經有穆王故事，所以它的關係應爲：

```
                    山海經
          穆王故事
                    穆天子傳
```

穆天子傳與山海經內所說的西王母

　　山海經西山經：“西王母其狀如人，豹尾虎齒而善嘯，蓬髮、戴勝，是司天之厲及五殘。”

　　穆天子傳：“吉日甲子，天子賓於西王母，乃執白圭玄璧以見西王母，……西王母再拜受之。□乙丑，天子觴西王母於瑤池之上。西王母爲天子謠曰：‘白雲在天，山陵自出，道里悠悠，山川間之。將子無死，尚能再來。’天子答之……”

穆天子傳中所説的西王母，雖遠處邊陲，但他能唱出這樣柔美的歌，歌的體裁很像詩經，可見西王母已深受漢化，並且文雅多情，與山海經中煞神似的西王母，迥然不同。而爾雅卻以西王母爲一個國家的名字。

西王母所在地

　　漢書地理志：“西北至塞外，有西王母石室、僊海（青海）、鹽池。北則湟水所出，東至允吾入河。西有須抵池，有弱水、昆侖山祠。”

　　史記大宛傳：“條枝有弱水、西王母。”

條支已至歐洲，以當時交通之困難，似不可能。漢書地理志爲古地理中最準確者，根據他的説法，西王母所在地頗近，大約爲今青海、甘肅一帶地。故西王母之所在，有此二派不同的説法。

劉師培著穆天子傳補釋，及顧實著穆天子傳西征講疏，都採大宛傳説法，謂西王母在黑海之濱。並説穆王所走的路綫，是自新疆——中亞——波斯——裏海——黑海——俄羅斯。這條路以我們現在走，還很困難，而周穆王在三千年前走，是否可能，是一個疑問！大概因劉師培、顧實，都是近代人，略有世界知識，看到歐洲有哥倫布那樣偉大的冒險家，難道歷史悠久的中國，反不如他們嗎？故採大宛傳之説。

日人小川琢治，從歷史地理上觀察東亞文化的源流，應是自洛陽——太行——滹沱——雁門——包頭——涼州——賀蘭山——寧夏——鄂爾多斯沙漠——包頭。所以當日穆天子西巡的路綫應與此相同，他並考出穆王共走了二萬四千七百里。

此二種説法，孰是孰非，很難斷定，不過以古代道路的阻塞，交通工具的簡陋，穆王雖然愛游，也不可能越過波斯、裏海，到黑海之濱。史記大宛傳説："條枝有弱水、西王母。"這也許是漢人西遷後，懷念故鄉，故在該地僑設弱水、西王母。正如昔日漢高祖遷豐於咸陽，而稱新豐。鄭之遷洛陽，稱新鄭，是一個道理。

穆王西巡狩的事，史記周本紀未載，而將他記入趙世家中，即因趙的祖先造父，曾爲穆王御八駿。

穆王西行所到過的國家

A. 西行：1. 犬戎（約在今山西境内。）2. 鄘。3. 河宗氏（河套）。4. 昆侖之丘。5. 赤烏氏。6. 曹奴。7. 群玉山（見山海經）。8. 剞閭氏。9. 䣙韓氏。10. 西王母之邦。

B. 東歸：11. 羽陵。12. 智氏。13. 閼氏、胡氏（即匈奴）。14. 沙衍（沙漠）。15. 濁繇氏。16. 重趪氏。17. 文山。18. 巨蒐氏。19. 鄘。20. 犬戎。

**世本**

世本是記載黃帝以來至春秋時帝王公卿大夫的世系。太史公作史記時，有許多帝王無史料可説，於是只能這樣寫："某帝死，某帝繼立。"這就是根據世本。但此書不幸失傳，今僅能看到輯佚本。現存清人輯本，共有八種，這裏據張澍輯本作一介紹。

張澍輯世本（五卷），又將所輯刻了一部二酉堂叢書。其所輯世本，根據古世本分爲：1. 作篇，2. 居篇，3. 氏姓篇，4. 帝繫篇，5. 王侯大夫譜篇，6. 謚法篇。今分篇解説於下：

作篇：記載某一件東西，是某人所作。因古代的人以爲凡是一件東西，都有一個開始創造的人，聖人是最聰明的人，故很多東西都是聖人所作。由這篇内可以知道古人的想像。如：伏羲制以儷皮嫁娶之禮，女媧作笙簧，黄帝作冕旒，蚩尤以金作兵，雍父作杵臼等，這些都與傳説極有關係。

居篇：因記有帝王建都之地，於後世影響很大，故這一篇極有價值。例：契居蕃。相徙帝丘，於國爲衛。周公居少昊之虚。關於大夫的采邑也寫出來。如：畢萬居魏，昭子徙安邑，文侯亦居之。

氏姓篇：姓與氏不同，姓爲女子所用，古代同姓則不婚。它的來源，是由於圖騰，故於我們研究古代種族很有幫助。氏則爲男子所用，它的來源，是以所居的地方，或所作的職業，即以爲氏。如業陶，即稱陶氏；居於東門，即稱東門氏。今將世本中所説的姓氏，舉幾個例子於下：

融夷氏，祝融後，董父之胤，以融夷爲氏。

鄅，妘姓。

芮、魏，皆姬姓。

江、黄，皆嬴姓國。

燕國，姞姓。

舒蓼，偃姓，皋陶之後。

子雅氏，齊惠公之孫公孫竈，字子雅之後。

帝繫篇：在傳説時代，不僅説出帝王的系統，並且書出其母、妻之系。例：

顓頊娶於勝濆氏之子，謂之女禄，是生老童。

老童娶於根水氏，謂之驕福，産重及黎。

鯀娶有莘氏女，謂之女志，是生高密（禹）。

後進入歷史時代，於是母系多不書。如：

仲丁，大戊之子，河亶甲，仲丁弟也。

帝繫篇與王侯大夫譜篇：史記中採用最多。王侯大夫譜篇，其中所説例如：

魯公伯禽卒，子考公就立，考公卒，弟煬公熙立。

魯孝公生僖伯彄，彄生哀伯達。

衛有王孫賈，出自周頃王之後，王孫賈之子，自以去王室久，改爲賈孫氏。

世本中材料極多，爲史學工具書，可隨時查看，關於古代的書，大約如是。

下面所説的幾部，爲漢代人作品。

**吳越春秋（後漢趙曄著）與越絶書（後漢袁康著）**

吳、越本爲南方蠻夷之國，後突然興起，吳國竟能與齊、晉爭霸，故爲當時人所注意，於是有伍子胥、西施的故事。實在説吳並不一定爲西施所亡，而是漢人描寫過份。真正亡吳的原因，是使民太過。江、淮、河、濟四條水皆是東西流，吳國爲着要在南方稱霸，與齊相抗衡，而開邗溝，溝通江、淮，與晉公午會於黄池。後來又在邗溝北面開了一條河，自東而西，以對付晉國。戰國時陶能成爲商業中心地，就是受吳修溝開河的影響，同時因濫用民力，而遭覆亡。

吳人善冶鐵，所以吳刀、吳戈、吳鈎，在古代都極著名，山海經及楚辭都曾提及。干將、莫邪，是最好的寶劍，也産在吳國。

吳越春秋與越絶書都是地方性的書，講東南的歷史，並且越絶書的作者袁康，是會稽人，對於吳國的情形，應該知道得很清楚，所以這種書，也值得一看。

## 蜀王本紀（漢揚雄著）與華陽國志（晉常璩著）

這兩部是講西南歷史的書，所載以四川爲主，不過華陽國志還記了雲南及貴州。揚雄是蜀人，以本國人寫本國的歷史，應該有比較確實的史料，以供人參考，但蜀王本紀卻不然，因蜀與中原相隔太遠，文化不易傳播，而形成了文化的落後，並且蜀國没有文字，故揚雄作蜀王本紀時，不得不儘量採用神話與傳説。約距蜀王本紀三百年以後，又有蜀人常璩的華陽國志。爲什麼稱華陽國志？“華陽”兩字，是源於禹貢“華陽黑水惟梁州”一語。常璩因見蜀王本紀中神話傳説太多，感覺到不滿意。他很想寫出一部真的歷史，但還是苦於蜀國没有文字的記載，無史實可根據，萬不得已，只能將神話傳説加以筆削，以資應用，又因當時治史學的方法還不精，所以這部書還是寫得不好。不過我們也不必責人太過，打一個譬喻來説：我們寫唐玄奘的傳，一定是採用慈恩三藏法師傳及大唐西域記。假設玄奘不是唐代人，而是上古時候的人，没有史實作爲根據時，我們也只有取材於西游記了。

```
        三百年              三百年
蜀亡 ─────→ 揚雄 ─────┼───── 常璩
                        ↑
                治史方法有改變
```

蜀王本紀的原本失傳，現在存在的，是嚴可均的輯本。今將
蜀王本紀與華陽國志作一比較於下：

1. 蜀王本紀：

　　蜀之先，稱王者有蠶叢、伯濩、魚鳧，……從開明已上
至蠶叢，積三萬四千歲。

　　華陽國志：

　　周失綱紀，蜀先稱王，有蜀侯蠶叢。

2. 蜀王本紀：

　　蠶叢後代名曰伯濩，後者名魚鳧，此三代各數百歲，皆
神化不死；其民亦頗隨王化去。

　　華陽國志：

　　蠶叢死，作石棺石槨。

3. 蜀王本紀：

　　後有一男子，名曰杜宇，從天墮止朱提；有一女子，名
利，從江源井中出，爲杜宇妻。

　　華陽國志：

　　後有王曰杜宇，教民務農。……時朱提有梁氏女利，游
江源，宇悦之，納以爲妃。

4. 蜀王本紀：

　　杜宇……自立爲蜀王。

　　華陽國志：

　　七國稱王，杜宇稱帝。

5. 蜀王本紀：

　　望帝積百餘歲，荊有一人名鼈靈，其尸亡去，荊人求之不得。鼈靈尸隨江水上至郫，遂活，與望帝相見。望帝以鼈靈爲相。時玉山出水，……望帝不能治，使鼈靈決玉山，民得安處。

　　華陽國志：

　　會有水災，其相開明，決玉壘山，以除水害。（鼈靈爲帝，其國號曰開明。）

6. 蜀王本紀：

　　鼈靈治水去後，望帝與其妻通，慚愧，自以德薄不如鼈靈，乃委國授之而去。望帝去時子鴂鳴，故蜀人悲子鴂鳴而思望帝。望帝，杜宇也，後天墮。

　　華陽國志：

　　開明……除水害，帝遂委以政事，法堯、舜傳授之義，遂禪位於開明，帝升西山隱焉。時適二月，子鵑鳥鳴，故蜀人悲子鵑鳥鳴也。

7. 蜀王本紀：

　　（無）

　　華陽國志：

　　開明氏……凡王蜀十二世。


　　神話傳說中，對於時間觀念最不清楚。華陽國志說：鼈叢稱王在春秋時，杜宇稱帝，在七國稱王的時候，七國稱王是在西元前 343—前 323，蜀之亡是在西元前 316，但杜宇禪位於開明後，開明氏又凡王蜀十二世。由此可知其不可信。故蜀王本紀與華陽國志，在表面看來，一爲神話，一爲事實，但實際上說：一個是真的神話，一係假的事實。

## 史記

史記是司馬遷作的，司馬遷字子長，龍門夏陽人。漢武帝的時候，繼承他的父親司馬談而作太史令。太史令的職務是掌管文史星曆，而郡國上計，也出於太史令，故能通古知今。並且司馬遷游歷之地極廣，蘇轍曾説："太史公行天下，周覽四海名山大川，與燕、趙豪傑交游，故其文疏宕有奇氣。"所以司馬遷不但讀萬卷書，而且行了萬里路。他的作史記，是比於孔子的作春秋，他曾説："先人有言：'自周公卒，五百歲而有孔子。孔子卒後，至於今五百歲，有能紹明世，正易傳，繼春秋，本詩、書、禮、樂之際。'意在斯乎！意在斯乎！小子何敢讓焉。"可是他又爲着表示謙讓不敢自居，又説："余所謂述故事，整齊其世傳，非所謂作也，而比之於春秋，謬矣。"他雖然這樣説，然我們從"究天人之際，通古今之變，成一家之言"幾句話中，仍可以看出他的自負。史記這部書，有見解，有材料，有組織方法，的確爲我國歷史上一部偉大的著作。其中分爲五個部門，今記於下：

1. 本紀：紀帝王，編録重要事實，爲編年史。

2. 表：

    a. 世表：古代事無法編年的，列入表中。如三代世表。

    b. 年表：有十二諸侯年表，六國年表等，其中記大事、封建以及名臣。

    c. 月表：僅有秦楚之際月表。

3. 書：

    a. 記自然現象者：天官、曆。

    b. 記典章制度者：禮、樂、封禪、河渠、平準。

4. 世家：寫法與本紀相同，皆爲編年史，其中不同的一點是本紀紀帝王，而世家是紀諸侯，故可以説他是國別的編年史。

5. 列傳：

    a. 特殊的個人傳記。

    b. 分類的集體記載。

    c. 四裔傳（邊疆、外國，皆列入四裔傳。）

自司馬遷作史記，後來寫史的人都仿效他的體制，其實史記體制，並不是司馬氏所獨創，也有其來源與根據：本紀是根據尚書、春秋而來。表根據世本、諜記。世家也是根據春秋。書則根據尚書（禹貢——河渠，洪範——天官）、世本以及儀禮。傳的來源大概是這樣：史記中本紀等於經，而列傳解釋本紀，故稱傳。

因漢武帝相信方士之説，以爲自古受命帝王，没有不封禪的，故也封泰山，禪梁父。然司馬遷卻不信神話，所以將這般方士之言，不記入本紀而載於封禪書。

封禪書：

少君言上曰：“祠竈則致物，致物而丹沙可化爲黄金，黄金成，以爲食器，則益壽，益壽而海中蓬萊僊者乃可見，見之以封禪則不死，黄帝是也。”公孫卿言：“……黄帝時萬諸侯，而神靈之封居七千。……黄帝接萬靈明廷。……黄帝采首山銅，鑄鼎於荆山下。鼎既成，有龍垂胡顧下迎黄帝，黄帝上騎，群臣後宫從上者七十餘人，龍乃上去。餘小臣不得上，乃悉持龍顧，龍顧拔，墮，墮黄帝之弓。百姓仰望黄帝既上天，乃抱其弓與胡顧號……”

故武帝崇信少君、公孫卿等方士的話，是希望封禪後可以不死，能同黄帝一樣成仙，司馬遷不相信這種神話的説法，他在五帝本紀贊内説得很清楚。

五帝本紀贊：“學者多稱五帝，尚矣。然尚書獨載堯以來，而百家言黃帝，其文不雅馴，薦紳先生難言之。孔子所傳宰予問帝德，及帝繫姓，儒者或不傳。……余並論次，擇其言尤雅者，故著爲本紀書首。"

司馬遷不但不相信神話，並且還不相信傳説，今舉例於下：

> 莊子逍遥游："堯讓天下於許由，曰：'……天子立而天下治，而我猶尸之，吾自視缺然，請致天下。'"
> 又讓王篇："湯……伐桀，尅之，以讓卞隨，卞隨……乃自投椆水而死。湯又讓瞀光，……瞀光……乃負石沈於廬水。"

這雖不是神話，卻是傳説，故司馬遷也不相信，他在史記伯夷列傳中曾説：

> 夫學者載籍極博，猶考信於六藝。詩、書雖缺，然虞、夏之文可知也。堯將遜位，讓於虞舜，舜、禹之間，岳牧咸薦，乃試之於位。……而説者曰堯讓天下於許由，許由不受。……及夏之時，有卞隨、務光者，此何以稱焉？太史公曰：余登箕山，其上蓋有許由冢云。孔子序列古之仁聖賢人，如吳太伯、伯夷之倫詳矣。余以所聞由、光義至高，其文辭不少概見，何哉？

史記中對於讓位的事極注重，所以將堯、舜列在本紀第一，世家第一爲吳太伯，列傳又獨尊伯夷，對於神話傳説都儘量的不採入。但司馬遷之後寫史者，態度又不相同，例：

一、晉皇甫謐帝王世紀：將諸子的話及讖緯之説皆搜入，讖是預言，緯是附經的，完全是五行的思想，諸子則是改制的思想，因此將古代史紊亂。

　　二、史記本無三皇本紀，唐代司馬貞補三皇本紀。

　　三、宋司馬光作資治通鑑，自三家分晉始，劉恕與光同編通鑑，以爲戰國時代不講，於讀書的人很不方便，故作通鑑外紀，始自戰國，並將諸子及讖緯之說亦放入。

　　四、宋羅泌著路史，除諸子讖緯之說外，並參入道藏及山海經中的傳說，所以將古代史愈說愈長。

看了以上幾部書後，我們不能不佩服司馬遷的眼光，如果他要採用神話、傳說，當時的材料，比後人所見到的更多。

　　以今日的眼光來看，史記中還是有神話與傳說，但司馬遷與我們所處的時代不同，故不可深責。例：

　　　　五帝本紀："黃帝……獲寶鼎，迎日推筴。"

　　　　封禪書："汾陰巫錦……得鼎，鼎大異於衆鼎，……乃以禮祠，迎鼎……至長安。……齊人公孫卿曰：'今年得寶鼎，其冬辛巳朔旦冬至，與黃帝時等。'卿有札書曰：'黃帝得寶鼎，……於是黃帝迎日推策，後率二十歲，復朔旦冬至，凡二十推，三百八十年，黃帝僊登于天。'……奏之，上大悅。"

這是史記中的神話，五帝本紀中黃帝"獲寶鼎，迎日推筴"一語，是出於封禪書方士之言，故不可靠。再舉一個司馬遷採用傳說的例：

　　　　五帝本紀："黃帝……未嘗寧居，東至于海，登丸山及岱宗。西至于空桐，登雞頭。南至于江，登熊、湘。北逐葷粥，合符釜山，而邑于涿鹿之阿。"

　　　　五帝本紀贊："余嘗西至空桐，北過涿鹿，東漸於海，

南浮江、淮矣。至長老皆各往往稱黃帝、堯、舜之處，風教
固殊焉。”

五帝本紀中黃帝四至之處，爲六經中所沒有，但我們看五帝本紀
贊時，即可知道黃帝四至之處，就是司馬遷自己所行之地。

當時查簡是一件極困難的事，加以竹書紀年這種書，司馬遷
還未見過，所以史記中難免有錯誤的地方。清代梁玉繩的史記志
疑，及今人錢穆的先秦諸子繫年，都是批評史記中的錯誤。

史記中關於史料之三方面，可說都曾做到，遺物方面，司馬
遷曾到過孔子廟堂。關於文籍，漢書司馬遷傳贊謂：“司馬遷據
左氏、國語，采世本、戰國策，述楚漢春秋，接其後事，迄於天
漢。”此外如詩、書、春秋、秦記等都曾採用。史記中也有傳說。
所以司馬遷的組織能力特強，真令我們佩服。

在報任少卿書中，可知司馬遷受腐刑後之所以不死，完全是
爲着要完成他的偉大著作史記。可是當他遷中書令以後，因要隨
武帝各處巡狩，不得寧居，故至他死的時候，史記並未完成。漢
書司馬遷傳曾說：“十篇缺，有錄無書。”這十篇據張晏注：遷沒
之後，亡景紀、武紀、禮書、樂書、兵書、漢興以來將相年表、
日者列傳、三王世家、龜策列傳、傅靳列傳（今史記內有律書而
無兵書，故晏所說十篇內兵書有問題）。爲什麼現在史記仍有一
百三十篇呢？乃是後人補作的。今記於下：

　　　一、張晏注：“元、成之間，褚先生補缺，作武帝紀，
　　三王世家、龜策、日者傳，言辭鄙陋，非遷本意也。”

此話是否可靠，亦有問題，如武帝紀顯然是自封禪書中鈔出來
的，並不是褚少孫所補。

　　二、漢書藝文志："馮商所續太史公七篇。"

　　三、唐劉知幾史通："史記太初已後闕而不録，其後劉向、向子歆及諸好事者若馮商、衛衡、揚雄、史岑、梁審、肆仁、晉馮、段肅、金丹、馮衍、韋融、蕭奮、劉恂等相次撰續，迄於哀、平間，猶名史記。"

　　四、史記司馬相如傳贊："太史公曰：……相如雖多虛辭濫説，然其要歸，引之節儉。……揚雄以爲靡麗之賦，勸百風一。……余采其語可論者著於篇。"

揚雄在太史公之後數十年才生，而其中載有揚雄的話，我們仔細研究一下，就可以知道這段話是取之於漢書司馬相如傳，而將前面加上一句"太史公曰"，後面加上"余采其語可論者著於篇"。

　　五、秦始皇本紀末："孝明皇帝十七年十月十五日……"

孝明皇帝係東漢之帝，故知爲後人所竄入。

　　總之史記一書，是千孔百瘡，其中的真僞，很難考訂，不過我們還是可以想出方法來。

　　考證史記的標準

　　太史公自序："故述往事，思來者，於是卒述陶唐以來至於麟止。"春秋經終于西狩獲麟，其結語即："哀公十有四年，西狩獲麟。"史記自序"至於麟止"是指漢武帝元狩元年獲白麟。但是太史公自序最後又説："余歷述黃帝以來，至太初而訖。"（漢本從秦建亥，到武帝時改爲建寅，故改元太初。）自麟止（元狩元年）至太初（四年），計相差二十二年，不過這兩句話，並不衝突，因太初時他尚生存，雖説至於麟止，也不一定就止於是。漢書司馬遷傳並説："接其後事，迄于天漢。"（天漢在太初後四年）建元以來侯者年表末，褚先生曰："太史公記事，盡於武帝之事。"我們來看漢武帝的年代。

武帝五十四年，計：

建元六年。

元光六年。

元朔六年。

元狩六年。

元鼎六年。

元封六年。

太初四年。

天漢四年。

太始四年。

征和四年

後元二年。

即使根據褚先生説"盡於武帝之事"，但史記中之：

酷吏傳——有昭帝末年事。

楚元王世家——有宣帝時事。

齊悼王世家——有成帝時事。

據王國維太史公行年考，認爲太史公的年齡與武帝相終始，故應死於征和或後元之時，至於史記中所記武帝以後的事，乃劉向、揚雄諸人所作。

這些假的東西，可分爲混合與化合兩種，混合的容易分出來，而化合的則很難分出，崔適作史記探源，就是要將史記中的化合物分析出來。爲什麼會有化合物？這不能不牽涉到今、古文，因今、古文是講家派的，所以他們對於史事的批評，也各不相同。今文家治公羊，古文家治左傳，因他們兩者的説法不同，而影響到史記的不統一，今舉例於下：

一、古代帝位繼承之法有兩種，一是傳弟，一是傳子，大概傳弟之制在前，傳子制在後，到春秋末年，皆行父子相傳之制，可是宋宣公卻傳位於其弟穆公，於是這件事引起了今、古文家不同的批評。

　　　公羊隱三年：……莊公馮弒與夷。故君子大居正，宋之禍，宣公爲之也。

　　　左傳隱三年：君子曰："宋宣公可謂知人矣。立穆公，其子饗之，命以義夫？"

　　　史記宋世家：

　　　　　（正文）君子聞之，曰："宋宣公可謂知人矣。立其弟以成義，然卒其子復享之。"

　　　　　（贊）春秋譏宋之亂自宣公廢太子而立弟，國以不寧者十世。

漢時治經一定要有家派，但從史記宋世家的正文與贊看來，司馬遷到底是今文家，還是古文家，真令人莫明其妙，並且武帝時左傳尚未起來，所以這必定是後人竄入的。

武公 ┬── （1）宣公力 ──── （3）殤公與夷
　　　└── （2）穆公和 ──── （4）莊公馮

二、宋襄公與楚戰於泓的事。

　　　公羊僖二十二年：故君子大其不鼓不成列，臨大事而不忘大禮。……以爲雖文王之戰亦不過此也。

　　　左傳僖二十二年：明恥教戰，求殺敵也……三軍，以利用也；金鼓，以聲氣也，利而用之，阻隘可也。

　　　史記宋世家：

（正文）襄公傷股，國人皆怨公，公曰："君子不困人於阸，不鼓不成列。"子魚曰："兵以勝爲功，何常言與！必如公言，即奴事之爾，又何戰爲？"

（贊）襄公之時，修行仁義。……既敗於泓，而君子或以爲多，傷中國闕禮義，褒之也，宋襄之有禮讓也。

今將公羊、左傳、史記對這兩件事的批評列表於下：

|  | 今文 | 古文 | 宋世家（正文） | 宋世家（贊） |
|---|---|---|---|---|
| 宋宣 | 貶 | 褒 | 褒 | 貶 |
| 宋襄 | 褒 | 貶 | 貶 | 褒 |

司馬遷時僅有今文，而無古文，但後人將古文竄入，故史記變得不統一，至清代崔適著有史記探源，意欲除去史記中古文家的話，回復史記的原面目。

# 三、詩經研究 *

詩經是許多人作的詩所合成的一個總集，共三百零五篇，而集成數稱三百篇。

## 一、詩經分類

（一）南二十五篇

---

* 本節由辛毓南記錄。原載中國社會科學院歷史研究所學刊第二集，2004 年 4 月。

周南——十一篇

召南——十四篇

爲什麼叫南？毛詩序説：王化自北而南，故曰南。這是没有看清詩經真相的説法，其實"南"是一種樂調，在詩經本身就可以找出證明。詩經鼓鐘："以雅以南。"在禮記文王世子中説："胥鼓南。"所以南就是音樂中的南調。爲什麼又有周南與召南之分呢？據尚書大傳説：周、召二公，分陝而治。周公治陝東，召公治陝西，周南乃周公所治區域之南，召南爲召公所治區域之南。（陝爲河南陝縣，在洛陽之西，今陝西即由此得名。）

（二）國風一百三十五篇。國即地方，風也是一種樂調，故國風是地方性的音樂。當時各國有各國的風（樂調）。

| | 一國 | 1. 邶風 | 十九篇（邶——在衛東） |
| | | 2. 鄘風 | 十篇（鄘——在衛北） |
| | | 3. 衛風 | 十篇（衛——河南汲縣） |
| | | 4. 王風 | 十篇（王——洛陽） |
| | | 5. 鄭風 | 二十一篇（鄭——河南新鄭） |
| | | 6. 齊風 | 十篇（齊——山東臨淄） |
| 一國 | | 7. 魏風 | 七篇（魏——山西西南，爲晉所滅） |
| | | 8. 唐風 | 十二篇（唐——晉也） |
| | | 9. 秦風 | 十篇（秦——陝西） |
| | | 10. 陳風 | 十篇（陳——河南） |
| | | 11. 檜風 | 四篇（檜——西周時滅于鄭） |
| | | 12. 曹風 | 四篇（曹——山東） |
| | | 13. 豳風 | 七篇（豳——陝西邠縣） |

實在只有八國，爲什麼要分爲十三國風呢？即因一國之中，可以有二種不同的樂調，故古代樂官將分爲十三國風。書上常將周南、召南算入，稱爲十五國風。

（三）小雅：共計七十四篇。毛詩序：“雅者，正也。”但據章太炎説：“雅”在説文中就是“鴉”，“鴉”和“烏”音本相近，古人讀這兩字也相同，故可説“雅”即“烏”。史記李斯傳諫逐客書、漢書楊惲傳報孫會宗書均有“擊缶而歌烏烏”之句。缶爲秦樂器，史記廉頗藺相如列傳説，藺相如强秦王擊缶。“烏烏”爲秦音，故“雅”就是烏烏的秦聲。

　　1. 鹿鳴之什。

　　2. 南方有嘉魚之什。

　　3. 鴻雁之什。

　　4. 節南山之什。

　　5. 谷風之什。

　　6. 甫田之什。

　　7. 魚藻之什（十四篇）。

“之什”就是十篇，以十篇中之第一篇爲篇名。

（四）大雅：三十一篇。爲什麼稱大雅？也許是唱的人數較小雅多，或樂器比小雅多些。

　　1. 文王之什。

　　2. 生民之什。

　　3. 蕩之什（十一篇）。

（五）周頌三十一篇。頌者容也。詩小序謂“頌者，美盛德之形容”。我們於此可見古人的頌是“式歌且舞”，“樂”、“歌”、“舞”三者同時合作的。

　　1. 清廟之什。

　　2. 臣工之什。

　　3. 閔予小子之什（十一篇）。

（六）魯頌四篇。

（七）商頌五篇。商實爲宋。商、宋，爲一音之轉，且宋乃商之後，宋人亦自稱爲商人。

# 二、詩經的來源

小雅節南山：“家父作誦，以究王訩。”
小雅巷伯：“寺人孟子，作爲此詩。”
大雅崧高：“吉甫作誦，其詩孔碩。”
大雅烝民：“吉甫作誦，穆如清風。”

有許多的戲或歌謠，除非是同元曲一樣將姓名書出，否則就很難考出其作者。詩經也是這樣，在三〇五篇中，寫出作者姓名的，僅此四篇。而家父、孟子、吉甫，都是朝廷官員，由是知當時朝中的卿大夫，可以作出詩來，交給樂人去歌，這就是大、小雅。頌是祭祖宗時奏於宗廟之樂，當然也是朝廷中的人作的。但風是地方性的歌，何以能傳至朝廷中？或許正如禮記王制所説：命太師陳詩以觀民風。太師即樂官，既命其陳詩以觀民風，那麼太師所唱的歌，不僅是朝廷中人之作，還要唱各地方的歌。又漢書食貨志説：“孟春之月，群居者將散，行人振木鐸，徇於路以采詩，獻之太師，比其音律，以聞於天子。”(行人——官名)所以風是採自民間。由“比其音律”一語知道詩經中的國風，還經過了一翻修改。

從前人講詩經，只專看書本，這篇詩的内容好，就説是帝王鼎盛時的作品，如果不好，就是王室衰微時的作品，這完全是曲解。我們現在研究詩經，應該跳出書本的圈子，用音樂的觀點來看它，纔能知道詩經的真面目。

漢書藝文志六藝略云：

雅琴趙氏七篇。
雅琴師氏八篇。

雅琴龍氏九十九篇。

又詩賦略：

宗廟歌詩五篇。
諸神歌詩三篇。
吳楚汝南歌詩十五篇。
燕代謳雁門雲中隴西歌詩九篇。
邯鄲河間歌詩四篇。
齊鄭歌詩四篇。
淮南歌詩四篇。
左馮翊秦歌詩三篇。
京兆尹秦歌詩五篇。
河東蒲反歌詩一篇。
雒陽歌詩四篇。
河南周歌詩七篇。
河南周歌聲曲折七篇。
周謠歌詩七十五篇。
周謠歌詩聲曲折七十五篇。

自六藝略中可知奏雅時，有一種特別的琴。又詩賦略所説，宗廟
歌詩與諸神歌詩，大概就是頌。其餘皆爲風，其中汝南應是二南
之區。秦即秦風，河南周歌詩乃王風。歌詩爲白文，而聲曲折就
是樂譜。詩經被經學家加上一套孔子的外衣，以爲是聖人之道，
得以留傳下來，而以上各書幸未被經學家所亂，卻又失傳。漢代
之所以能有這些歌詩，不能不歸之於武帝所立樂府之官。漢書禮
樂志：

武帝定郊祀之禮，……乃立樂府，采詩夜誦，有趙、代、秦、楚之謳，以李延年爲協律都尉。……邯鄲鼓員二人，……江南鼓員二人，淮南鼓員四人，巴俞鼓員三十六人，……臨淮鼓員三十五人，……沛吹鼓員十二人，……陳吹鼓員十三人，……楚鼓員六人，……秦倡員二十九人，……蔡謳員三人，……齊謳員六人……。

晉書經籍志云：

> 吳聲歌辭曲一卷。
> 樂府歌詩二十卷。
> 樂府歌辭九卷。
> 晉歌詩十八卷。
> 三調相和歌辭五卷。
> 樂府新歌十卷。

此規模不及漢代宏大。留傳下來的，有吳聲歌辭曲一部分及三調相和歌辭一部分。這些歌的來源，據晉書樂志中説：

> 相和，漢舊歌也，絲竹更相和，執節者歌……。
> 吳聲雜曲並出江南，東晉以來，稍有增廣。子夜歌，……鳳將雛歌，……團扇歌，……始皆徒歌，既而被之管弦，又有因絲竹金石，造歌以被之，魏世三調歌辭之類是也。

因此我們知道一種是先有樂譜，再作歌辭的。還有一種是採取民間的徒歌，再作樂譜。這種情形，古今都是一樣的。

通志樂略：

　　　　白紵歌有白紵舞，……吴人之歌舞也，……始則田野之
　　作，後乃大樂氏用焉。……白紵與子夜，一曲也。在吴爲白
　　紵，在晉爲子夜，故梁武本白紵而爲子夜四時歌。後之爲此
　　歌者，曰白紵則一曲，曰子夜則四曲。

詩經篇章的來源，也是這樣，因其成爲樂府後，不比徒歌，爲著
要合乎樂調，或要唱得好聽一點，而將它拉長，將一章分爲二、
三章。故由徒歌變爲樂府，文字、調子、篇章，都有變動。

　　　宋郭茂倩：樂府詩集。
　　　元：陽春白雪、太平樂府。（元代的戲有所謂套數，就
　　是由幾個調子合起來的。小套則爲一個調子。）
　　　清：霓裳續譜、白雪遺音。

拿這些樂府和詩經作一比較，就可以知道兩者的關係。我們應以
詩經爲第一部，楚辭爲第二部，樂府爲第三部，將詩經超出、拉
出經學的範圍，纔能看到詩經的真面目。

# 三、詩經的篇數

　　史記孔子世家：“古者詩三千餘篇，及至孔子，去其重，取
可施於禮義，上采契、后稷，中述殷、周之盛，至幽、厲之
缺，……三百五篇，孔子皆弦歌之，以求合韶、武、雅、頌之
音。”詩經原有多少篇，無法得知，據司馬遷説，古者詩三千篇，
但就民間歌謠來看，不但三千篇，就是三萬也有，故司馬遷之説
不可靠。詩經三百篇，大概是當時樂官收集到朝廷中的，只有這
樣多。三百篇現在看起來，似乎很少，可是古代是寫在簡上，再
加上樂譜，數量是非常可觀的。並且一個人的記憶力有限，恐怕

最多也只能記得三百首。從前交際時都要賦詩，主人唱的詩必要客人能懂，客人點的詩也必是樂官所能唱的，故三百首是共同的，無論天子、諸侯皆然。我們拿京戲作一個例子：京戲是由於漢調與徽調而來，本是地方性的，然至北平後，變成京調，則成爲全國性的了。京戲共有多少？據戲考看，也不過三百餘齣。再如，全唐詩何止盈萬，但唐詩三百首卻只選了三百，因此我們知道三百是一個最大限度。昔日孔老夫子也説詩三百。

　　論語爲政：子曰：“詩三百，一言以蔽之，曰：‘思無邪’。”

　　論語子路：子曰：“誦詩三百，授之以政，不達；使於四方，不能專對；雖多亦奚以爲！”

　　又墨子公孟：“誦詩三百，弦詩三百，歌詩三百，舞詩三百。”

由是可推知原來古詩雖然很多，但大家都念的，卻只有三百首。

# 四、十三經注疏中的詩經是怎樣來的？

　　詩經被曲解和僞史所混淆，失去了它的本來面目，我們如不用抽繭剥蕉的方法研究，決不能得到它的真相。今之十三經注疏中的詩經是怎樣來的？我們要解答這個問題，也必須利用前法。在西漢時的今文詩派有：魯詩——魯申培所傳，齊詩——齊轅固生所傳，韓詩——燕韓嬰所傳，這三種皆爲西漢初年之物。西漢時的古文詩派，僅有趙之毛公所傳的毛詩，據説毛公乃子夏的弟子，毛詩也是西漢初年之物。其實毛詩出得遲，恐在西漢末年。今文詩派中之魯、齊、韓三家皆已失傳，僅賸下一部韓詩外傳，其中所説，是關於西周、東周、戰國時一段一段的故事，最後則引用詩經兩句話來作批評，實在與詩學没有什麼關係。魯、齊、韓三家詩雖然失傳，但清代人有輯本，輯本中最詳細的，是陳喬樅的三家詩遺説考，不但將三家詩輯下，並將漢人對各家説的話，也輯了下來。古文詩派傳下來的，有毛詩故訓傳（訓——訓詁，傳——大義）。在毛詩後，東漢衛宏作有毛詩序（見於後漢書儒林傳），因東漢時左傳盛行，故用左傳材料來解詩，並竄入史記，因此後人説，毛詩序是孔子或是子夏所作，故它的地位反較毛詩高。繼衛宏之後，東漢末年有鄭玄的毛詩箋出來。（毛詩爲注，而鄭玄係注中又注，故稱箋。）鄭玄混淆家法，兼治今古文，所以將韓詩、魯詩也採入，陳喬樅的三家詩遺説考，即自此取材。至唐朝，孔穎達作毛詩正義，將毛詩傳與毛詩箋合起來，這部書留傳下來，就是十三經中之毛詩。到宋代朱熹作詩集傳，反對前者，但是也有一部分是輯他們的。朱熹之前鄭樵作有詩辨妄。鄭樵是閩人，朱熹雖是安徽人，因生於閩，故見鄭氏的書早，詩集傳即受鄭氏書的影響。這就是所謂宋學。清代人看不起宋學，因他們覺得漢人在前，漢人的話應比宋人可靠，但經他們仔細研究之後，發現鄭玄的毛詩箋與毛詩的話不相同，於是陳奐作詩毛氏傳疏，排斥鄭玄、孔穎達之説，獨尊毛詩。清代研究毛、鄭異同的人極多，批評之風亦盛，魏源作了一部詩古微，非毛非序非鄭，與鄭樵的詩辨妄相同。當時還有一些人，不管漢學或宋學，只涵詠白文，如姚際恒作詩經通論，方玉潤作詩經原始，但他們都爲清人所看不起，因爲没有家派與淵源，不過在我們現在看來，涵詠白文的方法是對的，宋學也是由涵詠白文起，故姚、方雖是清人，將他們放入鄭樵、朱熹一處也可以。然而清代涵詠白文的，不及研究漢學的成功大。

附表：

今文 ┌ 魯詩
　　 └ 齊詩

古文 —— 毛詩 —— 衞宏毛詩序 —— 鄭玄毛詩箋 —— 孔穎達毛詩正義
　　　　　　　　　　　　　　　　　　　　　　　　陳奐詩毛氏傳疏

　　　左傳
　　　史記

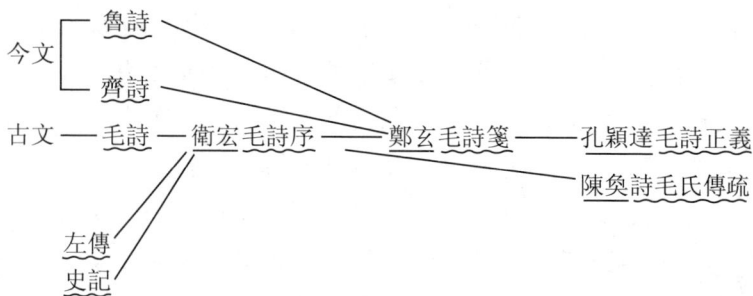

## 五、詩經的曲解

起興，周南關雎：

> 關關雎鳩，在河之洲。
> 窈窕淑女，君子好逑。

“關關雎鳩，在河之洲”，就是起興，與“窈窕淑女，君子好逑”，是二件事，漠不相關的，可是講詩經的人卻以爲二者有相互關係，因此產生許多曲解。毛詩傳：

> 關關，和聲也。雎鳩，王雎也。鳥摯而有別。……后妃説樂君子之德，無不和諧。又不淫其色，慎固幽深，若雎鳩之有別焉，然後可以風化天下。夫婦有別則父子親，父子親則君臣敬，君臣敬則朝廷正，朝廷正則王化成。……后妃有關雎之德，是幽閒專真之善女，宜爲君子之好匹。

本來是四句很簡單的詩，他們卻説出了這樣一篇大道理。並謂國風是爲了風化天下。又：

> 參差荇菜，左右流之。（起興）

> 窈窕淑女，寤寐求之。
>
> 求之不得，寤寐思服。
>
> 悠哉悠哉，輾轉反側。
>
> 參差荇菜，左右采之。（起興）
>
> 窈窕淑女，琴瑟友之。
>
> 參差荇菜，左右芼之。（起興）
>
> 窈窕淑女，鐘鼓樂之。

這二章都以荇菜起興，加上本文，成爲八句一章，可是從前一般人講詩經，不懂得起興，於是毛詩傳説：

> 后妃有關雎之德，乃能共荇菜，備應物，以事宗廟也。（共——供也）

因爲他們將起興看爲實際的事實，不得不造出這許多假話，毛傳還算比較好的，而鄭箋與孔疏中的怪話更多。

關於起興的意義，由古詩中可以看得更清楚。例：

古詩十九首：

> 青青陵上柏，磊磊澗中石。（起興）
>
> 人生天地間，忽如遠行客。

古詩孔雀東南飛（焦仲卿妻作）：

> 孔雀東南飛，五里一徘徊。（起興）
>
> 十三能織素，十四學裁衣，十五彈箜篌，十六誦詩、書……

以我們現在看，前面的起興與本文没有關係，根本用不著加以解釋，可是古人卻不然，硬要幫他們找出關係來，因此研究詩經的人，弄得極痛苦。

民歌中的起興最多。例：

一、螢火蟲，彈彈開。（起興）
　　千金小姐嫁秀才……
二、螢火蟲，夜夜紅。（起興）
　　親娘績苧換燈籠……
三、陽山頭上竹葉青，（起興）
　　新做媳婦像觀音……
四、陽山頭上竹葉黄，（起興）
　　新做媳婦像夜叉。
五、陽山頭上花小藍，（起興）
　　新做媳婦多許難。

從民歌中，起興的問題得到了解答，所謂起興，就是要假一件事物起勢。因爲有了“新做媳婦多許難”一語，所以要起一句“陽山頭上花小藍”，以“藍”字押“難”字韻。還有一首山歌説：

山歌好唱起頭難，
起了頭來便不難……

這兩句話已説明了爲什麽要有起興。

詩經以國風的起興爲最多，因國風是采自民間。而雅、頌乃朝廷卿大夫所作，故起興少。論語陽貨：子曰：“小子何莫學乎詩！詩可以興，可以觀，可以群，可以怨，……多識於鳥獸草木之名……”“多識於鳥獸草木之名”一語，即由起興而來，因爲詩經中有許多詩，是假鳥獸草木起興的。在毛詩品物圖考中，將毛詩中所說的許多鳥獸草木，都畫了出來。今將以鳥獸草木起興之詩，舉例於下：

小雅鴛鴦：

　　鴛鴦在梁，戢其左翼。（起興。戢，斂也）
　　君子萬年，宜其遐福。

小雅白華：

　　鴛鴦在梁，戢其左翼。（起興）
　　之子無良，二三其德。

這兩首詩的内容各不相同，但其起興卻是一樣，都是用鴛鴦。

王風采葛：

　　彼采葛兮，（起興）
　　一日不見，如三月兮。
　　彼采蕭兮，（起興）
　　一日不見，如三秋兮。
　　彼采艾兮。（起興）
　　一日不見，如三歲兮。

此是以葛、蕭、艾起興，與本文原無關係，但從前人的曲解，即由此產生。

如果說起興與本文完全無關，有時也講不通，因爲其間或也有一點譬喻的意義，例：

王風兔爰：

　　　　有兔爰爰，雉離于羅。

　　　　我生之初，尚無爲；我生之後，逢此百罹；尚寐無吪。

其中"雉離于羅"，與"逢此百罹"，即含有比的意義，故可稱爲比。（王風乃東周之風）

　　古人謂詩之作法有三，即賦、興、比。賦是直陳其事，比則有象徵之意。現在舉一個賦的例如下：

　　召南甘棠：

　　　　蔽芾甘棠，勿翦勿伐，召伯所茇。
　　　　蔽芾甘棠，勿翦勿敗，召伯所憩。
　　　　蔽芾甘棠，勿翦勿拜，召伯所說。

如我們要追溯賦、興、比的來源，是出於周禮。周官宗伯：

　　　　大師……教六詩：曰風、曰賦、曰興、曰比、曰雅、曰頌。

古文家的經典雖不可靠，但總可以代表漢人的說法，故爲我們所採用。其排列次序爲風、賦、興、比、雅、頌，有謂風中的賦、興、比多，而雅、頌中甚少，所以這樣排列。又有人說：

　　　　詩之體，風、雅、頌。
　　　　詩之用，賦、比、興。

　　小雅谷風：

　　　　習習谷風，維風及雨。

　　　將恐將懼，維予與女；（女——汝也）
　　　將安將樂，女轉棄予。

　廣東民歌：

　　　河水汶汶河岸崩。我妹去了沒處跟，我妹走了沒處問，
　朝看日出晚看星。

小雅谷風是說男女間，在困苦時可以相共，安樂時則轉而相棄，
與這首廣東民歌的意義很相似。朱熹的詩集傳在每一章後面，都
寫出了賦也、興也、比也，這首詩中含有比的意思，故可以稱爲
興而比也。
　　當古人作一首詩的時候，他所想的是賦、興，還是比，我們
不得而知，所以現在只能去猜想，當然有時是猜不中的，例：
　鄭風風雨：

　　　風雨淒淒，鷄鳴喈喈。
　　　既見君子，云胡不夷。
　　　風雨瀟瀟，鷄鳴膠膠。
　　　既見君子，云胡不瘳。
　　　風雨如晦，鷄鳴不已。
　　　既見君子，云胡不喜。

此詩說它是賦、興、比都可以，使我們無法判斷，只好闕疑。但
從前講詩經的人則不然，他們完全以主觀的態度來看，故說是
"興也，風且雨淒淒然，鷄猶守時而鳴喈喈然"。
　　還有一些詩，是前人讀不懂的，但我們瞭解起興之後，就可
以讀懂。例：

周南卷耳：

> 采采卷耳，不盈頃筐，嗟我懷人，置彼周行。（周
> 行──周道）
> 陟彼崔嵬，我馬虺隤。我姑酌彼金罍，維以不永懷。
> 陟彼高岡，我馬玄黃。我姑酌彼兕觥，維以不永傷。
> 陟彼砠矣。我馬瘏矣。我僕痡矣，云何吁矣。

第一章采卷耳，乃女子之事，與其餘三章所説旅行的情形，漠然
無關，並且此篇共有七個"我"字，這些"我"字是指誰而言，真令
從前那般解詩經的人，束手無策。因此產生了許多牽强附會的
解釋：

毛傳：

> 憂者之興也。……思君子，官賢人，置周之列位。

衛序：

> 后妃之志也。……知臣下之勤勞，……朝夕思念，至於
> 憂勤也。

因此第一章的"我"，是指后妃，以下三章則是指臣下。然而毛詩
傳上又説："人君黃金罍。"故兕觥與金罍之"我"，都是指天子。
這七個"我"字代表了君主、后妃、臣下，但是爲什麼都用"我"
字，而不用"他"字呢？真是愈説愈糊塗了。現在我們從詩經中，
找出一些材料來和它比較：

小雅采薇：

采薇采薇，薇亦作止。（作——生也）
曰歸曰歸，歲亦莫止。
靡室靡家，玁狁之故；
不遑啟居，玁狁之故。
……
昔我往矣，楊柳依依。
今我來思，雨雪霏霏。
行道遲遲，載渴載饑。
我心傷悲，莫知我哀。

此詩第一章前兩句，"采薇采薇，薇亦作止"，與後面所寫逃難的情況完全無關，這僅是假采薇起興，以"作"字起一"莫"字。由此推知周南卷耳之第一章四句，都是起興，我們用不着加以解釋的。今再舉一個例：

小雅采芑：

薄言采芑，于彼新田。于此菑畝。（起興）
方叔涖止，其車三千，師干之試……
薄言采芑，于彼新田。于此中鄉。（起興）
方叔涖止，其車三千，旂旐央央……
蠢爾蠻荆，大邦爲讎。方叔元老，
克壯其猶。方叔率止，執訊獲醜……

方叔帥車三千，往戰楚國，這是一件極嚴重的事。可是此詩前一段卻說，"薄言采芑，于彼新田，于此菑畝"，語句輕鬆，且與本文無關，我們一看，就可以知道是起興。如果有人說，周南卷耳第一章全是起興，不太多了嗎？但是我們現在來看漢詩：

漢樂府隴西行：

天上何所有，歷歷種白榆。桂樹夾道生，青龍對道隅。

鳳凰鳴啾啾，一母將九雛。顧視世間人，爲樂甚獨殊。（起興）

好婦出迎客，顏色正敷愉，伸腰再拜跪，問客平安不。

請客北堂上，坐客氈氍毹。……

談笑未及竟，左顧敕中厨。……

取婦得如此，齊姜亦不如。健婦持門户，一勝一丈夫。

漢詩的起興能有八句，難道周詩不能有四句起興嗎？所以我們不必懷疑周南卷耳以一章四句爲起興的説法。

# 六、詩與史之關係

第一個説詩與政治有關係的爲尚書。尚書金縢：

武王既喪，管叔及其群弟，乃流言於國曰：“公將不利於孺子。”周公乃告二公曰：“我之弗辟（避），我無以告我先王。”周公居東二年，則罪人斯得。於後公乃爲詩以貽王，名之曰鴟鴞。

這是最早的一段關於詩經本事的記載。

豳風鴟鴞：

鴟鴞鴟鴞！既取我子，無毁我室！恩斯勤斯，鬻子之閔斯。迨天之未陰雨，徹彼桑土，綢繆牖户。今女下民，或敢侮予？予手拮据，予所捋荼，予所蓄租，予口卒瘏，曰予未有室家。予羽譙譙，予尾翛翛，予室翹翹，風雨所漂搖，予維音曉曉。

從前人説豳風的時代在周朝初年，然此詩既是管叔流言時所作，則不應在周初。但無論如何，它總可以作爲周代的史料。

左氏閔二年傳：

> 狄人……滅衛，……衛之遺民男女七百有三十人，……立戴公以廬于曹，……許穆夫人賦載馳。

鄘風載馳：

> 載馳載驅，歸唁衛侯。
> 驅馬悠悠，言至於漕。
> 大夫跋涉，我心則憂。
> ……

此詩是非常可靠。然古書内説詩經之事，有時也有錯誤。如：

左氏僖二十四年傳：

> 鄭伯……不聽王命，……王怒，將以狄伐鄭，富辰諫曰：“不可。……召穆公思周德之不類，故糾合宗族于成周而作詩，曰：‘……兄弟鬩于牆，外禦其侮。’”

國語周語：

> 王怒，將以狄伐鄭，富辰諫曰：“不可。……周文公之詩曰‘兄弟鬩于牆，外禦其侮。’”

左氏與國語之説法各不相同，左氏謂係召穆公所作，國語則説是周文公所作，可見古人講詩經本事，已極紊亂，但自小雅常棣篇中，並看不出是什麼人作的，故我們也不必硬要幫它定出一個作者。常棣應是東周時的作品。周頌則爲西周康王時的作品，語句頗難瞭解，因此常棣與周頌本不應放在同一時代，仍因古人美西周之治，故將好詩都列入了西周。

## 七、孟子與詩經的關係

春秋時的詩是要唱的，到戰國時候，因樂器發達，另有一種新樂，故專聽音樂，而不唱詩。

韓非子内儲説：

> 齊宣王使人吹竽，必三百人。

禮記樂記：

> 魏文侯問于子夏曰："吾端冕而聽古樂，則唯恐卧；聽鄭、衛之音，則不知倦。"

孟子梁惠王下：

> 孟子……見於王（齊宣王）曰："王嘗語莊子以好樂，有諸？"王變乎色曰："寡人非好先王之樂也，直好世俗之樂耳。"

古樂是指詩經之樂。鄭、衛之音爲戰國時鄭、衛之樂，即後之新樂。古之樂簡單，然戰國時的樂調則複雜而悦耳，因此戰國時候，只專聽音樂而不唱，故留下的詩極少。當時古樂除魯國外，其他諸國皆不用。由此我們知道孟子時代之樂，與孔子時不同，但是孟子欲繼承孔子，所以他老夫子還是念詩經，並且用詩經講歷史。

孟子萬章下：

> 以友天下之善士爲未足，又尚論古之人，頌其詩，讀其
> 書，不知其人可乎？是以論其世也，是尚友也。

以我們現在的語體文來說就是：要知道古人的時代背景以後，再
讀他們的詩文，則更能瞭解他們的人格。故孟子爲第一個將詩經
放入歷史的人。

孟子告子上：

> 文王興則民好善，幽、厲興則民好惡。

孟子以爲一個賢德的君主出來，他的人民都是善良的，反之，一
個暴厲的君主興起，他的人民也都是殘暴的。而所作之詩亦然，
故孟子離婁下說：

> 王者之跡熄而詩亡，詩亡然後春秋作。

他把時代分得太清楚，將詩與春秋劃爲兩個時代，以春秋爲東周
之作品，而詩必爲西周作品。可是詩經中有“赫赫宗周，褒姒滅
之”之語，此定係東周所作，我們前面曾說許穆夫人賦載馳的事，
許穆夫人即春秋時人，故孟子此說，是不對的。現在我們來看孟
子怎樣講詩。

魯頌閟宮：

> ……周公之孫，莊公之子，……戎、狄是膺，荆、舒
> 是懲。

孟子滕文公上：

> 周公方且膺之，子是之學，亦爲不善變矣。

因魯頌也是王者之跡，故以爲是西周作品，而忘記了“周公之孫，莊公之子”兩句。其實乃魯僖公偕齊伐楚，有召陵之盟，僖公返國後而有此詩，但孟子卻抹殺此説，謂是周公時所作。

孟子滕文公下：

> 聖王不作，諸侯放恣，處士橫議，楊朱、墨翟之言盈天下。……楊氏爲我，是無君也；墨氏兼愛，是無父也……詩云：“戎、狄是膺，荆、舒是懲，則莫我敢承。”無父無君，是周公所膺也。

其實在閟宮篇中除“周公之孫，莊公之子”外，（莊公有二子，一爲僖公，一爲閔公。）還有“新廟奕奕，奚斯所作”之語，奚斯乃公子魚，由此看應是閔公二年作。而孟子卻將他放入了西周。

孟子所劃分之詩經與春秋的時代表

| 西周 | | 東周 |
|---|---|---|
| 詩經 | | 春秋 |
| 文武成周 | 幽厲 | |

孔子與孟子對詩經之態度表

| 孔子 | 活的，實用的，屬於樂，正樂。（孔子保守西周以來傳統之音樂） |
|---|---|
| 孟子 | 死的，書本的，屬於史，講史。 |

孟子萬章上：

　　咸丘蒙曰："……詩云：'普天之下，莫非王土，率土之濱，莫非王臣。'而舜既爲天子矣，敢問瞽瞍之非臣，如何？"曰："是詩也，非是之謂也；勞於王事而不得養父母也。……故説詩者，不以文害辭，不以辭害志。以意逆志，是爲得之，如以辭而已矣。雲漢之詩云：'周餘黎民，靡有孑遺'，信斯言也，是周無遺民也。"（志——詩人之志，意——解詩者之意，逆——迎也。）

小雅北山這篇詩，孟子講得很對，他指導讀詩的人要知道詩的背景，也就是要知道客觀的真實。但孟子也有一些詩，是講錯了的。例：

孟子盡心上：

　　公孫丑曰："詩曰：'不素餐兮。'君子之不耕而食，何也？"孟子曰："君子居是國也，其君用之則安富尊榮，其子弟從之則孝弟忠信。'不素餐兮'，孰大於是？"

魏風伐檀：

　　坎坎伐檀兮，置之河之干兮。河水清且漣猗。（起興）
　　不稼不穡，胡取禾三百廛兮？
　　不狩不獵，胡瞻爾庭有縣貆兮？
　　彼君子兮，不素餐兮？
　　……

由此知孟子之説不對，他是想到什麼地方，就說什麼。可是經孟子這樣一說後，其影響卻是非常大，因在當時已將詩變成了書本，爲著尋求解釋，大家都隨着孟子的説法。

## 八、各家詩説中所載詩經的本事舉例

（一）詩經關雎
魯詩説：（無）
史記十二諸侯年表：

> 周道缺，詩人本之衽席，關雎作。

漢張超誚青衣賦：（張超——東漢人）

> 周漸將衰，康王晏起。畢公喟然，深思古道，感彼關雎，性不雙侶。願得周公，配以窈窕，防微消漸，諷諭君父。孔氏大之，列冠篇首。

韓詩説：

> 詩人言關雎真潔慎匹，以聲相求，必於河之洲，隱蔽無人處。故人君退朝入於深宮，后妃御見去留有度，應門擊拆，鼓人上堂，退反晏處，體志安明。今時大人内傾於色，賢人見其萌，故咏關雎，説淑女，正儀容以刺時。

因漢代人以三百五篇當諫書，故韓詩説中有“刺時”之語。
　　（二）詩經黍離：魯詩將它列入衛風，而韓詩和毛詩則列入王風中，這是因爲錯簡的原故。
　　詩經黍離：

> 彼黍離離，彼稷之苗。
> 行邁靡靡，中心搖搖，
> 知我者謂我心憂；
> 不知我者謂我何求。
> 悠悠蒼天，此何人哉？
> ……

“行邁靡靡，中心搖搖”，正如司馬遷所謂，居則勿勿若有所止，出則不知其所往。

魯詩説：

> 衛宣公子壽，閔其兄伋之且見害，作憂思之詩是也。
> （劉向新序）

伋與壽爲同父異母兄弟。伋爲衛宣公烝庶母夷姜所生，壽則爲衛宣公與宣姜所生，另外還生了一個朔。他們的關係列表如下：

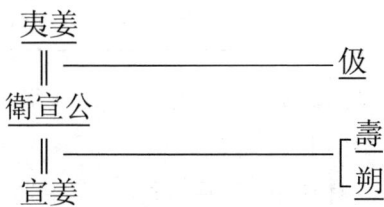

```
夷姜
 ‖ ————————— 伋
衛宣公
 ‖ ————————— ┌ 壽
宣姜                └ 朔
```

韓詩説：

> 伯封作也。

陳思王植令禽惡鳥論：

昔尹吉甫信後妻之讒，而殺孝子伯奇，弟伯封求而不得，作黍離之序。

尹吉甫爲西周人，而王風卻係東周之風，故此説有漏洞。

毛詩序：

> 黍離閔宗周也，周大夫行役至於宗周（西周也），過故宗廟宮室，盡爲禾黍，閔周室之顛覆，彷徨不忍去，而作是詩也。

黍離篇中，“彼黍離離，彼稷之苗”，乃是起興，而毛詩序卻以爲是賦，爲其錯誤之處。黍離一詩魯、韓、毛三家的説法，各不相同，今作表於下：

|   | 國別 | 作者 | 本事 |
|---|---|---|---|
| 魯 | 衛 | 壽 | 愛兄 |
| 韓 | 王（西周） | 伯封 | 愛兄 |
| 毛 | 王（東周） | 周大夫 | 悲故國 |

這樣看來，研究詩經的確是一件難事，並且從前一般人，又擺不脱這種障礙，因此弄得非常痛苦。

在毛詩序之後，有鄭玄的毛詩譜，其中將各詩的時代確定，故較毛序有進步，但是他定時代的方法，是以政治盛衰、道德優劣、時代早晚、篇章先後來作標準，可説是四位一體的，凡是政治盛則道德優，時代早，篇章先。反之，政治衰則道德衰，時代晚，篇章後。

毛詩序譜所定時代：

1. 商頌——自太甲至武丁——1753B. C.—1267B. C.
2. 周南——文王——1173B. C.—1125B. C.

3. 召南——文王、武王——1173B. C. —1116B. C.

4. 豳風——成王——1115B. C. —1079B. C.

5. 周頌——成王——1115B. C. —1079B. C.

6. 大、小雅——自文王至幽王——1173B. C. —771B. C.

7. 齊風——自哀公至襄王——934B. C. —686B. C.

8. 檜、鄭風——自鄭桓公至文公——878B. C. —628B. C.

9. 邶、鄘、衛——自衛頃公至文公——865B. C. —635B. C.

10. 秦風——自秦仲至康公——865B. C. —609B. C.

11. 陳風——自幽公至靈公——854B. C. —599B. C.

12. 唐風——自晉僖侯至獻公——841B. C. —651B. C.

13. 魏風——自周平王至桓王——770B. C. —697B. C.

14. 王風——自周平王至莊王——770B. C. —682B. C.

15. 曹風——自昭公至共公——661B. C. —618B. C.

16. 魯頌——自僖公至文公——659B. C. —609B. C.

其中以商頌爲最早，始於商王太甲之時，即公元前1753年，而最遲則到陳靈公之時，乃公元前599年，其中共計有1156年之久，他將詩經與歷史的關係，拉得如此的密切。我們如仔細看一下，在這個表中可發現一點，魏風與檜風都不用本國的年號，推究其原因，是因爲史記中没有魏世家與檜世家，所以檜風用鄭國年號，魏風用周之年號。其中還有一點比孟子進步的，孟子將魯頌列入西周，而此表卻將他放在魯僖公至文公的朝代。

毛詩序是那一個作的？後漢書儒林傳云："衛宏……好古學。初，九江謝曼卿善毛詩，……宏從曼卿受學，因作毛詩序，善得風、雅之旨，於今傳於世。"但後來將毛詩序放入毛傳中，因此人們以爲是子夏所傳，而文選即以其爲卜子夏所作，後又有説是孔子作的，甚至於説是詩人自作，將其年代愈説愈早，至宋代鄭樵、朱熹，始起而反對前説，到今日我們纔能將它完全推翻。

毛詩譜將商頌的時代，列爲最早，是不對的，史記宋世家贊説："宋襄公之時，修行仁義，欲爲盟主。其大夫正考父美之，故追道契、湯、高宗，殷所以興，作商頌。"史記之説雖未必全對，然自商頌本身看來，也不會最早。因周頌簡單樸素，魯頌、商頌誇大鋪張。例：

春秋僖四年：

> 春王正月，公會齊侯、宋公、陳侯、衛侯、鄭伯、許男、曹伯侵蔡，蔡潰。遂伐楚，次于涇。夏……楚屈完來盟于師，盟于召陵。

而：

> 魯頌戎、狄是膺，荆蠻是懲。
> 商頌：撻彼殷武，舊伐荆楚。

由是可見商頌、魯頌之誇大鋪張。

毛詩分期表：

| 商 | | 商頌 | |
|---|---|---|---|
| 西周 | 文武 | 二南 | 正小雅　　正大雅 |
| | 成周 | 豳風　周頌 | |
| | 厲宣幽 | 變風 | 變小雅　　變大雅 |
| 東周 | | | 魯頌 |

其中分爲正、變二個時期，乃是根據孟子而來，因孟子曾説："王者之跡熄而詩亡。"但在厲王之時，王者之跡雖熄，而詩並未亡，他們爲著要幫孟子圓謊，於是説，正爲王者之跡，變則爲跡

熄之後所作。後來顧炎武的日知録謂："詩有入樂、不入樂之分，
入樂者爲正風、正雅，不入樂者爲變風、變雅。"這是顧炎武也上
了漢人的當，其實入樂者爲樂詩，不入樂者爲徒詩。

　　毛序用孟子之法，將詩經的時代分割得太清楚，因此解詩時
不免有穿鑿附會之説。如：

　　召南何彼穠矣：


　　　　何彼穠矣？華如桃李。
　　　　平王之孫，齊侯之子。


毛序定二南爲西周文王、武王時的詩，然此篇内有"平王之孫，
齊侯之子"。平王當然是指東周平王，但毛傳中爲著要與毛序之
説吻合，於是説，平，正也，故爲文王、武王時之詩。又：


　　　　小雅節南山：……國既卒斬……
　　　　小雅正月：……赫赫宗周，褒姒威之。
　　　　小雅雨無正：……周宗既滅，靡所止戾……
　　　　　　　　　　……謂爾遷於王都，曰予未有室家。
　　　　小雅小弁：踧踧周道，鞠爲茂草。


這裏所舉之例，皆屬東周之詩，但毛詩將正雅放在文、武、成周
之間，東周不但無雅，就是變雅也不能有，於是他們對這種詩，
不能不想出一些牽強附會的解釋，據詩序説：


　　　　正月——大夫刺幽王也。
　　　　雨無正——大夫刺幽王也。
　　　　小弁——刺幽王也。

小雅節南山，據正月毛傳説：“有褒國之女，幽王惑焉，而以爲后，詩人知其必滅周也”，然節南山中卻是説“國既卒斬”。“既”字無法可解，故只好含糊過去了。

大、小雅詩的分配：

文──十四篇

武──四篇

成──二十二篇

康──○篇

昭──○篇

穆──○篇

共──○篇

懿──○篇

孝──○篇

夷──○篇

厲──九篇

宣──二十篇

幽──四十二篇

爲什麽分配得這樣不平均呢？因大、小雅開端許多篇詩都很好，所以要放在文、武、成王之時。可是到小雅第二十三篇六月，其中説：“六月棲棲，戎車既飭。……文武吉甫，萬邦爲憲。”吉甫乃周宣王時人，爲著顧全事實，故列入宣王時代，然而後面的詩又太多，於是只好加在幽王身上。如小雅第三十七篇節南山，竭力諷罵當時政治的不良，其中有“家父作誦，以究王訩”之語，故詩序説：“家父刺幽王也。”因爲他們覺得宣王決不致於那樣不好，所以將這篇放在幽王之時。但春秋中説：“天王使家父來求車。”如果春秋中的家父即詩經中的家父，那麽這篇詩應係東周時的作品。

但是放在幽王時代的詩，也有很好的，如小雅楚茨：

我黍與與，我稷翼翼，
我倉既盈，我庾維億，
以爲酒食，以享以祀，
以妥以侑，以介景福。
……


他們以爲幽王時，天下不太平，爲什麽又有這樣好的詩呢？於是詩序説："楚茨，刺幽王也。政煩賦重，田萊多荒，饑饉降喪，民卒流亡，祭祀不饗，故君子思古焉。"以下還有許多好詩，都被他們解作了思古之情。例詩序説：

> 信南山：刺幽王也，不能脩成王之業，疆理天下以奉禹功，故君子思古焉。

大雅也是如此，凡是好詩皆置於文、武、成王之時，而壞詩則説是幽、厲時的作品。計厲王九篇，幽王三篇。例大雅民勞：

> 民亦勞止，汔可小休，
> 惠此中國，以爲民逑，
> 無縱詭隨，以謹惽恢，
> 式遏寇虐，無俾民憂，
> 無棄爾勞，以爲王休。

詩序説："召穆公刺厲王也。"

# 九、賦詩

春秋時候，無論有什麽交際典禮都要賦詩，所以當時人都把詩經讀得很熟，在春秋左傳内所載賦詩的事極多，而後來一般人就根據左傳產生了許多曲解。

左氏襄十六年傳：

> 晉侯與諸侯晏於温……曰：“歌詩必類，齊高厚之詩不類。……使諸大夫盟高厚。高厚逃歸。”

從這一段，可以看出當時將賦詩視爲一件極嚴重的事。

左襄二十七年傳：

> 鄭伯享趙孟於垂隴，……伯有賦鶉之賁賁。趙孟曰：“牀笫之言不踰閾，況在野乎？非使人之所得聞也。”……子大叔賦野有蔓草。趙孟曰：“吾子之惠也。”

鄘風鶉之奔奔：

> 鶉之奔奔，鵲之彊彊。
> 人之無良，我以爲兄。
> 鵲之彊彊，鶉之奔奔。
> 人之無良，我以爲君。

鄭風野有蔓草：

> 野有蔓草，零露漙兮。
> 有美一人，清揚婉兮。
> 邂逅相遇，適我願兮。
> 野有蔓草，零露瀼瀼。
> 有美一人，婉如清揚。

邂逅相遇，與子偕臧。

鶉之賁賁中説"人之無良，我以爲君。"當時有鄭伯在座，所以伯有賦鶉之賁賁的事，恐爲可靠，至宋代朱熹，因看到床第之言一句，即以爲是淫詩，實屬錯誤。野有蔓草卻是真正的淫詩，爲什麽趙孟子反説"吾子之惠也"呢？乃因賦詩是含有象徵之意的，這是以最深摯的男女之情，用之於同性朋友之間，是最可寶貴的，所以後人不以爲是淫詩。

當時有所謂斷章取義，即由賦詩而來。左氏襄二十八年傳：

> 慶舍之士謂盧蒲癸曰："男女辨姓，子不辟（避）宗，何也?"曰："宗不余辟，余獨焉辟之？賦詩斷章，余取所求焉，惡識宗。"

慶舍與蒲癸皆姜姓，而蒲癸取慶舍女爲妻，故有此一段話。又左氏定九年傳：

> 靜女之三章，取"彤管"焉。

邶風靜女：

> 靜女其姝，俟我於城隅。
> 愛而不見，搔首踟躕。
> 靜女其孌，貽我彤管；
> 彤管有煒，説懌女美。
> 自牧歸荑，洵美且異；
> 匪女之爲美，美人之貽。

毛傳：

> 靜女……遺我以古人之法，可以配人君也。古者后夫人
> 必有女史彤管之法，史不記過，其罪殺之。后妃群妾以禮御
> 於君所，女史書其日月，授之以環，以進退之，生子月辰必
> 以金環退之。當御者以銀環進之，著於左手；既御著於右
> 手，事無大小，記以成法。煒，赤貌。彤管，以赤心正
> 人也。

這就是毛傳的斷章取義，其實彤管即荑，是一種紅色的茅草。

斷章取義的事，以漢人爲最多。我們無論自文學上，或自史學上看，漢代人的作法都是不對的。不過他們也有自己的苦衷，因中國到漢朝纔告真正的統一，當時君權極大，爲著阻止君權的發展，不得不假天象，或聖人之說，來限制他。所以漢人以三百五篇當諫書，也是煞費苦心的事。

作詩之誼，是我們所欲求的，但後來爲賦詩之誼所亂，到漢代又有說詩之誼（宋代也有說詩之誼），於是將詩經弄得更加錯亂了，如今我們真正要得到作詩之誼，是一件極困難的事，不知何日纔能達到這個目的。

> 　　　　作詩之誼——賦詩之誼——說詩之誼。

關於男女間情愛的事，到秦始皇的時候，纔管得很嚴。在秦始皇會稽刻石上說："防隔内外，禁止淫泆，男女絜誠。"故對於情詩的看法，也因此而受影響。

| 周 | 情詩 |
| 漢 | 刺淫，思賢才。 |

| 宋 | 淫詩（淫人自作）。 |
| 現在 | 情詩 |

因宋代朱熹説，淫詩爲淫人自作，所以他的三傳弟子王柏作詩疑，主張删去淫詩三十三篇，但幸而此事没有實現，不然有許多很好的情詩，我們現在就看不到了。

# 四、楚辭研究 *

## 一、楚辭總論

### （一）楚辭與中原文化

楚國之人民雖爲當地土著，而其王室則係中原遷往，此與當時魯國之情形相同，因魯國之人民爲奄遺民，而其公室則係周之子孫也。關於楚王室南遷之經過，史書上極難覓得材料，逸周書作雒：“周公立，相天子，三叔及殷、東、徐、奄及熊、盈以略。”則當時周公東征之對象爲：

1. 三叔
2. 紂子武庚
3. 殷之與國
　　①徐
　　②奄

* 本節由辛仲勤記録。原載中國社會科學院歷史研究所學刊第一集，2001 年 10 月。

③熊—楚　　姓—芈

氏—熊

④盈—嬴

殷之與國中，奄爲周公所滅，即以該地封其子伯禽，是爲後之魯國。盈分爲若干國，其中一支西遷，是爲後之秦國。徐、熊（楚）二國未滅，因其與周代所建諸國系統不同，故春秋之時，僅此二國稱王。

楚初立國於河南丹陽（淅、丹二水之交），後遷往湖北當陽，因其爲殷之與國，又係中原遷往，故其王室受殷商文化影響極深。當時南方諸地與中原口音不同，孟子曾譏南方方言爲“鴃舌之音”，而所用文法亦相異，如楚令尹子文姓鬬，名穀於菟，“穀”之意爲乳，“於菟”之意爲虎，意即爲虎所乳，而南方方言以“穀”字列“於菟”前（乳虎），與中原異，即爲明例。惜此種方言今日因材料缺乏，已無法加以研究矣。楚國何以能產生楚辭文學，中原與南方文化之交流有極大影響，如作離騷之屈原即爲王室，故楚辭可稱爲南北文化交流之產物。

殷商文化爲中國文化之正統，（夏文化今已無法可考，或言仰韶彩陶爲夏文化，如此論確切，則夏、商文化不同。）周之文化完全接受於殷商，吾人今日所得周代銅器甚多，而其年載皆在滅商以後，滅商前周或尚無文字也。王國維先生殷周制度論認爲自周公制禮作樂後，殷、周二代文化殊異，且舉殷傳弟，周傳子，及周有宗法、諡法等以爲例證。實則不然，因商末已行傳子之制，且亦有宗法、諡法，如箕子、微子即封於箕、微等地之商王子；而文丁、武乙等，即爲商之諡法，故王氏此論欠確切。吾人今日之文化又受周文化之影響，因經書爲周代遺留之材料，而自周以後，此種經書影響中國思想至大也。

楚文化極高，如左宣十四年傳：

> 楚子（莊王）使申舟聘于齊，……及宋，宋人……殺之，
> 楚子聞之，投袂而起，屨及於窒皇，劍及於寢門之外，車及
> 于蒲胥之市。

此段描寫極生動，當時其他各國史家皆無此種筆調，或爲左傳取
之於楚史者。又如左昭十二年傳：

> 楚子（靈王）次于乾谿，……雨雪，王皮冠，秦復陶，翠
> 被，豹舄，執鞭以出。

此段描寫極細緻，與中原文學不同。因中原文學平淡質直，而楚
之文學則風華靡麗也。

### （二）楚辭與其地理環境

文學與藝術相通，楚國之文學風華靡麗，其藝術亦然。抗戰
初年，長沙曾出土一批漆器（戰國或秦、漢時器），其綫條之活
潑，繪描之精巧，與北方樸質之藝術，迥然有異。楚之文學藝術
何以能有如此造詣，其地理環境極爲有關，中原爲遼闊之平原，
山水壯麗而少變化，而楚則有雲夢之澤八百里，其間景物變化，
朝夕萬千。後楚向南發展（湖南），而沅、澧諸水之間，風景尤
美。楚辭九歌：“嫋嫋兮秋風，洞庭波兮木葉下。”九章：“入溆浦
余僊徊兮，迷不知吾所如。深林杳以冥冥兮，猨狖之所居。山峻
高以蔽日兮，下幽晦兮多雨；霰雪紛其無垠兮，雲霏霏而承宇。”
楚因山水雲物多變化，故亦影響其文學。

### （三）楚辭與巫歌

山海經：“洞庭之山，帝之二女居之，是常游于江淵。……
出入必以飄風暴雨。”宋玉高唐賦：“巫山之女……旦爲朝雲，暮
爲行雨。”故楚國爲神話之天然産地。由神話而又産生巫歌。

地理背景──→神話──→巫歌

古人信仰神鬼，當時宗教之領袖亦即政治之領袖。左傳："國之大事，在祀與戎。"祀指宗教方面，戎指政治方面，以社會學之眼光看歷史，母系社會早於父系社會，故當時女子握有宗教之權兼管政事，後雖父系社會代興，政權落於男子之手，而迄今巫者仍多女性，此母系社會遺跡。

甲骨文：甲辰，卜賓貞，赤婞，貞勿赤烽。亡其雨。

左僖廿一年：夏大旱，公欲焚巫尫。

禮記檀弓下：歲旱，穆公（魯）召縣子而問然（焉）。曰："天久不雨，吾欲暴尪而奚若！"曰："天久不雨，而暴人之疾子，虐……""然則吾欲暴巫而奚若？"曰："天則不雨，而望之愚婦人，於以求之，毋乃已疏乎。"（戰國時人思想又較開明）

由以上三段觀之，可知古人以巫爲媾通天人之物。國語楚語："古者民神不雜，民之精爽不携貳者，而又能齊肅衷正，……如是則明神降之，在男曰覡（音 xi），在女曰巫。…… 及少皞之衰也，九黎亂德，民神雜糅，……家爲巫（直接傳神之話）史（占卜）。"尤足以説明神、巫、民之關係。

歌舞與"巫教"有極大關係，古之歌舞大抵皆從巫來。説文解字："巫，祝也，女能事無形以舞降神者也，象人兩褒舞形。"墨子引湯之官刑："其恒舞於宮，是謂巫風。"（此恐出自墨家之尚書。楚辭中之靈字，即是巫，靈有二意，一指神，一指巫，蓋巫能以歌舞降神也。)因巫者降神，須載歌且舞也。

王國維宋元戲曲史認爲戲劇亦從巫之歌舞來，其言極是。

**(四)楚辭十七篇的作者與内容分析**

楚辭(王逸本)共十七篇，現列於下：

離騷經第一(屈原作)──抒情詩

九歌第二(相傳爲屈原作)──宗教詩

天問第三(相傳爲屈原作)──史詩

九章第四(相傳爲屈原作)──抒情詩

遠游第五(相傳爲屈原作)──神仙詩

卜居第六(相傳爲屈原作)──以屈原故事爲題材之散文詩

漁父第七(相傳爲屈原作)──以屈原故事爲題材之散文詩

九辯第八(相傳爲宋玉作)──抒情詩

招魂第九(?)──宗教詩

大招第十(?)──宗教詩

惜誓第十一(賈誼)以下爲漢人模仿之作品

招隱士第十二(淮南小山)

七諫第十三(東方朔)

哀時命第十四(莊忌)

九懷第十五(王褒)

九嘆第十六(劉問)

九思第十七(王逸)

王逸楚辭十七篇，就中九思一篇爲王逸自作，故實十六篇。或云此十六篇爲劉向所集，竊嘗以爲不然。漢書藝文志："屈原賦二十五篇，宋玉賦十六篇。"班固藝文志根據劉歆之七略，劉歆七略又根據乃父之七略別錄，設十六篇爲向所集，漢書藝文志安能不載？足證其誤也。

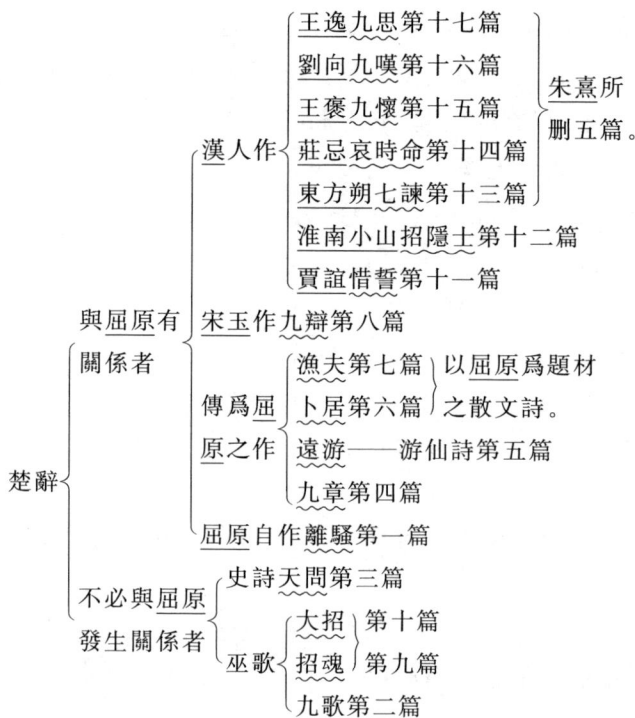

```
                                    ┌ 王逸九思第十七篇 ┐
                                    │ 劉向九嘆第十六篇 │
                                    │ 王褒九懷第十五篇 │ 朱熹所
                             漢人作 ┤ 莊忌哀時命第十四篇│ 删五篇。
                                    │ 東方朔七諫第十三篇┘
                                    │ 淮南小山招隱士第十二篇
            與屈原有 ┌             └ 賈誼惜誓第十一篇
            關係者   │ 宋玉作九辯第八篇
                     │            ┌ 漁夫第七篇 ┐以屈原爲題材
                     │ 傳爲屈     ┤ 卜居第六篇 ┘之散文詩。
                     │ 原之作     │ 遠游——游仙詩第五篇
                     │            └ 九章第四篇
   楚辭 ┤            └ 屈原自作離騷第一篇
                     │ 史詩天問第三篇
            不必與屈原┤        ┌ 大招 ┐第十篇
            發生關係者│ 巫歌  ┤ 招魂 ┘第九篇
                     │        └ 九歌第二篇
```

**（五）屈原生平**

　　楚在春秋時爲最强之國，至懷王則國威一落千丈。先齊、楚相連，秦患之，使張儀南説楚懷王絶齊交，許以割地六百里。懷王乃使勇士北辱齊王，絶齊交，而索地於秦。秦人不予。王大怒，發兵西攻秦，爲秦所敗，失漢中。後秦使使約復與楚親，分漢中之半以和楚。而懷王不願得地，必得張儀而心甘。儀至楚乃厚賂楚幸臣靳尚及夫人鄭袖，使説王連秦之利，並勸放張儀。張儀已去，屈原使齊歸，諫於王曰：“何不殺張儀？”王悔，使人追張儀，弗及。楚世家關於屈原之記載，僅此數句。屈原在政治上無地位，設非離騷一詩傳下，其名早爲後人忘卻。

　　史記屈原傳：

1. 初爲左徒。

2. 懷王使屈原爲憲令，屬草稿未定，上官大夫見而欲奪之，不予。

3. 上官大夫讒之于王，王疏屈原。

4. 作離騷。

5. 使齊歸，勸王殺張儀。

6. 勸懷王不赴秦昭王之會。（據楚世家所載，勸王不赴會者爲昭睢。）

7. 頃襄王立，以其弟子蘭爲令尹，子蘭使上官大夫短屈原於王。（楚世家無以子蘭爲令尹事。）

8. 王遷屈原。

9. 屈原至江濱，作懷沙之賦，懷石自投汨羅而死。

設以楚世家與屈原傳相比較，可發現屈原傳中謬誤之處甚多，如九章之中哀郢一篇即非屈原所作，郢爲楚都，楚世家頃襄王二十一年："白起拔郢，燒先王墓夷陵，楚襄王兵散，遂不復戰，東北保於陳城。"

哀郢：

　　皇天之不純命兮，何百姓之震愆，民離散而相失兮，方仲春而東遷。……去終古之所居兮，今逍遙而來東。……曾不知夏之爲丘兮，孰兩東門之可蕪。

則哀郢爲拔郢後所作，明矣。屈原使齊還，在懷王十八年，秦拔郢在襄王二十一年，二者相距三十三年，設屈原尚在人世，已年六十餘矣。史記云："余讀……哀郢，悲其志。"實則拔郢之時，屈原已自沈死，此詩爲楚其他文學家作。

屈原出生之年月，由離騷："攝提貞於孟陬兮，惟庚寅吾以降。"推知爲楚宣王二十七年，公元前 343 年。（攝提：太歲在寅，爾雅："木星周天十二年一次。"孟陬：正月。庚寅：日。）

楚世家："懷王十八年，屈原使齊還。"以其出身年月推算，可知屈原時三十三歲，公元前 311 年。

此外作離騷之年載及死年則不能確定。史記：屈原受讒而使齊，作離騷。故作離騷大約在屈原三十三歲之前。

楚世家：懷王三十年，入秦不返，頃襄王立（公元前 299 年）。懷王入秦不返，爲楚國大事，時楚之兵爲秦所敗，地爲秦所掠，王爲秦所虜，國勢岌岌可危，以屈子之愛國，而離騷中曾無片語道及，足證屈原時已自沈而死，故吾人假定屈原之死年在懷王三十年前。

劉向新序：秦欲吞滅諸侯。……屈原爲楚東使於齊，以結强黨，秦國患之，使張儀之楚，貨楚貴臣上官大夫靳尚之屬，上及令尹子蘭、司馬子椒，内賂夫人鄭袖，共譖屈原，屈原遂放於外，乃作離騷。

　　新序：屈原使齊——張儀如楚——懷王放屈原——作離騷。
　　史記：上官譖原——懷王疏原——作離騷——張儀如楚——屈原使齊——原勸殺儀——勸王不入秦——頃襄王聽子蘭之譖而放原。

此二説一以作離騷在使齊後，一以作離騷在使齊前，吾人以爲後説較爲可靠。

離騷爲"比"體，以香草、美人喻君子，以臭草、惡鳥比小人，所以言蘭、椒、椴等，並非實有其人。而史記中有令尹子蘭，新序中有司馬子椒，蓋後人所想象意會也。

離騷："余以蘭爲可持兮，羌無實而容長。……椒專佞以慢滔兮，椒又欲充夫佩幃。"王逸注："蘭，懷王少弟（應作"少子"）司馬子蘭也。椒，楚大夫子椒也。"朱子楚辭辯證：楚辭"以香草比君子，……然以世亂俗衰，人多變節，……遂深責椒、蘭之不可持，以爲誅首，而揭車、江離亦以次書罪焉。……初非以爲實有是人，而以椒、蘭爲名字者也。而史遷……乃有令尹子蘭之說，班固古今人表又有令尹子椒之名，……王逸因之又訛以爲司馬子蘭、大夫子椒。……流誤千載，無一人覺其非者，甚可嘆也。使其果然，則又當有子車、子離、子椒之儔，蓋不知其幾人矣。"（離騷："覽椒蘭其若兹兮，又況揭車與江離。"）朱子之言辯證，極有見解。

離騷："雖不周于今之人兮，願依彭咸之遺則"；"既莫足與爲美政兮，吾將從彭咸之所居"。王逸注："彭咸，殷賢大夫，諫其君不聽，自投水而死。"

昔人因商有大彭、彭祖，故以"彭咸"爲商大夫，實則不然，大荒西經："大荒之中……有靈山，巫咸、巫即、巫盼、巫彭……從此升降，百藥爰在"，則此所謂"彭、咸"，乃指巫彭、巫咸，非商大夫中，有名彭咸者也。古人以巫爲正統文化，與今日以經書爲正統文化同，故屈原願往依之也。

昔人不明此理，遂以屈原作離騷時已提及自沈事；而認爲大惑不解，洪興祖補注："按屈原死于頃襄之世，當懷王時作離騷，已云'願依彭咸之遺則'……蓋其志先定，非一時忿懟而自沈也"，即可爲例。

史記屈原傳："令尹子蘭……使上官大夫短屈原於頃襄王，頃襄王怒而遷之，……乃作懷沙之賦，……遂自投汨羅以死。"此段清初之人已表懷疑，王懋竑書楚辭後："夫原諫王不聽，而卒被留以至客死，此忠臣之至痛，而原篇無一語及之。……是誘會被留乃屈原所不及見，而頃襄王之立則原之自沈也久矣。"確有見地，今以史記屈原傳與楚世家比較：

　　　　史記屈原傳：秦昭王……欲與懷王會，懷王欲行，屈平曰："秦，虎狼之國，不可信，不如毋行。"懷王稚子子蘭勸王行："奈何絕秦歡。"

　　　　史記楚世家：昭睢曰："王毋行，而發兵自守耳。秦虎狼，有并諸侯之心。"懷王子子蘭勸王行，曰："奈何絕秦之驩心。"

可知勸懷王勿赴秦會者，昭睢也，屈原傳作屈原，乃史遷誤載，時屈原可能已不在人世。

　　　　屈原使齊歸　　在懷王十八年，時年三十三歲
　　　　懷王入秦　　　在懷王三十年　二者相差十二年
　　　　秦拔郢　　　　在頃襄王廿一年

如秦拔郢時屈原尚在人世，則其年已六十有五歲矣。哀郢："至今九年而不復。"則哀郢又作於拔郢九年之後，以七十之高齡而萌自沈之念，當不可能，故吾人可作一假定，如屈原爲自投汨羅死，則此篇非其作品。

　　研究楚辭最重要之書籍有下列數種：一、王逸楚辭注，二、洪興祖楚辭補注，三、朱熹楚辭集注，四、王夫之楚辭通釋。洪興祖所用功夫極深，其補注將與楚辭有關之材料儘量收入，朱子則有眼光，其集注后所附之楚辭辯證（相當于楚辭通論）所論諸節，見解有獨到處。

# 二、分篇研究

### （一）九歌

　　王逸楚辭注："九歌者，屈原之所作也，昔楚國南郢之邑，沅、湘之間，其俗信鬼而好祠，其祠必作歌樂鼓舞以樂諸神，屈原放逐，竄伏其域……見俗人……歌舞之樂，其詞鄙陋，因爲作

九歌之曲。"故九歌可能爲：

1. 巫歌

2. 屈原仿作之巫歌

文學家常取材於民間，以民歌爲骨幹而潤以辭藻，如唐劉禹錫竹枝辭："余來建平，里中兒聯歌竹枝，吹短笛，擊鼓以赴節。歌者揚袂睢舞，以曲多爲賢，聆其音，中黄鐘之羽，卒章激訏如吳聲，雖傖儜不可分，而含思婉轉，有淇奥之豔。昔屈原居沅、湘間，其民迎神，詞多鄙陋，乃爲作九歌，到於今，荆楚鼓舞之，故余亦作竹枝詞九篇……。"以劉禹錫採建平民歌作竹枝辭，最能解釋屈原作九歌之理。竹枝辭中最有名之一首爲"楊柳青青江水平，聞郎江上唱歌聲。東邊日出西邊雨，道是無情卻有晴。"劉氏又曾作踏歌辭："日暮江頭聞竹枝，南人行樂北人悲。自從雪裏唱新曲，直到三春花盡時。"可見當時竹枝辭之盛。

九歌中所迎諸神，可分類如下：

$$
\left.\begin{array}{l}
東皇太一\\
雲中君神\\
大司命\\
少司命
\end{array}\right\} 天神
$$

$$
\left.\begin{array}{l}
湘君\\
湘夫人\\
河伯
\end{array}\right\} 水神
$$

山鬼——山神

國殤——人鬼

史記封禪書："長安置祠祝官、女巫。其梁巫，祀天、地、天社、天水、房中、堂上之屬。晉巫，祠五帝、東君、雲中君、司命、巫社、巫祠、族人、先炊之屬。秦巫，祠社主、巫保、族纛之屬。荆巫，祠堂下、巫先、司命、施糜之屬。九天巫，祠九天：皆以歲時祠宮中。其河巫祠河於臨晉。而南山巫祠南山秦中……各有時日。"設與九歌比較，可知九歌中諸神，封禪書中諸巫亦皆祠之，而不限於楚國一地，九歌爲巫歌之理由，更可證實。

當時人以爲神亦分男女，故以男巫迎女神，女巫迎男神，故迎神之辭中，不免夾雜有情歌，朱熹楚辭辯證："……或以陰巫下陽神，或以陽巫接陰鬼，則其辭之褻慢淫荒，當有不可道者……"極有見地。現將九歌分段如次：

東皇太一：太一爲極尊貴之神。太一，天、地

　　（神狀）撫長劍兮玉珥，璆鏘鳴兮琳琅。
　　（設宴）瑶席兮玉瑱，……蕙肴蒸兮蘭藉，奠桂酒兮椒漿。
　　（奏樂）揚枹兮拊（鼓椎）鼓，疏緩節兮安歌，陳竽瑟兮浩倡。
　　（列巫）靈（衆巫）偃蹇兮姣服，芳菲菲兮滿堂。

雲中君：

　　（飾巫）浴蘭湯兮沐芳，華采衣兮若英。
　　（神降）靈連蜷兮既留，爛昭昭兮未央，蹇（乃）將憺（安）兮壽宮。
　　（送神）靈皇皇兮既降，焱遠舉兮雲中。
　　（巫惜別）思夫君（指神）兮太息，極勞心兮忡忡。

湘君：湘君與湘夫人據山海經所載爲帝（上帝）之二女，後人訛傳爲堯女舜妻，然在九歌中湘君爲男神。

　　（望神）君不行兮夷猶，蹇誰留兮中州？美要眇兮宜修。

　　（迎神）沛吾乘兮桂舟，……望夫君兮未來，吹參差兮誰思？

　　（再望）駕飛龍兮北征，邅（轉）吾道兮洞庭。……望涔陽兮極浦，橫大江兮揚靈。

　　（迎神不得而怨）揚靈兮未極，女嬋媛（衆巫）兮爲余太息。橫流涕兮潺湲，隱思君兮陫惻。

　　（再怨）桂櫂兮蘭枻，斲冰兮積雪。……心不同兮媒勞，恩不甚兮輕絕！

　　（三怨）石瀨兮淺淺，飛龍兮翩翩。交不忠兮怨長，期不信兮告余以不閒。

　　（戀慕）朝騁鶩兮江皋，夕弭節兮北渚。……捐余玦兮江中，遺余佩兮澧浦，采芳洲兮杜若，將以遺兮下女，時不可兮再得，聊逍遙兮容與。


此若爲屈原仿作之巫歌，則其中或寓有忠君愛國之意。此詩在文學上之評價極高，淮南王劉安云：“國風好色而不淫，小雅怨誹而不亂，若離騷者，可謂兼之矣。”誠爲至論。

少司命：星名，掌管人之壽命，楚巫所祀有大司命與小司命。


　　（神選巫）秋蘭兮青青，綠葉兮紫莖；滿堂兮美人，忽獨與余兮目成。

　　（神去）人不言兮去不辭，乘回風兮載雲旗。悲莫悲兮生別離，樂莫樂兮新相知。

　　（神又來）荷衣兮蕙帶，儵而來兮忽而逝。夕宿兮帝郊，君誰須（待）兮雲之際。

　　（神待巫）與女沐兮咸池，晞女髮兮陽之阿；望美人兮未來，臨風怳兮浩歌。

（衆巫贊神）孔蓋兮翠旍，登九天兮撫彗星；竦長劍兮擁幼艾（巫），蓀獨宜兮爲民正。

河伯：史記滑稽列傳有鄴巫爲河伯娶婦故事。此種迷信至西門豹爲鄴令時始破除。

（神挾巫同游）與女游兮九河，衝風起兮橫波；乘水車兮荷蓋，駕兩龍兮驂螭。登昆侖兮四望，心飛揚兮浩蕩……（昔人分河爲九段，神挾巫自河下游游至昆侖。因昔人相信昆侖爲河之發源地也。）

（神送巫歸）子交手兮東行，送美人兮南浦；波滔滔兮來迎，魚鱗鱗兮媵（陪）予。

山鬼：九歌中僅湘夫人與山鬼爲女神。

（巫見鬼）若有人兮山之阿，被薜荔兮帶女蘿；既含睇兮又宜笑，子慕予兮善窈窕。

（鬼見巫）乘赤豹兮從文狸，辛夷車兮結桂旗；被石蘭兮帶杜衡，折芳馨兮遺所思。余處幽篁兮終不見天，路險難兮獨後來。

（鬼留巫）表獨立兮山之上，雲容容兮而在下。杳冥冥兮羌晝晦，東風飄兮神靈雨。留靈脩兮憺忘歸，歲既晏兮孰華予。

（鬼見巫）采三秀兮于山間，石磊磊兮葛蔓蔓。怨公子兮悵忘歸，君思我兮不得閒。

（鬼再思）山中人兮芳杜若，飲石泉兮蔭松柏；君思我兮然疑作。

（鬼三思）雷填填兮雨冥冥，猨啾啾兮狖夜鳴；風颯颯兮木蕭蕭，思公子兮徒離憂。

山鬼與其他諸篇不同，諸篇皆巫思神，獨此篇鬼思巫，鬼之地位或較神爲低。又山鬼爲女鬼，而此篇所描寫復多雲雨變化，狖狖夜鳴，此所謂山鬼，豈後之巫山神女乎？

九歌爲巫歌，或經屈原改作，現將其演變之程序，分別列之如下：

巫歌：

民間生活
宗　　教
宇　宙　觀
倫　理　觀

}骨幹——想像——樂調——舞容

屈原改作：

民間思想骨幹——想像——樂調——舞容——辭藻

九歌大部分仍爲巫歌，僅小部分經屈原潤以辭藻，昔人不知以民歌比較，不明此理，故生出許多曲解，現舉王逸楚辭注中數段於下：

雲中君："思夫君兮太息，極勞心兮忡忡，"君謂懷王也，屈原陳序雲神，文義略訖，愁思復至，哀念懷王暗昧不明，則太息增嘆，心每忡忡不能已也。

湘君："心不同兮媒勞。"屈原自喻行與君異，終不可合，亦疲勞而已也。

又"恩不甚兮輕絶。"言己與君同姓共祖，無離絶之義也。

又"期不信兮告余以不閒。"言君嘗與己期，欲共爲治，後以讒言之故，更告我以不閒暇，遂以疏遠己也。

又"余玦兮水中，遺余佩兮澧浦。"言己雖放逐，常思念君，設欲遠去猶捐玦佩置於水涯，冀君求己，示有還意。

湘夫人："捐余玦兮江中，遺余褋兮醴浦。"褋，襜襦也。屈原託與湘夫人共鄰而處，舜復迎之而去，窮困無所依，故欲捐棄衣物，裸身而行，將適九夷也。（實則袂即玦，褋即韘，詩衛風："童子佩韘"，韘爲昔人習射所用之器，古人書寫隨便，王逸依字意解釋，故致誤也。）

王逸楚辭注雖多錯誤，然在漢代此種錯誤實不可避免，因當時之風氣如此也。

朱子楚辭辯證：

……楚俗祠祭之歌，今不可得而聞矣。然計其間，或以陰巫下陽神，或以陽巫接陰鬼，則其辭之褻慢、淫荒，當有不可道者，故屈原因而文之，以寄吾區區忠君愛國之意，比其類則宜爲三頌之屬，而論其辭則反爲國風再變之鄭、衛矣……

九歌中祀神之歌八篇，祀鬼之歌二篇，禮魂一篇，共十一篇。何以稱之爲九歌？此問題昔人之解答多牽强附會，因九歌非以篇數得名，而爲樂調之名稱也。

離騷：啟九辯與九歌兮。

天問：啟棘（夢）賓商（帝），九辯、九歌。

山海經大荒西經：夏后開（啟）上三嬪于天，得九辯與九歌以下，此大穆之野，高二千仞，開焉得始歌九招。（招即韶，書經皋陶謨："蕭韶九成，鳳皇來儀。"離騷："奏九歌而舞韶兮”，故九歌爲奏唱之樂調，而韶爲既歌且舞之樂調。）

由以上數段記載可知九歌爲樂調名，且昔人相傳此種樂調爲啟得諸於天，此與民間故事唐明皇游月宮得霓裳羽衣曲有“不謀而合”之妙。因九歌爲樂調名，故可不限於九篇。

> 禮魂：成禮兮會鼓，傳芭兮代舞，姱女倡兮容與，春蘭兮秋菊，長無絶兮終古。

九歌中禮魂一篇非祭神之詩，而爲禮成後多人合唱之歌，相當於音樂中之亂。（論語：“關雎之亂”，楚辭：“亂曰”，亂爲曲調將終時，多人之合唱。）

### （二）宗教歌：招魂、大招

招魂與大招皆爲宗教歌，此二篇或因樂調不同，故異其名以別，或大招之意爲大招魂，故在招魂之上冠以“大”字，與詩大明、小明之區別同。招魂、大招二歌雖文學價值不及九歌，然爲研究古文化史之最好材料，因其將當時之生活情形描寫極詳，如欲寫一部“中國生活史”，此二歌爲必備之參考。

此二篇之作者，王逸序：“招魂者，宋玉之所作也。……宋玉哀憐屈原忠而斥棄，愁懣山澤，魂魄放佚，厥命將落，故作招魂，欲以復其精神，延其年壽，外陳四方之惡，内崇楚人之美，以諷刺懷王，冀其覺悟而還之也。”（由此可見招魂不限於死者之魂，而生者魂魄散佚，亦可藉招魂以復其精神，杜甫彭衙行：“煖湯濯我足，剪紙招我魂”，即爲明例，此種風俗至今猶留傳於民間。）

王逸序：“大招者屈原之所作也，或曰景差，疑不能明也。屈原放流九年，憂思煩亂，精神越散，與形離别，恐命將終，所行不遂，故憤然大招其魂，盛稱楚國之樂，崇懷、襄之德，以比三王……因以諷諫己之志也。"(因大招中有一段盛譽楚政治之美，故王序曰："崇懷、襄之德，以比三王。")吾人認爲此二篇與九歌不一定爲屈原、宋玉之作，而可能爲巫歌，或巫歌經其他文學家修改者，故此二詩之作者有三個可能：

1. 巫歌
2. 巫歌而爲別的文學家所作修飾
3. 屈原、宋玉作。

招魂可分段如次：

1. 帝命巫陽招魂。
2. 東方不可去　　　長人、十日。
3. 南方不可去　　　蝮蛇、雄虺、封狐、食人族。
4. 西方不可去　　　流沙、赤蟻、玄蠭。
5. 北方不可去　　　增冰、飛雪。
6. 天上不可去　　　守關虎豹、豺狼。
7. 地下不可去　　　土伯。
8. 歸來罷！
9. 住的怎麼好　　　高堂、層臺、突廈（冬室）、夏室、珠被、羅幬、姱容、娥眉、刻桷、曲池。
10. 吃的怎麼好　　　肥牛、吳羹、胹鼈、炮羔、柘漿、蜜餌。
11. 音樂怎麼好　　　涉江、采菱、揚荷、鄭舞、鳴鼓、激楚、吳歈、蔡謳。
12. 玩的怎麼好　　　象棋、六博、五白。
13. 亂（一倡三嘆，一倡百和，曲調將終時多繁弦促節。）

大招與招魂大致相同，其不同處爲：

1. 無上天下地

2. 加政治怎麼好（王序：“崇懷、襄之德，以比三王。”）

招魂與大招爲一首歌分化而成，此即所謂“母題分化”，詩經中亦有相同之例，如：

> 小雅白駒：皎皎白駒，食我場苗。縶之維之，以永今朝。所謂伊人，於焉逍遥？……所謂伊人，於焉嘉客？皎皎白駒，賁然來思。爾公爾侯？逸豫無期。慎爾優游，勉爾遁思！

> 周頌有客：有客有客，亦白其馬。有萋有且，敦琢其旅。有客宿宿，有客信信。言受之縶，以縶其馬。薄言追之，左右綏之。既有淫威，降福孔夷。

即爲一首詩分化而成。又邶風谷風、小雅谷風（棄婦），唐風杕杜、唐風有杕之杜（求食），文雖有異，而意義完全相同，亦母題分化。（山海經中之海外四經、海內四經與大荒四經、海內經原是一件東西的兩本記載〔此處原記錄有誤，據中國上古史研究講義改正〕，亦即分化而成。）

（三）天問

天問非巫歌，而爲對古代傳說、故事所發之疑問，與今日“對山歌”之體裁極相似。

> 王逸序：“天問者，屈原之所作也。……屈原放逐，憂心愁粹，彷徨山澤，經歷陵陸，嗟號昊旻，仰天歎息，見楚有先王之廟及公卿祠堂，圖畫天地、山川、神靈，琦瑋僑佹及古聖賢怪物行事，周流罷倦，休息其下，仰見圖畫，因書其壁，呵而問之，以渫憤懣，舒瀉愁思。楚人哀惜屈原，因共論述，故其文義不次序云爾。”

天問雖未必爲屈原所作，然王序以爲其作者“仰見圖畫，因書其壁，呵而問之，以渫憤懣”，卻有極大可能，因古人喜圖畫其壁，而壁畫中之故事，常成爲“對山歌”之材料也。如：

　　左傳：晉靈公不君，厚斂以雕牆。
　　王延壽魯靈光殿賦：圖畫天地，品類群生，雜物奇怪，山神海靈，寫載其狀，托之丹青，千變萬化，事各繆形，隨色象類，曲得其情。上紀開闢，遂古之初，五龍比翼，人皇九頭，伏羲麟身，女媧蛇軀，洪荒樸略，厥狀睢盱。煥炳可觀，黃帝、唐、虞，軒冕以庸，衣裳有殊。下及三后，媱妃亂主，忠臣孝子，烈士貞女，賢愚成敗，靡不載叙。惡以誡世，善以示後。

天問之來源有二：一爲壁畫，一爲對山歌，（柳宗元之天對如係貶柳州後作，則彼在苗區中或曾聞“對山歌”，得此種暗示而後作。）因“對山歌”之故事而壁畫，因壁畫而又增加山歌之材料，故二者互爲因果。

天問共百七十二問，現將其分段如次：

　　1. 天　冥昭瞢闇，誰能極之？馮翼惟象，何以識之？圜則九重，孰營度之？日月安屬？列星安陳？出自湯谷，次於蒙汜；自明及晦，所行幾里？
　　2. 地　八柱何當？東南何虧？東西南北，其修孰多？南北順橢，其衍幾何？
　　3. 平洪水故事　鴟龜曳銜，鯀何聽焉？順欲成功，帝何刑焉？洪泉極深，何以實（填）之？地方九則，何以墳之？
　　4. 四荒　何所不死？長人何守？一蛇吞象，厥大何如？黑水玄（交）趾，三危安在？

5. 夏前史　女岐無合，夫焉取九子？女媧有體，孰制匠之。（風俗通：女媧搏黃土爲人。）

6. 夏史　啟代益作后，卒然離蠥，何啟惟憂，而能拘是達？啟棘賓商，九辯、九歌，何勤子屠母，而死分竟地！

7. 羿、浞故事　帝降夷羿，革孼夏民；胡躲夫河伯，而妻彼洛嬪，馮珧利決，封豨是躲，何獻蒸肉之膏，而后帝不若？浞娶純狐，眩妻爰謀；何羿之躲革，而交吞揆之？

8. 堯、舜故事　舜閔在家，父何以鰥？堯不姚告，二女何親？舜服厥弟，終然爲害，何肆犬豕，而厥身不危敗？

9. 商史　簡狄在臺，嚳何宜？玄鳥致貽，女何喜？該秉季德，厥父是臧；胡終弊于有扈，牧夫牛羊？桀伐蒙山，何所得焉？妹喜何肆？湯何殛焉？

10. 周史　稷維元子，帝何竺之？投之於冰上，鳥何燠之？師望（太公）在肆，昌（文王姬昌）何識？鼓刀揚聲，后何喜？武發殺殷，何所悒？載尸集戰，何所急？

11. 楚史　荊勳作師，夫何長？吳光爭國，久余是勝。何環閭穿社，以及丘陵？是淫是蕩，爰出子文？吾告堵敖，以不長。何試（弒）上自予，忠名彌彰？


若無天問，對上古史之研究將更困難，此篇在文學上價值雖不高，而在古史上則佔重要地位。

天問與其他書籍之關係：

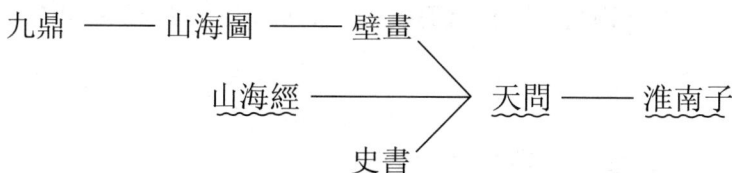


九鼎 ── 山海圖 ── 壁畫

山海經 ──────→ 天問 ── 淮南子

史書

天問與竹書紀年：

天問："桀伐蒙山，何所得焉？"

紀年："后桀伐岷山，進女于桀二人，曰琬曰琰，桀受二女，……刻其名于苕華之玉，苕是琬，華是琰，而棄其元妃于洛，曰末喜氏，末喜氏以與伊尹交，遂以間夏。"（太平御覽卷一三五引）

此事儒家之經典及史記皆無記載。

天問："啟代益作后，卒然離蠥。"

紀年："益干啟位，啟殺之"。（晉書束皙傳引）

竹書紀年已失傳（今存者爲王國維氏之輯本），所遺留材料太少，故不能與天問詳作比較，而山海經、淮南子二書則較完整。

天問與山海經：

天問："洪泉極深，何以寘（填）之？"

海內經："洪水滔天，鯀竊帝之息壤（自生自長之土）以堙洪水，不待帝命。帝令祝融殺鯀于羽郊，鯀復生禹，帝乃命禹卒布土以定九州。"

天問："何所不死？"

海外南經："不死民在其（交脛）東，其爲人黑色，壽，不死。"

天問："一蛇吞象，厥大何如？"

海內南經："巴蛇食象，三歲而出其骨，君子服之，無心腹之疾。其爲蛇青黃赤黑。”

　　天問：“燭龍何照？”
　　大荒北經：“西北海之外，<u>赤水</u>之北，有<u>章尾山</u>，有神，人面蛇身而赤，身長千里，直目正乘，其瞑乃晦，其視乃明，不食，不寢，不息，風雨是謁，是燭九陰，是謂<u>燭龍</u>。”

　　<u>天問</u>與<u>淮南子</u>：<u>淮南子</u>與<u>呂氏春秋</u>類似一部百科全書，如論天有<u>天文篇</u>，言地有<u>地形篇</u>。

　　天問：<u>康回</u>(<u>共工</u>)馮怒，地何故以東南傾？
　　<u>淮南天文</u>：“昔者<u>共工</u>與<u>顓頊</u>爭爲帝，怒而觸<u>不周之山</u>，天柱折，地維絕。天傾西北，故日月星辰移焉，地不滿東南，故水潦塵矣歸焉。”

　　天問：“九天之際，安放安屬？隅隈多有，誰知其數。”
　　<u>淮南天文</u>：“天有九野，九千九百九十九隅，去地五億萬里。…… 何謂九野？中天曰鈞天，…… 東方曰蒼天，……東北曰變天，…… 北方曰玄天，…… 西北方曰幽天，……西方曰昊天，…… 西南方曰朱天，…… 南方曰炎天，……東南方曰陽天。”

　　天問：“（日）出自<u>湯谷</u>，次于<u>蒙汜</u>，自明及晦，所行幾里？”
　　<u>淮南天文</u>：“日入于<u>虞淵之汜</u>，曙于<u>蒙谷之浦</u>，行九州七舍有五億萬七千三百九里，<u>禹</u>以爲朝晝昏夜。”

　　天問：“<u>昆侖縣圃</u>，其居安在？增城九重，其高幾里？”

淮南地形：“禹乃……掘昆侖虛以下地，中有增城九重，其高萬一千里百一十四步二尺六寸。傾宮、旋室、縣圃、涼風、樊桐在昆侖閶闔之中。”

由上列之比較，可知天問中不僅包含神話與傳説，且亦有真正之史實，故爲研究古史重要典籍。

$$
\left.\begin{matrix} 史實 \\ 傳説 \\ 神話 \end{matrix}\right\} 天問
$$

**（四）離騷**

史記：“離騷者，猶離憂也。”

王逸注：“離；別也。騷，愁也。經，徑也。言己放逐離別，中心愁思，猶依道徑。”

二説俱爲附會之辭，離騷爲曲調名，大招：“代、秦、鄭、衞，鳴竽張只，伏羲駕辯，楚勞商只”，古音“離”讀“勞”，而“騷”“商”二音又極相近，故離騷即勞商，爲楚之曲調名。

離騷一詩，烟雲飄渺，不易尋得其脈絡，現姑且分段如下：

1. 自叙家世　屈原名平，離騷：“名余曰正則兮，字余曰靈均。”天問：“地方九則”故“則”即原也，而“均”爲“平”，今以離騷之句釋屈子名，疑其字平名原。
2. 慷慨願任事。
3. 黨人之讒與君之信讒。
4. 滋蘭樹蕙，甘心寂寞。
5. 愛國心强烈，仍感悲哀。長太息以掩涕兮，哀民生之多艱。

6. 女嬃勸其隨俗。

7. 濟湘沅，就重華陳詞。

8. 駟虯乘鷖，觀乎四荒。

9. 求宓妃，旋知其無禮。

10. 求有娀之女，鴆媒間之。

11. 求有虞二姚，然理弱媒拙。

12. 占之於靈氛，氛勸其他適。

13. 見巫咸，咸勸其速行。

14. 蘭蕙俱變質。

15. 游西極，樂甚，忽思鄉。

屈原爲極富有感情之詩人，愛到極點，恨到極點。離騷一詩乃在此種感情之矛盾下作成。詩經與離騷在風調上迥然不同，孔子曰："關雎樂而不淫，哀而不傷。"而離騷則可謂樂而淫，哀而傷。詩經多用"興"體，間或亦用小"比"，而離騷則整篇皆用"比"體。此種筆調爲後人所不能及，而離騷亦因此奠定其在文學上之地位。

　　離騷多用"比"體，與詩經多用"興"體同。王逸離騷序："善鳥、香草，以配忠貞；惡禽、臭物，以比讒佞；靈脩、美人，以媲于君；宓妃、佚女，以譬賢臣；虯龍鸞鳳，以託君子；飄風雲霓，以爲小人。"漢人解詩，將詩中之"興"多視爲"比"，即受楚辭之影響。又漢賦亦爲詩經、楚辭綜合後之創作。

（質樸）詩經（北方興）
（飄逸）楚辭（南方比）　　　漢人詩說

漢人之創作——賦

經說——詩說

## (五)九章

昔人以離騷與九章爲屈原兩個時期之作品，離騷屬前期，九章屬後期。

> 離騷　懷王疏屈原後作。
> 九章　頃襄王放逐屈原後作。

九章　之篇名

　　△1. 惜誦
　　○2. 涉江
　　○3. 哀郢
　　△4. 抽思（摘篇中二字）
　　○5. 懷沙
　　△6. 思美人
　　△7. 惜往日
　　○8. 橘頌
　　△9. 悲回風
　　　　△摘篇首之字
　　　　○全篇意義

離騷確爲屈原前期之作品，如：

> ①"及榮華之未落兮，相下女之可詒。"
> ②"及年歲之未晏兮，時亦猶其未央。"
> ③"及余飾之方壯兮，周流觀乎上下。"

等句，皆足證明，時屈原之年歲不大。至於九章是否爲屈原所作，迄今尚屬疑問。

哀郢一篇前已述及爲秦拔郢後九年作，且曾舉數例證明其非屈原之作品。今更進一步從辭句上分析。（因哀郢下半篇未言秦拔郢事，有人仍疑爲屈原作。）

哀郢下半篇："堯、舜之抗行兮，瞭杳杳而薄天，衆讒人之嫉妒兮，被以不慈之僞名……"係竊宋玉九辯之句。

九辯第八章："堯舜之抗行兮，瞭冥冥而薄天，何險巇之嫉妒兮，被以不慈之僞名。"屈原較宋玉早，當不致竊取其九辯之句，故吾人認爲此詩乃楚國無名作家之作品。

抽思："有鳥自南兮，來集漢北……望北山（一作南山）而流涕兮，臨流水而太息。……唯郢路之遼遠兮，魂一夕而九逝。曾不知路之曲直兮，南指月與列星，願徑逝而不得兮，魂識路之營營。……亂曰：……狂顧南行，聊以娛心兮。"此篇與哀郢所描述，大致相同，亦秦拔郢後，楚無名文學家之作，後人因屈原遺留之詩篇太少，故將其收入屈原之作。

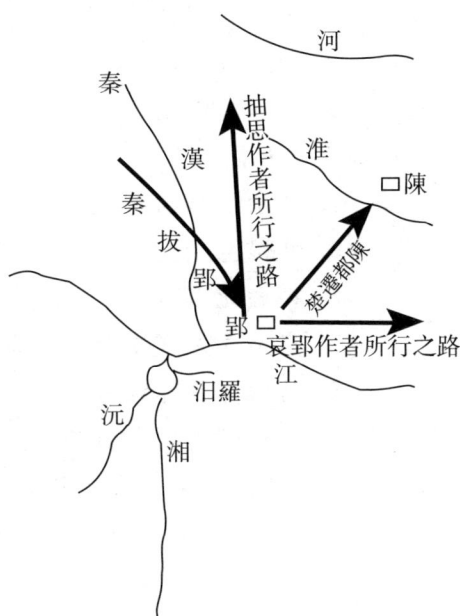

秦拔郢後楚人逃散圖

秦拔郢後，楚遷都於陳，其人民則扶老携幼，四散奔逃，由哀郢、抽思二篇文句中得知，作"哀郢"者係自郢向東逃亡，作"抽思"者係自郢向北逃亡。

哀郢："楫齊揚以容與兮，順風波以從流兮，今逍遙而來東，背夏浦而西思兮。"

抽思："望北山而流涕兮，臨流水而太息。……亂曰：……狂顧南行，聊以娛心兮。"錢穆見楚辭中之地名多在江北，遂以爲屈原非放逐於江南，乃放逐於江北，致造成將沅、湘、汨羅皆搬至江北之笑話。吾人倘能將楚辭中屈原與其他文學家作品分辨清，此種問題當不致發生也。

九章中鈔襲之處甚多，不僅竊取有宋玉之辭句，而屈原自作之離騷亦多鈔入。現將九章、離騷相同之句，表列於下：

離騷

1. 夕攬洲之宿莽。
2. 指九天以爲正兮。
3. 曰黃昏以爲期兮，羌中道而改路。初既與予成言兮，后悔遁而有他。
4. 苟余情其信姱以練要兮，長顑頷亦何傷。
5. 忳鬱邑余侘傺兮。
6. 寧溘死以流亡兮，余不忍爲此態也。
7. 高余冠之岌岌兮，長余佩之陸離。
8. 芳與澤其雜糅兮。
9. 曰鮌婞直以亡身兮，終然殀乎羽之野。
10. 孰云察余之中情兮。
11. 就重華而陳辭……駟玉虬以乘鷖兮……夕余至乎縣圃。
12. 折若木以拂日兮。
13. 鳳皇既受詒兮，恐高辛之先我。
14. 理弱而媒拙兮。
15. 吾令蹇脩以爲理。
16. 世溷濁而不分兮。
17. 國無人莫我知兮。
18. 吾將從彭咸之所居。

九章

1. 思美人  搴長洲之宿莽。

2. 惜誦  指蒼天以爲正。

3. 抽思  昔君與我成言兮，曰黃昏以爲期；羌中道而回畔兮，反既有此他志。

4. 涉江  苟余心之端直兮，雖僻遠其何傷。

5. 惜誦  心鬱邑余侘傺兮。

6. 悲回風  寧溘死而流亡兮，不忍此心之長愁。

7. 涉江  帶長鋏之陸離兮，冠切雲之崔嵬。

8. 思美人  芳與澤其雜糅兮。

9. 惜誦  行婞直而不豫兮，鯀功用而不就。

10. 惜誦  又莫察余之中情。

11. 涉江  駕青虬兮驂白螭，吾與重華游兮瑤之圃。

12. 悲回風  折若木以蔽光兮。

13. 思美人  高辛之靈盛兮，遭玄鳥而致詒。

14. 抽思  理弱而媒不通兮。

15. 思美人  令薜荔以爲理兮。

16. 懷沙  世溷濁莫吾知。

17. 涉江  世溷濁而莫余知兮。

18. 悲回風  托彭咸之所居


屈原爲世不二出之大詩人，必富有想象力、創造力，爲何後期之作品多鈔襲前期之作？故吾人可斷定離騷爲屈原之創作，而九章爲後人仿作，故九章與離騷骨幹雖同，而精神已非。

王國維人間詞話論詞之境界，謂有"隔"與"不隔"之分，不隔之作品才有真精神。

疾痛呼天——不隔，無病呻吟——隔

昭明太子之文選將離騷、九歌全部選入，而九章僅選涉江一篇，可謂有識。

又離騷中未提及自沈事（前已說明離騷："願依彭咸之遺則"，爲願往依巫彭、巫咸，非暗示自沈之意也。）而九章則多次提及。

惜往日："臨沅、湘之玄淵兮，遂自忍而沈流；卒沒身而絕名兮，惜壅（蔽）君之不昭……""不畢辭而赴淵兮，惜壅君之不識。"

此詩與賈誼弔屈原賦極相似，可能爲後人弔屈原之作，因臨死之人不能從容賦此也。

現將九章各篇，分類如下：

①爲哀郢而作，但經後人竄改者：哀郢、抽思（如詩經中之采薇、雨無正）。

②物賦：橘頌（如荀子之鹽賦）。

③摹仿離騷、贋託屈原作者：惜誦、涉江、懷沙、思美人、惜往日、悲回風。

**（六）遠游**

遠游爲摹仿離騷之作，此詩不僅採用離騷之意義，且鈔襲其辭藻。

遠游之分析：

1. 鈔離騷。

2. 神仙家言。（此中採有王喬、赤松、韓衆等語。）史記秦始皇帝本紀："三十二年，……使韓終、侯公、石生求仙人不死之藥。三十五年，……始皇……大怒曰：'……今聞韓衆去不報。'"遠游中有韓衆之言，故必秦始皇以後人所作。

3. 陰陽家言。漢書藝文志："明堂陰陽三十三篇。"此書現雖失傳，而禮記月令篇中尚存有一部分。

禮記月令：

|  | 帝 | 神 |
|---|---|---|
| 春 | 太皞 | 勾芒 |
| 夏 | 炎帝 | 祝融 |
| 中央 | 黃帝 | 后土（每季中分出十八日） |
| 秋 | 少皞 | 蓐收 |
| 冬 | 顓頊 | 玄冥 |

漢陰陽五行家以爲皇帝應每月易居，以應五行，而遠游作者採用其説，且言之極有系統，由是可知遠游爲漢人所作。

4. 摹仿離騷之處：

撰余轡而正策兮，吾將過乎勾芒。歷太皓以右轉兮，前飛廉以啟路。……鳳皇翼其承旂兮，遇蓐收乎西皇。……指炎神而直馳兮，吾將往乎南疑。……祝融戒而還衡兮，騰告鸞鳥迎宓妃。……軼迅風于清源兮，從顓頊乎增冰。歷玄冥以邪徑兮，乘間維以反顧。

現將戰國至秦、漢間楚辭作家遺作表列如次：

九章（戰國至漢）
遠游（漢）
卜居（戰國至漢）
漁父

# 五、禹貢上的二大問題[*]

## 一、九州

### (一)"九州"説興起的時代背景

商朝以前各個部落獨立，商朝末年已有封建制度。周朝起於陝西，封建勢力達於今河南、河北、山西、湖北等省，那時候以"華夏"二字代表中原文化，而對居於中原以外或居於中原的土著就稱爲"蠻夷"，所以"華夏"與"蠻夷"不是種族上的區別，而是文化上的區別。"蠻夷"雜居中原，與"華夏"之衝突自不可免，所以到春秋時代就有人提出"尊王攘夷"、"用夏變夷"的辦法，至戰國更講王政與武力兼用，而後可臻於統一之境，梁襄王問孟子："天下惡乎定?"孟子對曰："定於一。"(孟子梁惠王上)孟子要梁襄王行王政，不要亂行裁殺，然後才可達到統一的目的。不過古代人觀念中的"中國"，範圍甚小，要想統一它，是不難做到的。古人觀念中的"中國"就是"中央"，而認爲"中央"以外的地方便是"四海"，其範圍較"中央"要大得多了。齊桓公攻楚，楚王對曰：

> 君處北海，寡人處南海，唯是風馬牛不相及也，不虞君之涉吾地也。(左傳僖四年)

楚王認爲齊在北海，楚在南海，那麼他觀念中的"中國"定是中原

---

\* 本節由魏郁記錄。原載文史 2001 年第一輯。

地方，"海"在古人腦子裏實有"邊界"之意，孟子對齊宣王曰：

> 海内之地，方千里者九，齊集有其一。（孟子梁惠王上）

孟子認爲齊國也不過是"四海"之内的九分之一而已。"九"字本來是個虛數，春秋以來已爲人們所慣用，古人將數目字多者好以"三"稱，較多者好以"五"稱，最多者往往以"九"字形容，"九"含有神聖的意味（見汪中釋三九）。"九州"二字在當時已甚流行，照説文解釋"州"是水中之島，詩經首篇就有"關關雎鳩，在河之洲"一語，足見"州"或"洲"是水中可居之地。禹貢内冀州雖無明確的定界，但我們由其他八州的疆界，推定冀州是在兩河（東河、西河）之間。禹貢：

> "濟、河惟兗州"意即由濟水到大河爲兗州地。
> "海、岱惟青州"意即從海到泰山爲青州地。（今山東半島）
> "海、岱及淮惟徐州"，意即東到海，西到泰山，南以淮水爲界，便是徐州地方。
> "淮、海惟揚州"，意即從海到淮河爲揚州地。
> "荆及衡陽惟荆州"，由荆山往南到衡陽爲荆州地。
> "荆、河惟豫州"，由荆山往北到黄河爲豫州地。
> "華陽、黑水惟梁州"，由華山往南到黑水爲梁州地。
> "黑水、西河惟雍州"，由黄河往西到黑水爲雍州地。

"九州"之説，始於春秋，象徵當時人已有統一的思想，實際上那時候的徐州尚爲徐戎，揚州的越人尚斷髮文身，梁州（巴、蜀）亦尚爲蠻夷所據。而"九州"一説的實際實現，要等到戰國時代。

### （二）與禹貢不同的三種"九州"説

"九州"的説法頗不一致，見之於載籍的，除禹貢外，尚有下面三種：

甲、周官職方：

> 東南曰揚州，正南曰荆州，河南曰豫州，正東曰青州，河東曰兗州，正西曰雍州，東北曰幽州，河內曰冀州，正北曰并州。

與禹貢九州不同者，係多出幽州和并州，而少了徐州與梁州，原來職方將徐州併入青州，梁州併入雍州，至幽、并二州乃是戰國時代新拓的疆土，幽字與燕字音很近，幽州即戰國燕國之地。史記匈奴傳云：

> 趙武靈王……破林胡、樓煩。……置雲中、雁門、代郡，燕將秦開……襲破走東胡。……置上谷、漁陽、右北平、遼西、遼東郡。

代郡之地及於今綏遠；遼西、遼東乃今察哈爾、遼寧一帶；上谷、漁陽、右北平正是職方所云的"幽州"地，因爲趙武靈王所開拓的疆域很廣，所以職方上添了幽、并二州。周官一書問世較晚，約出於西漢末年（逸周書中亦有職方），所以其分州方法較禹貢複雜了點，或以河爲界，或以方位爲界。

乙、爾雅釋地：

> 兩河間曰冀州，河南曰豫州，河西曰雝州，漢南曰荆州，江南曰揚州，濟、河間曰兗州，濟東曰徐州，燕曰幽州，齊曰營州。

此說與禹貢相較，只少了梁州，以周官已將梁州併入雝州。又
“江”在禹貢內尚未列爲分界之指標，而釋地竟以“江”劃界，是其
進步之處。釋地與職方相較，只少了并州。營州就是青州，以太
公封於營丘，故改稱曰營州。後人或疑越海之地，即今朝鮮爲營
州地，究否如此，尚未敢斷定。

　　丙、呂氏春秋有始覽：

　　　　河、漢之間爲豫州，周也；兩河之間爲冀州，晉也；
　　河、濟之間爲兗州，衛也；東方爲青州，齊也；泗上爲徐
　　州，魯也；東南爲揚州，越也；南方爲荆州，楚也；西方爲
　　雍州，秦也；北方爲幽州，燕也。

豫州是春秋時的韓國地，冀州是趙、魏二國地，秦即禹貢的梁
州，其與禹貢不同者，是多出一個幽州。

　　禹貢九州加上職方多出的二州，成爲十一州，再加上釋地多
出的營州，便爲十二州，故後來又有十二州說。總上四種典籍，
可以列爲下表：

| 書名 | 州　名 | | | | | | | | | | | 經師所定年代 |
|---|---|---|---|---|---|---|---|---|---|---|---|---|
| 禹貢 | 冀$_1$ | 兗$_2$ | 青$_3$ | 徐$_4$ | 揚$_5$ | 荆$_6$ | 豫$_7$ | 梁$_8$ | 雍$_9$ | | | 夏（禹貢） |
| 職方 | 冀$_8$ | 兗$_5$ | 青$_4$ | 揚$_1$ | 荆$_2$ | 豫$_3$ | 雍$_6$ | 幽$_7$ | 并$_9$ | | | 周（周官） |
| 釋地 | 冀$_1$ | 兗$_6$ | 徐$_7$ | 揚$_5$ | 荆$_4$ | 豫$_2$ | 雝$_3$ | 幽$_8$ | 營$_9$ | | | 商（爾雅郭注：此蓋商也） |
| 呂覽 | 冀$_2$ | 兗$_3$ | 青$_4$ | 徐$_5$ | 揚$_6$ | 荆$_7$ | 豫$_1$ | 雍$_8$ | 幽$_9$ | | | |
| 總計 | 冀 | 兗 | 青 | 徐 | 揚 | 荆 | 豫 | 梁 | 雍 | 幽 | 并 營 | 虞 |

### （三）堯典十二州說與漢武帝十三州之設置

　　夏以前的區域劃分法如何，迄不得而知，只是堯典上有：

> 肇十有二州，
>
> 封十二山，咨十二牧

等語。堯典爲舜攝政時所寫成，時堯尚未死，後人持此爲據，遂綜合禹貢、職方、釋地、吕覽九州説合爲十二州，僞孔傳謂：

> 肇始也，禹治水之後，舜分冀州爲幽州、并州，分青州爲營州，始置十二州。

經典釋文謂：

> 十有二州，謂冀、兖、青、徐、荆、揚、豫、梁、雍、并、幽、營也。

恰與上表總計數吻合。其實是不可靠的。堯典云：

> 詢于四岳，咨十有二牧，命九官，帝曰："咨汝二十二人。"

四岳十二牧爲外官，九官爲内官（即中央官），合起來應該爲二十五人，何以帝曰稱爲二十二人？原來漢初的人受了十二州説的影響，把堯典改了，牧本是外官，按照禹貢九州説，應當祇有九牧，那麽與四岳、九官合起來，不恰是二十二人？

秦漢以降，土地面積日增，神聖的"九"字已不够形容最多的數目故不得不將尺度放寬，漢書地理志云：

> 漢武攘卻胡越，開地斥境，南置交阯，北置朔方之州，兼徐、梁、幽、并，夏、周之制，改雍曰涼，改梁曰益。凡

十三部，置刺史。

朔方與交阯二地從禹貢上找不見，到漢武帝時已經增闢了，西漢時，中央有三輔（京兆尹、左馮翊、右扶風），外州有冀、兗、青、徐、揚、荆、豫、幽、并、涼、益、朔方、交阯十三州，這是先受了十二州説的影響，而後有設置十三州的事實。

何以漢武帝置州爲十三，而堯典上卻列爲十二，這有經典上的根據，左傳哀公七年傳：

> 周之王也，制禮上物不過十二，以爲天之大數也。

足證先有十二州的學説，然後有十三州的事實。

### （四）禹貢與山海經

禹貢之寫成，當在山海經以後，所以禹貢作者有很多地方是根據於山海經的。禹貢：

> 華陽、黑水惟梁州，黑水、西河惟雍州。……導黑水至於三危，入於南海。

三危是今敦煌，堯典上亦有"竄三苗于三危"的話，按中國地理形勢，由河西走廊往南全爲高峻的大山，如從敦煌導黑水南下直注入南海是根本不可能的，山海經作者錯誤的假設，并未爲禹貢作者所考證出來。不過禹貢的作者也并不完全盲從，對於山海經已有很多懷疑的地方，下面各節可仔細加以比較：海内西經：

> 昆侖之墟……赤水出東南隅，以行其東北，西南流，注南海。河水出東北隅，以行其北，西南又入渤海，又出海外，即西而北，入禹所導積石山。

洋水、黑水出西北隅以東，東行，又東北，南入海（洋水即漢水）。

弱水、青水出西南隅，以東，又北，又西南。

大荒北經：

西北海外，黑水之北，有人有翼，名曰苗民。

禹貢導水：

導河積石，至于龍門……

嶓冢導漾，東流爲漢……

導弱水，至于合黎，餘波入于流沙。

導黑水，至于三危，入于南海。

以禹貢内容與山海經逐條比較，我們可發覺禹貢的作者已進步得多了，禹貢作者對山海經發生諸多懷疑，因之，將不可信的部分，已經删去不少。禹貢作者已有科學家的精神，然而時代的限制，使他没辦法更接近科學一點，所以禹貢的内容，仍承襲山海經的一部份錯誤的説法。

# 二、五服

### （一）五服説的範圍

五服與九州爲兩個分劃地方的制度，九州係就山川形勢來分，五服係就帝都遠近來分。前者是自然的，後者是封建的。禹貢：

　　五百里甸服：百里賦納總，二百里納銍，三百里秸服，
四百里粟，五百里米。

甸服是王畿地方，一面五百里，兩面則爲一千里，故詩經有"邦
畿千里"一語。百里、二百里、三百里的人民除納賦外，更要服
兵役，故云"服"。四百里至五百里之間的人民只須納糧就行了，
用不着再供勞役，是含有安撫邊民之意，此爲王的國家。

　　五百里侯服：百里采，二百里男邦，三百里諸侯。

采與男邦均由諸侯所封。這是諸侯的國家。

　　五百里綏服：三百里揆文教，二百里奮武威。

綏服乃含有"安定"與"懷柔"之意，其地是國防重地，必要時得用
武力鎮攝。

　　五百里要服：三百里夷，二百里蔡。

要服之地，已較荒遠，用以流放罪犯。（蔡，流放也）

　　五百里荒服：三百里蠻，二百里流。

荒服之地更遙遠，也用以流放罪犯。
　　九州之説是象徵一種統一制，其產生應該在秦、漢以前；而
五服説是一種封建制，是先有事實而後有學説的，所以應該是
秦、漢以後的事。
　　禮記王制篇的作者獨步禹貢，故云：

自恒山至於南河，千里而近，自南河至於江，千里而近，自江至於衡山，千里而遙。

自東河至於東海，千里而遙，自東河至於西河，千里而近，自西河至於流沙，千里而遙。

西不盡流沙，南不盡衡山，東不盡東海，北不盡恒山，凡四海之內，斷長補短，方三千里。

依照上說可畫成下圖：

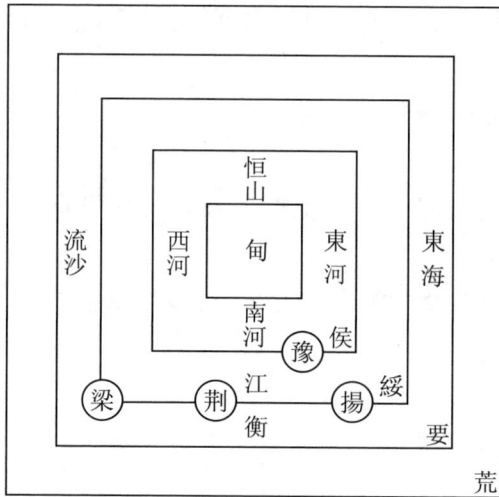

按圖則梁、荆、揚等州已屬於綏服與要服之間；又如圖北邊地何以出了九州之外？這是因五服以冀州爲甸服，而不以豫州爲甸服；又因禹貢內講貢道，政府所收到的貢物，大半來自冀州，且堯都平陽，舜都蒲城，禹都安邑，概屬冀州，可見冀州的物產很豐富，所以堯、舜、禹都奠都於其境內。然從田賦一項看，五服與九州又發生衝突，茲先列出禹貢田賦表：

| 州 | 雍 | 梁 | 豫 | 荆 | 揚 | 徐 | 青 | 兗 | 冀 |
|---|---|---|---|---|---|---|---|---|---|
| 田 | 上上 | 下上 | 中上 | 下中 | 下下 | 上中 | 上下 | 中下 | 中中 |
| 賦 | 中下 | 下中三錯 | 錯上中 | 上下 | 上上錯 | 中中 | 中上 | 貞 | 上上錯 |

　　按上圖冀州之田中中，何以賦反爲上上？而雍州之田上上，何以賦又爲中下？這個地方初看起來似與五服説大相矛盾，其實不然，我以爲下面這個道理可以解釋得通，但無甚證據。冀州土地雖少，而人口衆多，耕田的人力加强，收獲自然豐盛，故其賦爲上上；而雍州地多人少，耕地面積并不廣，故其賦爲中下。商鞅欲致秦於富强。曾徙三晉人士入秦開墾，大概是爲增加政府税收。

　　五服的侯國人民何以對天子無賦？這是因五服爲一種封建制度，侯國的人民將賦直接送於侯，而不送於天子。五服的制度爲五千，故益稷云：

　　　　禹曰：……予惟荒度土功，弼成五服，至於五千，州十有二師。外薄四海，咸建五長。

所以五服的面積是：
　　　　甸　一，〇〇〇，〇〇〇方里
　　　　侯　三，〇〇〇，〇〇〇方里
　　　　綏　五，〇〇〇，〇〇〇方里
　　　　要　七，〇〇〇，〇〇〇方里
　　　　荒　九，〇〇〇，〇〇〇方里
合計五服的面積共二五，〇〇〇，〇〇〇方里，而九州的面積僅及五服的甸、侯、綏三區（九州的面積共九，〇〇〇，〇〇〇〇方里），這是二者不同的一點。

### （二）五服説的本源及其演變

　　五服的思想是出於經典的，國語周語：

　　　　夫先王之制：邦内甸服，邦外侯服，侯衛賓服，蠻夷要服，戎狄荒服。甸服者祭，侯服者祀，賓服者享，要服者貢，荒服者王。日祭，月享，歲貢，終王。

五服對於各屬發生經濟關係，越近中央者貢越多，越遠者貢越少。

禹貢內"甸"在"侯"之前，而尚書其他篇內將"甸"放在"侯"之後，尚書康誥：

侯甸男邦采衛。

酒誥：

越在外服，侯、甸、男、衛邦伯；越在內服，百僚庶尹。

召誥：

周公乃朝用書，命庶殷侯、甸、男、邦伯。

顧命：

庶邦侯、甸、男、衛。

這個道理無論如何解釋不通，直到民國十八年在河南洛陽發現一鼎，對於上文才尋得解釋，下面便是該鼎上的記述：

矢令方彝：

徣命舍三事令，眾卿事寮，眾諸尹，眾里君，眾百工；眾諸侯。侯甸男，舍四方令。

原來"舍三事令"是王朝之事，"舍四方令"是諸侯之事。上文"侯甸男"應讀作"侯、侯甸男"，因爲男是附屬於諸侯的。侯、侯甸男、采衛三者的關係如下表所示：

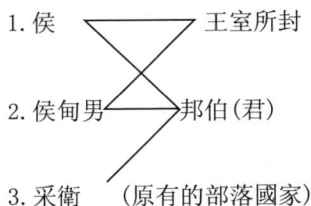

```
1. 侯                  王室所封

2. 侯甸男              邦伯(君)

3. 采衛     (原有的部落國家)
```

侯是由王室所封，甸男與采衛係由侯所封，因此，其首領稱爲"邦伯"。伯者，有長或君之意。采衛實在是原有的部落國家，由下文可資證明：

國語鄭語：

> 妘姓：(祝融八姓)鄔、鄶、路、偪陽，曹姓：鄒、莒，皆爲采衛，或在王室，或在夷、狄，莫之數也。

明白了侯甸男、采衛間的關係，則"甸侯"與"侯甸"的疑難，自可解釋通了。

其實作禹貢的人害事尚小，作周官的人害事真大，周官職方氏謂：

> 方千里曰王畿，其外方五百里曰侯服，又其外方五百里曰甸服，又其外方五百里曰男服，又其外方五百里曰采服，又其外方五百里曰衛服，又其外方五百里曰蠻服，又其外方五百里曰夷服，又其外方五百里曰鎮服，又其外方五百里曰藩服。

禹貢：

　　　　五百里甸服，……五百里侯服，……二百里男邦，……
綏服……奮武衛，……要服……三百里夷，……荒服，……
三百里蠻。

禹貢的"甸服"就是周官的"王畿"，禹貢的"侯服"與周官同，禹貢
的"男邦"就是周官的"男服"，禹貢"奮武衛"的衛，就是周官的
"衛服"，禹貢的"夷"與"蠻"在周官內恰爲之倒置，而周官的鎮、
蕃二服爲禹貢所無，其實周官的許多假設，都是毫無根據的。
　　周官大司馬與周官大行人有着兩段同樣無根據的記載，周官
大司馬：

　　　　方千里曰國畿，其外方五百里曰侯畿，又其外方五百里
曰甸畿，又其外方五百里曰男畿，又其外方五百里曰采畿，
又其外方五百里曰衛畿，又其外方五百里曰蠻畿，又其外方
五百里曰夷畿，又其外方五百里曰鎮畿，又其外方五百里曰
蕃畿。

周官大行人：

　　　　邦畿方千里，其外方五百里謂之侯服，……又其外方五
百里謂之甸服，……又其外方五百里謂之男服，……又其外
方五百里謂之采服，……又其外方五百里謂之衛服，……又
其外方五百里謂之要服，……九州之外謂之蕃服。

後段本着前段，只是將文字玩弄了一下，實際毫無所憑，可是經
師們一方面要維持禹貢的信用，一方面又要維持周官的信用，故

不得不想出一個變通的辦法，皋陶謨馬融注云：

> 面五千里，爲方萬里。

這是强禹貢爲周官之説法，另一方面則有强周官爲禹貢之説者，鄭玄注云：

> 輔五服而成之，至於面各方五千里，四面相距爲方萬里。

鄭樵六經奥論云：

> 禹之五服各五百里，自其一面數之。職方九服各五百里，自其兩面數之。則周之侯甸即禹之侯服，周之男采即禹之綏服，周之衛、蠻即禹之要服，周之夷、鎮即禹之荒服。

但遺漏了周之蕃服，依然不能自圓其説。

總上所論，可知九州説是先由學説而進入事實的，它是順應自然形勢的，也是合理的；五服説是先有事實而後有學説的，由事實勉强演爲學説，就有點太不高明，太呆板。

(三) 五服與三服

漢武帝開拓疆域，中國土地面積突然增大，漢書地理志云：

> 漢興，……地東西九千三百二里，南北萬三千三百六十八里。……漢極盛矣。

因爲人們受地理背景的影響，便將漢制移前，把禹貢删改了，關於侯甸男的記載，亦見於史記秦始皇本紀：

> 昔者五帝地方千里，其外侯服、夷服，或朝或否，天子
> 不能制。

千里正是王畿，其餘侯服夷服，隻字未變，應注意的是這并非五
服，而是三服。又經典中不受漢代地理背景影響的，有下面兩種
記載：
　　禮記王制：

> 千里之內曰甸，千里之外曰采，曰流。

依然是三服。與上文相呼應。
　　周書王會：

> 方千里之內爲比服，方二千里之內爲要服，方三千里之
> 內爲荒服。

"比"是"近"之意，"比服"當然是王畿所在地，要服之範圍在這裏
似乎説得太小，荒服仍然爲流放犯人的邊遠之區，但無論如何，
是三服而非五服，那麼與禹貢的總面積相較，恰恰吻合。足證五
服是漢以後的人更改的，而一般經學家們爲這一問題絞盡腦汁，
結果還是沒有將其始末發掘出來，經學家們實在可憐！

# 六、堯典内的二大問題<sup>*</sup>

## 一、四宅説

### （一）堯典和山海經裏的四宅説

中國爲一農業國家，政府和人民都應該知道農時，所以古代曆法多依農時而定，故有"農曆"之稱。傳説中的四宅就是指羲和所居的四個地方，代表着四個方向，同時也代表着四個季節。山海經謂羲和爲一女神，是太陽的母親；離騷内説她是一位駕御太陽的神。離騷：

> 吾令羲和弭節兮，望崦嵫而勿迫。

照上兩説，羲和總與太陽發生關係，她是神而不是人。堯典内將羲和變成了人，使她成爲天文學家，但仍與太陽發生關係。堯典：

> 乃命羲和欽若昊天，曆象日月星辰，敬授民時。

這裏將羲與和分成兩個人，使其觀察天象，訂定農時。接着又將羲分成兩人，和也分成兩人，分命坐守四方，辦理關於氣象的事情，堯典：

---

* 本節由魏郁記録。原載文史 2001 年第四輯。

　　　　分命羲仲，宅嵎夷，曰暘谷。寅賓出日，平秩東作。日
　　中，星鳥，以殷仲春。厥民析，鳥獸孳尾。

暘谷是日出處，羲仲居於東方，測春時。

　　　　申命羲叔，宅南交，平秩南訛，敬致。日永，星火，以
　　正仲夏。厥民因，鳥獸希革。

南交係指交趾，漢爲日南郡，羲叔居於南方，測夏時。

　　　　分命和仲，宅西，曰昧谷。寅餞納日，平秩西成。宵
　　中，星虛，以殷仲秋。厥民夷，鳥獸毛毨。

昧谷爲日入處，和仲居於西方，測秋時。

　　　　申命和叔，宅朔方，曰幽都。平在朔易，日短，星昴，
　　以正仲冬。厥民隩，鳥獸氄毛。

朔方爲北方，和叔居之，以測冬時。

　　　　帝曰："咨，汝羲暨和，朞，三百有六旬有六日，以閏
　　月定四時，成歲，允釐百工，庶績咸熙。"

全部堯典内容是由一種大一統的思想所構成，上面所云的四宅等
於現今四個觀象台，散布於東、西、南、北四處，由羲仲、羲
叔、和仲、和叔四人管理。這種半神話式的説法，當然不足徵
信。可是，究竟東到何地？西到何地？北到何地？南到何地？是
值得研究的問題。

胡厚宣先生的甲骨學商史論叢内有四方風名説，對於四宅問題，討論甚詳，只因在這裏找不出原文來，没法詳細列舉。關於"厥民析"（東），"厥民因"（南），"厥民夷"（西），"厥民隩"（北）的四個問題，山海經内有四種傳奇式的解説：

大荒東經：

> 大荒之中，有山名曰鞠陵于天。……日月所出，名曰折丹，東方曰析，來風曰俊，處東極以出入風。

大荒南經：

> 南海渚中……有神名曰因因乎，南方曰因乎，夸風曰乎民，是處南極以出入風。

大荒西經：

> 有人名曰石夷，來風曰韋，處西北隅以司日月之長短。

大荒東經：

> 有女和月母之國，有人名曰鵷，北方曰鵷，來之風曰狄，是處東極隅以止日月，使無相間出没，司其長短。

這種模糊的解釋，尚不足説明東西南北四宅各在何處。下面四小節擬引用别的材料分别予以討論。

**（二）四宅之探討**

（a）朔方

"朔方"二字最早見于詩經小雅出車篇：

王命南仲，往城于方，出車彭彭，旗旐央央，天子命
我，城彼朔方，赫赫南仲，玁允于襄。

又詩經六月篇：

玁狁匪茹，整居焦穫。侵鎬及方，至于涇陽。織文鳥
章，白旆央央。元戎十乘，以先啟行。
戎車既安，如輊如軒。四牡既佶，既佶且閑。薄伐玁
狁，至于太原。文武吉甫，萬邦爲憲。

周之京城爲鎬（今西安），由上文看，“方”應距鎬京不遠，而且在
太原之南（非今之太原）。王國維周蓁京考謂井鼎、靜彝、靜敦、
史懋壺、遹敦上均有“王在蓁”等語，因此王先生認爲“蓁”即
“方”，且以爲“方”即爲山西蒲坂。左傳昭元年云：

臺駘能業其官，宣汾洮，障大澤，以處太原，帝用嘉
之，封諸汾川，……則臺駘汾神也。

由這段話內可知太原離汾水不遠，那麼朔方也應該濱着汾水。再
由焦穫看，朔方也應距鎬很近。水經沁水注：

濩澤水出濩澤城西，東逕濩澤，……得陽泉口
水，……水歷嶕嶢山，……注濩澤水。

按嶕嶢山在山西南部，清代屬澤州府。又涇陽當在涇水之陽，渭
水之北，那麼我們可以決定玁狁入侵的路綫是由東而西，即由焦
穫向朔方，而後至於鎬。被吉甫趕走的路綫是由西向東北，即由
鎬沿渭水渡黃河順汾水以至於太原。按其方向，焦穫、太原與鎬

成一三角形，而"方"恰位於三角形之中間，據王國維考證，朔方
實在山西西南部，亦與上文所云之位置相彷彿。可是在朱熹詩集
傳中，卻認爲周之朔方應該爲今綏遠、寧夏地方。朱熹詩集傳：

> 方，朔方，今靈、夏等州之地。

我們要問，周朝能有漢的朔方麼？當然不可能有，左傳昭公
九年：

> 王使詹桓伯辭于晉曰："及武王克商，……肅慎、燕、
> 毫，吾北土也。"

此三地名中只知道燕是北平，肅慎及毫今不知指何地，然而，武
王時的燕是否指北平而言，仍不得而知，不過由此可知古人所謂
"北"並非真正的北，朔（北）方只是對鎬京而言。詩大雅韓奕：

> 王錫韓侯，其追其貊，奄受北國，因以其伯。

王既叫韓侯爲北國之長，則韓國應位於周朝疆土的正北方，可是
觀其位置，韓國並非位於正北，韓即今陝西韓城縣，距鎬京僅四
百餘里，由鎬京看韓國已在其北，故稱爲北國之邦，可見周朝的
疆土並不遠。且詩經最古的文字爲周頌，其文字較小雅還要高
古，即六月、出車之詩，亦當寫成於周宣時（西周末），西周末年
雖犬戎侵略得很厲害，但是，如叫宣王出師到寧夏打犬戎，真是
不可能的事。所以朱熹認爲朔方即宋靈夏等州地，也是不可
能的。

周幽王被犬戎殺後，周之都城東遷，西方的疆土爲秦所佔，
秦穆公遂霸西戎。左傳有"霸西戎"三字，史記有"滅國十二"一

語，十二國的國名，今雖不得而知，可是我們可以確定這些國家，都在今陝、甘境內，而且北不到陝北方面去。當時秦最大的敵人爲義渠，佔有今甘肅東部，陝西西部，其滅亡的年限，史記內這樣記載：

> 秦惠文王十一年（前三二七年）縣義渠。

秦滅義渠後，北設三郡，即隴西郡、北地郡、上郡。當時所謂隴西係指隴山以西之地而言，今天水一帶亦應屬之，隴西、北地二郡應在今甘肅境，上郡應在今陝西境，三郡所轄的地方均在涇、洛、渭諸水上游，由秦國説，北地已經是極北的地方，然而尚未及於河套。禹貢內雖有“導河積石，至于龍門”（龍門屬今陝西韓城縣）的話，而並未提及河套二字，可是對於河南地方，卻記得很詳細：

> 南至于華陰，東至于底柱，又東至于孟津，東過洛汭，至于大伾……（禹貢）

何以禹貢的作者只提到“導河積石”四字，便將中間所經的地方一概疏略，接着就是直“至于龍門”呢？這中間一定有原因在，原來當時的河套爲匈奴所佔據，河套內的情形很閉塞，非禹貢的作者不願知道，而是爲時勢所限，實無法明瞭，所以在寫書的時候，便一筆省略了。

河套的真正入於中國疆域，要等到秦始皇統一天下以後。史記秦始皇本紀：

> 三十三年，始皇乃使將軍蒙恬發兵三十萬人北擊胡，略取河南地。

這裏所謂"河南"係指河套而言，所以指河套的朔方，是秦始皇時才開闢的。而河套之北，在秦以前已爲趙武靈王所開拓了。史記趙世家：

> 武靈王二十六年（前三百年），復攻中山，攘地北至燕、代，西至雲中、九原。

九原在河套之北，河套南北均入於中國版圖，所以秦始皇在那裏設爲九原郡。後來漢武帝所置的朔方郡，正是趙武靈王和秦始皇早已開闢的河套南北地。

秦以前並無"河套"之稱，因之，秦得其地，不即名曰"朔方"，而稱"北河"，漢書主父偃傳：

> 昔秦皇帝乘戰勝之威，……遂使蒙恬將兵而攻胡，卻地千里，……然後發天下丁男以守北河。

漢書嚴安傳：

> 使蒙恬將兵以北攻强胡，辟地進境，戍于北河。

"北河"又稱"新秦"。漢書食貨志：

> 乃徙貧民於（函谷）關以西，及充朔方以南新秦中。（武帝元狩三年）

應劭注：

> 秦始皇遣蒙恬攘卻匈奴，得其河南造陽之北千里地甚

好，於是爲築城郭，徙民充之，名曰新秦。

足見秦始皇得到河套地，還不叫"朔方"，而名爲"北河"或"新秦"。似則周之"朔方"一定距京城很近，當無疑問。漢武帝才把這個古名詞搬向北去，用以稱呼河套。漢書衛青傳：

> 明年（元朔二年，前一二七），青復出雲中，西至高闕，遂至于隴西，捕首虜數千，畜百餘萬，走白羊、樓煩王，遂取河南地爲朔方郡。

秦末，河套又爲匈奴所佔，至漢武帝時才爲衛青所收回，始命名爲"朔方"。何以漢武帝要名河套爲朔方，有史記上的根據，史記衛青傳：

> 天子曰："……詩不云乎，'薄伐獫狁，至于太原'，'出車彭彭，城彼朔方'。今車騎將軍青度西河至高闕，……遂西定河南地，按榆谿舊塞，絕梓嶺，梁北河，討蒲泥，破符離，斬輕鋭之卒……"

這些衛青經過的地方，沒有一個叫"朔方"的，足徵"朔方"爲武帝所命定。因爲漢武帝受經學的教訓很深，他徵於周宣王北伐犬戎的故事，所以命河套爲"朔方"。因此，我們可以斷定朱熹注指周之朔方爲靈、夏一帶，是極錯誤的，而堯典上：

> 申命和叔，宅朔方，曰幽都。

等語，明明是漢武帝以後人的話。所以羲和四宅的假設，完全受了漢武帝的影響。

漢武帝最喜歡用古名詞命新拓之土地，如史記大宛傳云：

> 而漢使窮河源，河源出于寘，其山多玉石，采來，天子
> 按古圖書，名河所出山曰崑崙云。

漢使張騫到新疆後看見塔里木河，以爲是黃河之源，故云"河源
出于寘"（今寫如闐），"按古圖書"，係指山海經，因爲該書內謂
河出崑崙，漢武帝太迷信古典，所以名河所出之山爲崑崙山。大
概地理知識是跟着時代走的，江、河的兩大源頭，從未爲古人所
弄清楚，漢武帝是一個古典主義者，所以只要與古地名接近的地
方，概用古典名詞稱之。

總上所論，我們可以得到一個簡單的結論：

（一）小雅內的"朔方"距鎬京很近，一定在山西西南部。

（二）漢武帝時代的"朔方"是指河套而言。

（三）堯典上的"朔方"顯係漢以後的話，是漢以後的人受了漢
武拓疆的影響，把堯典改了，所以將東、西、南、北四境，隱隱
約約的指得很遙遠。

（b）南交

"南交"即"交趾"，"交趾"二字在戰國時代已見流行，當時人
泛指交趾，實包括着廣東、廣西、安南等地。"交趾"一地是由秦
始皇正式開闢的。史記秦始皇本紀：

> 三十三年，發諸嘗逋亡人、贅壻、賈人略取陸梁地，爲
> 桂林、象郡、南海。

始皇以後，趙佗據於交趾，稱南越王，到漢武帝元鼎六年（前一
一一）才將南越平定。漢書武帝紀：

> 六年……定越地，以爲南海、蒼梧、鬱林、合浦、交阯、九真、日南、珠厓、儋耳郡。

這就是漢代的日南九郡，也是漢朝極南邊的疆域，可見堯典上"羲叔宅南交"的話，全是受了漢武帝的影響。

(c)嵎夷

禹貢青州云："嵎夷既略。"青州即今山東半島，說起來並不很東，可是，在說文裏便將它擱於遼西。說文：

> 崵，崵山，在遼西，一曰：嵎銕，崵谷也。

後漢書東夷傳講朝鮮與日本，又有這麼兩句話：

> 宅嵎夷，曰暘谷。

如果將嵎夷移到了朝鮮，則與漢武帝一定發生關係，漢書武帝紀：

> 元封二年(前一〇九)，朝鮮王攻殺遼東都尉，乃募天下死罪擊朝鮮。……三年夏，朝鮮斬其王右渠降，以其地爲樂浪、臨屯、玄菟、真番郡。

從禹貢、說文、後漢書及前漢書上看，嵎夷逐漸東移，最後的境界乃達於朝鮮四郡，可證明堯典上"羲仲宅嵎夷，曰暘谷"之說，也是受了漢武帝的影響。

(d)昧谷

堯典：

　　　和仲宅西，曰昧谷。

要研究西到何處，是一件很可懷疑的事。禹貢：

　　　西被于流沙。

流沙大約爲今甘肅北部之沙漠，地當西經十八度，秦以前中國西邊的疆界，似乎並没有這樣遠，史記秦始皇本紀謂秦西邊的疆才及於臨洮、羌中：

　　　西至於臨洮、羌中。

臨洮地當西經十三度，羌中當西經十四度，較之流沙的位置，尚要東移四五度。何以禹貢不曰臨洮、羌中，而曰流沙，鄭康成尚書注上作如此的解釋：

　　　西，地名，隴西之西。

以爲隴西之西有縣名"西"，考漢之"西"縣當在今天水與禮縣之間，地當西經十一度，較之臨洮、羌中的位置，又要東移兩三度，且太陽絕不會在西縣下去，可見經師們强要替禹貢圓謊。

　　漢武帝未開河西以前，西邊的疆土與秦相彷彿，匈奴與大月氏爲爭河西，經過多次戰爭，月氏敗而遁走，河西遂全没於匈奴。漢武帝曾派張騫到大月氏去，邀月氏聯盟，共擊匈奴，不料騫途經河西，爲匈奴拘留十餘年，才脱離匈奴西至月氏、大宛、烏孫等國，回來後把西方的地形及各國現狀告訴武帝，於是才激起武帝開發河西的動機。又因張騫在大夏時曾見到蜀布和邛竹杖，以爲從四川至印度而入中亞，一定有一條路可走，如果打通這條路，則不經匈奴地便可與中亞諸國直接聯絡，不幸這個計劃未做成功，便不得不向西北與匈奴硬打，好在漢家的將和兵都很出力，這一次把匈奴打敗了。漢書張騫傳：

> 元狩二年（前一二二），驃騎將軍（霍去病）破匈奴西邊，至祁連山。其秋，渾邪王率衆降漢，以其地爲武威、酒泉郡。

漢書武帝紀：

> 元鼎六年（前一一一），遣浮沮將軍公孫賀出九原，匈河將軍趙破奴出令居，皆二千餘里，不見虜而還。乃分武威、酒泉地置張掖、敦煌郡。

河西四郡建立後，西邊的疆域始至玉門陽關，其地當西經十九度，較禹貢流沙的位置，只遠一度。

時漢使所至，西方各國爲了招待問題，都感到頭痛，樓蘭國地接河西，首當其衝，所以樓蘭政府尤感麻煩，後來竟有屢殺漢使的事情發生，這個消息傳入漢武帝的耳中，自然怒甚，於是在元封三年（前一〇八），遣趙破奴等擊樓蘭，虜其王。漢朝的兵威，從此才達於新疆。而武帝所久想的“汗血馬”、“天馬”，也從此得到了。

武帝又遣使向大宛求馬，大宛政府不許，於是於太初元年（前一〇四），派李廣利往征，連戰四年，宛人苦於屠戮，遂斬其王來降，並獻馬三千匹。漢朝得到這三千匹壯馬，大可以將中國的馬種改良一下，中國的“馬荒”問題，從此得到了解決。此後，西域諸國都怕漢朝的兵威，紛紛遣使入貢，並遣子弟來長安爲質。

　　本來西北諸小國都受匈奴保護，由匈奴西邊的首領日逐王管轄，設僮僕都尉徵收各國賦稅。自此次戰役後，匈奴勢衰，漢朝從敦煌至鹽澤（羅布淖爾）皆列亭障，以爲國防的據點。於是漢的疆界達到西經三十度。這一帶地方，一則因爲小國家甚多，國名殊異，二則因爲古經典——山海經及禹貢——裏沒有提到，所以當時竟無一適當名詞稱呼它，以漢武帝好古名之人，亦無法給它命名，最後乃決定以"西北國"稱之。漢書張騫傳：

　　　　騫……所遣副使通大夏之屬者皆頗與其人俱來，於是西北國始通于漢矣。……初置酒泉郡，以通西北國。

這是第一個名稱，不久有第二個名稱"西國"出現。漢書西域傳：

　　　　桑弘羊奏云："臣愚以爲可遣屯田卒詣故輪臺以東，……益墾溉田，稍築列亭，連城而西，以威西國。……願陛下遣使使西國，以安其意。"

旋又有第三個名稱"西海"出現。漢書李廣利傳：

　　　　下詔曰："貳師將軍廣利征討厥罪，……涉流沙，通西海，……獲王首虜。……其封廣利爲海西侯。"

旋又有第四個名稱"西極"出現。漢書張騫傳：

　　　　初，天子發書，易曰"神馬當從西北來"。得烏孫馬好，名曰"天馬"。及得宛汗血馬，益壯，更名烏孫馬曰"西極馬"；宛馬曰"天馬"云。

按西極即指烏孫國而言。又漢書武帝紀：

> 貳師將軍……獲汗血馬來，作西極天馬之歌。

這裏西極又指大宛國而言。所以我們可以斷定"西極"二字並不是指西北任何一國，而是指烏孫、大宛等國家而言。漢書禮樂志又云：

> 天馬徠，從西極，涉流沙，天下服。

以上"西北國"、"西國"、"西海"、"西極"四名詞雖有不同，而其裏面都有一個"西"字，此即堯典上：

> 分命和仲宅西

之"西"，改書的人要把漢武帝比爲堯唐，故把"西"字攔入堯典內。到漢宣帝時，西北各國地才有一固定名詞"西域"出現。漢書鄭吉傳：

> 神爵中，吉既破車師，降日逐，威震西域。……乃下詔曰："都護西域騎都尉鄭吉，拊循外蠻，宣明威信……"吉於是中西域而立幕府，治烏壘城。

我們只要看史記大宛傳及漢書西域傳，就可知道"西北國"、"西國"、"西海"、"西極"和"西域"的範圍，差不多一樣，要是"西域"二字於武帝時早已流行，說不定改堯典的人要把它改爲"分命和仲宅西域"了。

### (三)結語

總之，"羲仲宅嵎夷"，乃是指漢武帝立朝鮮四郡；"羲叔宅南交"，是指武帝立交趾九郡及交趾刺史部；"和仲宅西"是指武帝立河西四郡及控制西域諸國。"和叔宅朔方"是指武帝立朔方郡及朔方刺史部。堯典上的四宅説，完全是受了漢武帝的影響才修改而成的。也許司馬遷念尚書時，上四語還沒有，所以不曾引入史記，而後來的人才將它添進去，因爲史記並非司馬遷一人寫成。司馬遷撰史記的態度是"雅馴"，是"真實"，所以有關神話的部分，他都要删去，譬如史記五帝紀將大戴禮記五帝德均鈔入，然而下面幾句話他是不鈔的：

> 黄帝 三百年。……顓頊……乘龍而至四海。……帝嚳……春夏乘龍，秋冬乘馬。

可見司馬遷寫史時態度的嚴正，也可見史記内關於四宅説的引語，都是漢武帝以後的人插進去的。

## 二、五岳説

### (一)什麼是五岳

要明瞭五岳説，須先從堯典講起。堯典：

> 歲二月，東巡守，至于岱宗，柴，望秩于山川，肆覲東后。協時月、正日，同律、度、量、衡，修五禮，五玉，三帛，二生，一死贄，如五器，卒乃復。五月南巡守，至于南岳，如岱禮。八月西巡守，至于西岳，如初。十有一月朔巡守，至于北岳，如西禮。……五載一巡守，群后四朝。

這是一種大一統的制度，但既經統一，爲什麼還要封侯？且事實上到了漢朝，已用不着封侯。這裏面大有原因在，原來經過長時期的封建制後，驟然統一，一般的讀書人都不免向往過去，他們受着傳統的支配，需要封建，雖然時代的潮流，已不容封建諸侯存在，然而因爲許多儒生的要求，不得不勉强設施。爲了這件事，在秦始皇時代就被儒生鬧過，漢初爲防止這一下，開始就先封侯，不過漢初的封侯是一種"推恩"的辦法，只封一個兒子（長子），其他的子弟概予不理，這實在是一回消滅封建制的消極方法，我們可以説，漢初之制一方面是統一的，一方面也是封建的。堯典内只説明東岳爲岱，其他三岳並未指明，史記裏才將它補充出來。史記封禪書：

> 歲二月，東巡狩，至于岱宗。岱宗，泰山也。……五月，巡狩至南岳。南岳，衡山也。八月巡狩至西岳。西岳，華山也。十一月，巡狩至北岳……北岳，恒山也。皆如岱宗之禮。中岳，嵩高也。

這裏，指明南岳爲衡山，西岳爲華山，北岳爲恒山。堯典内没有中岳，後因受五行的影響，又加入中岳進去。

（二）四嶽與諸戎

要談五岳的問題，真是複雜得很，它的根源要溯自春秋時代的諸戎。左傳僖公二十二年：

> 初，平王之東遷也，辛有適伊川。見被髮而祭於野者，曰："不及百年，此其戎乎！其禮先亡矣。"秋，秦、晉遷陸渾之戎於伊川。

伊川在平王都城之外，因爲周朝與秦、晉爭地盤，所以秦、晉遣陸渾之戎去侵略周朝的土地。左傳昭公九年：

> 周甘人與晉閻嘉爭閻田。晉梁丙、張趯率陰戎伐潁。王
> 使詹桓伯辭于晉，曰：“⋯⋯先王居檮杌于四裔，以禦魑魅，
> 故允姓之姦居于瓜州。伯父惠公歸自秦，而誘以來，使偪我
> 諸姬，入我郊甸，則戎焉取之。⋯⋯”

所謂“陰戎”是“居於河南山北之戎”（杜預注），“允姓之姦”是居於
瓜州的戎。晉惠公自瓜州誘來允姓戎侵略周的郊甸，郊甸就是上
文所指的伊川。左傳襄公十四年：

> 〔晉〕將執戎子駒支，范宣子親數諸朝，曰：“來！姜戎
> 氏！昔秦人迫逐乃祖吾離于瓜州，乃祖吾離被苫蓋、蒙荊棘
> 以來歸我先君，我先君惠公有不腆之田，與女剖分而食之。
> 今諸侯之事我寡君不如昔者，蓋言語漏洩，則職女之由。詰
> 朝之事，爾無與焉。與，將執女。”對曰：“昔秦人負恃其衆，
> 貪于土地，逐我諸戎。惠公蠲其大德，謂我諸戎，是四嶽之裔
> 胄也，毋是翦棄。賜我南鄙之田，狐狸所居，豺狼所嘷。⋯⋯
> 以爲先君不侵不叛之臣，至於今不貳。⋯⋯”

秦人趕走姜姓之戎，晉人收而安置於南郊以爲外藩。姜姓戎與允
姓戎的原居地都在瓜州。而諸戎又是四嶽的後裔，四嶽的問題留
在下面討論，現在我們先研究瓜州究在何處？杜預注：

> 瓜州，今敦煌。

乃是根據於漢書地理志：

> 敦煌，杜林以爲古瓜州，地生美瓜。

他們以爲敦煌出美瓜，故名瓜州，其實西北一帶出美瓜的地方，何止敦煌，吾人以爲古瓜州地在敦煌，實不可能，如果秦由東趕瓜州之戎，瓜州戎何以不往西逃，反而東越秦地逃至晉國，且當時在秦以西尚有許多國家。史記匈奴傳：

> 自隴以西有縣諸、緄戎、翟、豲之戎……

假若秦國要經過這些小國去打瓜州戎，或是瓜州戎東遷，一定要受到這些小國的阻擋，何以古書中並未提及？足證上文所云的瓜州絕不是指敦煌，杜林和杜預二人只會讀死書，他們根據堯典上"先王居檮杌于四裔"及"竄三苗于三危"（三危即瓜州）兩語，以爲瓜州就是敦煌。可是按諸事實，瓜州一定是距秦很近的地方。

除了允姓、姜姓等戎外，大河南北尚有許多戎。左傳成公六年：

> 晉伯宗、夏陽説、衞孫良夫、甯相、鄭人、伊雒之戎、陸渾蠻氏侵宋……

秦遷陸渾之戎於伊川，仍叫陸渾，後爲楚國所滅。除了陸渾等戎外，又有九州戎等，左傳昭公二十二年：

> 晉籍談、荀躒帥九州之戎及焦、瑕、溫、原之師，以納于王城。

這裏所謂"九州"非禹貢九州，而是指一地名。左傳哀公四年：

楚人既克夷虎，乃謀北方。……單浮餘圍蠻氏（即陸渾之戎），蠻氏潰。蠻子赤奔晉陰地。司馬起豐析與狄戎，以臨上雒。……使謂陰地（即陰戎）之命大夫士蔑曰："晉、楚有盟，好惡同之。……"……士蔑乃致九州之戎，將裂田以與蠻子而城之，且將爲之卜。蠻子聽卜，遂執之，……以畀楚師于三戶。

上面所提到各種戎的名稱，都是有來歷的，計：

①以原地名者有陸渾戎，陸渾蠻氏。

②以遷地名者有陰戎。

③以姓名者有允姓之戎，姜姓之戎。

④只有九州戎不容易解釋。

我以爲九州之戎就是瓜州之戎，"九"與"瓜"音很近，古代音"九"、"瓜"不分，現在廣東人稱"九"仍是"瓜"音。證諸古書，也覺很對。戰國策趙策：

昔者鬼侯、鄂侯、文王，紂之三公也。

史記魯仲連傳：

昔者九侯、鄂侯、文王，紂之三公也。

"九"與"鬼""瓜"都爲喉音，"鬼侯"就是"九侯"，説不定有人叫做"瓜侯"。其次，我們要看九州與四嶽發生些什麼關係。左傳昭公四年：

楚子……使椒擧如晉求諸侯，……晉侯欲勿許。司馬侯曰："不可。……"公曰："晉有三不殆，其何敵之有？國險而多馬，齊、楚多難……"對曰："……四嶽、三塗、陽城、大室、荆山、中南，九州之險也，是不一姓。冀之北土，馬之所生，無興國焉。恃險與馬，不可以爲固也……"

司馬侯這一段話與左傳襄公十四年：戎子駒支曰：

> 惠公……謂我諸戎是四嶽之裔冑也。

一語對照，則四嶽一説便可得到解釋。原來四嶽爲諸戎原有居地，三塗、陽城、太室爲後來所遷居之地。三塗是今河南嵩縣，陽城、太室即今嵩山。中南即中南山，在西安以南，獨荆山在何處，不一而説。史記封禪書：

> 黃帝采首山銅，鑄鼎于荆山下。

按首山在山西永濟縣，荆山在河南閿鄉縣，上文所云的荆山大約就指此地。這樣看來，諸戎由西邊的四嶽往東遷移起，而中南，而荆山，而三塗，陽城，以至於很遠的地方。

　　現在，我們要問原來諸戎所居之四嶽究在何處？國語周語下：

> 昔共工氏棄此道也，……欲壅防百川，墮高堙庳。……皇天弗福，……共工用滅。……其後伯禹念前之非度，釐改制量。……共之從孫四嶽佐之，高高下下，疏川導滯。……皇天嘉之。……祚四嶽國，命以侯伯，賜姓曰姜，氏曰有呂。……申、呂雖衰，齊、許猶在。

由上文看，姜姓爲四嶽之後，姜戎也爲四嶽之後，惟姜戎没有很早搬入中國，故尚稱“戎”，於此尤可見中國與戎狄的區別，並非種族上的不同，而是文化上的不同。

　　“四嶽”亦作“四岳”，前一個“嶽”字係就形勢言，後一個“岳”字係就象形言。“四岳”或稱“太岳”，左傳隱公十一年：

　　　夫許，太岳之胤也。

左傳莊公二十二年：

　　　姜，大嶽之後也，山嶽則配天。

由古籍中知道“太嶽”一定在雍州。職方：

　　　雍州，其山鎮曰嶽山。

史記封禪書：

　　　自華以西，名山七：……華山、薄山、岳山、岐山、吳岳、鴻冢、瀆山。

這兒有岳山，又有吳岳，是否岳山在岐山附近？史記集解：

　　　徐廣曰：“武功縣有……岳山。”

廣注雖無甚憑據，但“吳岳”在陝西確實是有。鄭玄周禮注：

　　　吳嶽在汧。

漢有汧縣，故城在今陝西隴縣南三里，今隴縣西四十里有嶽山，也叫汧山。史記夏本紀正義引括地志云：

> 汧山……東鄰岐岫，西接隴岡。

那麼我們可以確定嶽山當在六盤山東南。再看山海經裏的記載。海內經：

> 北海之內……伯夷父生西岳，西岳生先龍，先龍是始生氐羌。

這裏面有兩個證據可以在別的書中找出來。國語鄭語：

> 姜，伯夷之後也。

伯夷即指海內經裏的伯夷，姜與羌同音，以人言曰羌，以姓言曰姜，這在古書裏有很多的例子，足證伯夷所生地便是西岳。我們再看南岳和北岳。大荒西經：

> 南嶽娶州山女，名曰女虔。

由此知道南嶽並不在南，而仍在西方。楚辭天問：

> 吳獲迄古，南嶽是止。

恐怕吳岳就是南嶽。山海經內尚有一個北嶽，北山經：

> 又北二百里，曰北鮮之山（北嶽之北五百里），是多馬。

鮮水出焉，而西北流注于涂吾之水。

鮮水在何處，今雖不得而知。而涂吾水可從漢書裏找到。漢書武帝紀：

> 元狩二年夏，馬生余吾水中。

余吾水在河套內，這樣看來，北嶽地定在陝北，仍在隴山附近。秦國的國都本來在鳳翔，鳳翔距隴山就很近。由上我們已曉得西、南、北三岳都在隴山近處，獨東嶽在山海經內未曾提及，但我們可以斷定它仍距隴山不遠。四嶽的名稱都是在慢慢由西方搬到東方去的。我們先由齊國講起：

齊本來居於四嶽。是姜姓四大家族之一（申、呂、齊、許），經周朝的封建，遂移向東邊，故齊人稱泰山曰嶽，後將齊國的街道也叫嶽。左傳襄公二十八年：

> （齊）慶封……入，伐內宮，弗克。反，陳于嶽……

這裏的"嶽"，按杜預注："嶽，里名。"既然齊國的街道也叫嶽，則齊國人一定會講四嶽的話了。孟子：

> 引而置之莊、嶽之間。

按趙岐注："莊、嶽，齊街里名也。"莊、嶽成爲齊國的大馬路，則引而置之於莊、嶽之間，自然又會說四嶽的話了。

再看晉國：晉惠公把姜戎搬在晉國的南邊，於是姜姓戎稱霍山曰太岳。然而禹貢內的太岳，絕非指霍山而言：

> 冀州……既修太原，至于岳陽。
>
> 導岍及岐，至于荆山，逾于河；壺口，雷首，至于太岳。

可見稱霍山的"太岳"，實在是晉國的姜戎由西搬去的。及陰戎居於周京的西邊，又稱嵩山曰嶽。總之，由岍山四嶽分化爲東嶽（泰山）、太岳（霍山）、中嶽（嵩山），確實是諸戎遷徙的結果。霍山本應稱爲北嶽，因當時没法推出方向，故稱太岳。嵩山在經書中没有看到過，直到漢書武帝紀内才記載之：

> 元封元年……春正月，行幸緱氏。詔曰："朕用事華山，至于中嶽，……見夏后啟母石，……翌自親登嵩高，……其令祠官增加太室祠……。"

太室原爲戎所居之地，太室、中嶽、嵩高都是指嵩山而言。可見"嵩高"一名在漢武帝以前已很流行。當初並没有五嶽一説，後來的五嶽完全是依此種方法推演出來的。

### （三）五岳與封禪

五嶽説的確定，乃是爲了封禪，而封禪的先聲，在乎巡狩。

什麼叫巡狩？巡是巡察，狩就是打獵，古代的統治者們將巡察與打獵兩事常合在一起做，後來因爲二事連起來做有點麻煩，索性變了質，將兩事視爲一事做。孟子：

> 巡守者，巡所守也。

謂巡守是巡察所守的疆域。這實在是後來的話，初非巡守之本意，孟子的時代已進入農業社會，故視打獵爲副業，可有可無，豈不知在畜牧社會裏以打獵爲主業，所以巡察的事情很重要，打獵的事情也同樣重要。春秋時晉文公爲踐土之會，曾召集周襄王，本來以臣招君是不對的，可是孔子在寫春秋時，就用這麼一筆遮掩他：

　　　　天王狩于河陽。

就說天子因巡狩剛剛到了河陽，適逢晉文公召集踐土會議，由這點可知當初的巡狩是偶然的，到秦統一後，巡狩便成了定制，且需要巡狩者走很遠的路，秦始皇和漢武帝都對巡狩盡極能事。

　　什麼叫封禪？二字都是祭山之名。封是要把山上的土增高一點，所以封是祭大山，禪是祭小山。前者爲報天之功，後者爲報地之功。因爲天較大故須登高山祭之，地較小，只須在小山或地上祭之即可。這種辦法，大約是秦始皇統一以後所想出來的。秦以前的諸王雖然也祭，但無"封禪"二字出現。秦始皇以爲：

　　　　易姓受命，告成功于天。

是表示改朝換代，真正受命於天的重典，以爲一個王者既經成功之後，一定要感謝天恩，隆重的致祭。所以巡狩與封禪都是天子對天及人民表示其地位的辦法。爲了經濟時間計，到始皇手裏，便把這兩件事合起來做，而五岳說就在封禪的理論裏形成。茲先看秦始皇封禪的經過：

　　　　二十八年，始皇東行郡縣，上鄒嶧山。立石，與魯諸儒生議，刻石頌秦德，議封禪望祭山川之事。乃遂上泰山，立石，封，祠祀。下，風雨暴至，休於樹下，因封其樹爲五大夫。禪梁父。（史記秦始皇本紀）

封（泰山）禪（梁父）二字始見於這兒記載，不過始皇初封禪時忽逢大風雨，一般儒人認爲天不要始皇做皇帝，所以議論譁然，史記秦始皇本紀內雖無詳細記載，但在封禪書內叙述頗詳：

> 秦始皇帝……徵從齊、魯之儒生、博士七十人，至乎泰山下。諸儒生或議曰：“古者封禪爲蒲車，惡傷山之土石草木；埽地而祭，席用葅稭，言其易遵也。”始皇聞此議各乖異，難施用，由此黜儒生。而遂除車道，上自泰山陽至巔，立石頌秦始皇帝德，明其得封也。從陰道下，禪于梁父。其禮頗采泰祝之祀雍上帝所用，而封藏皆祕之，世不得而記也。始皇之上泰山，中阪遇暴風雨，休於大樹下。諸儒生既絀，不得與用於封事之禮，聞始皇遇風雨，則譏之，……皆說曰：“始皇上泰山，爲暴風雨所擊，不得封禪。”

齊、魯儒生與始皇的齟齬，可以說是西方文化與東方文化的衝突，由於封禪時的天時不順，齊、魯儒生對秦始皇第一次起了反感，同時秦始皇對齊、魯儒生第一次中了惡影響。偶然間的一陣暴風雨，使始皇封禪受到了阻礙，所以不得封禪，那麼究竟要些什麼條件才够得上封禪呢？管子封禪篇裏有如下的規定：

> 齊桓公既霸，會諸侯於葵丘，而欲封禪。管仲曰：“古者封泰山，禪梁父者七十二家，而夷吾所記者十有二焉。昔無懷氏封泰山，禪云云，虙羲氏封泰山，禪云云；炎帝封泰山，禪云云；黃帝封泰山，禪亭亭；顓頊封泰山，禪云云；帝俈封泰山，禪云云；堯封泰山，禪云云；舜封泰山，禪云云；禹封泰山，禪會稽；湯封泰山，禪云云；周成王封泰山，禪社首；皆受命，然後得封禪。”桓公曰：“寡人北伐山戎，過孤竹，西伐大夏，涉流沙，束馬懸車，上卑耳之山，

南伐至召陵，登熊耳山，以望江漢。兵車之會三，而乘車之會六，九合諸侯，一匡天下，諸侯莫違我。昔三代受命亦何以異乎?"於是管仲睹桓公不可窮以辭，因設之以事，曰："古之封禪，鄗上之黍，北里之禾，所以爲盛，江、淮之間，一茅三脊，所以爲藉也。東海致比目之魚，西海致比翼之鳥，然後物有不召而自至者十有五焉。今鳳凰、麒麟不來，而蓬蒿藜藿茂，鴟梟數至，而欲封禪，毋乃不可乎!"於是桓公乃止。

由"禪梁父"一語可證明這段話是寫於秦始皇以後的，最後"蓬蒿藜藿……"等語不是罵齊桓公，而正是罵秦始皇。這種擴大封禪的辦法，後來爲漢武帝所襲取，所以有第二次的封禪。史記封禪書：

（武帝）初即位，尤敬鬼神之祀。（建元）元年，漢興已六十餘歲矣，天下艾安，縉紳之屬，皆望天子封禪改正度也。……其明年（元狩二年），郊雍，獲一角獸，若麃然。……蓋麟云。於是濟北王以爲天子且封禪，乃上書獻泰山及其旁邑。……常山王有罪，遷，天子……以常山爲郡，然後五岳皆在天子之邦〔郡〕。……

漢武帝的封禪，一方面是他本人好大喜功，一方面也是社會輿論的促成。本來泰山屬濟北王，因爲封禪的緣故，特別奉獻于天子。常山就是恒山，因避漢文帝（名恒）的諱，故名常山。常山王以有罪被遷，所以天子把常山設爲郡治，直接統轄，以爲封禪之便。

武帝獲得了麟還嫌不够，後又得到了些東西。史記封禪書：

自得寶鼎，上與公卿諸生議封禪。封禪用希曠絶，莫知其儀禮，而群儒采封禪尚書、周官、王制之望祀射牛事。……上於是乃令諸儒習射牛，草封禪儀。數年，至且行。……群儒既已不能辨明封禪事，又牽拘于詩、書古文而不能騁。上爲封祠器示群儒，群儒或曰"不與古同"，徐偃又曰"太常諸生行禮不如魯善"，周霸屬圖封禪事，於是上黜偃、霸，而盡罷諸儒不用。

計武帝於元狩年間獲麟，元鼎時得鼎，到元封年間便大行封禪。漢武帝和秦始皇一樣，因爲齊、魯儒生對封禪的非議，他們都盡罷儒生而不用。不過秦皇與漢武的封禪，畢竟有所不同。史記封禪書：

少君言上曰："祠竈則致物，致物而丹沙可化爲黄金。黄金成以爲飲食器則益壽，……以封禪則不死，黄帝是也。"

齊人公孫卿……有札書，……因嬖人奏之。上大説，乃召問卿。對曰："申公……獨有此鼎書，曰'漢興復當黄帝之時'。曰'漢之聖者在高祖之孫且曾孫也。寶鼎出而與神通，封禪。封禪七十二王，唯黄帝得上泰山封'。申公曰：'漢主亦當上封，上封則能僊登天矣。……天下名山八，而三在蠻夷，五在中國。中國華山、首山、太室、泰山、東萊，此五山黄帝之所常游，與神會。……百餘歲然後得與神通。……'"乃拜卿爲郎，東使候神於太室。

齊人丁公年九十餘，曰："封禪者，合不死之名也。秦皇帝不得上封。陛下必欲上，稍上即無風雨，遂上封矣。"

漢武帝既採用方士之言，接着又採用了儒士之言。

……天子既聞公孫卿及方士之言，黃帝以上封禪，皆致怪物與神通，欲放黃帝以上接神僊人，……而頗采儒術以文之。……上遂東巡海上，行禮祠八神。齊人之上疏言神怪奇方者以萬數，然無驗者。乃益發船，令言海中神山者數千人求蓬萊神人。（史記封禪書）

他用盡方法去接神人，然後想封禪以求不死。

（元封元年）四月，還至奉高（泰山郡之縣）。上念諸儒及方士言封禪人人殊，不經，難施行。（史記封禪書）

到後來他發現儒士和方士的話都這樣"不經"，甚感封禪求仙的辣手，然而，因爲已經醞釀了多年，又不得不勉强實行。

天子至梁父，禮祠地主。乙卯，令侍中儒者皮弁薦紳，射牛行事。封泰山下東方，如郊祠太一之禮。封廣丈二尺，高九尺，其下則有玉牒書，書祕。禮畢，天子獨與侍中奉車子侯上泰山，亦有封。……明日，下陰道。丙辰，禪泰山下阯東北肅然山，如祭后土禮。（史記封禪書）

漢武帝禪於肅然山，秦始皇禪於梁父，武帝封禪的儀式較諸始皇，我們要感到隆重得多了。史記封禪書：

……江、淮間一茅三脊爲神藉。……縱遠方奇獸蜚禽及白雉諸物，頗以加禮。兕牛犀象之屬不用。皆至泰山祭后土。

這樣是照管子封禪篇去做。

> 封禪祠，其夜若有光，晝有白雲出封中。天子從禪還，坐明堂，群臣更上壽。下詔改元爲元封……曰：“古者天子五載一巡狩，用事泰山，諸侯有朝宿地。其令諸侯各治邸泰山下。”（漢書郊祀志）

五載一巡狩正是適應舜典語，這樣又是照舜典“肆覲東后”的話去做。

漢武帝於元封元年到過三岳——華山、嵩山（中嶽）、泰山（東嶽）。可注意的是華山在西安之東，而西安在當時爲武帝的都城，暫不能稱爲“西嶽”，故曰華山。武帝於元封四年到過天柱山（南嶽）。史記封禪書云：

> 上巡南郡，至江陵而東，登禮潛之天柱山，號曰南岳。

天柱山本來不叫“南嶽”，經武帝致祭後，遂有是稱。爲什麼當時武帝不到衡山去祭，乃因衡山在長沙王國，一個天子跑到別人的領域裏去祭，殊感不便，所以不去。前邊不是説過，五嶽應直轄於天子，實際上衡山不屬於武帝，直到天漢三年，武帝才祭過常山，於是五嶽之地，他都到過了。

從元封四年到天漢三年一共有十三年，在這十三年內，武帝除到過五嶽之外，又曾祭過東萊山、介山和成山。武帝時代似乎對五嶽的地址還沒有確定，其確定要待到宣帝時代。漢書郊祀志：

> 宣帝即位，……祠后土，有神爵集，改元爲神爵。……自是五嶽、四瀆皆有常禮。東嶽泰山於博，中嶽泰室於嵩高，南嶽潛山於潛，西嶽華山於華陰，北嶽常山於上曲陽，河於臨晉，江於江都，淮於平氏，濟於臨邑界中。

由西周時代的四岳，演變爲漢代的五岳，中間經過極複雜的變化，真正的嶽是在華山之西，就是霍山及灊山也不能算嶽。我們如果要給這一連串的嶽算個總賬，就可算出八個嶽來，如下圖所示：

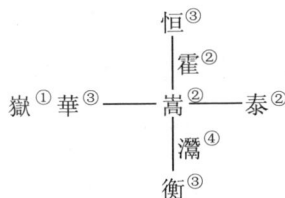

```
                  恒③
                  │
                  霍②
        嶽①華③——嵩②——泰②
                  │
                  灊④
                  │
                  衡③
```

上圖的

①爲原有的嶽

②因民族之遷徙而有的嶽

③因禹貢而有的嶽（禹貢："華陽黑水惟梁州，荆及衡陽惟荆州。"華及衡均爲分州界山，而適當衡在南，華在西，故定爲南、西兩嶽）

④漢武帝所定的嶽

關於北嶽——恒山，禹貢内有這樣兩句：

太行、恒山至于碣石，入于海。

因爲恒山是較北之山，故王制云：

自恒山至于南河，千里而近；自南河至于江，千里而近；自江至于衡山，千里而遥。

因其如此，所以後來人將北嶽不用霍山，而用恒山。

### (四)儒家經典裏的五岳

在儒家的經典内，對於五岳也討論過多次。周官職方：

> 揚州，其山鎮曰會稽。荆州，其山鎮曰衡山。豫州，其
> 山鎮曰華山。青州，其山鎮曰沂山。兗州，其山鎮曰岱山。
> 雍州，其山鎮曰嶽山。幽州，其山鎮曰醫無閭。冀州，其山
> 鎮曰霍山。并州，其山鎮曰恒山。

照這個說法，我們可斷定職方篇是作於秦始皇以後的，説不定還
在漢武帝之後才問世。再看堯典：

> 肇十有二州，封十有二山。

與周官職方篇相呼應。究竟那十二州，那十二山，都没有一定的
説法。爾雅内有兩種關於五岳的解釋：
　　甲、河南，華。河西，嶽。河東，岱。河北，恒。江南，衡。
　　乙、泰山爲東嶽，華山爲西嶽，霍山爲南嶽，恒山爲北嶽，
　　　　嵩高爲中嶽。
第一條較早，只得將華山去掉。第二條則完全是漢宣帝所定的制
度。郭璞爾雅注：

> 霍山今在盧江灊縣西南，別名天柱山。漢武帝以衡山遼
> 曠，故移其神于此。今其土俗人皆呼之爲南嶽。南嶽本自以
> 兩山爲名，非從近也。

郭璞想把爾雅放在漢武帝之前，故如是云云，其實郭璞的强調爾
雅還不算過火，鄭康成才强調得利害。周官大宗伯：

> 以血祭社稷，五祀，五嶽。

鄭玄注：

> 五嶽，東曰岱宗，南曰衡山，西曰華山，北曰恒山，中曰嵩高山。

這是呼應爾雅的第二說法。周官大司樂：

> 凡日月食，四鎮五嶽崩，……令去樂。

鄭玄注：

> 四鎮，山之重大者，謂揚州之會稽，青州之沂山，幽州之醫無閭，冀州之霍山。五嶽，岱在兗州，衡在荆州，華在豫州，嶽在雍州，恒在并州。

同是周官，同是注五嶽，而說法極不一致，可見鄭玄的曲解，而賈公彥在其周禮疏內還要替鄭玄袒護。他以爲大宗伯之五嶽注有兩個理由：

甲、據東都言

乙、據常祀言

大司樂之五嶽注也有兩個理由：

甲、據西都言

乙、據災變言

這樣，無非要曲解鄭玄的說法很對。明明是一件簡單的事，而經師們卻要繞個大彎子，以自圓其說，然而，其漏洞依然在所不免。

以上所講，爲尚書內的地理制度，現在可列成下面簡單的表：

地理
制度
1. 九州説——以自然區域所分割之政區
2. 分服説——以距都城遠近所分割之政區
3. 四宅説——以國界四至所定授時之地方
4. 五岳説——以國内主要之山所定巡狩封禪之地方

就中一、三、四種説法爲大一統制，惟第二種説法於大一統之中參入封建制。禹貢九州與戰國有關係；堯典十二州説與漢武帝有關；五岳説與秦始皇、漢武帝關係極深；四宅説到漢武帝手裏才確定；五服説與戰國、秦、漢各時代都有關係。

## 附王煦華後記：

一九四六年八月，顧頡剛先生應老友蘭州大學校長辛樹幟之聘，任教授兼歷史系主任。此時他在上海，不能前往，由史筱蘇（念海）先生代理，到一九四八年六月始去就職。他在蘭大自六月到十二月，前後共六個月，日記中有概括記載他講學的經過，錄之如下：

蘭大講學記

序論（四個時代）——自六月廿一日至廿四日，八小時。
（8）

古史料概述——自六月廿五日至七月三日，十四小時。
（22）

詩經——自七月六日至十日，十小時。（32）

楚辭——自七月十三日至廿一日，十四小時。（46）

尚書——篇目及漢、魏古文——自七月廿二日至卅一日，十七小時。（63）

堯典、禹貢、皋陶謨、洪範——自八月三日至十二月二

日，一百七十二小時。(235)

　　分州説——自八月三日至四日，四小時。(67)
　　五服説——八月五日，二小時。(69)
　　四宅説——八月六日至十一日，五小時。(74)
　　五岳説——八月十一日至十四日，七小時。(81)

　　任賢説——八月十九日至二十日，三小時。(84)
　　禪讓説——八月十七日至廿五日，十小時。(94)

　　道統説——八月廿五日至十月廿二日，八十二小時。
　　　　　　(176)
　　五倫説——九月十日至十一日，二小時。(178)

五行説——十月廿二日至十二月二日，五十七小時。
　　　　　(235)

調和、相勝、相生説(十月廿二日至廿三日，三小時)
　(181)

洪範及災異説(十月廿六日至廿九日，七小時)(188)

　　明堂説(十月廿九日至十一月二日，四小時)(192)
　　氣候説(十一月二日至五日，六小時)(198)
　　順時布政説(十一月五日至九日，四小時)(202)
　　五帝五神説(十一月九日至十六日，八小時)(210)
　　月令(十一月十六日至十八日，四小時)(214)

　　三王、五帝、三皇説(十一月十八日至二十日，五
　　　小時)(219)
　　五德終始説及三統説(十一月二十三日至十二月二
　　　日，十六小時)(235)


顧先生的講稿没有能留下來，學生的記録容或有差錯，顧先生雖
曾經泛覽過，並改正少許錯字，但對內容未作仔細的審定。爲了

便於閱讀，我除了在編排上作了一些調整和變動外，並對引文核對原書作了一些訂正，對記録的明顯筆誤和脱缺，作了一些補正。

　　　　　　　　　　　　　王煦華　　2000 年 8 月 20 日

# 中國史料的範圍和已有
# 的整理成績 *

## ——在全國文史資料工作會議上的發言稿

主席、諸位同志：

　　我非常高興參加這次全國文史資料工作會議！徵集文史資料工作，三年來由於黨的正確領導，已普及於全國，而這次會議又集合全國各省區和重要城市的代表於一堂，作深入的討論，對文史資料的徵集工作和研究工作舉行了一個奠基的典禮，這是在我國歷史上應該永遠紀念的一件事。

　　我自己首先向諸位同志道一聲慚愧。因爲我的工作崗位是中國科學院歷史研究所，我的工作對象應當是古代史，而且是最古的商、周史，可是古代的歷史爲了語言文字的隔閡，假借字的濫用，鈔刻的錯亂，再加上資料的貧乏，有意的僞造和無意的誤解，幾乎一字一句都成爲二千多年來聚訟不決的問題，要判斷誰是誰非簡直成爲十分困難的事情。爲了這些困難攔阻在我們的面前，逼得我腦筋裏占滿了疑問。可是想要解決一個較大的問題，必須先解決有關的無數小問題，以及別種學科裏的問題，因此必須懇求各方面的科學家來共同解決。我每逢到這樣的盤根錯節，宛如孕婦逢到難産一般的痛苦。然而難産的痛苦只有一時，至多

* 1962 年 12 月 21—28 日作。1963 年 1 月 2 日在全國文史資料工作會議上講演。原載清華大學學報(哲學社會科學版)2006 年第三期。

幾天，而我們的痛苦則須經歷很長的歲月，甚至自己完成不了，還要希望一傳再傳的青年們作"接力賽跑"，費了更長時期的勞動來摸出一條綫索。在這等情況下，每一個工作者總只能解決局部的問題，做不出太多的成績。我也不是例外。因此爲了工作，精神上永遠沒有一個寧靜的時候。

　　然而我生在甲午中日戰爭的前一年，我們祖國的命運正在極度坎坷磨難之中，靠了一班維新人士和革命烈士的熱誠改造，不惜自我犧牲，引得全國人民的思想天天在進步，社會情況也天天在變化。我從有知識起，處於一切劇變之中，就想搜集資料，保存這一個偉大時代的史實，當清朝末年，我在中學讀書，民國初年，我在大學讀書。每天散課後，走上街頭，總愛在地攤上尋尋覓覓，得到些各地方、各政權、各黨派、各事件的文件和書刊。北京是全國政治的中心，地攤上這類東西特別多，爲了顧問的人稀少，價格便宜，往往十幾枚銅元就可以買來一捆。在這裏，可以看到維新運動、民教相仇、辛亥革命、洪憲帝制、張勛復辟、軍閥混戰、官吏橫暴、政黨鬥爭、反動會道門欺騙活動等等史實。這些資料，經不起天天搜集，到我四十多歲時已占滿了三間屋子。抗日戰爭時，我離開北京，書物大量損失；到勝利後東歸，收拾殘賸，這類近代史料還有兩萬多册。那時爲了我住在上海，房屋容不下，又自想年近六十，學術工作的戰綫應當縮短，所以就全部捐與合衆圖書館，今歸上海圖書館。據館中職員告我，其中確有許多孤本，是各處圖書館所沒有的。可見不論什麼人，只要他肯隨時隨地注意，就會得着許多資料，爲後代人保留下某些部分的歷史事實。

　　自從一九五九年，本會在周恩來主席的領導下成立，派我擔任副主任委員，這是我國社會主義建設中的一個新項目，這個工作不但可以提高近代史的科學研究，而且可以使全國人民作深徹的新舊時代的對比，因而可以清楚地認識，舊社會怎麼變人爲鬼、新社會又怎麼變鬼作人的實況，從而熱愛黨，熱烈擁護黨的一切創造性的措施，我非常樂於擔任，希望貢獻出我的若干力量。只因本崗位的工作是古代史，而古代史中的問題是無窮無盡的，它占據了我的全部時間還嫌不夠，無法抽出功夫來分擔本會工作，所以三個年頭輕易地過去了，我卻連回憶的文章也寫得很少。這是我非常疚心的一件事情，我應當趁今天的大會，自己提出來公開檢討！

可是，歷史是一條割不斷的長流，近代史和古代史雖沒有直接的關係，總該有些間接的關係。因此，我接受了組織上的指示，就在這次大會上，向諸位同志講一講古代史的資料問題，以及我國史料的範圍問題，來供大家參考。如有不正確的地方，希望諸位同志嚴格地指正！

我國什麼時候開始有文字，這個問題現在還因資料不足不能解決。自從有了文字之後，統治階級爲了自己的需要，就設置史官，這有安陽殷墟出土的商代後期甲骨文字和各地陸續出土的西周時代青銅器銘文作證。那些爲商、周王朝服務的史官，他們的工作有下列幾項：（1）爲帝王作册文來任命官吏；（2）王室舉行任何典禮時作贊禮人；（3）看了天象來規定耕作的日期和程序，頒佈到下層；（4）爲帝王的任何疑難事件而占卜；（5）用各種方式記錄國家和帝王的事情，也記錄帝王和大臣們的説話。用現在的話來説，史官就是祕書，史官的頭兒喚作“尹氏”或“太史”的就是祕書長。把現存的古書來説，尚書就是他們的作品。既經帝王的手邊的有史，由他分封出去的諸侯們當然也可以有史。就是諸侯們所分封出去的卿大夫們也可以有史；把現存的古書來説，春秋就是魯國史官的作品，竹書紀年就是魏國史官的作品。晏子春秋就是齊卿晏嬰家庭裏的史官的作品。王國、侯國、卿大夫家的史官多到不可勝數。所記錄的事件必然達到極度的繁富。這是我們可以推想而知的。

　　不幸的是，無數史官的記載竟大量地散失了。所以散失的原因，是和他們所用的物質工具分不開的。他們記載的工具，極大部分是竹簡，竹子有節，如果他們把每節切開，削制成若干片子，這片子一定很短，如果他們連兩節切開，那麼片子就加一倍長。短的竹簡不過周尺六寸，字寫得大些不過七八個；長的竹簡有一尺二寸，字寫得小些就可有二十五個。竹簡一片片地排列，正像現在用的卡片一般，因此需要有繩子編着或捆着。凡是一個文件，決不會只有十幾個字，它必須占了若干竹簡。史官們寫完了捆起來，叫做一"篇"。也有木頭制的。或和竹簡一般大，有的比竹簡大些，可以寫一百多字，叫做"方"。及至絲織業發達，貴族榨取既多，就用帛來寫字，那便沒有限制了，他們每寫完一個文件，把它裁剪下來卷起，叫作一"卷"。可是無論竹、木、帛，都是不能經久的，過了幾百年一定風化了，腐爛了，蠹蝕了，脆碎了，當時既想不出保存的好辦法，重鈔一遍又太費事。只得聽它湮廢了。到秦始皇打平六國，爲要消滅各國人民的民族意識，故意把史書焚燬，傳下來的就更少了。到現在，要看竹木簡的形制，只有雨量極少、土地乾燥的西北地方還能挖出一點，寧夏居延海旁黑城子的漢簡就是一例。在南方發見竹簡的，是信陽和長沙的戰國楚墓，這因爲這些貴族的墳墓造得非常堅固，墓內藏物和外邊空氣隔絕，所以還能保存下來，就是帛畫也有留遺。至於甲骨和青銅器是不易腐爛的，它們被壓在廢墟里，逐漸被人發掘，重新回到了人間。從宋代起，學術界注重古器物，著錄了鐘、鼎、簋、盤等等的銘文和圖像，編成許多書，經過八九百年的努力，始有近真的理解。甲骨則從發現到今天不過六十餘年，學者們在金文研究的基礎上來研究甲骨文，當然事半而功倍。這兩種東西就成爲我們研究商、周史的重要資料。

　　甲骨文和金文固然是最真實的古代史料，但因年代太久，有些文字不容易認識，而且太零碎了，如果沒有系統的史料作參證

就沒法比較研究，因此必須結合了古書纔可推進研究工作。儒家
的六經是周代傳下來的古書，也就是地下遺物最好的比較參證的
資料。六經實際上只有五部，是詩、書、禮、易、春秋。後人因
爲一個字不便稱呼，前四部書又叫作詩經、尚書、儀禮、周易。
還有一種樂，乃是歌詩時的樂譜，猜想它的形狀就像現在的琴
譜、曲譜，只因漢代儒者重義理而不重技藝，所以沒給傳下來。
這五部經本來都是周代史官和魯國史官保存的，到孔子晚年回到
魯國教授學生，就取來當作教科書。所以在孔子門下的人大抵懂
得這一套。孔子死後，他的學生又用這套東西傳授下去，更加上
了自己新創的學說，託之於古代，形成了儒家思想，因而這些書
也就被認爲儒家的經典。漢代的人們過分尊崇孔子，捧他作教
主，希望把他由人轉化爲神，這些經典也就各各穿上了神祕的外
衣，似乎確有古聖先王的崇高的道理在內，應該"天不變，道亦
不變"了。

　　固然這些經典都已涂上了儒家的色彩，但一經分別"經"和
"傳"，揭開經的本質，還是平平無奇的史官記載和樂師歌唱。詩
經，是宴居時所奏的各地小調和在朝廷、宗廟行禮時所奏的大
曲。尚書，是帝王和諸侯們上下告語的檔案。儀禮，是貴族們行
禮的節目。周易，是用蓍草占卜的筮法。春秋，是魯國史官逐年
記錄的國內外大事。這些本質，從前人也已看出，所以明、清兩
代常有人說"六經皆史"。從今天的眼光看來，六經都該是我們寫
作古史或研究古史時所憑藉的一大堆史料：詩經是音樂史和文學
史的資料，尚書和春秋是政治史和軍事史的資料，儀禮是社會史
的資料，周易是宗教史的資料。當然，話不該說得這樣簡單，例
如詩經裏也有社會史、政治史和宗教史的資料在，這不過指出它
的主要成分而已。五經之外，後來再加上了幾部古書，稱爲十三
經，我們也可以說：周官是官制史和經濟史的資料，考工記是手
工業史的資料，左傳是政治史、軍事史和社會史的資料，禮記、

公羊傳、穀梁傳、論語、孝經、孟子都是倫理史和哲學史的資料，爾雅是語言史和經典解釋的資料。

如果再問：這些書爲什麼稱爲"經"？是不是一稱爲經就表示它有超過其它書籍的地位？那麼，近人章炳麟早已解釋過："經"乃是絲綫的意思，竹木簡必須用了絲綫編起捆起，纔可以使它不散亂。可見這原是一種平常的工具，沒有什麼崇高的意義可言。比絲綫堅韌的還有皮帶，然而用久了也會斷裂，所以漢代人説："孔子讀易，韋編三絕"。韋就是皮帶，如果"經"有崇高的意義，難道"韋"也有崇高的意義嗎？總之，無論用經用韋，都不能經久，竹木簡一不小心就會散得滿地，從地上檢起來再排時就會錯亂，所以古書裏常有"錯簡"。又因爲竹木簡容易腐爛和蠹蝕，所以古書裏就會有"缺文"。宋代王安石説春秋是一部"斷爛朝報"，真是一語破的，這不是主觀的"誣聖"，乃是客觀的事實，不然，哪會有"夏五"、"郭公"等不成句的文字呢？因爲有了這些錯亂和殘缺，使得我們今天研究古代歷史，整理古代書籍，都成爲極其艱難的工作。然而我們應該説一句公道話，如果沒有儒家，也就沒有五經，我們對於古代中國益發摸不清頭腦了；五經雖然斷爛，究竟還是較有系統的古史料。

經既在漢代人的解釋裏成爲最崇高的經典，可是它只記載了商、周的事情，偶而上邊談到虞、夏，下邊談到戰國，對於當前的漢王朝卻沒有一字提及。這就使得爲漢王朝服務的儒生們發急了，他們想補作一經來彌縫這個缺憾。第一個是司馬相如，他在封禪文裏説，大漢的威德上達九天，下流八方，所以他準備"作春秋一藝，將襲舊六爲七，傳之無窮"。只因他犯了消渴之疾死了，沒有作成。第二個是司馬談，當漢武帝初期他任太史令，知識既廣博，又飽讀皇家的"金匱石室之書"，想到孔子已死了五百年，又有不少的"聖主、賢臣"足爲世法，應當做一部書接上六經，就發凡起例，搜集資料，從事寫作；不幸漢武帝到泰山封禪時沒有帶着他去，而他有强烈的宗教感情，以爲封禪是上帝付給新朝天子以法統的無比光榮的典禮，他不得參加是件天大的憾事，一氣成病而死了。他的兒子司馬遷繼任父親的官職，就把父親遺下來的舊稿繼續編纂，雖因李陵被迫降了匈奴，他保證李陵不反，判處了殘酷的腐刑，精神上痛苦萬分，但他爲着完成這一任務而艱苦奮鬥，終於出現了一部光照千古的巨著史記，不但真可以繼承六經，而且他方法的周密，眼光的遠大，搜羅的廣博，簡直前無古人，商、周以來的無數史官都應該向他低首。

　　史記這部書，是一部從遠古到漢武帝時的通史，凡是他可以看到的史料都被他組織起來。全書分五個部分：（1）"本紀"十二篇，記述了各個王朝的大事；（2）"表"十篇，把王朝和侯國的紀元和大事作綜合性的排列，扣準了每一事件的時間；（3）"書"八篇，系統地敘述政治上的典章制度和科學研究的成果；（4）"世家"三十篇，記述傳世諸侯的大事，它的體裁和本紀相同；（5）"列傳"七十篇，記述政治上的特殊人物、少數民族、各種專家、經濟地理以及他的自序傳。總共一百三十篇，在當時説，真可稱爲包羅萬象、體大思精了。從此以後，歷朝作史都依照着他的體裁，名爲"紀傳體"。以前喚作"正史"的二十四史就都是沿襲這一形式的。不過，司馬遷做的是"通史"，而其它的二十三部則是"斷代史。"只有宋代鄭樵作的通志是惟一的繼承他的法度的一部書。

　　司馬遷所以能享突出的盛名，成爲世界性的歷史家，不單是因爲他能綜合各種體裁和總結各種記載而成爲一部巨著，更由於他有特殊的眼光，看到了人民群衆，又有描寫的技術，能把人民群衆的情感如實地反映出來。過去的史官們，眼睛只向上面看，所以記載的盡是些統治階級的事情；只有司馬遷是一個特別的人。他生於陝西韓城縣，從小喜歡游歷，二十歲左右就到了現今的中南、華東諸區。公元前一一一年，漢朝進兵西南夷，在那裏設置七個郡，大部分在今四川、貴州、雲南等省，他奉了朝命，深入邊地視察，因此他又看到了現今的西南區。一方面，漢武帝喜歡巡狩，他是侍從官，跟着跑，現今的華北、西北諸區他又常常走到了。他讀萬卷書，行萬里路，隨地留心，所以寫得出各地生產、交通綫和人民生活交織而成的貨殖列傳，又寫得出具體分析少數民族生活方式的西南夷列傳。他站在人民的立場上，寫出了揭露統治階級荒淫無度、迷信神權、寵用小人的封禪書和佞幸列傳，榨取人民血汗、竭澤而漁的平準書，殘酷壓迫人民的酷吏列傳，官吏互相傾軋排擠的魏其武安列傳，有的露骨譏彈，有的含蓄諷刺，使人哭笑不得，所以漢末的王允就站在統治階級的立場上斥它爲“謗書”。這個批評真確切，他瞧不起統治階級的種種不合理的舉動，哪能不詛咒呀！試想，從來爲王侯們服務的史官怎樣想到這些事，就是想到又怎敢寫出來呢？這一點，在舊社會裏，司馬遷可稱是空前絕後的一個人，所以他還寫陳涉世家，表章農民起義；又寫拼死不受專制統治的刺客列傳和游俠列傳，表章下層人民的勇敢和義俠。我們説司馬遷是一個反封建的人，史記是一部具有人民性的歷史書，絲毫算不得誇張。

因爲六經本是史官們所記録，史記也出自史官，談、遷父子又是想承接六經的，所以劉向、劉歆父子爲漢皇室校理書籍，編纂七略時，史記這部書就被安置於六藝略的春秋家中。但自從司馬遷開了個頭，後生仰慕，群起追隨，所以當時補史記的，續史記的，就有十餘家之多。東、西漢之交，班彪多方搜採，作成後傳數十篇；他的兒了班固就在這個基礎上用力二十餘年，到死還没寫完，由他的妹子班昭，就是人們稱爲“曹大家”的續成，這就是從漢高祖起兵一直到王莽滅亡爲止的漢書，是我國第一部斷代史。凡是史記的文字適宜放在漢書裏的，他們就完全鈔進了。凡是司馬遷的記載有錯誤的地方，也給他們改正了不少。

漢書比史記好的地方，就是經過他們父子和兄妹長時期的努

力，多方考訂，正確性强；又在史記之後，想得更爲周到。史記
八書，是禮、樂、律、曆、天官、封禪、河渠、平準；漢書擴大
爲十志，是律曆、禮樂、刑法、食貨、郊祀、天文、五行、地
理、溝洫、藝文，那就把法律、經濟、地理、文化等事項一起收
入，便利後人對於漢代社會的整個認識。他把一個時代的政治區
劃和現存書籍羅列了出來，更使人們認清了當時國境實際和文化
潮流。至其缺點則和別的史書一樣，只看見上層，看不到下層。
它不是没有游俠、貨殖諸傳，但只鈔史記，不增加什麽。後來的
二十二部正史和最後的清史稿大致依樣葫蘆，跳不出來這規
模了。

　　漢以後的歷史記載大爲發展。從三國魏的中經起就分書籍爲
經、史、子、集四部，歷史書和經書有了並立的地位，而不再是
經部的附庸。現在我們看得到的最早記載是隋書經籍志，它在
史部裏分（1）正史，（2）古史，（3）雜史，（4）霸史，（5）起居注，
（6）舊事，（7）職官，（8）儀注，（9）刑法，（10）雜傳，（11）地理，
（12）譜系，（13）簿録，共書八百多部，一萬三千多卷。這大多數
是兩晋、南北朝時代的著作，當時干戈遍地，社會非常動盪，卻
能孕育出如許公私歷史書來，遍涉到各個角落，可算是一件奇
跡。只惜這些書籍，經過唐、五代的戰爭，絶大部分已不存在。
從這目録上看，可以知道自從經過司馬遷、班固們的提倡，已經
醸成一種作史的風氣，凡是文人學者都會動手搜集史料，自來寫
作，例如寫後漢書的有謝承、司馬彪等十一家，寫晋書的有王
隱、謝靈運等八家。各地方人也都會寫本地方的歷史，例如記江
蘇、浙江的有越絶書、吳越春秋，記四川、雲南的有華陽國志。
因爲史籍風起雲湧，基礎積得厚，所以又有一部幾乎可以和史記
抗衡的歷史地理的名著出來，那就是北魏時代酈道元所作的水經
注。水經這書的作者名姓不詳，大約生於三國時代，他把全國大
川作了一回系統的叙述，但只是一本薄薄的小書。酈道元借了這

本小書，搜羅豐富的資料，窮極枝流，詳叙史跡，寫成四十卷，把歷史和地理緊緊地扣住。那時正是南北分裂的時代，他是河北涿縣人，只該徘徊於黄河流域，不容許走到長江、珠江兩流域去，他卻不但南極於海，還由葉榆水叙到越南，由恒河叙到印度。他又很有文學的修養，善於描寫風景，使人讀了這書好像親到這些地方旅行了一次，留下極深刻的印象。如果不是各方面的地志和旅行者們的游記供給他以大量的資材，他這一部偉大的著作是没法實現的。

　　自從漢書地理志記下了全國的郡縣，到水經注記下了全國的山川，中國的歷史地理學就上了軌道，日益發展起來。因此，唐代有元和郡縣志，宋代有太平寰宇記，元、明、清都有一統志，把國内各地的沿革、地形、物産、人物、史事、遺跡等分類叙述，一目瞭然。明、清兩代，各省、各府、各縣都修起志書，每隔若干年重修一次，有固定的采訪、編輯、刊刻的經費，成爲各地方的定制。固然纂修的人的文化程度有高有低，不一定每部志書都符合理想，但因區域範圍既不大，篇目又有成規可守，大體上可以反映出各地方的真情實況。以中國疆域之廣大，府縣數目在二千以上，這些方志從前既没有圖書館可以存儲，私家又没有條件作廣泛的搜集，所以能利用這方面資料的人就不多。只有明末清初的顧炎武，他到處借看選鈔，編成兩部巨著，一部是肇域志，偏重政治地理；一部是天下郡國利病書，偏重經濟地理。比他稍後的顧祖禹，又利用這些資料，結合正史，編成讀史方輿紀要，偏重軍事地理。他們竭盡了個人的力量，所看到的志書不過幾百部，現在離開他們的朝代已經三百年了，地方志修得更多更詳，每一個大圖書館裏總可以收藏到兩三千部，我們只要有空閒，前往參考已非常方便。我想，如果將來文史界能够組成集團，訂定計劃，搜索舊志，再加上新的調查，那麽他們的成績遠遠地超過顧炎武、顧祖禹們是無疑的。

　　在亞洲，我們祖國是文化最發達、著作最衆多的一個國家，所以不但積存的本國史料浩如烟海，連全亞洲的歷史資料也大量地在我們掌握之中。司馬遷聽了張騫向漢武帝的報告，寫了一篇大宛列傳，叙述大宛、大月氏、烏孫、康居、奄蔡、安息諸國的風土，筆鋒觸到了裏海和黑海。此後，各部正史裏摹仿了他的體裁，大致都有四裔傳，記述與中國有往來的各個國家。酈道元從佛教徒那裏知道了罽賓、天竺諸國，地理知識又擴展到印度洋。在晉僧法顯佛國記之後，唐僧玄奘到五天竺游歷了十餘年，回國後，講出他的旅行見聞，由他的徒弟辯機寫成一部大唐西域記；因爲印度人向來只重視宗教而不重視歷史，所以到了近世需要有歷史的時候，這一部書竟成了印度的寶典，許多史跡都要照着這部書裏所記載的方向去尋求了。唐代的經濟和文化的交流遍及亞洲大陸，宋代市舶往來又及南洋各地，元代遠征軍達到歐洲，明代鄭和七次下西洋，中國與外國交通頻繁，因此，唐代有杜環的經行記，宋代有趙汝適的諸蕃志，元代有邱處機的西游記、劉郁的西使記、周達觀的真臘風土記、汪大淵的島夷志略，明代有費信的星槎勝覽、馬歡的瀛涯勝覽、鞏珍的西洋番國志等珍貴記載，留下了一千多年以來亞洲各國的歷史和一切社會情況。

　　至於本國少數民族的歷史，固然有他們自己的記載，但往往雜有宗教的感情，反而不及漢文記載的真切。例如西藏民族，我們可以根據後漢書西羌傳來考出他們的祖先是西羌的一支叫作"發羌"的，由"發"轉成了"蕃"，更由摹仿"大唐"而自稱"吐蕃"；但藏族自己寫的歷史則説是印度王子避難出走，越過喜馬拉耶山到了西藏，成了贊普的先人，這原因是由於他們過度信奉佛教，就錯認自己是印度的血統了。各少數民族的歷史資料，現已由中國科學院民族研究所在整理，將來必能弄個清楚。但有許多民族是沒有文字的，他們的歷史只靠口頭流傳，有志研究中國民族史的人們必須親自去搜集，再用漢文資料來參證考訂。

　　話說得遠了，現在回過頭來再說正統的歷史。上面說過，二十四史是紀傳體，此外還有幾個體呢？可以說，最主要一個是"編年體"，這個體裁的好處是可以扣準事情發生的時間。春秋是最先使用這個體裁的，我們讀這書時立刻可以知道某一件事情是發生在某年某月某日，好像按日登記的流水賬，不容易差錯，可是記得太簡單了，不能使讀者明白當時的事實情況，於是就有左傳出來，在紀年的基礎上作了詳細的報導，使得春秋成了左傳的標題，左傳成了春秋的内容，兩書的繁簡恰好相輔。在我國古代史上，只有春秋一段時期，爲了有這樣好的配合，解決了許多疑難問題。此後，漢代荀悅有漢紀，晉代袁宏有後漢紀。也都摹仿左傳，但沒有像春秋一般的標題。到宋代司馬光受詔編資治通鑑，集合了許多有力的助手，用了十九年工夫，積了兩間屋子的稿子，再去粗取精，去僞存真，寫成一部二百九十四卷的本書，三十卷的考異，三十卷的目録，從戰國起，到五代止，成爲一部很重要的通史性的編年史。可是這部書分量太大了，有恒心毅力讀完它的人實在不多。朱熹集合了許多門弟子，編成通鑑綱目一書，用春秋和左傳互相搭配的方法，以"綱"爲經，以"目"爲傳，使得它頭緒分明，又縮小了分量；但因摹仿春秋的褒貶義例，要使"一字之褒，榮於華衮；一字之貶，嚴於斧鉞"，凡是反對封建統治的人都被書爲"盜"、爲"賊"，助長了專制虐燄，加强了奴性教育，起了一定的副作用。到清代，康熙、乾隆兩朝有御批通鑑輯覽一書，起自黄帝，迄於明末，是一部完整的中國編年史；仗着皇帝的權力，這部書家喻户曉，成爲人們歷史常識的源泉。可是這書的分量還嫌其多，所以更通行的是綱鑑易知録；這"綱鑑"二字是不通的，"鑑"是司馬光的資治通鑑，"綱"是朱熹的通鑑綱目，鑑在前，綱在後，只該喚作"鑑綱"，哪可稱爲"綱鑑"呢！

　　其次一個主要體裁是"紀事本末體"。司馬遷的紀傳體有它的缺點，就是他以人爲綱，使得一件事情分見於數人的紀傳裏，例如楚、漢相爭，是項羽、劉邦共同的事情，而他既有項羽本紀，又有高祖本紀，又有張良、蕭何、陳平等世家，又有韓信、彭越、黥布等列傳，關於當時重大事情，重復的實在太多。春秋的編年體也有它的缺點，例如齊桓公、晉文公的霸業散在各年，不容易看出它的首尾來。南宋時，有一位袁樞讀資治通鑑，苦於每一事件分散在各卷，不易照顧，就各爲創立題目，把關於某事的記載從頭到末排列在一塊，使得讀者們可以一眼就看出它的來踪去跡。這在他不過費一番鈔録和排列的功夫，但確是開創了一個新體裁。從此以後，每一個時代的歷史就都有人這樣做，讀者對於每一件史事有振衣得領的快感，這實在是一個進步的方法。清代開"方略館"，把每一個征伐的事件編出一部方略，魏源把各部方略節要爲聖武記，即是這一個史體的發展。

還有一個主要體裁是從經中的周官、儀禮、史記的八書、漢書的十志發展出來的，它系統地編輯各種政治、經濟、社會的制度爲專書，現存的以唐玄宗的唐六典、杜佑的通典爲最早。六典分吏、户、禮、兵、刑、工六門，通典分食貨、選舉、職官、禮、樂、兵刑、州郡、邊防八門。到宋末，馬端臨又把杜佑的書擴大，成文獻通考三百餘卷，分爲田賦、錢幣、户口、職役、征榷、市糴、土貢、國用、選舉、學校、職官、郊社、宗廟、王禮、樂、兵、刑、經籍、帝系、封建、象緯、物異、輿地、四裔二十四門。明、清兩代都官修會典，讀史的人又各爲古代的各個時期補輯會要，從此，我們由春秋到清代，各方面的典章制度都大致整理就緒，人們就易於得到系統的知識了。

我國的歷史書是這般多種多樣的，兩三千年來的史官和文人學士辛勤地爲祖國積存了許多資料，到了建設社會主義社會的時期，我們應當怎樣地去利用它呢？又怎樣地去批判接受、繼承它的優秀傳統呢？這是生在今天的我們時時應當反躬自問的。

上面説的都是我國正統的歷史，自從五四運動以後，我們知識分子的眼裏漸漸看到了人民群衆。到解放以後，經過學習，我們又心甘情願爲人民服務，於是歷史資料的範圍更擴大了。

第一個方面是戲曲和小説，這是千百年來應市民階層的需要而出現的。高高在上的士大夫們雖然也會欣賞玩弄，心底裏老是瞧它不起。例如鄭元和的父親知道市上有好歌手，也去聽了，但一看見唱歌的乃是他的兒子，氣得發昏，立刻把鄭元和捉來打個半死，可見階級性的限制是何等地强烈。及至五四運動，沖破了階級的局限，於是唐代的變文，自宋至清的平話和小説，自元至清的雜劇和傳奇，以及流行於各地的地方劇、鼓書、彈詞，都成了文學上研究的對象。固然這些都是文學作品，好像不是歷史，然而人民群衆的歷史確實保存在這裏頭。現在我提出一個問題：孟姜女、祝英臺、趙五娘、秦香蓮，歷史上真有這幾個婦女嗎？我想，凡是研究歷史的人都會説：這只是傳説中創造出來的人物，不是真的。然而爲什麼傳説中要創造出這幾個人來呢？這就有它的社會的原因，而這社會的原因正是我們要求得到的人民群衆的歷史。我們試想，歷史上許多統治者强迫無數的壯年男丁去征戰或戍守，一去就杳無消息，他們的妻子在家裏千思萬想，經春歷秋，不知丈夫的存亡，無法維持家庭的生活，是多麼痛苦？她們雖不會從文字上表達出自身的悲哀，但會唱歌，就從這歌聲裏借着孟姜女的名字訴説衷情，又借着秦始皇的名字作爲咒駡的對象，這樣地流傳出去，經過千萬同情者的擴大和改造，這故事就越來越豐富了。同樣，爲了婦女們不能和男子受同等教育的痛苦，所以有祝英臺男裝出門卜學的故事；爲了婦女們爲禮教所壓制，不能自由戀愛，所以又有祝英臺、梁山伯雙雙情死的故事。至於讀書求名的封建士人，爲了扳高附貴，在得中高第之後，往往棄了結髮之妻，另娶當朝大官僚的女兒；棄婦們個性不同，溫和的以趙五娘爲代表，只想妥協地跟後妻和平共處；激烈的以秦香蓮爲代表，敢到官廳告狀，希望碰見像包公這樣的清官，用鍘刀把丈夫殺死。所以這些故事中的代表人名雖然都是假的，但故事中的感情則是千真萬確的，個個是用許多人民的血淚寫出來的。我們要認識人民群眾的歷史，要認識統治階級壓迫人民的歷史，只有到這些方面去尋求。

　　第二個方面是沒有寫成小說和劇本而只流傳在人民口頭的歌謠、傳說等民間文藝。我國的農民占全國人口百分之九十以上，在舊社會，廣大的農村裏盡是些文盲，而農民對於官僚，長工對於地主，童養媳對於婆婆，不知有多少血海深仇。這重重矛盾的歷史只保存在農民的口頭，或加上幻想而爲神話。至於少數民族，他們各有其生活方式，他們的口頭文學更是繁複多方。生長在城市里的人們很難把這些資料收集起來，然而這方面的資料卻多得無窮無盡。就我手頭所有的一部中國作家協會貴陽分會編輯的民間文學資料二十六冊而言，他們在不長的調查時間裏，搜羅到許多黔東南苗族的口頭文學，其中關於歷史的有古歌、叙事詩，關於禮節的有酒歌、祝歌、嘎福歌，關於情愛的有情歌、婚姻歌，關於痛苦和反抗的有苦歌、反歌、逃荒歌，關於工作的有春季歌、活路歌、酒藥歌、造紙歌等，還有無數的神話、傳說，真是洋洋大觀。這只是我們黨號召采風運動下短時期一地區中的成就。如果全國五十多個民族和數萬個農村人民公社都這樣地搜集編印出來，試問將如何豐富了我們的民間文藝，又如何豐富了我們的歷史資料？

　　以上所談的我國存留的史料，有的是文字記録，如史書、方志；有的一部分已作了記録，如戲曲、小說；有的開始作了記録，如歌謠、傳說。這真是一個汪洋大海！我們從事文史工作的人，對於已有記録的應當負起整理的責任，對於沒有記録的應當負起搜集的責任，我們的園地太廣闊了，我們的責任太重大了！

　　說到整理，真是一件極麻煩的工作。凡是記慣日記的人，一定感到，偶然被事牽阻，停了兩天，提筆補寫時，往往記錯了時間，誤寫了人名。何況國家之大，人事之復雜，內幕中又有內幕，少數的人決不可能太清楚認識多數人的活動。所以各種記載就必然存在着錯誤，有賴於同志間的相互訂正。這種考訂的學問已萌芽於古代，例如漢代劉歆校定的山海經常有"一曰"之文，見出他集校的本子是不一致的。晉代裴松之作三國志注，集合了當時所見到的三國史料分編到陳壽的三國志各條之下，見出人物有不同的毀譽，史事有不同的記錄。司馬光作資治通鑑，在各種史料比較之下作成考異，也是這個意思。但真正的考證學則成立於清代。清代康熙、雍正、乾隆三朝，社會比較安定，文化比較進步，但爲了滿、漢兩民族間的猜疑，常興文字獄，漢族高級知識分子隨着皇帝的喜怒而死生，甚或一殺就是多少人，逼得有志研究學問的人逃向和現實無關的故紙堆中，儘量搜集各種古書和每一古書的各種版本，拿來比較研究，因此古史和古書得到了比較徹底的整理，向來讀不懂的讀懂了，向來看作沒有問題的也發生問題了，"舊學商量加邃密"，這方面的研究愈鑽愈深，超越了任何一代。阮元、王先謙編刻的兩部皇清經解是無數學者費了極大的勞動力來整理經書的成果。張之洞編刻的廣雅書局叢書、開明書店編印的二十五史補編，是無數學者費了極大的勞動力來整理史書的成果。其他方面也有類似的成績。固然我們初接觸它時容易感到它繁瑣、枯燥，沉沉思睡，但到了對某一門學問真作攻堅戰的時候，就明白它已爲我們掃平了多少巉嶬不平的道路。我們應當哀憐他們所處的無可奈何的時代，我們應當吸收他們實事求是的精神！

現在我們徵集、研究文史資料，正可利用清代學者的細密方法，施加於一切在劇變中的近代歷史。我們固然一方面要儘量鼓勵同志們大膽撰寫，記得什麼就寫什麼，但需要知道每個人的認識和記憶都不是完全正確的，所以一方面又須提高警惕，使用各種考訂的技術，達到去粗取精、去僞存真的地步。我們每一工作單位都該自己編制出一套工具，如地方年表、人名索引等，務使需要哪種資料時一查即得，哪種資料有漏洞時也一考即明。我們不是在選輯上有越來越多的"質疑、補充、訂正"以及"正誤表"嗎？這正是表現着我們會中的工作人員和一切讀者們的審查考訂已漸漸達到細緻的地步，我們應當時刻予以提高！

　　總之，我們的文史資料工作是我國社會主義建設中的一個重要項目，是一個史無前例的創造。我們承擔這項工作的，惟有實事求是，付出艱巨的勞動力，承繼前人的優秀傳統，廣拓前人未辟的疆土，爲我國歷史界在百花齊放中開出一朵爛燦的奇花，在百家爭鳴中成爲屹然峙立、只有發展而沒有消亡的一家。我們的工作是做不完的，我們要像愚公移山一般，爲子孫們打好繼續工作的基礎！

　　這個報告匆忙寫出，必有極不正確的地方。我重説一句：希望諸位同志嚴格地指正！

　　敬祝本會同志們健康！本次工作會議勝利成功！

# 經學通論講義 *

# 開課計劃

### 一、教學目的和任務：

經書是中國最古的書籍，也就是我國民族文化的核心。在舊社會的崇古的空氣裏，一切的政治制度、社會生活以及文學形式等等都要取決於它，因此它形成了無上的權威，封建的專制統治者就利用了它作爲壓迫人民和麻痺人民思想的工具，使它成爲黑暗統治的原動力。另一方面，爲了跟它的著作時代相距太久，語言文字都有隔閡，文義不易瞭解，絕大多數的經師各各憑了主觀以及爲統治階級服務的要求而作出許多不合理的解釋，離開它的本來面目愈來愈遠，它又成了一座迷離惝怳的宮殿，讀者們墮入其中，極不容易摸清它的實際，以致經學成爲一門最複雜又最多困難問題的學問。

但是經書究竟是中國最古的書籍，它記載着我們祖先在奴隸制社會和初期封建制社會裏所經歷的各種情況，它表現了我們祖

---

* 1964 年 3 至 4 月爲北京大學中文系古典文獻專業四、五年級講"經學通論"，遂編此講義，未畢。北京大學油印。

先在古代所創造的高度文化，我們固然在反封建的立場上必須推翻它的偶像地位，但同時我們在認識過去的立場上也必須建立它的歷史的地位，所以我們應該不怕千辛萬苦去擔當起整理的任務，把二千多年來一次次堆上去的灰土和垃圾逐步清除，看出它的真實面貌，以充實我國古代史的內容。能夠這樣做，它才會從神祕的"聖人代天立言"的寶座上倒墜下來，而落到恰如其分的古代史的檔案館裏。

本課只開五星期，二十小時，希望能揭出一個今後研究經學工作的方向和入手的門徑，從而使古典文獻專業的同學們將來從事專攻的時候敢於打破古人設下的迷魂陣，在發現經書的真相和它的辭句的正確意義上可以擔負起新時代所賦予的特殊任務。

**二、提綱：**

第一週

　　一、經書及經學通說

　　二、詩經（它的實質，篇目，著作時代家派、影響及批判。）

第二週

　　三、尚書（與上同，下不復注。）

　　四、禮（周禮、儀禮、大小戴記）

第三週

　　五、周易（十翼）

　　六、春秋（公羊傳，穀梁傳）

第四週

　　七、左傳（國語）

　　八、論語、孟子

第五週

　　九、孝經、爾雅

　　十、結論（經學與古史學的關係，如何結束經學？如何作新注？如何與他種資料打通研究？等等。）

# 第一講提綱

　　一、在我國歷史上，商代已有史官和典籍；到周代，禮官、樂官、史官、卜官的記載更多。因爲物質條件的限制，竹簡容易朽蠹，如果不經轉寫，數百年後即易歸於自然的消滅，又因統治階級的利害矛盾，特意作人爲的銷毀，所以到戰國時代存留下來的周代文獻已經很少。經過儒家的掇拾，成爲六經或五經，所保存的周代文化不過千萬分之一了。

　　二、儒家祖述孔子，所以把六經都推到孔子身上，有的說是他“作”的，有的說是他“删”的，有的說是他“編次”的。其實從論語上看，他只有“正樂”一件事。孟子說“孔子作春秋”，只可看作戰國中期的一種傳說。至於周易則在戰國末期的荀子時代還不曾列入六經，說孔子作易十翼更是漢朝初年的事。

　　三、秦始皇雖已破滅六國，建立了中央集權的專制政府，但因不久即亡，還來不及定出各種政治制度。漢王朝繼起，穩固了專制政治，爲了那時人每每誤認秦的滅亡由於不遵周法，所以依然分封大小各國，暫時成了分權與集權並行的狀態。在這種情況下，統治者們利用了孔子之教作爲施政的表面文章，而實際上則是不斷地用集權的力量打擊分權，終至完成當時的中央集權的政治，這就是所謂“陽儒陰法”。但表面上既已尊重孔子，所以必須表章六經，六經成爲統治階級所必讀的教科書，這個制度行了兩千年，直到辛亥革命才告終訖。人們所讀的是諸侯割據時代的書，而面對的卻是當時的中央集權的社會，這就顯得非常不適合，不調和，因此漢朝的儒者們就隱然負起了修改、僞造和曲解的任務，經書中的問題於是乎複雜起來。經學的不容易研究，中心的癥結就在這兒。

四、西漢是創造經學的時代，經師們的任務既爲主觀的運用而不是客觀的整理，那就各人會有各人的一套，不得不分門別派。誰能够獨出心裁，講得頭頭是道，不觸犯最高統治者的權利，最好能擁護當代統治者的權利，那末他就能博得統治者的欣賞，把他所創造的學説立於博士，傳授生徒，吃着不盡。有了這樣利禄的引誘，所以那時的經學界十分活躍，大家磨拳擦掌地作起門户鬥爭來。

五、西漢時代的人們所通用的文字是隸書，所以那時所寫的經、傳稱爲"今文"。因爲漢朝社會比較安定，文化日漸提高，有學問的人也識得了秦始皇統一文字以前所行的"古文"，古書也漸漸發現，他們能讀通它，又能用了今文把它寫出來。這一派在西漢末年，以劉歆爲首，爲古文經傳爭立博士。但這一大批新經典的出現，實際上妨礙了今文博士獨霸的局面，所以他們一齊反對。可是不久王莽當政，劉歆本是他的好友，於是在王莽的大力支持之下每一經都立了古文，而且地位在今文之上，壓倒了舊有的博士。這些古文經典當然有它的好處，因爲它是劉歆從皇室圖書館找出來的，有着豐富的古代資料；但也免不了副作用，因爲這些書或者本來不是經，或者不是某經的傳，而是被他硬派定了，也硬修改了。他修改的宗旨，有的是故意和今文家立異，以致淆亂了古代史實，有的簡直是爲王莽的政治服務。

六、王莽政權失敗以後，這些古文經典被撤出博士，東漢博士們設教的依然用今文。但今文家没有新的養料，呆守着幾本破書，漸漸腐化，吸不住後學者的信仰。而劉歆所遺留的古文學派卻不斷地用私人的力量奮鬥下去，終至出現了若干位名師，日益發展，在社會上奪取了經學的主導地位。到東漢末年，鄭玄用了溝通今、古文的方法講經，打破了"家法"的門户之見，使得人家讀他的書仿彿包羅萬象似的，不必爲今、古文的異同鬧麻煩，於是他所注的經就風靡一世。

七、爲了鄭玄的經學勢力太盛，激發了王肅的反對，他也遍注群經，鄭玄説東，他偏説西；鄭玄説西，他又説東，又來了一個新矛盾。他是晉武帝的外祖父，有特高的政治地位，所以他的書也就立於學官。鄭玄當然有許多冬烘的見解，應該反對，可是他的態度老實，只擔着是非的責任。王肅則僞造了孔子家語、孔叢子等書，凡是自己要説的話預先埋伏在那裏，算是孔子説的，捧出了聖人作見證來壓倒鄭玄，態度實在不光明，所以他除了應擔是非的責任之外還應擔負真僞的責任。兩晉、南北朝是鄭、王兩家之學鬥爭的時代。到唐朝，孔穎達、賈公彦爲九經作義疏，雖然偏祖鄭學，但仍用了王學的僞古文尚書和僞孔安國傳，從此，兩家的鬥爭算是平息了。

八、唐朝中葉，社會經濟發展，人民生活比較安定，經學界中漸漸擺脱以前家派的鬥爭，對於經的研究走上了批判的路綫。劉知幾作史通時就用了史的觀點來看經書，對於春秋攻擊得很厲害；啖助研究春秋，對三傳一起作不容情的批評。柳宗元、韓愈們也都接受了這個風氣。這個風氣傳到宋朝，得到大發展，歐陽修以疑易傳，吳棫以疑古文尚書，鄭樵以疑毛詩傳序、箋，包恢以疑周官，朱熹以疑孝經，不管怎樣的大牌子，只要露出破綻的就被人揭發出來。到明朝，梅鷟作尚書考異，清初閻若璩作尚書古文疏證，都用了畢生的精力作一部書的研究，於是號稱“三聖傳心”的最富於道德教條的古文尚書被判定是僞作，天大的權威竟成了粉碎的泥菩薩。到段玉裁，提出了“以周還周，以漢還漢”的口號，到龔自珍，又發起了“六經正名”運動，在這歷史的分析之下，六經及其附屬物都成爲古代一定時期的史料，它的作用只能使人認識歷史，和現代人們所應有的宇宙觀和人生觀一刀兩斷了。

　　九、上條説的是一千多年來破壞經典權威的總結，再就建設方面説：宋以來的學者嫌漢儒説的不對，每經都作了新注，最著名的是朱熹的詩集傳、周易本義和四書集注，蔡沈的書集傳，陳澔的禮記集説等，數百年中都已用爲讀本。但到了清朝，因爲反對理學的空虛無用，從而回復到漢、晉舊注，但又不滿意於唐人的義疏，因此各自認定專經，用了畢生的力量去工作，最著名的有胡培翬的儀禮正義，孫詒讓周禮正義，陳奐毛詩傳疏等。而貫穿群書，以聲音通假撥去許多塵障的，莫善於王念孫父子的經義述聞。自從清朝中葉以後，金石學發達，諸子學也發達，六十年前又發見了甲骨文，五十年前又發見了敦煌石室遺書，四十年前又發見了漢魏石經殘石，最近又發見了漢寫儀禮殘簡，至於古器物則解放後出土更多，古籍的比較研究工作大爲方便，我們現在對於古代的認識，不但超過了唐、宋人，亦且超過了漢人；不但超過了漢人，亦且超過了孔子。各種古典正等待我們作徹底的整理。更主要的是，我們有了馬克思列寧主義的指導，我們必能利用馬克思主義歷史主義和階級觀點的鋭利武器，清楚地看出古典的實質，批判地吸取它的有益的精華而剔除它的糟粕，我們正可開出一個百花齊放的新天地來。以古典爲專業的同志們努力着吧！


# 第一講參考資料之一
## 經的來源與其形成（缺）

# 第一講參考資料之二
# 漢代"通經致用"的實例

## 一、漢書·終軍傳

　　元鼎中，博士徐偃使行風俗。偃矯制，使膠東、魯國鼓鑄鹽、鐵。還奏事……御史大夫張湯劾偃矯制，大害，法至死。偃以爲春秋之義，大夫出疆，有可以安社稷、存萬民，顓（專）之可也。湯以致其法，不能詘（屈）其義。有詔下軍（終軍）問狀。軍詰偃曰："古者諸侯國異俗分，百里不通，時有聘會之事，安危之勢，呼吸成變，故有不受辭，造命顓己之宜。今天下爲一，萬里同風，故春秋王者無外。偃巡封域之中，稱以'出疆'，何也？……"上善其詰。

　　案徐偃奉了漢武帝之命，到膠東國和魯國視察，他擅自發命，要這二國煮鹽、鑄鐵，他所根據的是春秋莊十九年"公子結媵陳人之婦於鄄，遂及齊侯、宋公盟"，公羊傳"此其言'遂'何？大夫受命，不受辭。出竟（境），有可以安社稷、利國家者，則專之可也"。但春秋原是諸侯割據的時代，和漢的中央集權時代的社會性質大不相同，所以終軍就用了公羊傳僖二十四年"王者無外"的話來駁他。從這裏，可以看出漢人所說的"通經致用"是非常勉強的，是方鑿圓枘、不相適應的；但也是可以各說各的理，圓通無礙的。

## 二、漢書·雋不疑傳

始元五年，有一男子乘黃犢車，建黃旂，衣黃襜褕，著黃冒（帽），詣北闕，自謂"衛太子"。公車以聞。詔使公卿、將軍、中二千石雜識視，⋯⋯莫敢發言。京兆尹不疑後到，叱從吏收縛。或曰："是非未可知，且安之!"不疑曰："諸君何患於衛太子! 昔蒯聵違命出奔，輒距而不納，春秋是之。衛太子得罪先帝，亡不即死，今來自詣，此罪人也!"遂送詔獄。天子與大將軍霍光聞而嘉之，曰："公卿大臣當用經術，明於大義。"繇（由）是名聲重於朝廷。

案漢武帝的太子據，在巫蠱之難中被江充誣陷，發兵殺充，事敗逃到湖縣自殺。武帝死，立幼子弗陵，是爲昭帝，那時忽有一個自稱舊太子的（衛是他的母姓），大模大樣地來到闕下。昭帝命許多大臣驗看，大家覺得他面貌有些相像，不敢斷說。正在狐疑不決的時候，雋不疑卻用了春秋之義，命縛送獄中。他的根據是春秋定十四年的"衛世子蒯聵出奔宋"。原來衛靈公太子蒯聵爲了不得父母的歡心，逃出國外，靈公死，遺命立蒯聵的兒子輒。後來晉國幫助蒯聵，把他送進衛國，輒就發兵拒絕了自己的父親。公羊傳哀三年稱讚輒，説他接受了祖父的命令，不爲了父子的私情而破壞繼統的正法，做得很對。雋不疑就根據了這句經，處理那個自稱"衛太子"的人，後經查明，他原來是賣卜者成方遂，就腰斬了。

## 三、漢書·儒林傳

王式⋯⋯爲昌邑王師。昭帝崩，昌邑王嗣位，以行淫亂廢。昌邑群臣皆下獄誅。……式繫獄當死。治事使者責問曰："師何以亡（無）諫書?"式對曰："臣以詩三百五篇朝夕授王。至於忠臣、孝子之篇，未嘗不爲王反復誦之也。至於危亡失道之君，未嘗不流涕爲王深陳之也。臣以三百五篇諫，是以亡諫書!"使者以聞，亦得減死論。

案詩經一書，大體上是歌詠情性，或鋪張政績；但到了漢人的手裏也成了道德教條，應用到政治上。這就開啟了衛宏毛詩序的一派作風，把三百五篇都放進"美"某君和"刺"某君的模型，使得全部詩經裏只有統治者的活動，人民群衆毫無地位，這不但曲解了原文，也塗改了歷史。

## 四、漢書・兩夏侯傳

夏侯始昌，魯人也，通五經，以齊詩、尚書教授。……明於陰陽，先言柏梁臺災日，至期日果災。……

族子勝……從始昌受尚書及洪範五行傳，說災異。……徵爲博士、光禄大夫。會昭帝崩，昌邑王嗣立，數出。勝當乘輿前諫曰："天久陰而不雨，臣下有謀上者，陛下出欲何之?"王怒，謂勝爲袄（妖）言，縛以屬吏。吏白大將軍霍光，……是時光與車騎將軍張安世謀，欲廢昌邑王。光讓安世，以爲泄語；安世實不言，乃召問勝。勝對言："在洪範傳，曰：'皇之不極，厥罰常陰，時則下人有伐上者。'惡察察言，故云'臣下有謀'"。光、安世大驚，以此益重經術士。

後十餘日，光卒與安世共白太后，廢昌邑王，尊立宣帝。光以爲群臣奏事東宮，太后省政，宜知經術，白令勝用尚書授太后，遷長信少府，賜爵關內侯。

　　按尚書裏有一篇洪範，説是箕子傳下來的治國、平天下的大法。它的主要思想是"天、人合一"，以爲凡是做君主的人，他的思想、行動處處受到上天的注意，如果他聰明恭敬，上天就會風調雨順，寒暑適中；如果他胡作非爲，那就會降下水旱之災，使得他活不下去。這原是古代的巫師裁抑君權的一種方法。到了漢代，尚書學家把它發展爲洪範五行傳，把天和人的關聯講得更加細密。夏侯始昌能預言火燒柏梁臺，他的姪子夏侯勝能預言霍光將廢昌邑王，這種偶然性的應驗使得漢人更加重了迷信的程度，劉向父子、眭孟、京房、谷永、李尋等人一齊鑽了進去，亂發議論，弄得當時人們局促不安，皇皇然如末日之將至，自己造謠言來恐嚇自己，然而卻成了漢代的"經術"的核心。這是儒生和方士的合流的結果。

# 五、漢書·王莽傳上

　　莽既尊重，欲以女配帝（平帝）爲皇后以固其權，奏言"皇帝即位三年，長秋宮未建，液廷媵未充。……請考論五經，定取（娶）禮，正十二女之義以廣繼嗣。……"事下有司，上衆女名，……莽恐其與己女爭，即上言："身亡（無）德，子材下，不宜與衆女並采。"……庶民、諸生、郎吏以上守闕上書者日千餘人，……咸言"明詔聖德巍巍如彼，安漢公盛勳堂堂若此。今當立后，獨奈何廢公女，天下安所歸命！願得公女爲天下母！"……太后不得已，聽公卿采莽女。……信鄉侯佟上言："春秋，天子將娶於紀，則褒紀子稱'侯'。安漢公國未稱古制。"事下有司，皆曰："古者天子封后父百里，尊而不臣，以重宗廟，孝之至也。佟言應禮，可許。請以新野田二萬五千六百頃益封莽，滿百里。"……莽深辭讓。……陳崇時爲大司徒司直，與……（張）竦相善，竦……爲崇草

奏，稱莽功德……曰：“竊見安漢公……將爲皇帝定立妃后，
有司上名，公女爲首。公深辭讓，迫不得已，然後受詔。……
皇后之尊，侔於天子，當時之會，千載希有，然而公……事
事謙退，動而固辭。書曰：‘舜讓於德，不嗣’，公之謂
矣。……臣聞功亡原（無量）者賞不限，……是以成王之與周
公也，度百里之限，越九錫之檢，開七百里之宇。……今陛
下既知公有周公功德，不行成王之褒賞，遂聽公之固辭，……
誠非所以爲國也。臣愚以爲宜恢公國，令如周公，……天下
幸甚！”……民上書者八千餘人，咸曰：“伊尹爲阿衡，周公
爲太宰。周公享七子之封，有過上公之賞，宜如陳崇言！”章
下有司，有司請還前所益二縣及黃郵聚、新野田，采伊尹、
周公稱號，加公爲“宰衡”，位上公。……太后臨前殿親封
拜，安漢公拜前，二子拜後，如周公故事。……

　　是歲莽奏起明堂、辟雍、靈臺，爲學者築舍萬區，作市
常滿倉，制度甚盛。……群臣奏言：“昔周公奉繼體之嗣，
據上公之尊，然後七年制度乃定。夫明堂、辟雍墮廢千載莫
能興，今安漢公起於第家，輔翼陛下，四年於茲，功德爛
然。公以八月載生魄庚子奉使朝用書，臨賦營築，越若翊辛
丑，諸生、庶民大和會，十萬衆咸集，平（丕）作二旬，大功
畢成。唐、虞發舉，成周造業，誠亡以加，宰衡位宜在諸侯
王上。……”詔曰：“可，其議九錫之法！”五年正月，祫祭明
堂，諸侯王二十八人、列侯百二十人、宗室千九百餘人徵助
祭。……是時，吏民以莽不受新野田而上書者，前後四十八
萬七千五百七十二人，及諸侯王、公、列侯、宗室見者皆叩
頭，言宜亟加賞於安漢公！……於是公卿大夫、博士、議
郎、列侯富平侯張純等九百二人皆曰：“聖帝明王招賢勸能，
德盛者位高，功大者賞厚，故宗臣有九命上公之尊則有九錫
登等之寵。今九族親睦，百姓既章，萬國和協，黎民時雍，

聖瑞畢臻，太平已洽。帝者之盛莫隆於唐、虞而陛下任之，忠臣茂功莫著於伊、周而宰衡配之，所謂'異時而興如合符'者也。謹以六藝通義、經文所見，周官、禮記宜於今者為九命之錫。臣請命錫！"奏可。……於是莽稽首再拜，受綠韍、袞冕、瑒瓚、瑒珌、句履、鸞路乘馬、龍旂九旒、皮弁素積、戎路乘馬、彤弓矢、盧弓矢、左建朱鉞、右建金戚、甲胄一具、秬鬯二卣、圭瓚二、九命青玉珪二、朱戶納陛，署宗官、祝官、卜官、史官，虎賁三百人，家令、丞各一人。……

泉陵侯劉慶上書，言："周成王幼少稱'孺子'，周公居攝。今帝富於春秋，宜令安漢公行天子事如周公！"群臣皆曰："宜如慶言！"冬……平帝疾，莽作策請命於泰畤，戴璧、秉珪，願以身代。藏策金縢，置於前殿，敕諸公勿敢言。十二月，平帝崩，……莽徵明禮者宗伯鳳等，與定天下吏六百石以上皆服喪三年。……時元帝世絕，而宣帝曾孫有見王五人、列侯廣戚侯顯等四十八人。莽惡其長大，曰："兄弟不得相為後"，迺（乃）選玄孫中最幼、廣戚侯子嬰，年二歲，託以為卜相最吉。是月，前煇光謝囂奏："武功長孟通浚井，得白石，上圓下方，有丹書著石，文曰：'告安漢公莽為皇帝。'"……莽使群公以白太后，太后曰："此誣罔天下，不可施行！"太保舜（王舜）等謂太后："事已如此，無可奈何！……"舜等即共令太后下詔曰："……玄孫年在繈褓，不得至德君子孰能安之！安漢公莽……與周公異世同符。今前煇光囂、武功長通上言丹石之符，朕深思厥意，云'為皇帝'者，乃攝行皇帝之事也。……其令安漢公居攝踐阼，如周公故事！……"於是群臣奏言："太后聖德昭然，深見天意，詔令安漢公居攝。臣聞周成王幼少，周道未成，成王不能共事天地，修文、武之烈，周公權而居攝則周道成，王室安，不居攝則恐周隊(墜)失天命。書曰:'我嗣事子孫大不克共上下,遏失前人光,在家不知命不易。天應棐諶,乃亡隊命。'說曰:'周公服天子之冕,南面而朝群臣,發號施令常稱"王命"。召公,賢人,不知聖人之意,故不說(悅)也。'禮明堂記曰:'周公朝諸侯於明堂,天子負斧依南面而立',謂周公踐天子位六年,朝諸侯,制禮、作樂而天下大服也。召公不說,時武王崩,縗麤未除。由是言之,周公始攝則居天子之位,非乃六年而踐阼也。……成王加元服,周公則致政。書曰:'朕復子明辟',周公常稱'王命',專行不報,故言'我復子明君'也。臣請安漢公居攝踐阼,服天子韍冕,背斧依於户牖之間,南面朝群臣,聽政事,車服出入警蹕,民臣稱'臣妾',皆如天子之制;郊祀天地,宗祀明堂,共(供)事宗廟,享祭群神,贊曰'假皇帝';民臣謂之'攝皇帝';自稱曰'予';平決政事,常以皇帝之詔稱'制':以奉順皇天之心,輔翼漢室,保安孝平皇帝之幼嗣,遂寄託之義,隆治平之化。其朝見太皇太后、帝、皇后,皆復臣節。自施政教於其宮、家、國、采,如諸侯禮故事。臣昧死請!"太后詔曰:"可。"明年,改元曰:"居攝"。……

按王莽靠了他的姑母元后的力量,在漢哀帝死後做了大司馬,政權在握,就處心積慮,用周公這個偶像裝扮自己,他的臣下,一方面威懾於他的權勢,另一方面也受了他的愚弄,居然把他擁護起來,進位爲宰衡,又進位爲攝皇帝,從此白稱受了漢高祖的"禪讓"而做了真皇帝。他處處用經術自文,一般士大夫們也儘量用經的文字來頌揚他,原有的經書不夠,就臨時造出古文經或塗改今文經來供他的需要,於是不流血的改朝換代竟成爲中國歷史上同民族的權臣竊國的公例。這是漢人"通經致用"到極端的表現。在這裏,我們可以看到,歷史是有着鮮明的階級性的,統治階級往往爲着他們的利益而玩弄歷史，所以漢武帝想做神仙，方士們就把他捧成了“活黃帝”（見史記封禪書），王莽想做皇帝，儒生們就把他捧成了“活周公”。六經是什麼？六經只是統治者們利用它來麻醉人民，取得自己利益的一種玩弄的工具。然而六經的本質竟是這樣了嗎？那決不然，我們要替它伸冤雪誣！

又按這文中説的“考論五經取十二女”，五經裏何曾有這項文字？“天子娶於紀”是公羊傳桓八年事，而“紀侯”一名已見於桓二年，説爲娶於紀而進紀君的爵實在不像，公羊傳中也無其文。史記封禪書説：“群儒既已不能辨明封禪事，……盡罷諸儒不用”，又説：“上欲治明堂奉高旁，未曉其制度”，可見漢儒對於古制實極茫昧，所以劉歆移書博士時直説：“至於國家將有大事，若立辟雍、封禪、巡狩之儀，則幽冥而莫知其原。”爲什麼到了王莽做了宰衡，在短短的二旬之內竟會湧現出明堂、辟雍、靈臺的大建築來，比較周公耗廢七年的時間才能制禮、作樂的要快得多呢？我們可以説，若不是有一批人專在討論新制度而假借了古禮的名詞來推行，是決不會這樣快的。“九命”之文固見於周官，但“九錫”的典制也出於王莽諸臣所臆造。平帝得病，王莽“作策請命泰時（祭天的廟），戴璧秉珪，願以身代，藏策金縢，敕諸公勿敢言”，都是鈔的尚書金縢篇，和他在討伐翟義時作大誥，把尚書大誥篇生吞活剥，是同樣的手腕。群臣奏請太后令王莽作攝皇帝時所引的書，見於君奭篇；説即當時尚書學家所作的書説。禮明堂記即小戴禮記的明堂位。“朕復子明辟”一語見尚書洛誥篇，原意是建造洛邑（成周）時，周公前去督工，對成王作的一篇報告，“復”原是“答話”的意思；給漢人一講，“復”竟成爲“交還”的意思，説是等到成王成年，周公即行交還政權，於是“復辟”一詞就成了失位的帝王重登寶座的專名，這真可謂“無中生有”！

# 第一講參考資料之三

## 一、廖平：漢·藝文志今、
## 古學經、傳師法表

易：施、孟、梁丘、京、高。（按此五家，今學也。班於今
　　學皆不加"今"字。）

易：費。（按此一家，古學也。班不言古經）
　　班曰："漢興，田和傳之。訖於宣、元，有施、孟、梁
　　丘、京氏列於學官，而民間有費、高二家之説。劉向以
　　中古文易經校施、孟、梁丘經，或脱去'無咎'、'悔
　　亡'。惟費氏經與古文同。"

尚書：經二十九卷。（班注："大、小夏侯二家。歐陽經二十
　　二卷。"①師古曰："此二十九卷，伏生傳授者。"按此
　　今學。）

尚書：古文經四十六卷。（班注："爲五十七篇。"按此古學，
　　班言古經。）
　　班曰："秦燔書禁學，濟南伏生獨壁藏之。漢興，亡
　　失；求得二十九篇，以教齊、魯之間。訖孝宣世，有
　　歐陽，大、小夏侯氏立於學官。古文尚書者，出孔子
　　壁中，武帝末，魯恭王壞孔子宅，欲以廣其宮，而得

---

① "歐陽經二十二卷"是"三十二卷"之誤。從漢石經殘字看，它把盤庚篇分爲三，多
出二篇，又增書序一篇，連同原有二十九篇，共得三十二篇。

古文尚書及禮記、論語、孝經，凡數十篇，皆古字
也。孔安國者，孔子後也，悉得其書，以考二十九
篇，得多十六篇。安國獻之；遭巫蠱事，未列於學
官。劉向以中古文校歐陽，大、小夏侯三家經文，酒
誥脫簡一，召誥脫簡二。率簡二十五字者，脫亦二十
五字；簡二十二字者，脫亦二十二字。文字異者七百
有餘。脫字數十。”

詩：經二十八卷，魯、齊、韓三家。（按此三家，今學。）

毛詩：二十九卷。（按此古學，班不言古經。）

　　　班曰：“漢興，魯申公爲詩訓故，而齊轅固、燕韓生
　　　皆爲之傳，三家皆列於學官。又有毛公之學，自謂子
　　　夏所傳，而河間獻王好之，未得立。”

禮：經七十篇①（后氏、戴氏）。記百三十一篇（七十子後學者
　　　所記也。）明堂陰陽三十三篇（古明堂之遺事）。王史氏二
　　　十一篇（七十子後學者。劉向別錄云：“六國時人也”）。
　　　曲臺后蒼九篇。（按此今學。）

禮：古經五十六卷。周官經六篇。（王莽時，劉歆置博士。
　　　師古曰：“即今之周官禮也。亡其冬官，以考工記充
　　　之。”按此古學，班言古經。）

　　　班曰：“漢興，魯高堂生傳士禮十七篇。訖孝宣世，后
　　　蒼最明；戴德、戴聖、慶普皆其弟子，三家立於學官。
　　　禮古經者，出於魯淹中。”

春秋：經十一卷（公羊、穀梁二家）。公羊傳十一卷；穀梁傳
　　　十一卷（公羊子，齊人。穀梁子，魯人）。（按此
　　　今經。）

春秋：古經十二篇。左氏傳三十卷（左丘明，魯太史）。（按

---

① “禮經七十篇”是“十七篇”之誤。下文云：“魯高堂生傳士禮十七篇”可證。

此古學，班言古經。）

班曰："公羊、穀梁，立於學官。"

論語：魯二十篇。齊二十二篇（多問王、知道）。（按此
　　　今經。）

論語：古二十一篇（出孔子壁中，兩子張）。（按此古學，班
　　　言古經。）

　　班曰："漢興，有魯、齊之説。傳齊論者，昌邑中尉
　　王吉、少府宋畸、御史大夫貢禹、尚書令五鹿充宗、
　　膠東庸生；唯王陽①名家。傳魯論者，常山都尉龔奮、
　　長信少府夏侯勝、丞相韋賢、魯扶卿、前將軍蕭望
　　之、安昌侯張禹，皆名家；張氏最後而行於世。"

孝經一篇（十八章。長孫氏、江氏、后氏、翼氏四家。）（按此
　　　今學。）

孝經：古孔氏一篇（二十二章。劉向云："古文字也。庶人章
　　　分爲二也，曾子敢問章爲三，又多一章②，凡二十二
　　　章。"）（按此古學。）

　　班曰："漢興，長孫氏、博士江翁、少府后蒼、諫大
　　夫翼奉、安昌侯張禹傳之，各自名家，經文皆同；唯
　　孔氏壁中古文爲異。'父母生之，續莫大焉'，'故親
　　生之膝下'，諸家説不安處，古文字、讀皆異。"

　　按此漢人今、古分派之始也。經在先秦前已有二派，一
主孔子，一主周公，如三傳是也。齊、魯，今學；燕、趙，
古學。漢初，儒生、達者皆齊、魯，以古學爲異派，抑之，
故致微絶。當時今學已立學官，而民間古學間有傳者（如毛
詩、費易）。後孔壁古經出，好古之士復據此與今學相難，

---

①　"王陽"，即上文"王吉"。王吉，字子陽，故有此錯舉之名。
②　孝經多出一章，是閨門章，其文曰："閨門之内具禮矣乎？嚴父，嚴兄。妻、子、
　　臣、妾，猶百姓徒役也。"

今學亦無以奪之，雖不立學官，隱有相敵之勢。至於劉歆，校書得古文，古學愈顯。世以孔壁所出經皆古字，別異於今學，號曰古經，與博士本並行。至後漢而"今"、"古"之名立矣。

## 二、龔自珍：説中古文

成帝命劉向領校中五經秘書。但中古文之説，余所不信。

秦燒天下儒書，漢因秦宮室，不應宮中獨藏尚書。一也。

蕭何收秦圖籍，乃地圖之屬，不聞收易與書。二也。

假使中秘有尚書，何必遣鼌錯往伏生所受廿九篇？三也。

假使中秘有尚書，不應安國獻孔壁書，始知曾多十六篇。四也。

假使中秘有尚書，以武、宣之爲君，諸大儒之爲臣，百餘年間無言之者，不應劉向始知校召誥、酒誥，始知與博士本異文七百。五也。

此中秘書既是古文，外廷所獻古文遭巫蠱不立，古文亦不亡，假使有之，則有燒書者更始之火，赤眉之火，而非秦火矣。六也。

中秘既是古文，外廷自博士以迄民間應奉爲定本，斠若畫一，不應聽其古文家、今文家紛紛異家法。七也。

中秘有書，應是孔門百篇全經，不但舜典九共之文終西漢世具在，而且孔安國之所無者亦在其中，孔壁之文又何足貴，今試考其情事，然邪不邪？八也。

秦火後千古儒者獨劉向、歆父子見全經，而平生不曾於廿九篇外引用一句，表章一事。九也。

亦不傳受一人，斯爲空前，斯爲絕後，此古文者跡過如掃矣，異哉，異至於此！十也。

假使中秘書並無百篇，則向作七略當載明是何等篇，其不存者亡於何時，其存者又何所受也。而皆無原委，千古但聞有中古文之名。十一也。

中秘既有五經，獨易、書著，其三經何以蔑聞？十二也。

當（成）帝之時，以中書校百兩篇非是。予謂此中古文亦張霸百兩之流亞，成帝不知而誤收之。或即劉歆所自序之言如此，訖於其父，並無此事。古文書如此，古文易可知，宜其獨與絕無師承之費直易相同而不與施、孟、梁丘同也。

漢書劉向一傳本非班作。歆也博而詐，固也佝而願！

按漢書藝文志中可糾彈的地方甚多，而易、書條下兩次提到劉向以中古文校博士經文如何不同，這中古文是皇室所藏的古文經，不是一般人所能見，劉歆既總校書之任，自可利用他的特殊地位，假稱祕府有古文經，又假稱他的父親劉向曾加校勘，從而壓低博士的今文經，以便推行自己所創的新說。從廖平所列的表裏，可以看出到了劉歆的時代，各經都已具備古文經，和今文經相對立。今文經固然也是疑問重重，又且自相衝突，未必一定可信，但它究竟是戰國以來逐漸演變而成，有師承可尋；而古文經則是"異軍蒼頭突起"，它不需有師承，只消自說自證，好象仙家用了手法，頃刻間開了滿院的花，美固美矣，無如其終是"幻術"何！（廖氏說經在先秦前已有二派，龔氏說劉歆不曾表章一事，都不合事實。）

又按，經學醞釀於戰國而完成於兩漢，兩漢時代，今、古文的分門別派是一個絕大的問題，這不但關係到經書，也關係到古

代的歷史和制度。這個問題，在這裏先發其凡，以後當再在各部
經書中分開來講。

# 第一講參考資料之四
# 漢代今、古文經學鬥爭的實例

## 一、漢書・楚元王傳

　　（劉）歆，字子駿，少以通詩、書，能屬文，召見成
帝。……受詔與父向領校祕書，講六藝、傳、記、諸子、詩
賦。……哀帝初即位，大司馬王莽舉歆宗室有材行。……貴
幸，復領五經，卒父前業。歆乃集六藝群書，種別爲七略，
語在藝文志。

　　歆及向始皆治易。宣帝時，詔向受穀梁春秋，十餘年，
大明習。及歆校祕書，見古文春秋左氏傳，歆大好之。時丞
相史尹咸以能治左氏，與歆共校經、傳。歆略從咸及丞相翟
方進受，質問大義。初，左氏傳多古字、古言，學者傳訓故
而已；及歆治左氏，引傳文以解經，轉相發明，由是章句、
義理備焉。歆亦諶靖有謀，父子俱好古，博見彊志，過絕於
人。歆以爲左丘明好惡與聖人同，親見夫子，而公羊、穀梁
在七十子後，傳聞之與親見之，其詳略不同。歆數以難向，
向不能非間也，然猶自持其穀梁義。

　　及歆親近，欲建立左氏春秋及毛詩、逸禮、古文尚書皆
列於學官。哀帝令歆與五經博士講論其義，諸博士或不肯置
對。歆因移書太常博士責讓之，曰：

　　"昔唐、虞既衰而三代迭興，聖帝、明王累起相襲，其道甚著。周室既微而禮、樂不正，道之難全也如此。是故孔子憂道之不行，歷國應聘，自衞反魯，然後樂正，雅、頌乃得其所，修易，序書，制作春秋，以紀帝王之道。

　　"及夫子没而微言絕，七十子終而大義乖。重遭戰國，棄籩豆之禮，理軍旅之陳，孔氏之道抑而孫、吳之術興。陵夷至於暴秦，燔經書，殺儒士，設'挾書'之法，行'是古'之罪，道術由是遂滅。

　　"漢興，去聖帝、明王遐遠，仲尼之道又絕，法度無所因襲。時獨有一叔孫通，略定禮儀。天下唯有易卜，未有它書。至孝惠之世乃除'挾書'之律，然公卿大臣絳、灌之屬咸介胄武夫，莫以爲意。至孝文皇帝，始使掌故朝錯從伏生受尚書。尚書初出於屋壁，朽折散絕；今其書見在，時師傳讀而已。詩始萌牙。天下衆書往往頗出，皆諸子傳説，猶廣立於學官，爲置博士。在漢朝之儒，唯賈生而已。

　　"至孝武皇帝，然後鄒、魯、梁、趙頗有詩、禮、春秋先師，皆起於建元之間。當此之時，一人不能獨盡其經，或爲雅，或爲頌，相合而成。泰誓後得，博士集而讀之。故詔書稱曰：'禮壞樂崩，書缺簡脱，朕甚閔焉！'時漢興已七八十年，離於全經固已遠矣。

　　"及魯恭王壞孔子宅，欲以爲宮，而得古文於壞壁之中，逸禮有三十九，書十六篇。天漢之後，孔安國獻之；遭巫蠱倉卒之難，未及施行。及春秋左氏，丘明所修，皆古文舊書，多者二十餘通，臧於祕府，伏而未發。孝成皇帝閔學殘文缺，稍離其真，乃陳發祕臧，校理舊文，得此三事，以考學官所傳，經或脱簡，傳或間編。傳問民間，則有魯國柏（桓）公、趙國貫公、膠東庸生之遺學與此同，抑而未施，此乃有識者之所惜閔、士君子之所嗟痛也。

“往者綴學之士，不思廢絕之闕，苟因陋就寡，分文析字，煩言碎辭，學者罷老且不能究其一藝。信口説而背傳、記，是末師而非往古。至於國家將有大事，若立辟雍、封禪、巡狩之儀，則幽冥而莫知其原。猶欲保殘守缺，挾‘恐見破’之私意，而無‘從善服義’之公心。或懷妬嫉，不考情實，雷同相從，隨聲是非，抑此三學，以尚書爲備，謂左氏爲不傳春秋，豈不哀哉！

“今聖上德通神明，繼統揚業，亦閔文學錯亂，學士若兹，雖昭其情，猶依違謙讓，樂與士君子同之，故下明詔，試左氏可立不？遣近臣奉指銜命，將以輔弱扶微，與二三君子比意同力，冀得廢遺。今則不然，深閉固距而不肯試，猥以不誦絕之，欲以杜塞餘道，絕滅微學。夫‘可與樂成，難與慮始’，此乃衆庶之所爲耳，非所望士君子也。且此數家之事皆先帝所親論，今上所考視，其古文舊書皆有徵驗，外内相應，豈苟而已哉！夫‘禮失求之於野’，古文不猶愈於野乎？往者博士，書有歐陽，春秋公羊，易則施、孟，然孝宣皇帝猶復廣立穀梁春秋、梁丘易、大、小夏侯尚書，義雖相反，猶竝置之。何則？與其過而廢之也，寧過而立之。傳曰：‘文、武之道未墜於地，在人，賢者志其大者，不賢者志其小者。’今此數家之言，所以兼包大小之義，豈可偏絕哉！若必專己守殘，黨同門，妬道真，違明詔，失聖意，以陷於文吏之議，甚爲二三君子不取也！”

其言甚切，諸儒皆怨恨。是時名儒光禄大夫龔勝以歆移書，上疏深自罪責，願乞骸骨罷。及儒者師丹爲大司空，亦大怒，奏歆“改亂舊章，非毁先帝所立”。上曰：“歆意欲廣道術，亦何以爲非毁哉！”歆由是忤執政大臣，爲衆儒所訕，懼誅，求出補吏，爲河内太守。……

會哀帝崩，王莽持政，莽少與歆俱爲黄門郎，重之，白

太后，太后留歆爲右曹太中大夫，遷中壘校尉、羲和、京兆
尹，使治明堂、辟雍，封紅休侯，典儒林、史、卜之官，考
定律、曆，著三統曆譜。

按漢政權穩固後，漸漸注意到文化，搜集前代書籍，"外則
有太常、太史、博士之藏。內則有延閣、廣內、秘室之府"，"百
年之間，書積如山"（均劉歆七略語）。到成帝時，又"使謁者陳農
求遺書於天下，詔光祿大夫劉向校經、傳、諸子、詩賦，步兵校
尉任宏校兵書，太史令尹咸校數術，侍醫李柱國校方技"（見漢書
藝文志）。劉歆得到成帝的賞識，令他和他的父親劉向一起工作。
劉向死後，哀帝又令劉歆做完劉向未完的工作。在這樣特殊的環
境下，他接觸了很多的古書，尤其是可以增補六經之缺的逸禮、
逸書和左氏春秋三種古文經典，以及講詩經比齊、魯、韓三家講
得比較正確的毛詩，他更覺得應當立於學官，令後學者提高對於
經典的認識。這一個提議，從我們看來，無疑是大該贊同的，可
是漢朝的一班博士都是十足的宗派主義者，他們故步自封，不願
意有新起的優越的力量插入自己的勢力範圍，使得自己的鐵飯碗
有砸破的危險，所以他們一致拒絕，說尚書二十九篇已經是全
書，再不需要增加了；又說左丘明本不是傳春秋的人，他的書不
能成爲春秋的"傳"。爲了抵抗他們的壓迫，劉歆就寫了這封"情
文並茂"的長信來駁斥他們。然而"孤掌難鳴"，劉歆到底只得請
補外官，離開了長安。

話得說回來，博士們的話也不能說是完全錯誤。號爲春秋左
氏傳的這部書是經過劉歆加工的，它固然記春秋時代的事情最爲
詳悉，可以幫助人們瞭解春秋，但它確不是春秋的傳。這有許多
證據，當在左傳一講中提出。這書既爲劉歆所加工，不可能不爲
那時的政治服務，所以王莽在毒殺平帝、迎立孺子嬰、想自封爲
"攝皇帝"的時候，左傳上就出現了隱公元年"不書'即位'，攝也"

之文；連逸書嘉禾篇也説："周公奉鬯，立于阼階，延登，贊曰：'假王莅政，勤和天下。'"（見王莽傳）至於這封信裏，牴牾處着實不少。即如魯恭王得逸禮、逸書這件事，按漢書諸侯王表，恭王死於武帝元朔元年（前 128），下到征和二年（前 92）巫蠱事起，凡歷三十八年，恭王造宮室當更在其前，何以在這段長時間内毫無動靜，究竟是孔安國不獻呢，還是他獻了而武帝不予表章呢？司馬遷記武帝時事最詳，何以這件大事在史記儒林傳裏竟不記載一字呢？這豈不是比泰誓一發現而博士即集讀入書，史記也即鈔其文入周本紀的相差得太遠了呢？而且司馬遷作孔子世家已説孔安國"早卒"了，難道他能捱到"天漢之後"（前 96 後）再獻書嗎？所以劉歆的學問雖博，文章雖好，可是他卻不是一個忠誠老實的人；他所表章的古書固然有價值，但已滲入了他的主觀的成分和漢代政治的需求，我們必須仔細分析它才不致於受他的蒙蔽。

## 二、漢書·王莽傳上

（王）莽奏起明堂、辟雍、靈臺，爲學者築舍萬區。……立樂經。益博士員，經各五人。徵天下通一藝、教授十一人以上，及有逸禮、古書、毛詩、周官、爾雅、天文、圖讖、鍾律、月令、兵法、史篇文字，通知其意者，皆詣公車。網羅天下異能之士，至者前後千數，將令正乖謬、壹異説云。

按這是平帝五年（公元 5）的事。那時王莽官宰衡，爵號安漢公，大權在握，劉歆是他的好朋友，得到他的盡力幫助，所以劉歆久想提倡的古文經學，不但哀帝時沒有立成的四種古文經典全已立學，而且樂經也來了，周官也來了，根據毛詩作的爾雅也來了。有數千個"異能之士"來幫同他正博士們的"乖謬"，這個新學派的力量多麼强大？原來堅決反對劉歆的博士們只得"反舌無聲"了。

# 三、後漢書・范升傳

時尚書令韓歆上疏，欲爲費氏易、左氏春秋立博士，詔下其議。四年正月，朝公卿、大夫、博士見於雲臺。帝曰："范博士可前平說！"升起對曰："左氏不祖孔子而出於丘明，師徒相傳又無其人。且非先帝所存，無因得立。"遂與韓歆及太中大夫許淑等互相辯難，日中乃罷。升退而奏曰："⋯⋯近有司請置京氏易博士，群下執事莫能據正。京氏既立，費氏怨望。左氏春秋復以比類亦希置立。京、費已行，次復高氏。春秋之家又有騶、夾。如令左氏、費氏得置博士，高氏、騶、夾五經奇異，並復求立，各有所執，乖戾分爭。⋯⋯今費、左二學，無有本師而多反異。先帝前世有疑於此，故京氏雖立，輒復見廢。⋯⋯謹奏左氏之失凡十四事。"時難者以太史公引左氏，升又上太史公違戾五經，謬孔子言，及左氏春秋不可錄三十一事。詔以下博士。

按王莽既敗，立於博士的古文經全都給光武帝廢掉。但因王莽時代劉歆的有力推行，古文經也確實保存了若干古代文獻，所以學術界中古文經的影響依然存在，私人授受不乏其人，東漢初年依然成了一個爭說的問題。范升和韓歆們的爭論，在這奏文中雖只考慮了兼立古文後的"乖戾分爭"的不便，但他還有奏左氏之失十四事和左氏春秋不可錄三十一事專攻擊左傳，可惜没有傳下來，不知道他所以反對的道理；看他說的左傳"無有本師而多反異"，可知他注重的還是哀帝時博士們所說"左氏不傳春秋"這個意思。

## 四、後漢書‧儒林傳

李育少習公羊春秋，頗涉獵古學。嘗讀左氏傳，雖樂文采，然謂不得聖人深意。以爲前世陳元、范升之徒更相非折，而多引圖讖，不據理體，於是作難左氏義四十一事。

按左氏一書本是記的春秋時的歷史，不是作的所謂孔子的春秋經的傳。劉歆們比附了公羊傳和穀梁傳的義例，來把它改頭換面，作成另一部春秋傳，所以班固説："及歆治左氏，引傳文以解經，轉相發明，由是章句、義理備焉。"崔適春秋復始質問得好："傳自解經，何待歆引？歆引以解，則非傳文。"范升、李育等反對左傳，不能從歷史源頭上去解決，而只是支支節節地提出了若干事件來反駁，卻又"樂"它的"文采"，那是不能直揭它的真面目的。這個問題要等到清代中葉劉逢禄作了左氏春秋考證，才引入研究的正軌。至於完全解決，像龔自珍所説的"剗去劉歆所附益"，還有待於將來呢。

# 第一講參考資料之五
# 龔自珍六經正名

龔自珍曰：孔子之未生，天下有六經久矣。莊周天運篇曰："孔子曰：'某以六經姦（干）七十君而不用。'"記（禮記經解）曰："孔子曰：'入其國，其教可知也'，有易、書、詩、禮、樂、春秋之教。"孔子所覿易、書、詩，後世知之矣。若夫孔子所見禮，即漢世出於淹中之五十六篇；孔子所謂春秋，周世所藏百二十國寶書是也。是故孔子曰："述而不作"，司馬遷曰："天下言六藝者折衷於孔子。"六經、六藝之名由來久遠，不可以臆增益。

善夫，漢劉向之爲七略也！班固仍之，造藝文志，序六藝爲九種：有經，有傳，有記，有群書。傳則附於經，記則附於經，群書頗關經則附於經。

何謂傳？書之有大、小夏侯、歐陽，傳也。詩之有齊、魯、韓、毛，傳也。春秋之有公羊、穀梁、左氏、鄒、夾氏，亦傳也。

何謂記？大、小戴氏所録凡百三十有一篇是也。

何謂群書？易之有淮南道訓、古五子十八篇，群書之關易者也。書之有周書七十一篇，群書之關書者也。春秋之有楚漢春秋、太史公書，群書之關春秋者也。然則禮之有周官、司馬法，群書之頗關禮經者也。

漢二百祀，自六藝而傳、記，而群書，而諸子畢出，既大備。微夫劉子政氏之目録，吾其如長夜乎！何居乎世有七經、九經、十經、十二經、十三經、十四經之喋喋也！

或以傳爲經，公羊爲一經，穀梁爲一經，左氏爲一經。審如是，則韓亦一經，齊亦一經，魯亦一經，毛亦一經，可乎？歐陽一經，而夏侯各一經，可乎？易三家，禮分慶、戴，春秋又有鄒、夾。漢世總今、古文，爲經當十有八，何止十三！如其可也，則後世名一家説經之言甚衆，經當以百數。

或以記爲經，大小戴二記畢稱經。夫大小戴二記古時篇篇單行，然則禮經外當有百三十一經。

或以群書爲經。周官晚出，劉歆始立；劉向、班固灼知其出於晚周、先秦之士之掇拾舊章，所爲附之於禮，等之於明堂陰陽而已。後世稱爲經，是爲述劉歆，非述孔氏。

善夫，劉子政氏（向）之序六藝爲九種也，有苦心焉，斟酌曲盡善焉。序六藝矣，七十子以來尊論語而譚孝經、小學者，又經之戶樞也，不敢以論語夷於記、夷於群書也，不必孝經還之記、還之群書也，又非傳，於是以三種爲經之貳。雖爲經之貳，而仍不敢悍然加以經之名，向與固可謂博學、明辨、慎思之君子者哉！詩云："自古在昔，先民有作"，向與固豈非則古昔、崇退讓之君子哉！後世又以論語、孝經爲經，假使論語、孝經可名經，則向早名之，且曰："序八經"，不曰"序六藝"矣。仲尼未生，先有六經；仲尼既生，自明"不作"。仲尼曷嘗率弟子使筆其言以自制一經哉！亂聖人之例、淆聖人之名實以爲尊聖，怪哉非所聞，非所聞！

然且以爲未快意，於是乎又以子爲經。漢有傳、記博士，無諸子博士。且夫"子"也者，其術或醇或疵，其名反高於傳、記。傳、記也者，弟子傳其師、記其師之言也；諸子也者，一師之自言也。傳、記，猶天子畿內卿大夫也；諸子，猶公侯各君其國，各子其民，不專事天子者也。今出孟子於諸子，而夷之於二戴所記之間，名爲尊之，反卑之矣，子輿氏之靈其弗享是矣！

問：子政以論語、孝經爲經之貳，論語、孝經則若是班乎？答：否，否！孝經者，曾子以後支流苗裔之書，平易汎濫，無大疵，無閟意眇指，如置之二戴所録中，與坊記、緇衣、孔子閒居、曾子天圓比，非中庸、祭義、禮運之倫也。本朝立博士，向與固因本朝所尊而尊之，非向、固尊之也。然則劉向、班固之序六藝爲九種也，北斗可移，南山可隳，此弗可動矣！

後世以傳爲經，以記爲經，以群書爲經，以子爲經，猶以爲未快意，則以經之輿儓爲經，爾雅是也。爾雅者，釋詩、書之書，所釋又詩、書之膚末，乃使之與詩、書抗，是尸祝、興儓之鬼配食昊天上帝也。

## 六經正名答問一

問：傳、記及爾雅之爲經，子斥之，以其不古也。孝經之名古矣，胡斥之？

答：孝經之名經，視他傳、記古矣，視孔氏之世之六經則不古。緯不云乎，"仲尼未生，已有六經；仲尼之生，不作一經"。子惑是，則惑於元命苞、鉤命決而已矣。周官之稱經，王莽所加。

## 六經正名答問二

問：張楫以降，論爾雅者衆矣，以孰爲正？

答：以宋鄭樵之説爲正。

然則雅可廢耶？

答：否，否！尚寶史游急救，豈不寶雅！尚尊許慎説文，豈不尊雅！尚信毛萇詩傳，豈不信雅！後聖如起，莫之廢也。釋訓一篇，最冗，最誕，最僑鄙，最不詞，如夾漈（鄭樵）言。

## 六經正名答問三

問：六藝之有樂，謂聲容，不謂竹帛，明矣。周官大司樂篇之存，竇公所獻，戴氏所録，其存於天地也，不得謂韶濩之存於天地也明矣。班氏乃採小戴記之一篇。以當六藝之一，何居？

答：子之言是也，而不可以責向與固也。向若曰：此樂之見於大略者爾。名爲七略則不得不然；名爲藝文志則不得不然。

## 六經正名答問四

問：三禮之名始何時？

答：始熹平立石經時。夫小戴尊矣，抑王言、保傳之篇善矣，夏小正視月令古矣。曾子十八篇亡，厓略稍稍見，大戴又有功焉。公冠、投壺、諸侯遷廟、諸侯釁廟，又班氏所稱，其文與十七篇相似者也，則是淹中經之四篇也。然而蔡邕不書大戴，盧植、鄭玄不注大戴，用心亦有頗焉。

## 六經正名答問五

問：吾子之言，以經還經，以記還記，以傳還傳，以群書還群書，以子還子，五者正名之功碩矣。今天下古書益少，如其寫定於先生之堂，六藝九種以誰氏爲配？

答曰：我其縱言之。

周書去其淺誕，剔其譌衍，寫定十有八篇；穆天子傳六篇；百篇書序；三代宗彝之銘可讀者十有九篇；秦陰一篇（此篇本在周書七十一篇之中，其目存，其文佚。予定爲秦昭襄王時書，即今世所傳陰符經也）；桑欽水經一篇：以配二十九篇之尚書。

左氏春秋（宜剔去劉歆所竄益）；春秋公羊傳；鄭語一篇及太史公書：以配春秋。

重寫定大戴記（存十之四）、小戴記（存十之七）；加周髀算經、九章算經、考工記、弟子職、漢官舊儀：以配禮古經。

屈原賦二十五篇；漢房中歌、郊祀歌、鏡歌：以配詩。

許氏說文：以配小學。

是故，書之配六，詩之配四，春秋之配四，禮之配七，小學之配一。

今夫穀梁不受春秋制作大義，不得爲春秋配也。國語、越絕、戰國策，文章雖古麗，抑古之雜史也，亦不以配春秋。周官五篇，既不行於周，又未嘗以行於秦、漢，文章雖閎侈，志士之空言也，故不以配禮。若夫詩小序，不能得詩之最初義，往往取賦詩斷章者之義以爲義，豈書序之倫哉，故不得爲詩之配。

竊又以焦氏易林、伏生尚書大傳（惠棟輯逸）、世本（洪飴孫輯逸)、董仲舒書之第二十三篇(盧文弨校本)、周官五篇，此五者附於易、書、春秋、禮經之尾，如附庸之臣王者，雖不得爲記，得以其屬籍通，已爲之尊矣。盡之矣，盡之矣！

或曰：胡不以老子配易，以孟子、荀子配論語？

應之曰：經自經，子自子。傳、記可配經，子不可配經。雖使曾子、漆雕子、子思子之書具在，亦不配以論語，羼也發其崇矣。

按六經本是古代王者的政典，不是儒家所得而專有。只因儒家崇古，從孔子以下世世取它作讀本，又加上孔子删述的傳說，好像其中處處有孔子的哲學在，因此在漢王朝極端利用孔子的偶像作爲鞏固自己的統治權的工具的時候，就把六經(實只五經，樂是一句空話)和記錄孔子言行的論語和孝經一起立於博士，作爲全國人民的教育工具。可是六經是官書，論語和孝經則是私家的著述，這就把經的範圍搞得混亂了。劉向、歆父子編七略，班固因之作藝文志，序六藝爲九種，除六經爲六種外，又把論語爲一種，孝經和爾雅爲一種，史籀和蒼頡等啟蒙讀本(正如後世的三字經、千字文，所以稱爲"小學")爲一種。爾雅是分類解釋古書(也不限於六經)的工具書，和孝經的宣揚封建道德的絕不同型，可是放在一起，可知劉向們對於經書的類別也並未有很好的斟酌。龔氏此文，把經和傳、記、群書、諸子、字義書分析開來，從而使人明白認識在現有的經裏，有最早的記錄(經)，有後人附加的記錄(傳、記)，有和經雖沒有直接關係而尚有參考價值的資料(如逸周書、周官)，有從子書中硬拉到經裏的(如孟子，其實論語也何嘗不是)，又有辭書(如爾雅)，所謂十三經也者並沒有一貫的孔子思想，而只是拉雜拼湊起來的一部叢書，這就打破了兩千多年來人們對於經書的籠統的迷信。

# 第二講參考資料之一
# 同型的詩和不同型的毛詩序（示範）

## 甲、祭祀詩

| 小雅楚茨 | 詩序 |
|---|---|
| 濟濟蹌蹌，絜爾牛羊，<br>以往蒸嘗。<br>或剝或亨，或肆或將。<br>祝祭於祊，祀事孔明。<br>先祖是皇，神保是饗，<br>孝孫有慶。<br>報以介福，萬壽無疆。 | 楚茨，刺幽王也。<br>政煩賦重，田萊多荒，<br>饑饉降喪，民卒流亡，<br>祭祀不饗，故君子思古焉。 |
| 大雅鳧鷖<br>鳧鷖在涇，公尸來燕來寧。<br>爾酒既清，爾殽既馨，<br>公尸燕飲，福祿來成！<br><br>鳧鷖在沙，公尸來燕來宜。<br>爾酒既多，爾殽既嘉，<br>公尸燕飲，福祿來爲！ | 詩序<br>鳧鷖，守成也。<br>太平之君子能持盈守成，<br>神祇祖考安樂之也。 |

# 乙、宴會詩

| | |
|---|---|
| 召南草蟲<br>喓喓草蟲，<br>趯趯阜螽。<br>未見君子，<br>憂心忡忡。<br>亦既見止，<br>亦既覯止，<br>我心則降！ | 詩序<br>草蟲，大夫妻能以禮自防也。 |
| 王風采葛<br>彼采葛兮。<br>一日不見，<br>如三月兮！<br><br>彼采艾兮。<br>一日不見，<br>如三歲兮！ | 詩序<br>采葛，懼讒也。 |
| 鄭風風雨<br>風雨淒淒，<br>雞鳴喈喈。<br>既見君子，<br>云胡不夷！<br><br>風雨如晦，<br>雞鳴不已。<br>既見君子，<br>云胡不喜！ | 詩序<br>風雨，思君子也。亂世則思君子不改其度焉。 |

| 秦風晨風 | 詩序 |
|---|---|
| 山有苞棣，<br>隰有樹檖。<br>未見君子，<br>憂心如醉。<br>如何如何，<br>忘我實多！ | 晨風，刺康公也。忘穆公之業，始棄其賢臣焉。 |
| 小雅菁菁者莪 | 詩序 |
| 菁菁者莪，<br>在彼中沚。<br>既見君子，<br>我心則喜！<br><br>汎汎楊舟，<br>載沈載浮。<br>既見君子，<br>我心則休！ | 菁菁者莪，樂育材也。君子能長育人材，則天下盡樂之矣。 |
| 小雅裳裳者華 | 詩序 |
| 裳裳者華，<br>其葉湑兮。<br>我覯之子，<br>我心寫兮。<br>我心寫兮，<br>是以有譽處兮！ | 裳裳者華，刺幽王也。古之仕者世禄；小人在位則讒諂並集，棄賢者之類，絕功臣之世焉。 |

續表

| | |
|---|---|
| 小雅都人士<br>彼都人士，<br>臺笠緇撮。<br>彼君子女，<br>綢直如髮。<br>我不見兮，<br>我心不説！ | 詩序<br>都人士，周人刺衣服無常也。古者長民衣服不貳，從容有常，以齊其民，則民德歸壹，傷今不復見古人也。 |
| 小雅隰桑<br>隰桑有阿，<br>其葉有難。<br>既見君子，<br>其樂如何！<br><br>心乎愛矣，<br>遐不謂矣！<br>中心藏之，<br>何日忘之！ | 詩序<br>隰桑，刺幽王也。小人在位，君子在野，思見君子，盡心以事之。 |

# 丙、戀愛詩

| | |
|---|---|
| 周南關雎<br>關關雎鳩，在河之洲。<br>窈窕淑女，君子好逑。<br><br>參差荇菜，左右流之。<br>窈窕淑女，寤寐求之。<br><br>求之不得，寤寐思服。<br>悠哉悠哉，輾轉反側！ | 詩序<br>關雎，后妃之德也，風之始也。所以風天下而正夫婦也。……是以關雎樂得淑女以配君子，憂在進賢，不淫其色，哀窈窕，思賢才，而無傷善之心焉。 |

| 陳風澤陂 | 詩序 |
|---|---|
| 彼澤之陂，有蒲與荷。<br>有美一人，傷如之何！<br>寤寐無爲，涕泗滂沱！<br><br>彼澤之陂，有蒲菡萏。<br>有美一人，碩大且儼。<br>寤寐無爲，輾轉伏枕！ | 澤陂，刺時也。言靈公君臣淫於其國，男女相說，憂思感傷焉。 |
| 陳風月出 | 詩序 |
| 月出皎兮，佼人僚兮，<br>舒窈糾兮，勞心悄兮！<br><br>月出皓兮，佼人懰兮，<br>舒懮受兮，勞心慅兮！<br><br>月出照兮，佼人燎兮，<br>舒夭紹兮，勞心慘兮！ | 月出，刺好色也，在位不好德而說美色焉。 |

# 第二講參考資料之二

## 1. 起興

（下略，見全集顧頡剛民俗論文集卷一吳歌甲集）

## 2. 論興詩

### ——答友人張思維同志

（下略，見全集顧頡剛讀書筆記卷十六史林雜識初編）

# 第三講參考資料之一
# 漢代今、古文尚書篇目異同表

（下略，見顧頡剛古史論文集卷十尚書大誥譯證前編上）

# 第三講參考資料之二

# 書序

一、虞夏書

昔在帝堯，聰明文思，光宅天下，將遜於位，讓於虞舜，作堯典。（1）

虞舜側微，堯聞之聰明，將使嗣位，歷試諸難，作舜典。（2）

帝釐下土，方設居方，別生分類，作汨作，九共九篇、槀飫。（3—13）

皋陶矢厥謨，禹成厥功，帝舜申之，作大禹、皋陶謨、

益稷。(14—16)

禹別九州，隨山濬川，任土作貢。(17)

啟與有扈戰於甘之野，作甘誓。(18)

太康失邦，兄弟五人須於洛汭，作五子之歌。(19)

羲、和湎淫，廢時亂日；胤往征之，作胤征。(20)

二、商書

自契至於成湯八遷；湯始居亳，從先王居，作帝告、釐沃。(21—22)

湯征諸侯，葛伯不祀，湯始征之，作湯征。(23)

伊尹去亳適夏；既醜有夏，復歸於亳，入自北門，乃遇汝鳩、汝方：作汝鳩汝方。(24—25)

伊尹相湯伐桀，升自陑，遂與桀戰於鳴條之野，作湯誓。(26)

湯既勝夏，欲遷其社，不可，作夏社、疑至、臣扈。(27—29)

夏師敗績，湯遂從之，遂伐三朡，俘厥寶玉，誼伯、仲伯作典寶。(30)

湯歸自夏，至於大坰，仲虺作誥。(31)

湯既黜夏命，復歸於亳，作湯誥。(32)

咎單作明居。(33)

成湯既沒，太甲元年，伊尹作伊訓、肆命、徂后。(34—36)

太甲既立，不明，伊尹放諸桐；三年，復歸於亳，思庸：伊尹作太甲三篇。(37—39)

伊尹作咸有一德。(40)

沃丁既葬伊尹於亳，咎單遂訓伊尹事，作沃丁。(41)

伊陟相太戊，亳有祥桑穀共生於朝，伊陟贊於巫咸，作咸乂四篇。(42—45)

太戊贊於伊陟，作伊陟、原命。（46—47）

仲丁遷於囂，作仲丁。（48）

河亶甲居相，作河亶甲。（49）

祖乙圮於耿，作祖乙。（50）

盤庚五遷，將治亳殷，民咨胥怨，作盤庚三篇。（51—53）

高宗夢得説，使百工營求諸野，得諸傅巖，作説命三篇。（54—56）

高宗祭成湯，有飛雉升鼎耳而雊；祖己訓諸王，作高宗肜日、高宗之訓。（57—58）

殷始咎周，周人乘黎；祖伊恐，奔告於受，作西伯戡黎。（59）

殷既錯天命，微子作誥父師、少師。（60）

三、周書

惟十有一年，武王伐殷；一月戊午，師渡孟津，作泰誓三篇。（61—63）

武王戎車三百兩，虎賁三百人，與受戰於牧野，作牧誓。（64）

武王伐殷，往伐歸獸，識其政事，作武成。（65）

武王勝殷，殺受，立武庚，以箕子歸，作洪範。（66）

武王既勝殷，邦諸侯，班宗彝，作分器。（67）

西旅獻獒，太保作旅獒。（68）

巢伯來朝，芮伯作旅巢命。（69）

武王有疾，周公作金縢。（70）

武王崩，三監及淮夷叛；周公相成王，將黜殷，作大誥。（71）

成王既黜殷命，殺武庚，命微子啟代殷後，作微子之命。（72）

　　唐叔得禾，異畝同穎，獻諸天子；王命唐叔歸周公於東，作歸禾。（73）

　　周公既得命禾，旅天子之命，作嘉禾。（74）

　　成王既伐管叔、蔡叔，以殷餘民封康叔，作康誥、酒誥、梓材。（75—77）

　　成王在豐，欲宅洛邑，使召公先相宅，作召誥。（78）

　　召公既相宅，周公往營成周，使來告卜，作洛誥。（79）

　　成周既成，遷殷頑民，周公以王命誥，作多士。（80）

　　周公作無逸。（81）

　　召公爲保，周公爲師，相成王爲左右；召公不説，周公作君奭。（82）

　　蔡叔既没，王命蔡仲踐諸侯位，作蔡仲之命。（83）

　　成王東伐淮夷，遂踐奄，作成王政。（84）

　　成王既踐奄，將遷其君於蒲姑；周公告召公，作將蒲姑。（85）

　　成王歸自奄，在宗周誥庶邦，作多方。（86）

　　周公作立政。（87）

　　成王既黜殷命，滅淮夷，還歸在豐，作周官。（88）

　　成王既伐東夷，肅慎來賀，王俾榮伯作賄肅慎之命。（89）

　　周公在豐，將没，欲葬成周；公薨，成王葬於畢，告周公，作亳姑。（90）

　　周公既没，命君陳分正東郊成周，作君陳。（91）

　　成王將崩，命召公、畢公率諸侯相康王，作顧命。（92）

　　康王既尸天子，遂誥諸侯，作康王之誥。（93）

　　康王命作册畢分居里成周郊，作畢命。（94）

　　穆王命君牙爲周大司徒，作君牙。（95）

　　穆王命伯冏爲周太僕正，作冏命。（96）

　　　　吕命，穆王訓夏贖刑，作吕刑。(97)

　　　　平王錫晉文侯秬鬯、圭瓚，作文侯之命。(98)

　　　　魯侯伯禽宅曲阜，徐、夷並興，東郊不開，作費誓。
(99)

　　　　秦穆公伐鄭，晉襄公帥師敗諸崤，還歸，作秦誓。
(100)


　　按尚書在戰國和西漢前期原没有百篇之説。到漢成帝時，張
霸分析二十九篇爲數十篇，增加了篇數，又杜撰若干篇，湊成一
百篇；再加上書序，共爲一百零二篇，稱作百兩篇。那時朝廷正
在徵求古文書，他送了上去。後來發現這書出於僞造，就黜出其
書没有用。這事見於漢書儒林傳。可是人們因爲書序説的頭頭是
道，信以爲真，竟傳佈了下來，不但插入了今、古文尚書，而且
也插入了史記，好像自有尚書以來就有這序似的，於是有了"孔
子删書"之説，書序的作者也歸到孔子本人了。

　　在書序裏，虞夏書整整二十篇，商書整整四十篇，周書也整
整四十篇，可謂分配匀稱。只是虞夏書裏已有禹貢講九州，又有
九共九篇講九州，不知爲什麽要有這重叠的記叙？這重叠的記叙
的異同又如何？商書裏每一遷都，即作一誥，可見這是一件大
事，不知道爲什麽只有盤庚三篇傳了下來，而别的竟無片簡隻字
的遺留？周書留存的很多，序文固然有了根據，但周公各篇，他
在東征時期本是大權獨攬，以"王"命發號施令，所以在封康叔於
東土的時候就説："王若曰：'孟侯，朕其弟，小子封。'"而書序
裏卻把這一切武功都歸於成王，説是"成王既伐管叔、蔡叔，以
殷餘民封康叔，作康誥"，試問成王會稱他的叔父康叔爲"朕其
弟"嗎？

　　再就史記看。今本史記固然已把書序幾乎全部鈔進，證明司
馬遷已經讀得書序，但是爲什麽書序説"平王錫晉文侯秬鬯、圭

瓚，作文侯之命”，而史記晉世家卻於晉文公與楚城濮之戰後，說周襄王“使王子虎命晉侯爲伯……周作晉文侯命：‘王若曰："父義和，丕顯文、武……"’”要把這篇文章推遲一百三十多年，公然捨棄了孔子的書序而不用呢？即此一事，不足以證明司馬遷原未讀得書序，所以會把文侯之命説爲周襄王命晉文公；書序後出，以爲這篇文字多危苦之音，不如送給周平王爲適宜，就改變了舊有的説法；而鈔書序入史記的人逢到了它倆的矛盾，所以文侯之命序便不再鈔入晉世家了嗎？

書序這文，矛盾重重，做得並不好。只因它在尚書學中發生的影響極大，兩部古文尚書都是跟着它來的，因此不得不讀，并且不得不做一番徹底的研究。


# 第三講參考資料之三


## 逸周書序　　陳逢衡補注

此輯周書既成，因作序以繫於末，蓋倣百篇書序爲之。觀於序太子晉曰：“侵我王略”，玩一“我”字，則作序者定爲周史而非晉史氏矣。

昔在文王，商紂並立，困於虐政，將宏道以弼無道，作度訓。

文王服事之忠，千古如見，度訓一作，蓋直欲格君心之非矣。上下有等則不踰分，不踰分則不爲亂，紂雖無道，可不至失天下：文之心如是而已。

殷人作教，民不知極，將明道極以移其俗，作命訓。

民習於惡，故不知極。極，中也。文王憂之，詔以惠迪從逆之義。

紂作淫亂，民散無性習常，（盧文弨曰：“舊作‘冒常’，訛。案此六字中脱二字。”衡案：當是“民無常性”四字。）文王惠和化服之，作常訓。（盧文弨曰：“‘惠和’，舊作‘意和’，訛。案左氏傳云：‘紂作淫虐，文王惠和’，正與此文同，今改正。”衡案：“文王惠和”句，“化服之”上疑脱“民”字。）

常，典常也，失其性則爲迷民矣。文王懲紂之虐，民亦從之。故兢兢以四征、六極、八政、九德爲訓。

上失其道，民散無紀，西伯脩仁，明恥示教，作文酌。

民之無良，由無恥也。酌，有斟酌之義。此篇文義甚晦，與西伯脩仁之説不甚符。

上失其道，民失其業，□□凶年，作糴匡。

紂不愛民，故民失業。不力田，思逢年，古無是理。備荒之策，唯聖人能勤本務，故豐不忘歉。

文王立（楊本作“五祀”），西距昆夷，北備獫狁，謀武以昭威懷，作武稱。

文王之時，西有昆夷，北有獫狁，東有商紂，故化行之始莫先於南。或疑此篇非王者之師，然用兵之道在乎應天順人，不繫乎臨敵應變也。“美男破老，美女破舌”等語，非必用以誘人，抑且因以自戒。孔子曰：“好謀而成”，謀，可不用乎！采薇命將，視同兒戲，烏乎可！

武以禁暴，文以綏德，大聖允兼，作允文。

此篇尤用武之經，非特仁人之言，其言藹如也。

武有七德，□王作大武、大明武、小明武三篇。（盧文弨曰：“所脱疑不止一字。俗本作‘文王’，非。”）

此序“王”上空一字，則此三篇蓋不知作於何王之世矣。

穆王遭大荒，謀救患、分災，作大匡。（盧文弨曰：“‘穆王’

當作'文王'，豈'穆考'亦可稱'穆王'歟？此下有脱簡。詩正
義云：'周書稱"文王在程，作程寤、程典"'當在此。")

　　文王之德宜不遭大荒矣，然堯憂水，湯憂旱，雖以聖人
　　不能免也，所恃者有備耳。嗚呼，羑里則人爲之也，大
　　荒則天爲之也。文之德至矣，文之遇果何如哉！

□□□□□□□□□□□□□□□□□□□□□□□□□□□□
□□作九開。

　　此脱程典、程寤、秦陰、九政諸序。案程典篇云："商
　　王用宗讒，震怒無疆，諸侯不娛，逆諸文王，文王弗
　　忍，乃作程典"，即以當程典序可。程寤、秦陰、九政、
　　九開俱亡。程寤因拜吉夢而作。秦陰則"泰陰"也，蓋推
　　歲穰、歲惡之書。九征則司馬"九伐"是已。九開蓋以九
　　類者，如"九過"、"九禁"、"九教"、"九利"之説。今其
　　書不傳。

文王唯庶邦之多難，論典以匡謬，作劉法。

　　劉法，以軍政治庶邦也。紂之時刑罰不中，庶邦化之，
　　故文王論常典以匡正其謬誤。此篇亡。

文王卿士謖發教禁戒，作文開。

　　"謖"，念也，告也，謀也。文王詢於八虞，諮於二虢，
　　度於閎夭，謀於南宮，諏於蔡、原，訪於辛、尹，是其
　　卿士謖發之證。"開"，啟也。此篇亡。

維美公命於文王，脩身觀天，以謀商難，作保開。

　　此當作於命爲方伯之時，故曰"維美公命於文王"。謀商
　　難者，謀免商難也。易曰："内文明而外柔順，以蒙大
　　難，文王以之"。此脩身觀天之證。此篇亡。

文王訓乎武王以繁害之戒，作八繁。

　　此戒奢之義。繁害者，繁則有害也。其目有八，故曰
　　"八繁"。是篇亡。

文王在酆，命周公謀商難，作酆保。

　　是篇詞明義正，俱格言。其不可解者，則中有脫誤故
　　也。紂自囚文之後，無日不以周爲念；文雖小心服事，
　　而猶恐羅織於禍。

文啓謀乎後嗣，以脩身敬戒，作大開、小開二篇。

　　大開乃不全之文，疑與九開相表裏。小開後半有脫落。
　　二篇皆懼禍之作。

文王有疾，告武王以民之多變，作文儆。

　　是篇首題"文王告夢"四字，因太姒有吉夢，恐後嗣無
　　德，無以召祥也。篇中"利維生痛"等語，民情如睹，而
　　後儒乃謂"稍知道者所不言"，豈通論哉！

文王告武王以序德之行，作文傳。

　　文王自儉而富民，葢欲以家法裕後也。無食則亡，夏箴
　　之言至矣，故深以爲戒。

文王既没，武王嗣位，告周公禁五戎，作柔武。

　　篇中"以德爲本"數語，挈柔武之要。

武王忌商，周公勤天下，作大、小開武二篇。

　　"忌商"，畏商之虐也。大開武言人事，小開武明天道。

武王評周公，維道以爲寶，作寶典。（盧文弨曰："'評'，疑
'訊'之誤。"）

　　信、義、仁三者，國之寶也，故武、周兢兢言之。
　　"典"，常也，欲子孫世守之義。

商謀啓平周，周人將興師以承之，作酆謀。

　　閱此，知商、周之勢不兩立久矣。周不伐商，商必滅
　　周，武豈好爲牧野之陳乎！謀於酆，告文王也。

武王將起師伐商，寤有商儆，作寤儆。

　　兵，危事也，紂，强敵也，恐懼之懷至形夢寐，其所以
　　必遲之十三年者，職是故哉？

周將伐商，順天革命，申喻武義以訓乎民，作武順、武穆二篇。

> 武順一篇，兵制與周禮不同，蓋猶周家習用先代之成法也。武穆有脫誤，義亦不顯。

武王將行大事乎商郊，乃明德□衆，作和寤、武寤二篇。

> 二篇足見武、周堂堂正正之師，神人允順，"王克配天"，洵非虛語。

武王率六州之兵車三百五十乘以滅殷，作克殷。

> 此親見商、周鼎革之事而作者，故所序歷歷。

武王既尅商，建三監以救其民，爲之訓範，□□□□□□□，作大聚。

> "爲之訓範"下，當有"作大匡、文政二篇"七字。大聚則惠農、通商之義。

□□□□□□□□□□□。武王既釋箕子囚，俾民辟寧之以王，作箕子。

> 空方十一字乃序作世俘之義。案世俘篇云："武王成辟四方，通殷命有國，"即序義。箕子篇亡，蓋就封朝鮮之文也。"俾民辟寧之以王"，有脫誤。

武王秉天下，論德施□，而□位以官，作考德。（"施"下空方，疑是"惠"字。）

> "考德"誤，篇內作"耆德"，指商室舊臣言。"位以官"，迪簡之義也。此篇亡。

武王命商王之諸侯，綏定厥邦，申義告之，作商誓。

> 商紂不能如商先誓王之顯我西土而昏憂天下，皆商諸侯所知也，故申告之。周時千七百七十三諸侯，而孟津來會者八百，其外九百餘國皆商諸侯也。

武王平商，維定保天室，規擬伊洛，作度邑。

> 此篇史公採入周紀，蓋鈔變其詞，非周書原文。

武王有疾，□□□□□□□□□□

　　此序作武儆之義也。空方當是"命周公立小子誦，作武
　　儆"十字。

命周公輔小子，告以正要，作五權。

　　五權俱經國之要，已開姬公周禮之先。

武王既没，成王元年，周公忌商之孽，訓敬命，作成開。

　　"成"，成王也。"開"，啟也。"成開"，猶"文開"、"開
　　武"也，蓋公以師保之職告道成王者。"商孽"，武庚也。

周公既誅三監，乃述武王之志，建都伊、洛，作作洛。

　　武王度於前，周公營於後，聖人創建，非敢苟焉已也。

周公會群臣於閎門，以輔主之格言，作皇門。

　　此訓大門宗子、勢臣咸獻言於王，所以輔成王，毋爲媚
　　夫食蓋也。

周公陳武王之言以贊己言，戒乎成王，作大戒。

　　此訓王以體群臣之事而因以儆王也。

周公正三統之義，作周月。

　　以中氣定十二月，較唐堯"以閏月定四時"又加密矣。

辯二十四氣之應，以明天時，作時訓。

　　此占驗休咎之始，後世農家月令之嚆矢也。

周公制十二月賦政之法，作月令。

　　此篇亡。盧本補以呂氏十二紀首，失之。

周公肇制文王之謚義以垂於後，作謚法。（盧文弨曰"舊'肇'
作'啟'訛"。）

　　後代謚法原本於此。篇中前後訛錯，信如盧氏兩排
　　之説。

周公將致政，成王朝諸侯於明堂，作明堂。

　　此即小戴明堂位前半所採也。

成王既即政，因嘗麥以語群臣而求助，作嘗麥。

此因嘗麥之後，命大正正刑書以爲國典，蓋有懲於商紂
之虐，並武庚、三叔之畔也，故舉蚩尤、武觀爲戒。

周公爲太師，告成王以五則，作本典。

五則，智、仁、義、德、武也。盧文弨曰："'五則'，
疑當作'五明'，蓋以篇內有'五者昌於國曰明'之語。"

成王訪周公以民事，周公陳六征，以觀察之，作官人。

語曰："人藏其心，不可測度也。"又曰："人心之不同，
如其面焉。"非觀察，烏足以知之！

周室既寧，八方會同，各以其職來獻，欲垂法厥後，作
王會。

此篇膾炙人世久矣。世無張茂先，誰作博物志！篇中名
物、方國，閱者宜悉心考之。

周公云歿，王制將衰，穆王因祖祭公不豫，詢某守位，作祭
公。（"祖祭公"，舊作"祭祖"，誤。盧文弨曰："'某'當與
'謀'同"。）

篇中格言正論，不愧典型，當與左傳祈昭之諫並傳。

穆王思保位惟難，恐貽世羞，欲自警悟，作史記。

此穆王晚年自悔之作，較之衛武公九十箴警於國，尤爲
悚惕。

王化雖弛，天命方永，四夷八蠻攸尊王政，作職方。

職方氏見周禮夏官，蓋穆王鈔錄以備省方之典者。或
曰："王化雖弛"，指商紂也；"天命方永"，指周初得天
下也；"四夷八蠻攸尊王政，"即所謂"通道於九夷八蠻"
也：此篇當係於武王時，亦通。

芮伯稽古作訓，納王於善，暨執政小臣咸省厥躬，作芮
良夫。

此老成金石之論，可與桑柔諸篇並垂不朽。

晉侯尚力，侵我王略，叔向聞儲幼而果賢，□復王位，作太

子晉。（空方疑是“思”字。）

　　叔向，晉之賢臣；師曠，周之罪人也。平公聽師曠之言而不反侵地，宜其有疾如蠱哉！序言“晉侯尚力，侵我王略”，周史蓋慨乎言之。

王者德以飾躬，用爲所佩，作王佩。

　　此丹書十七章之遺。世無太公，其作於老子乎？

夏多罪，湯將放之，徵前以戒後王也，作殷祝。

　　南巢之放，非湯意也。蓋桀奔南巢，而湯因安置之，故謂之“放”。觀於此篇所載湯讓桀事；則武王太白之懸信不誣矣。不然，一讓一誅，事理懸絕，序周書者何不爲武王諱而偏以令名諛成湯也？

民非后罔乂，后非民罔與爲邦，慎政在微，作周祝。

　　亦典亦諧，亦古亦韻，微乎微乎，以水投水，妙文須以妙解，解之毋庸作河漢也。

武以靖亂，非直不戝，作武紀。

　　二語直括千古用兵之要，甚矣武不可無紀也！

積習生常，不可不慎，作銓法。

　　官人之法，治世常嚴，亂世常疲，不慎故也。

車服制度，明不苟踰，作服器。（盧文弨曰：“‘明’，本一作‘民’”。）

　　此篇脱失多矣；然正其訛字，猶可解其六七。

周道於乎大備。（“於”音“烏”。一作“於是乎大備”。）

　　“於乎”嘆辭。此作序者於序畢之後，因以贊美周書也。

　　按漢書藝文志於尚書各家下附載“周書七十一篇”，班固自注：“周史記”，顏師古注：“劉向云：‘周時誥、誓，號令也，蓋孔子所論百篇之餘也。’今之存者四十五篇矣。”照顏氏所説，這書該亡佚二十六篇。但今本只亡程寤、秦陰、九政、九開、劉法、文開、保開、八繁、箕子、考德、月令十一篇，似乎比唐本反多十五篇。恐是後人妄分以補闕。這書的文字和思想，除世俘、商誓、度邑、嘗麥外，都不像出於周人。其中文傳、大匡、糴匡等篇辭義都類管子，大聚中有五均之制，而商、周對峙，各有圖謀侵吞之意，尤類於蘇秦所讀的太公陰符之謀，因此呂思勉疑是齊國學者所傳，這個意見近於事實。

這書出現的時代當在戰國，所以"勇則害上，不登於明堂"見於左傳所引的周志，"居安思危"和"慎始而敬終，終以不困"都見於左傳所引的書。惟周月、時訓、謚法等篇均似漢人所作，那是因爲這書是劉向等所編定，不能有嚴格的審定，當然容易雜入當時人的文字。這書在西晉曾有孔晁注，因爲讀的人太少，錯字愈來愈多，如器服一篇簡直到了不可句讀的地步。傳至清代，經過盧文弨、王念孫、莊述祖、陳逢衡、朱右曾、俞樾、孫詒讓、劉師培諸家的研究，草莽漸開，希望將來可以有讀通的一天。這雖不是"孔子所論百篇之餘"，究竟是一部接近周代的書，比較兩部僞古文尚書終屬可靠，所以存在的許多古代的名物、制度的問題可由此得到開門的鑰匙。


# 第三講參考資料之四
# 今文尚書舉例：尚書大誥


（下略，見顧頡剛古史論文集卷十尚書大誥今譯（摘要）一文）

# 第三講參考資料之五
# 僞古文尚書贓證舉例

## 五子之歌[①]

　　太康尸位，以逸豫滅厥德，黎民[②]咸貳，乃盤游[③]無度，畋於有洛之表，十旬弗反。有窮后羿[④]因民弗忍[⑤]，距於河。厥弟五人御其母以從，傒[⑥]於洛之汭。五子咸怨，述大禹之戒以作歌。

　　①這篇的題目，墨子非樂本作武觀，國語楚語上："堯有丹朱，舜有商均，啟有五觀，湯有太甲，文王有管蔡，是五王者皆有元德也，而有姦子"，可知武觀是啟的壞兒子，"武"、"五"同音通寫。逸周書嘗麥："其在〔殷〕（啟）之五子，忘伯禹之命，假國無正，用胥興作亂，遂亡厥國。皇天哀禹，賜以彭壽，思正夏略。"可知武觀作亂，爲彭壽所平定。文作"五子"，則由"五觀"來。到劉歆的古文尚書，這篇文字便改名爲五子之歌，"歌"字分明是"觀"字的同紐假借。到僞古文，乃爲作歌五章，五子也從"姦子"變成了好兒子。②堯典："黎民於變時雍。"③無逸："文王不敢盤於游田。"④左傳襄四年："夏書有之曰：'有窮后羿。'"⑤左傳昭二十六年："王心戾虐，萬民弗忍。"⑥孟子梁惠王下引書："傒我后。"

　　其一曰："皇祖有訓：民可近，不可下[①]。民惟邦本，本固邦寧②。予視天下，愚夫愚婦③，一能勝予。一人三失，怨豈在明，不見是圖④。予臨兆民，懍乎若朽索之馭六馬⑤。爲人上者，奈何不敬！⑥”

①國語周語中單襄公引書曰：“民可近也而不可上也。”韋昭解：“書，逸書，‘民可近’，可以恩意近也。‘不可上’，不可高上；上，陵也。”按僞古文作者所以改“上”爲“下”，是爲叶下“六馬”韻。②淮南子泰族：“國主之有民也，猶城之有基，木之有根；根深則本固，基長則土寧。”③禮記中庸：“夫婦之愚可以與知焉。”④國語晉語知伯國引夏書曰：“一人三失，怨豈在明，不見是圖”。韋解：“‘三失’，三失人也。‘明’，著也。‘不見’，未形也。”左傳成十六年亦引“怨豈在明，不見是圖”二句。⑤淮南子說林：“君子居民上，若腐索御奔馬。”按經、傳没有說六馬的，顧命：“皆布乘黃朱”，四馬四“乘”，可見周王之車亦只駕四馬。惟秦始皇據水德改制，“乘六馬”，漢依秦制不改。僞古文作者乃推其制於夏代，可謂大謬。⑥召誥：“曷其奈何不敬。”

其二曰：“訓有之：内作色荒，外作禽荒①，甘酒②、嗜音，峻宇、彫牆③，有一於此，未或不亡④！”

①國語越語下：“馳騁弋獵，無至禽荒，宮中之樂，無至酒荒。”②見④。③左傳宣元年：“晉靈公不君，厚斂以彫牆。”④戰國策魏策二：“梁王魏嬰觴諸侯於范臺，酒酣，請魯君舉觴。魯君興，避席擇言曰：‘昔者帝女令儀狄作酒而美，進之禹，禹飲而甘之，遂疏儀狄，絕旨酒，曰：“後世必有以酒亡其國者。”齊桓公夜半不嗛，易牙乃煎敖燔炙，和調五味而進之，桓公食之而飽，至旦不覺，曰：“後世必有以味亡其國者。”晉文公得南之威，三日不聽朝，遂推南之威而遠之，曰：“後世必有以色亡其國

者。"楚王登強臺而望崩山，左江而右湖，以臨彷徨，其樂忘死，遂盟強臺而弗登，曰："後世必有以高臺陂池亡其國者。"今主君之尊，儀狄之酒也；主君之味，易牙之調也；左白臺而右閭須，南威之美也；前夾林而後蘭臺，強臺之樂也。有一於此，足以亡其國。今主君兼此四者，可無戒與！'"

其三曰："惟彼陶唐，有此冀方。今失厥道，亂其紀綱，乃底滅亡。"①

①左傳哀六年孔子論楚昭王，引夏書曰："惟彼陶唐，帥彼天常，有此冀方。今失其行，亂其紀綱，乃滅而亡。"杜預解："'滅亡'，謂夏桀也。唐、虞及夏同都冀州，不易地而亡，由於不知大道故。"孔穎達正義："此夏書五子之歌第三章也。……賈、服、孫、杜皆不見古文，以爲逸書，解爲夏桀之時。惟王肅云：'太康時也'。按王肅注尚書，其言多是孔傳，疑肅見古文，匿之而不言也。"按這也是僞古文出於王肅的一個證據。

其四曰："明明我祖，萬邦之君，有典有則①，貽厥子孫②。關石和鈞，王府則有③。荒墜厥緒，覆宗絕祀④。"

①周禮天官冢宰："大宰之職，掌建邦之'六典'，以佐王治邦國：一曰'治典'，以經邦國，以治官府，以紀萬民；二曰'教典'，以安邦國，以教官府，以擾萬民；三曰'禮典'，以和邦國，以統百官，以諧萬民；四曰'政典'，以平邦國，以正百官，以均萬民；五曰'刑典'，以詰邦國，以刑百官，以糾萬民；六曰'事典'，以富邦國，以任百官，以生萬民。……以'八則'治都鄙：一曰'祭祀'，以馭其神；二曰'灋則'，以馭其官；三曰'廢置，'以馭其吏；四曰'祿位'，以馭其士；五曰'賦貢'，以馭其用；六

曰‘禮俗’，以馭其民；七曰‘刑賞’，以馭其威；八曰‘田役’，以馭其眾。”②詩大雅文王有聲：“詒厥孫謀，以燕翼子。”③國語周語下：周景王將鑄大錢，單穆公曰：“不可！……夏書有之曰：‘關石龢鈞，王府則有’，……絕民用以實王府，猶塞川原而爲潢汙也，其竭也無日矣。”韋解：“夏書，逸書也。‘關’，門關之征也。‘石’，今之斛也。言征賦調均，則王之府藏常有也。”④張超：誚青衣賦：“有夏取仍，覆宗絕祀。”

其五曰：“嗚呼曷歸，予懷之悲！萬姓仇予，予將疇依？鬱陶①乎予心，顏厚②有忸怩③。弗慎厥德，雖悔可追④！”

①③孟子萬章上：“象往入舜宮，舜在牀琴。象曰：‘鬱陶，思君爾’，忸怩。”象誑舜入井，入其宮欲取二嫂，而舜已從旁空匱出，方在鼓琴，象驚愕之下，姑言“鬱陶，思君爾”以自解，而其狀甚忸怩，爾雅釋詁：“鬱陶，繇，喜也”，禮記檀弓下：“人喜則斯陶，陶斯詠，詠斯猶”，“猶”即“繇”也。鬱陶者，心初悅而未暢之意。象謀殺舜而不得，見面時僞裝歡悅之情，而內心則忸怩，“鬱陶”爲象之言，“忸怩”狀象之貌，孟子之言甚明。僞古文作者乃襲取其辭而錯認“鬱陶”爲慢，故承“予懷之悲”而言之，且與“忸怩”連爲一人之言，可謂大誤。②詩小雅巧言：“巧言如簧，顏之厚矣。”④左傳哀十六年：蒯聵入衛，周敬王命之田：“敬之哉，方天之休！弗敬弗休，悔其可追！”

## 丁晏：尚書餘論（節錄）

王肅家語後序云：“孔安國，字子國。天漢後，魯恭王壞夫子故宅，得壁中詩、書，悉以歸子國，子國乃考論古今文字，撰眾師之義，爲古文論語訓十一篇，孝經傳二篇，尚書傳五十八篇，皆所得壁中科斗本也。”又載孔衍上書云：
“魯恭王壞孔子故宅，得古文科斗尚書、孝經、論語，世人
莫有能言者。安國爲之今文讀而訓傳其義，又撰孔子家語既
畢，會值巫蠱事起，遂各廢而不行。光禄大夫向以爲其時所
未施行之故，尚書則不記於別録，論語則不使名家也。”尚書
孔安國序亦言：“孔壁得古文書及傳論語、孝經皆科斗文字。
承詔作傳，定五十八篇。”

朱子嘗謂：“大序不類西京文字，亦不是孔安國作”，真
不刊之論。其言“受詔作古文書傳”，乃子虛烏有之談，正與
後序一類。因悟古文書傳與安國論語注、孝經傳俱係一手僞
書，特於家語後序著其篇目，又僞造尚書孔序，彼此牽綴以
實其言，冀取後人之信。家語本蕭所僞撰，則此古文書傳亦
蕭所私造而托名安國者也。且後序一篇，所言無一可信。魯
恭王，漢景帝子，薨於元朔元年，不得至天漢之後。劉子政
經學大儒，如有聖裔著書，豈得不記。家語爲王蕭私定，巧
爲彌縫，其僞可立見也。

漢藝文志言“古文尚書與論語出孔子壁中，孔安國悉得
其書獻之”，並不言作傳。志載“尚書經二十九卷，傳四十一
篇”，此伏生今文書大傳也，與孔傳篇目不符。志又載“論語
古二十一篇，孝經古孔氏一篇”，皆不言作傳。西京孔安國
只傳授古文，未嘗著書也。……馬融尚書序云：“逸十六篇，
絶無師説”，若古文先有孔傳，何得云“無師説”乎？……遍
考兩漢之書，無有言安國作傳者，獨家語後序言之，此蕭之
臆造也。安國並無論語注，今何晏集解引有孔注，亦僞造
也。何氏與蕭時代相接，魏、晉人不學，從而誤信之耳。

安國作古文書傳，後序之外又見於孔叢子叙書，云：
“侍中安國受詔綴集古文，臣乞爲太常，典臣家業，與安國
紀綱古訓，使永垂來嗣。孝武皇帝重違其意，遂拜太常。”又

與侍中從弟安國書曰："知以今讎古之隸篆推科斗，已定五十餘篇，並爲之傳云。其餘錯亂，文字摩滅，不可分了，欲以垂待後賢，誠合先君'闕疑'之意。"又曰："堯典，説者以爲堯、舜同道；弟素以爲雜有舜典，今果如所論。"案孔叢一書，朱子極斥其僞……叙書所云，特以證明大序，"承詔作傳"，欲以售其僞耳。其謂堯典雜有舜典，與僞古文分堯典爲舜典言若合符，皆一手所爲也。孔叢子論書篇"宰我問：'書云："納於大麓"，'孔子曰：'堯既得舜，歷試諸艱，使大録萬幾之政'。"今舜典"大麓"，孔傳："'麓'，録也，納舜使大録萬幾之政"……正與孔叢脗合，其爲肅所依託，有明徵矣。孔叢又引商書曰："惟王舊行不義，習與性成。予不狎於不順。王始即桐，邇於先王其訓，罔以後人迷。王往居憂，允思厥祖之明德"，即據古文太甲書也。……

陸元朗經典序録云："江左中興，元帝時，豫章内史枚賾奏上孔傳古文尚書。"又："永嘉喪亂，衆家之書並滅亡，而古文孔傳始興，置博士。"今晉書荀崧傳："元帝踐阼，置古文尚書孔氏博士一人。崧上疏曰：'世祖武皇帝崇儒興學，先儒典訓，賈、馬、鄭、杜、服、孔、王、何、顏、尹之徒章句傳注衆家之學，置博士十九人'，""孔"即孔安國。古文尚書當西晉武帝之初已立博士。唐孔氏虞書正義引晉書云："前晉奏上其書而施行焉"，今晉書無此文，冲遠所據蓋王隱、臧榮緒等書，足見古文書西晉已行。……唐孔氏疏引晉書："鄭冲以古文授蘇愉，愉授梁決柳，柳授臧曹，曹授梅賾"，古文五傳而至梅氏，非梅氏作僞明矣。鄭冲仕武帝泰始時，已誤信僞古文，今晉書鄭冲傳："冲等與何晏等共集論語集解"，何氏引孔安國注即冲所纂入，皆一時僞書也。……

或問：古文孔傳以兩漢大儒所未見，突出於魏、晉間，

當時何無一人疑之而翕然信從之乎？余曰：此殆有故矣。今
晉書文明王皇后傳："諱元姬，東海郯人也。父肅，魏中領
軍，蘭陵侯。既笄，歸於文帝，生武帝。"……魏志王肅傳：
"肅爲尚書、詩、論語、三禮、左氏解，及撰定父朗所作易
傳，列於學官；其所論駁朝廷典制，宗廟喪紀輕重，凡百餘
篇。"是時肅説盛行，列於學官，特如馬融之外戚豪家，吕不
韋之懸書市門莫能增損一字，當時即有心知其僞者，孰敢起
而非議之乎？僞書之盛行也，勢爲之也！……